JN420853

Statistical Analysis Using R

R을 이용한

통계분석 방법론의 이해와 활용

방성완 지음

KYOWOO

머리말

R은 SAS, SPSS, Minitab 등 기존의 통계 소프트웨어와는 달리 인터넷에서 다운로드 받을 수 있는 무료 통계 소프트웨어이기 때문에 구입 및 유지비용이 전혀 들지 않는다. 또한 세계 각국의 연구자들이 개발한 각종 알고리즘들을 인터넷을 통해 쉽게 제공받을 수 있다는 장점을 가지고 있다. 이에 따라 R을 사용하는 연구자들이 최근 들어 급증하고 있으며, 대학에서도 R을 이용한 강의가 점차 늘어나고 있는 추세이다.

이 책은 R을 이용하여 기초적인 통계분석 방법들을 쉽고 간편하게 사용할 수 있도록 하기 위하여 집필되었다. 특히, 이 책은 실습 예제를 통하여 R을 쉽게 이해하고 따라할 수 있도록 쓰여 졌기 때문에 R을 처음 접하는 대학생이나 대학원생, 또는 R을 이용하여 자료를 처리하고 분석하고자 하는 연구원들 모두에게 유용하게 활용될 수 있는 책이라고 생각된다.

이 책은 총 8개의 장으로 구성되어 있다. 1장은 통계분석 방법론을 이해하는데 필요한 확률이론과 통계적 추론의 기초 이론에 대하여 설명하고 있으며, 2장부터 8장까지는 각 장별로 통계분석 방법의 기본적인 내용을 다루고 있다. 2장은 두 집단을 비교하는 방법에 대하여, 3장은 여러 집단을 비교하는 분산분석을, 4장은 회귀분석에 대하여 설명하고 있으며, 5장은 범주형 자료의 분석에 대하여, 6장과 7장은 분류기법인 로지스틱 회귀분석과 판별분석을, 8장은 비지도학습인 군집분석에 대하여 설명하고 있다. 따라서 이 책에 포함된 내용을 잘 습득하게 되면 R을 이용하여 자료를 처리하고 기본적인 통계분석을 하는데 있어 큰 어려움이 없으리라고 생각된다.

끝으로 이 책이 나오기까지 많은 격려를 보내주신 분들에게 고마운 마음을 표하며, 출판을 위해 애써주신 교우사 여러분의 수고에 감사드린다.

2017년 여름

화랑대에서 저자 씀

차례

제1장 확률이론과 통계적 추론의 기초

제2장 두 모집단의 비교

제3장 분산분석

차례

제4장 회귀분석

제5장 범주형 자료 분석

제6장 로지스틱 회귀분석

차례

제 1 장

확률이론과 통계적 추론의 기초

1.1 확률변수와 확률분포

1.2 표본분포

1.3 추정

1.4 가설검정

1.1 확률변수와 확률분포

1.1.1 확률변수

어떤 실험 또는 조사결과들을 수학적인 도구를 사용하여 확률로 모형화할 수 있다면 그 결과들과 관련된 문제들을 이해하고 해결하는데 있어 매우 편리할 것이다. 여기서 확률로 모형화 한다는 것의 의미는 각 실험 결과들로부터 표본공간을 구성하고, 표본공간에 있는 각 결과에 확률을 부여한다는 의미이다.

주어진 실험결과를 확률로 모형화하기 위해서는 먼저 결과들을 숫자화 할 필요가 있다. 예를 들어, 동전을 두 번 던지는 실험에서 앞면이 나오는 개수에 관심을 가질 경우 실험의 결과 {(앞, 앞), (앞, 뒤), (뒤, 앞), (뒤, 뒤)}는 숫자 {0, 1, 2} 중에 하나가 될 것이며, 여론에 대한 설문조사에서 {찬성, 반대}로서 나타난 결과는 반대를 0, 찬성을 1로 하면 {0, 1} 중에 하나가 될 것이다. 이와 같이 실험의 각 결과에 하나의 실수값을 대응시켜 주기 위해서는 수학적인 도구로서 함수의 도입이 필요하며, 통계학에서는 이러한 함수를 확률변수(random variable)라고 한다.

정의 1.1 확률변수(random variable)

표본공간 S에서 정의된 실함수(real-valued function)를 확률변수라고 한다.

한 개의 동전을 독립적으로 반복하여 세 번 던지는 실험을 이용하여 확률변수의 개념을 설명해 보도록 하자. 동전의 앞면을 H, 뒷면을 T로 표기하면, 앞면이 나오는 수에 관심을 가지고 동전을 세 번 던지는 실험의 표본공간은

$$S=\{HHH,\ HHT,\ HTH,\ THH,\ HTT,\ TTH,\ THT,\ TTT\}$$

가 된다. 이때 관심의 대상이 되는 앞면이 나오는 수를 확률변수 X라고 하면, 표본공간 내의 각 결과는 [그림 1.1]과 같이 확률변수 X에 의해 하나의 실수값에 대응될 수 있다. 이와 같이, 문자로 구성된 표본공간의 각 결과는 X라는 확률변수를 통하여 실수 0, 1, 2, 3 중 하나가 되고, 이때 표본공간은 $S=\{0,\ 1,\ 2,\ 3\}$으로 바뀌게 된다.

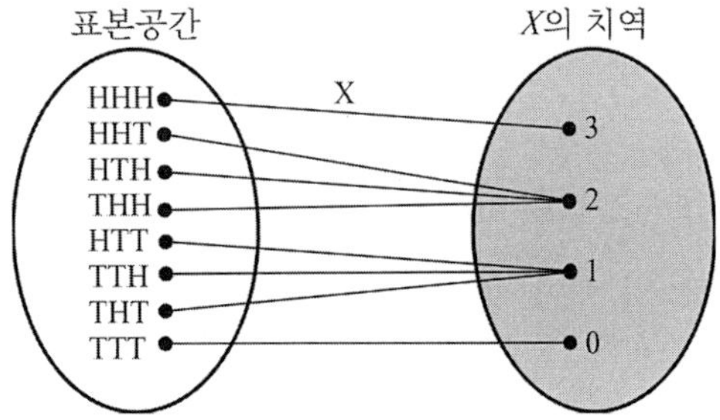

[그림 1.1] 표본공간과 확률변수 X

확률변수는 그 값이 가지는 형태에 따라 크게 이산형 확률변수(discrete random variable)와 연속형 확률변수(continuous random variable)로 나누어진다. 이산형 확률변수는 확률변수가 가질 수 있는 값이 유한개 또는 무한개의 셀 수 있는 값들로 구성되어 있는 경우로, 그 예로는 어떤 자동차 회사의 영업사원이 한 달 동안에 판매하는 자동차의 수 또는 서울시에서 발생하는 일일 교통사고 사망자 수 등을 들 수 있다. 반면에 연속형 확률변수는 확률변수가 가질 수 있는 값들이 무한으로 이어져 있어 하나의 값으로 분리해 낼 수 없는 경우를 말한다. 예를 들어 X를 0과 1사이에 있는 임의의 값이라 하고, 이 구간에서 하나의 값 x를 뽑는다고 하자. 이때 우리는 정확하게 하나의 x값을 뽑을 수가 없게 된다. 그 이유는 0과 1 사이는 무한히 많은 실수값이 존재하므로 이 사이에서 어느 특정한 하나의 값을 뽑는다는 것은 불가능하기 때문이다. 따라서 이러한 경우에는 하나의 값보다는 구간으로 이야기할 수밖에 없게 된다. 이와 같이 확률변수가 가질 수 있는 값을 구간으로 밖에 나타날 수 없는 경우의 확률변수를 연속형 확률변수라 한다. 연속형 확률변수의 예로는 고장난 자동차의 수리시간 또는 고등학교 3학년 학생들의 IQ 등을 들 수 있다.[1)] 일반적으로 확률변수는 영문 대문자(예: X 또는 Y)로, 확률변수가 실제로 가지는 어떤 특정한 값들은 영문 소문자(예: $x_1, x_2, \cdots, x_n$ 또는 $y_1, y_2, \cdots, y_n$)로 표기한다.

정의 1.2 이산형(discrete) 확률변수와 연속형(continuous) 확률변수

확률변수 X가 가질 수 있는 값이 유한하거나, 무한하지만 셀 수 있을 때 X를 이산형 확률변수라 하며, 확률변수 X가 가질 수 있는 값들이 연속적으로 이어져 셀 수 없을 때 X를 연속형 확률변수라 한다.

1) 일상생활에서 사용되고 있는 키, 몸무게, 시간 등 연속형 확률변수에 대한 측정값들은 마치 이산형 확률변수의 측정값처럼 보인다. 그 이유는 측정도구의 한계 때문이며, 우리가 실제 사용하고 있는 값들은 정확한 값이 아니라 근삿값이다.

1.1.2 확률분포

동전을 세 번 던지는 앞의 실험에서 동전의 앞면이 나올 확률을 1/2이라고 한다면, 표본공간의 각 결과가 나타날 확률은 모두 1/8로 동일하다. 따라서 동전의 앞면이 나오는 횟수를 나타내는 확률변수 X가 각각의 값을 가질 확률은 다음과 같다.

$$P(X=0)=P(\{s\in S|X(s)=0\})=P(\{TTT\})=\frac{1}{8}$$

$$P(X=1)=P(\{s\in S|X(s)=1\})=P(\{HTT,THT,TTH\})=\frac{3}{8}$$

$$P(X=2)=P(\{s\in S|X(s)=2\})=P(\{HHT,HTH,HHT\})=\frac{3}{8}$$

$$P(X=3)=P(\{s\in S|X(s)=3\})=P(\{HHH\})=\frac{1}{8}$$

확률변수 X가 가질 수 있는 모든 값들과 이에 대응하는 확률을 함수식이나 표 또는 그림으로 나타낸 것을 확률변수 X의 확률분포(probability distribution)라고 한다. 확률변수를 이용하게 되면 확률과 그 분포를 보다 간단하게 나타낼 수가 있으며, 앞의 실험에서 확률변수 X에 대한 확률분포는 다음 표와 같이 나타낼 수 있다.

x	0	1	2	3
$P(X=x)$	$\frac{1}{8}$	$\frac{3}{8}$	$\frac{3}{8}$	$\frac{1}{8}$

정의 1.3 확률분포(probability distribution)

확률변수 X가 가질 수 있는 값들의 부분집합 A와 이에 대응하는 확률 $P(X\in A)$를 함수식이나 표 또는 그림으로 나타낸 것을 확률변수 X의 확률분포라고 한다.

※ 확률분포는 확률변수의 형태에 따라 구분된다. 즉, 확률변수가 이산형일 때의 확률분포를 이산형 확률분포, 확률변수가 연속형일 때의 확률분포를 연속형 확률분포라고 한다.

(1) 확률질량함수

이산형 확률분포를 수학적으로 표기하는 방법은 비교적 간단하다. 즉, 이산형 확률변수

X가 가질 수 있는 가능한 값 $x_1, x_2, \cdots$ 과 이에 대응하는 확률을 함수 $f(x_i)$를 사용하여 나타내면 되는 것이다. 이때 함수 $f(x_i)$를 확률질량함수(probability mass function)라고 부르며, 여기서 $f(x_i)$ 는 확률변수 X가 가질 수 있는 값들 중에서 임의의 값 $X=x_i$ 일 때의 확률 $P(X=x_i)$ 를 의미하게 되는 것이다.

정의 1.4 확률질량함수(probability mass function)

확률변수 X가 이산형일 때 임의의 실수 x에 대하여 $f(x)=P(X=x)$를 만족하는 $f(x)$를 X의 확률질량함수라 한다. 확률질량함수 $f(x)$는 다음의 두 조건을 만족해야만 한다.

① 모든 실수 x에 대하여, $0 \le f(x) \le 1$

② 확률변수 X가 취할 수 있는 모든 값들의 집합을 A라고 할 때, $\sum_{x \in A} f(x) = 1$

(2) 확률밀도함수

어느 한 사람이 집에서 회사까지 출근하는데 걸리는 시간, 대학교 2학년 학생들의 몸무게 등을 측정하는 실험에서 측정값들은 계속적으로 이어지는 무한의 셀 수 없는 연속형 확률변수의 값들로 간주된다. 왜냐하면, 실제 우리가 일상생활에서 사용하고 있는 이와 같은 변수에 대한 측정값들은 측정 도구의 한계로 인한 근삿값들에 불과하기 때문이다. 확률변수 X가 연속형일 경우, 확률변수 X가 어떤 구간 사이에 속할 확률은 그 구간 사이에서 함수 $f(x)$ 아래의 면적으로 표현가능하며, 이러한 함수 $f(x)$를 X의 확률밀도함수(probability density function)라고 부른다.

정의 1.5 확률밀도함수(probability density function)

확률변수 X가 임의의 구간 $[a, b]$에 대하여 $P(a \le X \le b) = \int_a^b f(x)dx$를 만족할 때, 함수 $f(x)$를 X의 확률밀도함수라 한다. 확률밀도함수 $f(x)$는 다음 두 조건을 만족하여야 한다.

① 모든 실수 x에 대하여 $f(x) \ge 0$

② $\int_{-\infty}^{\infty} f(x)\,dx = 1$

1.1.3 결합확률분포

지금까지는 확률변수가 하나인 경우 그 확률변수의 분포에 대해서 알아보았다. 그러나 현실적으로 하나의 확률변수보다는 여러 개의 확률변수들을 동시에 고려해야 할 경우가 많다. 예를 들어, 서울에 거주하는 가구의 가구당 월수입과 자동차 보유대수 또는 대기업에 근무하는 회사원의 학력수준, 지능지수, 업무수행능력 등을 동시에 고려하여 파악하고자 하는 경우에는 여러 변수들과 관련된 분포의 분석을 기초로 하게 된다. 통계학에서는 두 개 또는 그 이상의 확률변수들이 관련된 확률분포를 결합확률분포(joint probability distribution)라 한다. 여기서는 확률변수가 두 개일 때의 결합분포에 대해서만 알아보기로 한다.

(1) 결합확률질량함수

두 확률변수 X와 Y가 이산형인 경우, 두 개의 확률변수들이 동시에 취할 수 있는 각 값(x, y)에 확률을 대응시켜 나타낸 함수 $f(x, y)$를 결합확률질량함수(joint probability mass function)라 한다. [그림 1.2]는 결합확률질량함수의 한 예를 나타내고 있다.

정의 1.6 결합확률질량함수(joint probability mass function)

두 이산형 확률변수 X와 Y의 결합확률질량함수 $f(x, y)$는 임의의 값 (x, y)에 대하여 $f(x, y) = P(X=x, Y=y)$로 정의된다. 결합확률질량함수 $f(x, y)$는 다음의 두 조건을 만족해야만 한다.

① 주어진 모든 값 (x, y)에 대하여, $0 \le f(x, y) \le 1$이다.

② 확률변수 X와 Y가 취할 수 있는 모든 값들의 집합을 각각 A, B라고 할 때 $\sum_{x \in A} \sum_{y \in B} f(x, y) = 1$이다.

두 확률변수의 결합확률분포로부터 구해지는 각 확률변수에 대한 분포를 주변확률분포(marginal probability distribution)라고 부른다. 두 확률변수가 이산형인 경우 확률변수 X에 대한 주변확률질량함수 $f_X(x)$는 결합확률질량함수 $f(x, y)$를 확률변수 Y가 취할 수 있는 모든 값에 대하여 더함으로써 얻어지고, Y에 대한 주변확률질량함수 $f_Y(y)$는 결합확률질량함수 $f(x, y)$를 X가 취할 수 있는 모든 값에 대하여 더함으로써 얻어진다.

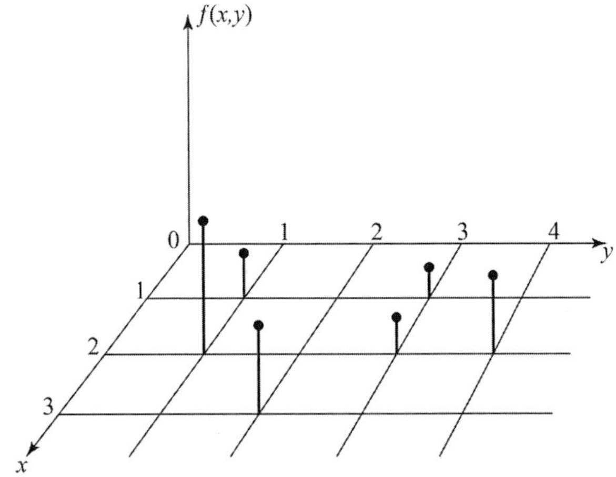

[그림 1.2] 이산형 확률변수 X와 Y의 결합확률질량함수

정의 1.7 주변확률질량함수(marginal probability mass function)

두 확률변수 X와 Y가 이산형인 경우, 한 확률변수의 주변확률질량함수는 결합확률질량함수를 다른 확률변수에 관해 모두 더함으로써 얻을 수 있다.

- X의 주변확률질량함수 : $f_X(x) = \sum_{\forall y} f(x, y)$
- Y의 주변확률질량함수 : $f_Y(y) = \sum_{\forall x} f(x, y)$

또한 확률변수 X의 값이 x로 주어졌을 때 확률변수 Y의 확률분포를 조건부 확률분포라 하고, 이산형 확률변수의 경우 조건부 확률질량함수는 다음과 같이 정의된다.

정의 1.8 조건부 확률질량함수(conditional probability mass function)

두 확률변수 X와 Y가 이산형인 경우, 확률변수 X의 값이 x로 주어졌을 때 확률변수 Y의 조건부 확률질량함수는

$$f_{Y|X}(y|x) = P(Y=y|X=x) = \frac{P(X=x,\ Y=y)}{P(X=x)},\ \text{여기서}\ P(X=x) \neq 0$$

로 정의된다.

(2) 결합확률밀도함수

두 확률변수 X와 Y가 연속형인 경우, 두 확률변수의 확률분포를 나타내는 결합확률밀도함수(joint probability density function)는 다음과 같이 정의된다.

정의 1.9 결합확률밀도함수(joint probability density function)

xy-평면의 임의의 부분집합 A에 대하여

$$P((X,Y)\in A)=\iint_A f(x,y)dxdy$$

를 만족하는 xy-평면 위에서 정의된 음이 아닌 함수 $f(x,y)$가 존재할 때, $f(x,y)$를 X와 Y의 결합확률밀도함수(joint probability density function)라고 한다.
결합확률밀도함수$f(x,y)$는 다음의 두 조건을 만족해야만 한다.

① 주어진 모든 값(x,y)에 대하여, $f(x,y)\geq 0$이다.

② $\int_{-\infty}^{\infty}\int_{-\infty}^{\infty} f(x,y)dx\,dy=1$ 이다.

[그림 1.3]은 결합확률밀도함수의 한 예를 나타내고 있으며, 표면적 $z=f(x,y)$ 아래와 $xy-$평면 위의 전체 체적은 1이 된다. 이때 확률 $P((X,Y)\in A)$는 밑면적 A를 가지면서 표면적 $z=f(x,y)$ 아래에 의하여 형성되는 입체모양의 체적과 같다.

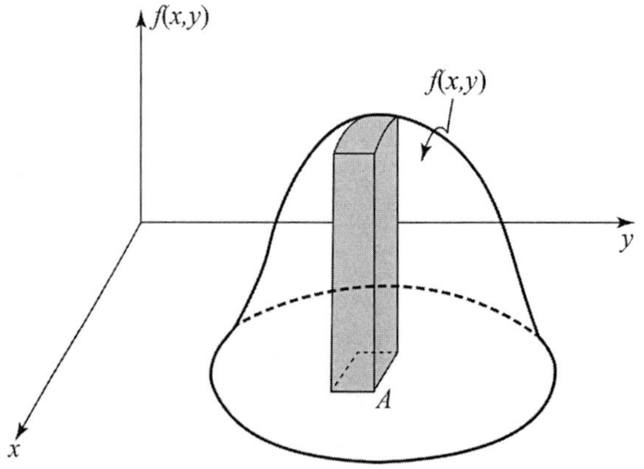

[그림 1.3] 연속형 확률변수 X와 Y의 결합확률질량함수

두 연속형 확률변수 X와 Y의 결합확률밀도함수가 $f(x,y)$일 때, 확률변수 X에 대한 주변확률밀도함수 $f_X(x)$는 $f(x,y)$를 y에 대하여, 확률변수 Y에 대한 주변확률밀도함수 $f_Y(y)$는 $f(x,y)$를 x에 대하여 각각 적분함으로써 구할 수 있다.

정의 1.10 주변확률밀도함수(marginal probability density function)

두 확률변수 X와 Y가 연속형인 경우, 한 확률변수의 주변확률밀도함수는 결합확률밀도함수를 다른 확률변수에 관해 모두 적분함으로써 얻을 수 있다.

- X 의 주변확률밀도함수 : $f_X(x) = \int_{-\infty}^{\infty} f(x,\ y)dy$
- Y 의 주변확률밀도함수 : $f_Y(y) = \int_{-\infty}^{\infty} f(x,\ y)dx$

또한 두 연속형 확률변수 X와 Y에 대하여 확률변수 X 의 값이 x 로 주어졌을 때 확률변수 Y 의 조건부 확률밀도함수는 다음과 같이 정의된다.

정의 1.11 조건부 확률밀도함수(conditional probability density function)

두 확률변수 X와 Y가 연속형인 경우, 확률변수 X 의 값이 x 로 주어졌을 때 확률변수 Y 의 조건부 확률밀도함수는

$$f_{Y|X}(y|x) = \frac{f(x,\ y)}{f_X(x)} \quad \text{, 여기서 } f_X(x) \neq 0$$

로 정의된다.

1.1.4 확률변수의 기댓값과 그 성질

(1) 기댓값

확률변수 X가 이산형인 경우, 그 기댓값(expected value)은 X 가 가질 수 있는 모든 값과 이에 대응하는 확률 $f(x)$를 곱한 후 모두 더한 값으로 정의되며, $E(X)$ 또는 모집단의 평균을 의미하는 μ로 표기한다. 반면에 확률변수 X가 연속형인 경우의 기댓값은 이산형인 경우와 동일하게 정의되지만, 단지 차이점은 연속형 확률변수가 가질 수 있는 값들이 계속 이어지는 무한의 셀 수 없는 값들로 이루어지기 때문에 합 기호(Σ) 대신에 적분

기호($\int$)를 사용하게 된다는 것이다.

정의 1.12 기댓값(expected value)

확률변수 X의 확률질량함수 또는 확률밀도함수를 $f(x)$라고 할 때, X의 기댓값 $E(X)$는 다음과 같이 정의된다.[2)]

$$E(X) = \begin{cases} \sum_{\forall x} x f(x) & , \quad X\text{가 이산형인 경우} \\ \int_{-\infty}^{\infty} x f(x) dx , & X\text{가 연속형인 경우} \end{cases}$$

정의 1.12의 기댓값의 정의를 이용하면 정리 1.1의 기댓값의 성질을 쉽게 보일 수 있다.

정리 1.1 기댓값의 성질

a, b가 상수일 때, 확률변수 X에 대하여 다음이 성립한다.

(a) $E(a) = a$

(b) $E(aX) = aE(X)$

(c) $E(aX + b) = aE(X) + b$

(2) 분산

확률변수 X의 분산 $Var(X)$는 그 확률변수의 값들이 평균 μ로부터 평균적으로 떨어진 정도를 나타내는 $(X-\mu)^2$의 기댓값 $E[(X-\mu)^2]$으로 정의되며, 표기는 $Var(X)$ 또는 σ^2으로 한다.

정의 1.13 분산(variance)과 표준편차(standard deviation)

확률변수 X의 확률질량함수 또는 확률밀도함수가 $f(x)$이고 평균 $\mu = E(X)$가 존재한다고 할 때, X의 분산 $Var(X)$와 표준편차 $SD(X)$는 각각 다음과 같이 정의된다.[3)]

2) 확률분포에 따라 기댓값이 특정 실수로 수렴하지 않아서 존재하지 않을 수도 있다.

3) 확률변수의 기댓값이 존재하지 않는 경우 분산은 정의되지 않으며, 기댓값이 존재한다고 하더라도 분산이 특정 실수로 수렴하지 않을 수도 있다.

$$Var(X) = E\left[(X-\mu)^2\right] = \begin{cases} \sum_{\forall x} (x-\mu)^2 f(x) & , \quad X\text{가 이산형인 경우} \\ \int_{-\infty}^{\infty} (x-\mu)^2 f(x)dx, & X\text{가 연속형인 경우} \end{cases}$$

$$SD(X) = \sqrt{Var(X)}$$

분산은 기댓값의 성질에 의하여 다음과 같은 관계가 성립한다.

정리 1.2 분산의 성질

a, b가 상수일 때, 확률변수 X에 대하여 다음이 성립한다.

(a) $Var(a) = 0$

(b) $Var(aX) = a^2 Var(X)$

(c) $Var(aX+b) = a^2 Var(X)$

(3) 공분산

일반적으로 두 확률변수가 서로 관련성을 가지고 변화할 때 그 관련 정도를 규명해야 할 경우가 있다. 예를 들어, 지능지수와 학업성적 간의 관계 또는 아버지 키와 아들 키 사이의 관계를 알아보고자 하는 경우가 이에 해당한다. 이들의 결합분포를 고려할 때, 각 확률변수의 평균과 분산은 각각의 주변분포에 관한 유용한 정보를 제공해 주지만, 이러한 값들은 두 확률변수 간의 관계 또는 함께 변하는 경향에 대한 정보를 제공해주지는 않는다. 따라서 두 확률변수 간의 관련 정도를 나타내기 위한 또 다른 측도가 필요하다. 두 확률변수 X와 Y간의 직선적인 관련 정도를 나타내기 위한 측도로 공분산(covariance)이 있으며 $Cov(X, Y)$로 표기하고, 다음과 같이 정의한다.

정의 1.14 두 확률변수의 공분산(covariance)

두 확률변수 X와 Y의 공분산은

$$Cov(X, Y) = E[(X-E(X))(Y-E(Y))]$$

으로 정의된다.

분산과는 달리 공분산은 음수이거나 0일 수도 있으며, 두 확률변수의 분산이 존재하는 경우 공분산은 항상 존재한다. 공분산의 값이 양수이면 두 확률변수 X와 Y는 같은 방향으로 증가 또는 감소하는 관계(정비례 관계)에 있다는 것을 나타내며, 그 값이 음수이면 반대 방향으로 증가 또는 감소하는 관계(반비례 관계)에 있다는 것을 나타낸다. 공분산의 값이 0에 가까울수록 두 확률변수 X와 Y는 직선적인 관련성을 거의 가지고 있지 않음을 의미하며, 반면에 공분산의 절댓값이 크면 클수록 두 확률변수 간의 직선적인 관련 정도는 크다고 할 수 있다. 공분산의 정의로부터 다음과 같은 성질을 유도할 수 있다.

정리 1.3 공분산의 성질

a, b, c, d가 상수일 때, 두 확률변수 X와 Y에 대하여 다음이 성립한다.

(a) $Cov(X, Y) = E(XY) - E(X)E(Y)$

(b) $Cov(aX + c, bY + d) = ab\,Cov(X, Y)$

(4) 상관계수

공분산의 값은 두 확률변수 X와 Y가 취하는 값의 단위에 따라 크게 변하게 된다. 예를 들어, 아버지와 아들의 키를 ㎝로 측정하느냐 또는 m로 측정 하느냐에 따라 두 확률변수의 공분산은 달라지게 된다. 따라서 계산된 공분산의 값을 통해 두 확률변수 간의 관련 정도를 파악하기에 어려움이 있다. 일반적으로 두 확률변수 간의 직선적인 관련성의 정도를 나타내기 위하여 상관계수(correlation coefficient)가 많이 사용되며, 두 확률변수 X와 Y의 상관계수는 $\rho(X, Y)$ 또는 ρ로 나타내며, 다음과 같이 정의된다.

정의 1.15 두 확률변수의 상관계수(correlation coefficient)

두 확률변수 X와 Y에 대하여, 두 확률변수간의 상관계수는

$$\rho(X, Y) = \frac{Cov(X, Y)}{\sqrt{Var(X)}\sqrt{Var(Y)}} = \frac{E[(X - E(X))(Y - E(Y))]}{\sqrt{E[(X - E(X))^2]}\sqrt{E[(Y - E(Y))^2]}}$$

와 같이 정의된다.

상관계수의 값이 0에 가까울수록 두 확률변수는 직선적인 관계가 작음을 나타내고, 반면에 -1에 가까울수록 두 확률변수간에는 강한 음의 직선 관계를, +1에 가까울수록 강한

양의 직선 관계를 가지고 있음을 나타낸다. 만약 확률변수 Y가 확률변수 X의 일차함수 즉, 어떤 상수 a, b에 대하여 $Y = aX + b$ $(a \neq 0)$의 관계가 있다면

$$Cov(X, Y) = Cov(X, aX + b) = a\,Var(X) \tag{1.1}$$

이고, $Var(Y) = a^2\,Var(X)$ 이므로,

$$\rho(X, Y) = \frac{a\,Var(X)}{\sqrt{Var(X)}\,\sqrt{a^2\,Var(X)}} = \frac{a}{|a|} \tag{1.2}$$

가 되어, a의 부호에 따라 1 또는 -1의 값을 갖게 된다.

정리 1.4

두 확률변수 X와 Y가 상수 $a(\neq 0)$와 b에 대하여 $Y = aX + b$를 만족한다고 하자. 이때 $a > 0$이면 $\rho(X, Y) = 1$이고, $a < 0$이면 $\rho(X, Y) = -1$이다.

(5) 두 확률변수의 독립성

두 확률변수가 독립일 필요충분조건과 곱의 기댓값은 각각 다음과 같다.

정리 1.5 두 확률변수가 독립일 필요충분조건

두 확률변수 X 와 Y가 서로 독립일 필요충분조건은

$$f(x,y) = f_X(x) f_Y(y)$$

이다.

정리 1.6 두 확률변수의 곱의 기댓값

두 확률변수 X와 Y가 서로 독립이면,

$$E(XY) = E(X)E(Y)$$

이 성립한다.

※ 일반적으로 정리 4.12의 역은 성립하지 않는다.

두 확률변수 X와 Y의 공분산은 $Cov(X,Y)=E(XY)-E(X)E(Y)$이므로, X와 Y가 서로 독립이면 정리 1.6으로부터 $Cov(X,Y)=0$이 된다. 또한 상관계수의 정의로부터 두 확률변수가 독립이면 상관계수 역시 $\rho(X,Y)=0$이 된다. 따라서 아래의 성질이 성립함을 알 수 있다.

정리 1.7 서로 독립인 두 확률변수의 분산, 공분산, 상관계수

두 확률변수 X와 Y가 서로 독립이면, 다음이 성립한다.

(a) $Cov(X,Y)=\rho(X,Y)=0$

(b) $Var(X\pm Y)=Var(X)+Var(Y)$

1.1.5 특수한 형태의 확률분포

일반적으로 확률변수가 가질 수 있는 확률분포는 무수히 많으며, 확률변수의 형태에 따라 이산형 확률분포와 연속형 확률분포로 구분된다. 여기서는 통계적 추론에서 자주 사용되는 베르누이분포, 이항분포, 정규분포, 표준정규분포, 이변량 정규분포 등에 대하여 살펴보기로 한다.

(1) 베르누이분포

어떤 시행(trial)이나 실험(experiment)의 결과가 오직 두 가지의 가능한 결과만을 가질 때 이를 베르누이시행(Bernoulli trial)이라고 한다. 여기서 두 가지의 가능한 결과를 편의상 '성공'과 '실패'라고 하고, 성공할 확률을 p로, 실패할 확률을 $q=1-p$로 나타내자. 이때, 베르누이시행의 결과가 '성공'이면 확률변수 X가 1의 값을 가지고, '실패'이면 0의 값을 가진다면 확률변수 X의 확률질량함수는

$$P(X=x)=\begin{cases} p & ,\ x=1 \\ 1-p\ , & x=0 \end{cases}$$

으로 주어지며, 이러한 확률변수 X를 베르누이 확률변수라 부른다.

정의 1.16 베르누이분포(Bernoulli distribution)[4]

성공률이 $p(0 \le p \le 1)$인 베르누이시행에서 확률변수 X가 0 또는 1의 값을 취할 수 있고, 그 확률질량함수가

$$f(x) = \begin{cases} p^x(1-p)^{1-x}, & x = 0, 1 \\ 0 & , \text{기타} \end{cases}$$

일 때 확률변수 X는 '모수가 p인 베르누이분포를 따른다'라고 하며, $X \sim B(1,p)$로 표기한다.

확률변수 X가 모수가 p인 베르누이분포를 따른다면, 그 평균과 분산은 각각

$$\begin{aligned} E(X) &= 1 \times p + 0 \times (1-p) = p \\ Var(X) &= E(X - E(X))^2 = E(X-p)^2 \\ &= (1-p)^2 \times p + (0-p)^2 \times (1-p) \\ &= p(1-p) \end{aligned} \tag{1.3}$$

로 구해진다.

정리 1.8 베르누이분포의 평균과 분산

확률변수 X가 모수가 p인 베르누이분포를 따른다고 하면
$E(X) = p$이고 $Var(X) = p(1-p)$이다.

(2) 이항분포

일반적으로 우리는 단 한 번의 베르누이시행에 관한 실험보다는 동일한 베르누이시행이 n 번 독립적으로 반복되는 실험 또는 조사에 관심을 가지게 된다.[5] 즉, n 번의 독립적인

4) 베르누이분포는 제비뽑기에서의 당첨 또는 탈락, 여론조사에서의 찬성 또는 반대, 대학입학시험에서의 합격 또는 불합격 등과 같이 2가지의 가능한 결과만을 가지는 실험 또는 조사를 기술하는데 있어서 가장 기본적인 역할을 하는 분포이다.

5) 성공할 확률이 p로 동일한 베르누이시행이 서로 독립적으로 이루어지는 실험을 베르누이 과정(Bernoulli process)이라고 한다. 베르누이 과정의 전형적인 예로 동전을 반복하여 던지는 실험을 들 수 있다.

베르누이시행에서 성공 또는 실패가 일어나는 횟수에 관심을 가지게 되는 것이다. 확률변수 $X_i(i=1,2,\cdots,n)$를 성공률이 p이며 서로 독립인 베르누이시행으로부터의 i번째 결과라고 할 때, 이들의 합으로 나타내어지는 이항(binomial) 확률변수 $X=\sum_{i=1}^{n} X_i$는 n 번의 독립적인 베르누이시행에서 나타난 성공의 횟수를 나타내며 $\{0,1,2,\cdots,n\}$의 값을 가지게 된다. 이때 성공률 p에 대하여 x번 성공이 일어나고 $n-x$번 실패가 일어나는 한 가지 경우의 확률은

$$\begin{aligned} P(S,\cdots,S,F,\cdots,F) &= p\cdots p\,(1-p)\cdots(1-p) \\ &= p^x(1-p)^{n-x} \end{aligned} \tag{1.4}$$

이 되며 이러한 경우의 수는 $\binom{n}{x}$번 이므로, n번의 독립적인 베르누이시행에서 x번 성공이 일어날 확률은 가능한 모든 경우의 확률을 전부 더하여

$$P(X=x)=\binom{n}{x}p^x(1-p)^{n-x} \quad (\text{단, } x=0,1,2,\cdots,n) \tag{1.5}$$

와 같이 구할 수 있다.

정의 1.17 이항분포(binomial distribution)

성공률이 p인 베르누이시행을 n번 독립적으로 반복할 때 확률변수 X를 성공의 횟수라고 하자. 이때 X는 '모수가 n, p인 이항분포를 따른다'라고 하며, $X\sim B(n,\ p)$로 표기하고, 그 확률질량함수 $f(x)$는 다음과 같다.

$$f(x)=\begin{cases}\binom{n}{x}p^x(1-p)^{n-x}, & x=0,\ 1,\ \cdots,\ n \\ 0, & \text{기타}\end{cases}$$

확률변수 X가 모수가 n, p인 이항분포를 따른다면, 그 평균과 분산은 각각

$$E(X)=E\left(\sum_{i=1}^{n}X_i\right)=\sum_{i=1}^{n}E(X_i)=np \quad (\text{동일한 베르누이 분포를 따르므로})$$

$$Var(X) = Var\left(\sum_{i=1}^{n} X_i\right) = \sum_{i=1}^{n} Var(X_i) \text{ (서로 독립이므로)}$$
$$= np(1-p) \text{ (동일한 베르누이 분포를 따르므로)} \tag{1.6}$$

로 구해진다.

정리 1.9 이항분포의 평균과 분산

확률변수 X가 모수가 n, p인 이항분포를 따른다고 하면
$E(X) = np$이고 $Var(X) = np(1-p)$이다.

(3) 정규분포

저울을 사용하여 어떤 물건을 여러 번 반복 측정할 때 그 측정값들이 반드시 일치하지는 않는다. 그 이유는 온도, 습도, 기압 등과 같이 측정시 고려되지 않는 여러 가지 요인들에 의하여 영향을 받기 때문이다. 이때 측정값은 제멋대로 나타나는 것이 아니라 참값에 가까운 측정값들은 많이 나타나고, 참값에 비하여 매우 크거나 작은 측정값들은 적게 나타나게 된다. 18세기 과학자들은 이러한 측정값들의 오차가 어떠한 규칙성을 가지는 분포 형태를 나타낸다는 점을 발견하고, 여러 번의 실험을 통하여 측정오차가 정규곡선이라 불리는 좌우대칭형의 분포를 따르고 있다는 사실을 도출하였다.

이러한 측정오차의 분포형태를 수학적인 함수로 체계화한 것이 바로 정규분포(normal distribution)이다.[6] 통계학의 초기 단계에서는 정규분포에 지나치게 의존하여 모든 실생활의 현상들이 정규분포 모양과 가까운 형태일 때에는 맞고, 그렇지 않은 경우에는 자료의 수집과정에 잘못이 있다고 생각하였다. 그러나 실생활에서의 현상들 중 상당수는 정규분포 이외의 다른 형태의 확률모형을 가지는 경우도 많다. 그럼에도 불구하고 정규분포는 여전히 그 수학적 성질 때문에 통계학에서 가장 중요한 위치를 차지하고 있다.

6) 정규분포를 가우스분포(Gauss distribution)라고도 부르는데, 그 이유는 이 분포가 19세기의 가장 위대한 수학자로 알려진 C. Gauss에 의하여 물리학과 천문학 등에 폭넓게 응용되었기 때문이다.

정의 1.18 정규분포(normal distribution)

확률변수 X의 확률밀도함수가

$$f(x) = \frac{1}{\sqrt{2\pi}\,\sigma} e^{-\frac{(x-\mu)^2}{2\sigma^2}}, \quad -\infty < x < \infty$$

와 같을 때, 확률변수 X는 '평균이 μ이고 분산이 σ^2인 정규분포를 따른다'라고 하며, $X \sim N(\mu,\ \sigma^2)$으로 표기한다.

정규분포는 두 개의 모수 즉, 평균 μ와 분산 σ^2에 의해 결정되어지므로 그 종류는 무수히 많다. [그림 1.4]는 여러 가지 종류의 정규분포 곡선을 나타내고 있으며, [그림 1.4]에서 보는 바와 같이 정규분포 곡선은 다음의 몇 가지 주요한 특징을 가지고 있다.

① 평균 μ을 중심으로 종모양의 좌우 대칭이다.
② 평균=중앙값=최빈값이다.
③ 평균 μ로부터 멀어지는 양쪽 꼬리부분은 x축으로 점점 접근한다.
④ 곡선과 x축 사이 부분의 면적은 1이다.

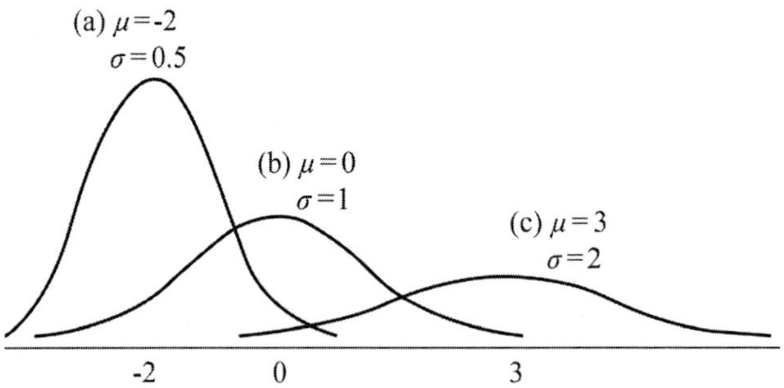

[그림 1.4] 여러 가지 종류의 정규분포

확률변수 X가 정규분포 $N(\mu, \sigma^2)$를 따른다고 할 때, 즉 그 확률밀도함수가 정의 1.18의 $f(x)$라고 하면 확률변수 X의 평균과 분산은 정리 1.10과 같이 계산되며, 정리 1.11의 두 가지 중요한 성질을 만족한다. 정리 1.10과 1.11에 대한 증명은 이 책의 수준을 벗어나므로 생략한다.

정리 1.10 정규분포의 평균과 분산

확률변수 X 의 확률밀도함수가 $f(x) = \frac{1}{\sqrt{2\pi}\,\sigma} e^{-\frac{1}{2\sigma^2}(x-\mu)^2}$, $-\infty < x < \infty$ 이면

$E(X) = \mu$이고 $Var(X) = \sigma^2$이다.

정리 1.11 정규분포의 두 가지 중요한 성질

(1) 확률변수 X 가 정규분포 $N(\mu,\ \sigma^2)$를 따른다면, X 의 일차함수 $aX+b$ (단, a, b는 상수)는 정규분포 $N(a\mu+b,\ a^2\sigma^2)$를 따른다.

(2) 정규분포의 가법성: 서로 독립인 두 확률변수 X와 Y가 각각 정규분포 $N(\mu_1,\ \sigma_1^2)$와 $N(\mu_2,\ \sigma_2^2)$ 를 따른다면, 두 확률변수의 합 $aX \pm bY$는 정규분포 $N(a\mu_1 \pm b\mu_2,\ a^2\sigma_1^2 + b^2\sigma_2^2)$ 를 따른다.

(4) 표준정규분포

확률변수 X가 정규분포 $N(\mu,\ \sigma^2)$를 따를 때, 주어진 구간에 대한 확률은 확률밀도함수 $f(x)$의 적분을 통하여 계산될 수 있다. 예를 들어, [그림 1.5]에서와 같이 확률변수 X가 a와 b(단, $a < b$) 사이에 있을 확률은

$$P(a \le x \le b) = \int_a^b f(x)dx = \int_a^b \frac{1}{\sqrt{2\pi}\,\sigma} e^{-\frac{1}{2\sigma^2}(x-\mu)^2} dx$$

와 같이 계산된다. 그러나 이러한 적분의 계산은 매우 복잡하므로, 미리 계산해 놓은 확률표를 이용하여 필요한 확률을 구하는 것이 바람직하다.

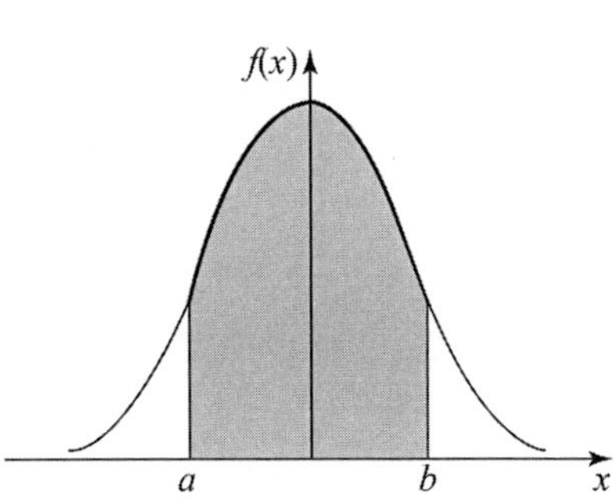

[그림 1.5] 정규분포 $N(\mu, \sigma^2)$에서의 확률 $P(a \le X \le b)$

정규분포 $N(\mu,\ \sigma^2)$ 의 확률밀도함수는 평균 μ와 분산 σ^2에 따라 변하며 확률변수가 취할 수 있는 값은 $-\infty$와 $+\infty$ 사이의 모든 값이므로, 모든 형태의 정규분포에 대한 확률표를 전

부 만든다는 것은 불가능하다. 그러나 평균과 분산이 고정된 특수한 정규분포를 하나 택하여 주어진 구간에 대한 확률을 표로 작성할 수 있다면, 필요한 확률을 쉽게 계산할 수가 있다. 이러한 특수한 형태의 정규분포가 바로 표준정규분포(standard normal distribution) 즉, 평균이 $\mu = 0$ 이고 분산이 $\sigma^2 = 1$인 정규분포이다.

정의 1.19 표준정규분포(standard normal distribution)

평균이 $\mu = 0$이고 분산이 $\sigma^2 = 1$인 정규분포를 표준정규분포라고 한다. 즉, 확률변수 X의 확률밀도함수가

$$f(x) = \frac{1}{\sqrt{2\pi}} e^{-\frac{1}{2}x^2}, \qquad -\infty < x < \infty$$

와 같을 때, 확률변수 X는 '표준정규분포를 따른다'라고 하며, $X \sim N(0,\ 1)$으로 표기한다.

정규분포를 따르는 어떠한 변수라도 이를 표준화하여 표준정규분포로 변환시킬 수 있다. 즉, 확률변수 X가 평균이 μ이고 분산이 σ^2인 정규분포 $N(\mu, \sigma^2)$를 따른다고 할 때, 확률변수 X에서 평균 μ를 빼고 표준편차 σ로 나눈 표준화된 확률변수

$$Z = \frac{X - \mu}{\sigma} \tag{1.7}$$

는 평균이 0이고 분산이 1인 표준정규분포 $N(0,\ 1)$를 따르게 된다. 이에 대한 증명은 정리 1.11을 이용하여 쉽게 보일 수 있다.

정리 1.12 정규확률변수의 표준화

확률변수 X가 정규분포 $N(\mu, \sigma^2)$를 따를 때, 이를 표준화한 확률변수

$$Z = \frac{X - \mu}{\sigma}$$

는 표준정규분포 $N(0,\ 1)$를 따른다.

일반적으로 표준정규분포를 따르는 확률변수 Z의 확률밀도함수를 $\phi(z)$로, 누적분포함수를 $\Phi(z)$로 표기하며, 이들은 각각 다음과 같다.

$$\begin{aligned}\phi(z) &= \frac{1}{\sqrt{2\pi}} e^{-\frac{1}{2}z^2}, \qquad -\infty < z < \infty \\ \Phi(z) &= P(Z \le z) = \int_{-\infty}^{z} \frac{1}{\sqrt{2\pi}} e^{-\frac{1}{2}t^2} dt\end{aligned} \tag{1.8}$$

표준정규분포는 0에 대하여 좌우대칭이므로 누적분포함수 $\Phi(z)$는 다음과 같은 성질을 가지며, 이러한 성질은 확률계산을 간편하게 하여 준다.

$$\Phi(0) = 0.5, \quad \Phi(-z) = 1 - \Phi(z), \quad P(Z > z) = 1 - \Phi(z) \tag{1.9}$$

표준정규분포에서 오른쪽 꼬리의 넓이가 α가 되는 지점을 z_α로 나타내며, 이를 상위 $100\alpha\%$ 백분위수라고 한다. 즉, z_α는 [그림 1.6]에서 보는 바와 같이 $P(Z \ge z_\alpha) = \alpha$를 만족하는 값이며, 통계적 추론에서 자주 사용되는 상위 백분위수에는

$$z_{0.05} = 1.645, \quad z_{0.025} = 1.96, \quad z_{0.005} = 2.58 \tag{1.10}$$

등이 있다.

(5) 이변량 정규분포

두 확률변수 X와 Y가 이변량 정규분포를 따를 때 두 확률변수의 결합확률밀도함수는 다음과 같다.

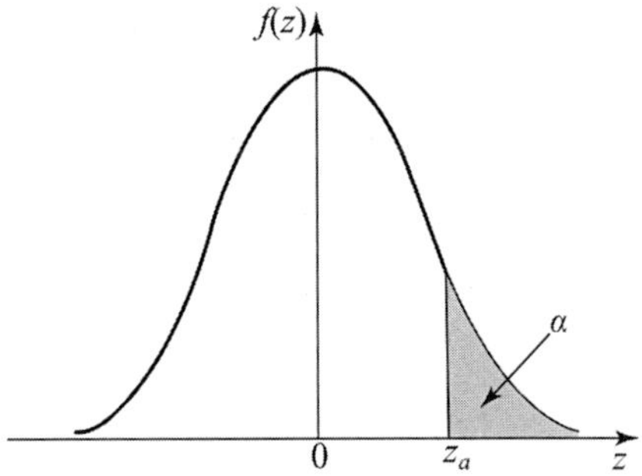

[그림 1.6] 표준정규분포 $N(0,1)$의 상위 $100\alpha\%$ 백분위수

정의 1.20 이변량 정규분포(bivariate normal distribution)

두 확률변수 X와 Y의 결합확률밀도함수가

$$f(x,y)=\frac{1}{2\pi\sigma_X\sigma_Y\sqrt{1-\rho^2}}exp\left(-\frac{1}{2(1-\rho^2)}\left[\left(\frac{x-\mu_X}{\sigma_X}\right)^2-2\rho\left(\frac{x-\mu_X}{\sigma_X}\right)\left(\frac{x-\mu_Y}{\sigma_Y}\right)+\left(\frac{x-\mu_Y}{\sigma_Y}\right)^2\right]\right),\quad -\infty < x,\, y < \infty$$

와 같을 때, 두 확률변수 X와 Y는 '모수가 $\mu_X, \mu_Y, \sigma_X^2, \sigma_Y^2, \rho$인 이변량 정규분포를 따른다'라고 하며, $(X, Y)^T \sim BVN(\mu_X, \mu_Y, \sigma_X^2, \sigma_Y^2, \rho)$ 으로 표기한다.

이변량 정규분포에서 상관계수 ρ가 양수이면 두 확률변수 X와 Y가 양의 상관관계에 있으므로 결합확률밀도함수는 직선 $y=x$에 근접하는 영역에 집중하게 된다. 반면에 ρ가 음수이면 두 확률변수 X와 Y가 음의 상관관계에 있으므로 결합확률밀도함수는 직선 $y=-x$에 근접하는 영역에 집중하게 된다. [그림 1.7]은 이변량 정규분포에서 두 확률변수 X와 Y의 상관계수 ρ에 따른 결합확률밀도함수의 그래프를 나타내고 있다.

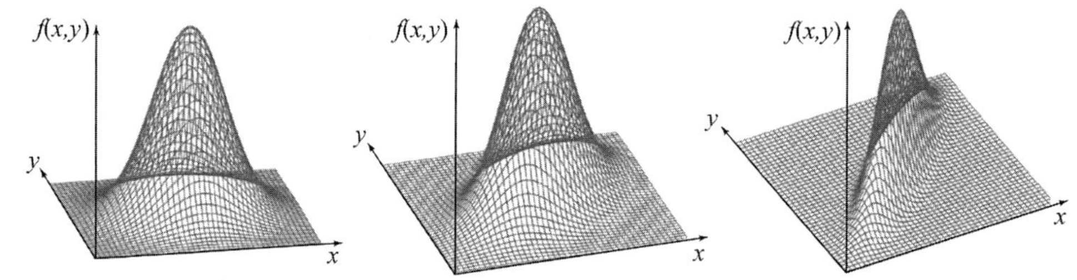

(a) $\rho=0$ (b) $\rho=0.5$ (c) $\rho=0.9$

[그림 1.7] 상관계수 ρ에 따른 이변량 정규분포

정의 1.10과 정의 1.11로부터 이변량 정규분포의 주변확률밀도함수와 조건부 확률밀도함수는 각각 다음과 같이 구해진다.

정리 1.13 이변량 정규분포의 주변확률밀도함수

두 확률변수 X와 Y가 이변량 정규분포 $BVN(\mu_X, \mu_Y, \sigma_X^2, \sigma_Y^2, \rho)$를 따를 때, 확률변수 X와 Y의 주변확률밀도함수는 각각

$$f(x) = \frac{1}{\sqrt{2\pi}\,\sigma_X} e^{-\frac{1}{2\sigma_X^2}(x-\mu_X)^2}, -\infty < x < \infty$$

$$f(y) = \frac{1}{\sqrt{2\pi}\,\sigma_Y} e^{-\frac{1}{2\sigma_Y^2}(y-\mu_Y)^2}, -\infty < y < \infty$$

와 같다.

정리 1.14 이변량 정규분포의 조건부 확률밀도함수

두 확률변수 X와 Y가 이변량 정규분포 $BVN(\mu_X, \mu_Y, \sigma_X^2, \sigma_Y^2, \rho)$를 따를 때, $X = x$로 주어졌을 때 확률변수 Y의 조건부 확률밀도함수는

$$f(x) = \frac{1}{\sqrt{2\pi}\,\sigma_Y\sqrt{1-\rho^2}} exp\left\{-\frac{1}{2\sigma_Y^2(1-\rho^2)}\left(y - u_Y - \rho\frac{\sigma_Y}{\sigma_X}(x-\mu_X)\right)^2\right\},$$

$$-\infty < y < \infty$$

와 같다.

1.2 표본분포

1.2.1 기본용어

통계학에서 모집단(population)이란 연구 또는 관찰의 대상이 되는 집단 전체를 의미하며, 통계실험이나 통계조사의 목적은 미지의 모집단에 대한 정보를 알아보는데 있다. 여기서 모집단의 정보란 모평균, 모분산 등과 같이 모집단의 특성을 나타내는 값을 말하며 이러한 특성값을 모수(parameter)라고 한다. 모수의 정확한 값은 모집단 전체를 조사하여야만 알 수 있다. 그러나 일반적으로 모집단은 매우 크기 때문에 모집단 전체를 모두 조사한다는 것은 현실적으로 불가능 하거나, 비록 가능하다고 하더라도 엄청난 비용과 시간을 필요로 하는 경우가 대부분이다. 따라서 우리는 일반적으로 표본(sample)을 추출하고 이를 이용하여 모수에 대해 추론하게 된다. 예를 들어 어느 전구회사에서 생산되는 전구의 평

균수명(모수)을 조사한다고 할 때 그 조사대상은 전구회사에서 생산하는 모든 전구(모집단)가 된다. 하지만 전구회사에서 생산되는 모든 전구의 수명을 조사한다는 것은 현실적으로 불가능하므로, 이러한 경우에는 생산되는 모든 전구(모집단) 중에서 일부(표본)를 추출한 후 이들의 수명을 측정함으로써 전체 전구의 평균수명을 추측하게 된다.

정의 1.21 모집단(population), 모수(parameter), 표본(sample)

연구 또는 관찰 대상의 전체집합을 모집단이라 하고, 모집단의 특성을 나타내는 값을 모수라고 한다. 표본이란 모집단의 부분집합으로 모집단으로부터 추출된 자료를 말한다.

모집단으로부터 표본을 추출할 때에는 표본이 모집단을 잘 대표할 수 있도록 해야 한다. 어느 한쪽으로 치우쳐서 표본을 추출하고 이를 이용하여 모수에 대한 추론을 할 경우에는 그 결과가 왜곡되어 나타나게 된다. 이러한 문제를 해결하기 위하여 조사 대상들을 동일한 모집단으로부터 서로 독립적으로 추출하여 모집단을 구성하는 모든 개체가 추출될 가능성이 동일하도록 하는 것이 바람직하며, 이러한 방법으로 추출된 표본을 확률표본(random sample)이라고 한다. 예를 들어, 전체 전구의 평균수명에 대해 알아보기 위하여 10개의 전구를 독립적으로 추출하여 이들의 수명 $X_1, X_2, \cdots, X_{10}$[7])을 조사하기로 하였다고 하자. 이때 회사에서 전구를 무한히 많이 생산한다고 하면[8]), 전구의 수명(모집단)에 대한 미지의 확률분포를 설정할 수 있으므로 각각의 전구 수명 $X_i (i = 1, 2, \cdots, 10)$들은 서로 독립이고 동일한 확률분포(i.i.d., independent and identically distributed)를 따르게 된다. 이와 같이 확률표본(random sample)은 동일한 확률분포로부터 서로 독립적으로 추출한 표본이라고 할 수 있다.

정의 1.22 확률표본(random sample)

미지의 모집단이 확률분포 F를 따른다고 할 때, 모집단으로부터 추출한 크기가 n인 확률표본 $X_1, X_2, \ldots, X_n$은 모집단과 동일한 확률분포 F로부터 서로 독립적으로 추출한 n개의 확률변수들의 집합을 뜻한다.

---

7) 전구의 수명이 관측되기 전이므로 각각의 $X_i (i = 1, \cdots, 10)$들은 확률변수이다.

8) 생산된 전구(모집단)의 수가 유한개일 때에는 복원 랜덤추출을 통해 확률표본을 구할 수 있다.

일반적으로 모평균, 모분산과 같은 모수는 확률표본 $X_1, X_2, \cdots, X_n$으로부터 계산되는 표본평균, 표본분산을 이용하여 각각 추론하게 된다.

$$\begin{aligned} &\text{표본평균 : } \overline{X} = \frac{1}{n}\sum_{i=1}^{n} X_i \\ &\text{표본분산 : } S^2 = \frac{1}{n-1}\sum_{i=1}^{n}(X_i - \overline{X})^2 \end{aligned} \tag{1.11}$$

이러한 확률표본의 함수를 통계량(statistic)이라고 하며, 통계량으로부터 우리는 모수에 관한 정보를 얻게 된다. 통계량은 모집단의 어떤 모수에 관심을 가지느냐에 따라 여러 가지를 고려할 수 있다.

통계량의 정의로 부터 통계량 자체도 확률변수임을 알 수 있다. 다시 말해, 모수의 추론에 사용되는 통계량은 어떠한 표본이 추출되느냐에 따라 그 관측값들이 매번 달라질 것이고, 서로 다른 관측값들은 하나의 확률분포를 이루게 된다. 이러한 통계량의 분포를 표본분포(sampling distribution)[9]라고 한다.

정의 1.23 통계량(statistic)과 표본분포(sampling distribution)

미지의 모수를 포함하지 않는 확률표본 $X_1, \cdots, X_n$의 함수 $T = T(X_1, \cdots, X_n)$를 통계량이라고 하고, 통계량의 확률분포를 표본분포라고 한다.

1.2.2 표본평균의 분포와 중심극한정리

평균이 μ이고 분산이 σ^2인 모집단으로부터 확률표본 $X_1, X_2, \cdots, X_n$을 얻었다고 하자. 이때 표본평균 $\overline{X} = \frac{1}{n}\sum_{i=1}^{n} X_i$의 기댓값 $E(\overline{X})$는 기댓값의 덧셈 성질을 이용하여

$$E(\overline{X}) = E\left[\frac{1}{n}(X_1 + \cdots + X_n)\right] = \frac{1}{n}\left[E(X_1) + \cdots + E(X_n)\right]$$

9) 표본분포는 모수의 추론에 사용되는 통계량과 모수 사이의 관계를 나타내어 주기 때문에 표본분포를 알면 모수가 포함될 것으로 기대되는 신뢰구간을 추정할 수 있으며, 또한 모수가 어떤 특정한 값을 갖는 지를 검정 할 수도 있다.

$$
\begin{aligned}
&= \frac{1}{n}[\mu + \cdots + \mu] (\text{동일한 모집단의 분포를 따르므로}) \\
&= \frac{1}{n} n\mu = \mu
\end{aligned}
\tag{1.12}
$$

와 같이 구할 수 있다. 이러한 사실로부터 하나의 표본으로부터 계산된 표본평균의 관찰값은 모평균 μ와 반드시 일치하지는 않으나, 표본평균 $\overline{X}$는 특정한 확률분포를 따르게 되고 그 평균이 모평균 μ와 일치한다는 것을 알 수 있다.

다음으로 표본평균 $\overline{X}$의 분산과 모분산 σ^2사이에는 어떤 관련성이 있는지 살펴보도록 하자. 표본평균 $\overline{X}$의 분산 $Var(\overline{X})$는 분산의 덧셈 성질을 이용하면

$$
\begin{aligned}
Var(\overline{X}) &= Var\left[\frac{1}{n}(X_1 + \cdots + X_n)\right] \\
&= \frac{1}{n^2}[Var(X_1) + \cdots + Var(X_n)] (\text{서로 독립이므로}) \\
&= \frac{1}{n^2}[\sigma^2 + \cdots + \sigma^2] (\text{동일한 모집단의 분포를 따르므로}) \\
&= \frac{1}{n^2} n\sigma^2 = \frac{\sigma^2}{n}
\end{aligned}
\tag{1.13}
$$

이 됨을 알 수 있다.

정리 1.15 표본평균의 평균과 분산[10)]

$X_1, X_2, \cdots, X_n$을 평균이 μ이고 분산이 σ^2인 모집단으로부터 얻은 확률표본이라고 하면 $E(\overline{X}) = \mu$, $Var(\overline{X}) = \sigma^2/n$ 이 성립한다.

(1) 정규모집단에서의 표본평균의 분포

표본평균 $\overline{X}$의 분포 모양은 모집단의 분포 모양에 의해서 결정된다. 이제 모집단의 분포가 정규분포 $N(\mu, \sigma^2)$인 경우에 표본평균 $\overline{X}$의 분포에 대하여 알아보자. 정규모집단

10) 정리 1.15는 모집단의 분포에 관계없이 성립함을 알 수 있다.

$N(\mu, \sigma^2)$으로부터 추출된 크기가 n인 확률표본 $X_1,\ X_2, \dots, X_n$에서 각각의 $X_i(i=1,\dots,n)$들은 서로 독립적으로 모집단과 동일한 분포 $N(\mu, \sigma^2)$를 따른다. 따라서 정리 1.11의 정규분포의 가법성을 이용하면 표본평균 $\overline{X}$의 분포가 정규분포임을 알 수 있으며, 정리 1.15를 통해 표본평균 $\overline{X}$가 정규분포 $N(\mu, \sigma^2/n)$를 따르는 것을 알 수 있다.

정리 1.16 정규모집단에서의 표본평균의 분포

$X_1, X_2, \cdots, X_n$을 평균이 μ이고 분산이 σ^2인 정규모집단으로부터 얻은 확률표본이라고 하면 표본평균 $\overline{X}$는 정규분포 $N\left(\mu, \dfrac{\sigma^2}{n}\right)$를 따른다. 즉, $\overline{X} \sim N\left(\mu, \dfrac{\sigma^2}{n}\right)$이 성립하고, 이를 표준화하면

$$Z = \frac{\overline{X} - \mu}{\sigma / \sqrt{n}} \sim N(0, 1)$$

와 같다.

(2) 비정규모집단에서의 표본평균의 분포(중심극한정리)

일반적으로 실제 문제에서는 모집단의 분포가 알려져 있지 않은 경우가 대부분이다. 그렇다면, 관측대상인 모집단의 분포가 정규분포가 아닐 때 표본평균 $\overline{X}$의 분포 모양은 어떻게 될까? 정규분포를 따르지 않는 모집단으로부터 표본이 추출되었을 때, 표본평균 $\overline{X}$의 분포는 표본의 크기 n이 작으면 거의 대부분 모집단의 분포 모양에 의존한다. 그러나 모집단의 분포에 관계없이 표본평균 $\overline{X}$의 분포는 표본의 크기 n이 커짐에 따라 점점 정규분포에 근사해 가는 성질을 가지고 있다. 이러한 성질을 기술해 놓은 것이 중심극한정리(central limit theorem)이다.

정리 1.17 중심극한정리(central limit theorem)

$X_1, X_2, \cdots, X_n$을 평균이 μ이고 분산이 $\sigma^2 < \infty$인 임의의 모집단으로부터 얻은 크기가 n인 확률표본이라고 하면, 확률변량 $\dfrac{\sum_{i=1}^{n} X_i - E\left(\sum_{i=1}^{n} X_i\right)}{\sqrt{Var\left(\sum_{i=1}^{n} X_i\right)}} = \dfrac{\sum_{i=1}^{n} X_i - n\mu}{\sqrt{n}\,\sigma}$의 분포는 n이

커짐에 따라 표준정규분포 $N(0,1)$로 근사해 간다. 즉, n이 충분히 클 때 표본평균 $\overline{X}$를 표준화 하면

$$\frac{\overline{X}-\mu}{\sigma/\sqrt{n}} \overset{\cdot}{\sim} N(0,1)$$

이 성립한다.

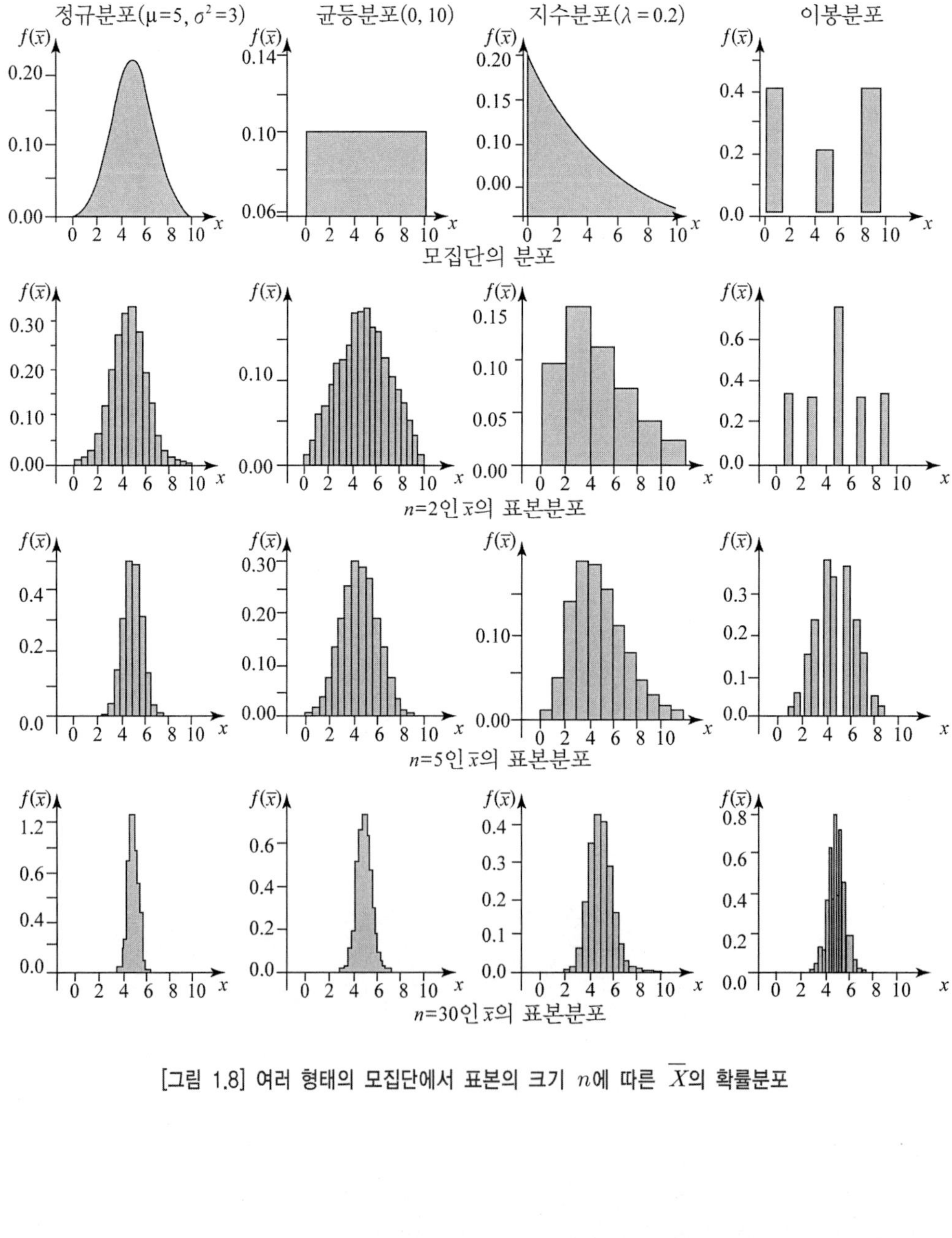

[그림 1.8] 여러 형태의 모집단에서 표본의 크기 n에 따른 $\overline{X}$의 확률분포

중심극한정리로부터 모집단의 분포가 이산형이든 연속형이든, 또는 좌우대칭이든 비대칭이든 관계없이 표본의 크기 n이 커짐(일반적으로 $n \geq 30$)에 따라 표본평균 $\overline{X}$의 분포는 정규분포로 근사해 간다. 그러나 근사의 정확성은 표본의 크기와 모집단의 분포 모양에 의존한다. 모집단의 분포가 어느 한쪽으로 심하게 기울어져 있지 않다면 위 [그림 1.8]에서 보는 바와 같이 표본의 크기가 작아도 정규분포로 쉽게 근사하는 것을 확인할 수 있다.

1.2.3 카이제곱분포와 표본분산의 분포

이제 모분산 σ^2을 추론하기 위해 주로 사용되는 표분분산 $S^2 = \sum_{i=1}^{n}(X_i - \overline{X})^2/(n-1)$이 어떤 형태의 확률분포를 따르는지 알아보도록 하자.

(1) 카이제곱분포

카이제곱분포(chi-square distribution)는 모분산 σ^2의 추론에 사용되는 표본분산 S^2의 표본분포를 이해하는데 유용하게 사용된다.

정의 1.24 카이제곱분포(chi-square distribution)

확률변수 X가 자유도가 n인 카이제곱분포를 따른다면, $X \sim \chi^2(n)$로 표기하고 확률밀도함수 $f(x)$는 다음과 같다.11)

$$f(x) = \frac{1}{\Gamma(n/2)2^{n/2}} x^{\frac{n}{2}-1} e^{-\frac{x}{2}}, \ x > 0 \quad \text{여기서 } \Gamma(\alpha) = \int_0^{\infty} t^{\alpha-1} e^{-t} dt, \alpha > 0.$$

카이제곱분포는 자유도 n에 의해 그 분포의 모양이 결정되는 비대칭 형태의 분포로서 n이 작을수록 봉우리는 왼쪽으로 크게 치우치게 되고 꼬리는 오른쪽으로 길게 뻗어 있는 모양을 띠게 된다. 그리고 카이제곱분포에서 자유도 n이 커질수록 봉우리는 점점 오른쪽으로 움직이면서 대칭성을 띠게 되며, $n \to \infty$일 때는 정규분포로 근사해 간다. 여러 값의 자유도 n에 대한 카이제곱 확률밀도함수의 그래프는 [그림 1.9]에 주어져 있다.

---

11) 이때 $E(X) = n$이고 $Var(X) = 2n$이다.

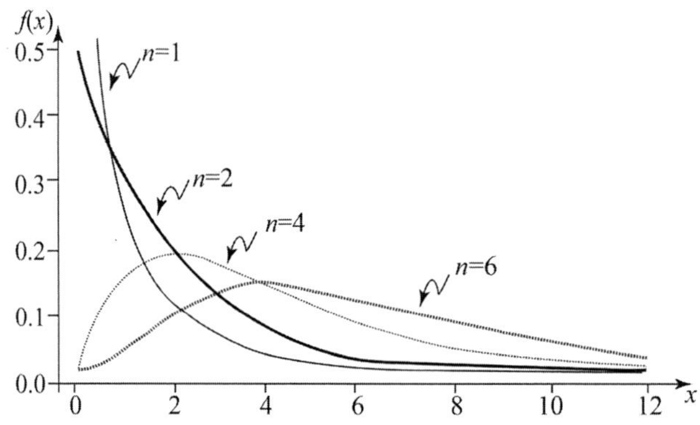

[그림 1.9] 자유도 n에 대한 카이제곱 확률밀도함수

확률변수 X가 자유도 n인 카이제곱분포를 따를 때 $P(X > x) = \alpha$를 만족하는 x값을 자유도가 n인 카이제곱분포의 상위 $100\alpha\%$ 백분위수라고 하며, $\chi^2_\alpha(n)$로 표기하다. 즉 $\chi^2_\alpha(n)$는 [그림 1.10]에서 보는 바와 같이 $P(X > \chi^2_\alpha(n)) = \alpha$을 만족하는 값이다.

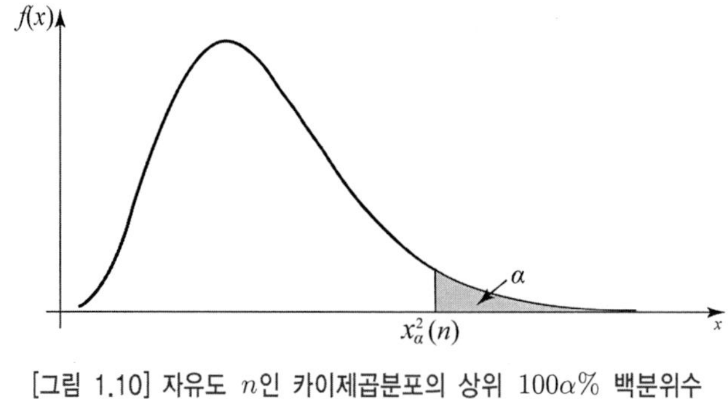

[그림 1.10] 자유도 n인 카이제곱분포의 상위 $100\alpha\%$ 백분위수

카이제곱분포에 관한 중요한 성질로는 정리 1.18의 가법성과 표준정규분포와의 관계를 나타내는 정리 1.19가 있으며, 이에 대한 증명은 이 책의 수준을 벗어나므로 생략한다.

정리 1.18 카이제곱분포의 가법성

서로 독립인 두 확률변수 X_1과 X_2가 각각 자유도가 n_1과 n_2인 카이제곱분포를 따르면 확률변수 $X = X_1 + X_2$는 자유도가 $n_1 + n_2$인 카이제곱분포를 따른다. 즉 $X = X_1 + X_2 \sim \chi^2(n_1 + n_2)$이 성립한다.

정리 1.19 카이제곱분포와 표준정규분포의 관계

확률변수 Z가 표준정규분포 $N(0,1)$을 따를 때, 확률변수 $X=Z^2$은 자유도가 1인 카이제곱분포를 따른다. 즉 $X=Z^2 \sim \chi^2(1)$이 성립한다.

(2) 정규모집단에서의 표본분산의 분포

정규모집단 $N(\mu,\sigma^2)$으로부터 크기가 n인 확률표본 $X_1, X_2, \cdots, X_n$을 얻었다고 하면 확률변수 $Z_i=\dfrac{X_i-\mu}{\sigma}(i=1,\cdots,n)$들은 서로 독립이고 표준정규분포 $N(0,1)$를 따른다. 따라서 정리 1.18과 정리 1.19로부터 $\sum_{i=1}^{n} Z_i^2$는 자유도가 n인 카이제곱분포를 따르는 것을 알 수 있다.

정리 1.20 서로 독립인 카이제곱확률변수들의 합의 분포

$X_1, X_2, \cdots, X_n$을 정규모집단 $N(\mu,\sigma^2)$으로부터 얻은 확률표본이라 할 때, 확률변수 $V=\sum_{i=1}^{n}\left(\dfrac{X_i-\mu}{\sigma}\right)^2$는 자유도가 n인 카이제곱분포를 따른다. 즉,

$$V=\sum_{i=1}^{n}\left(\frac{X_i-\mu}{\sigma}\right)^2 \sim \chi^2(n)$$

이 성립한다.

이제 모집단의 분포가 정규분포 $N(\mu,\sigma^2)$인 경우에 표본분산 S^2의 분포에 대하여 알아보자. 간단한 계산과정을 통하여12)

$$\sum_{i=1}^{n}(X_i-\mu)^2=\sum_{i=1}^{n}(X_i-\overline{X})^2+n(\overline{X}-\mu)^2 \tag{1.14}$$

---

12) $\sum_{i=1}^{n}(X_i-\mu)^2=\sum_{i=1}^{n}(X_i-\overline{X}+(\overline{X}-\mu))^2=\sum_{i=1}^{n}(X_i-\overline{X})^2+2(\overline{X}-\mu)\sum_{i=1}^{n}(X_i-\overline{X})+\sum_{i=1}^{n}(\overline{X}-\mu)^2$
$=\sum_{i=1}^{n}(X_i-\overline{X})^2+n(\overline{X}-\mu)^2 \quad \left(\because \sum_{i=1}^{n}(X_i-\overline{X})=0\right)$

이 성립함을 알 수 있고, 이 식의 양변을 모분산 σ^2으로 나누면

$$\sum_{i=1}^{n}\left(\frac{X_i-\mu}{\sigma}\right)^2=\frac{(n-1)S^2}{\sigma^2}+\left(\frac{\overline{X}-\mu}{\sigma/\sqrt{n}}\right)^2 \tag{1.15}$$

이 된다. 표본평균 $\overline{X}$와 표본분산 S^2이 서로 독립[13)]이므로 정리 1.18의 가법성으로부터 $\frac{(n-1)S^2}{\sigma^2}\sim\chi^2(n-1)$가 성립함을 알 수 있다.

정리 1.21 표본분산의 분포[14)]

$X_1, X_2, \cdots, X_n$을 정규모집단 $N(\mu,\sigma^2)$으로부터 얻은 확률표본이라 하면,

(1) 표본평균 $\overline{X}_n$와 표본분산 S^2은 서로 독립이고,

(2) 확률변수 $V=\frac{(n-1)S^2}{\sigma^2}$는 자유도가 $n-1$인 카이제곱분포를 따른다. 즉,

$$V=\frac{(n-1)S^2}{\sigma^2}\sim\chi^2(n-1)$$

이 성립한다.

1.2.4 t 분포와 T 확률변수의 분포

확률변수 $Z=\frac{\overline{X}-\mu}{\sigma/\sqrt{n}}$는 모분산 σ^2이 알려져 있는 정규모집단의 모평균 μ의 추론에서 유용하게 사용된다. 그러나 많은 실제 문제에서 σ^2은 알려져 있지 않은 경우가 대부분이며, 오히려 σ^2에 대한 추론을 원하는 경우가 많다. 이러한 경우에는 모분산 σ^2을 알고 있다는 가정 하에서 사용되는 확률변수 $Z=\frac{\overline{X}-\mu}{\sigma/\sqrt{n}}$는 더 이상 통계적 추론에 사용할 수 없게 된다. 모분산이 알려져 있지 않은 경우에는 확률변수 Z에서 σ대신에 표본표준편차

13) 이에 대한 증명은 이 책의 수준을 벗어나므로 생략한다.

14) 표본평균과는 달리 표본분산만의 정확한 분포를 구하기는 어려우며, 모집단의 분포가 정규분포가 아닌 경우 확률변수 V의 분포는 표본의 크기가 증가하여도 카이제곱분포에 가까이 가지 않는다.

$S = \sqrt{\sum_{i=1}^{n}(X_i - \overline{X})^2/(n-1)}$ 를 대입하여 얻게 되는 새로운 확률변수

$$T = \frac{\overline{X} - \mu}{S/\sqrt{n}} \tag{1.16}$$

를 사용할 수 있을 것이다. 그러나 확률변수 T는 더 이상 표준정규분포 $N(0,1)$을 따르지 않는다. 확률변수 T의 분포를 알기 위해서는 t분포에 대한 사전 지식이 필요하다.

(1) t 분포

아일랜드 맥주회사 기사였던 W.S. Gosset은 재료의 품질과 온도를 변화시킴에 따라 맥주의 품질이 어떻게 변하는가를 실험을 통하여 과학적으로 분석하고자 하였다. 그러나 실험으로부터 얻을 수 있는 자료의 수가 제한되었기 때문에 그 당시의 이론으로는 이 문제를 해결할 수 있는 방법이 없었다. 이에 그는 모분산 σ^2이 알려져 있지 않은 정규모집단으로부터 크기가 작은 표본이 추출되는 경우에 평균 μ에 대한 추론에 유용하게 사용될 수 있는 t분포(Student's t distribution)를 새로이 고안하였으며, 그 정의는 다음과 같다.

정의 1.25 t분포(Student's t distribution)

확률변수 X가 자유도가 n인 t분포를 따른다면, $X \sim t(n)$로 표기하고 확률밀도함수 $f(x)$는 다음과 같다.15)

$$f(x) = \frac{\Gamma((n+1)/2)}{\Gamma(n/2)\sqrt{n\pi}}\left(1 + \frac{x^2}{n}\right)^{-(n+1)/2}, \quad -\infty < x < \infty$$

여기서 $\Gamma(\alpha) = \int_0^\infty t^{\alpha-1}e^{-t}dt, \alpha > 0$

※ 확률변수 Z가 표준정규분포 $N(0,1)$를 따르고, 이와는 서로 독립인 확률변수 V가 자유도가 n인 카이제곱분포를 따른다면, 새로운 확률변수 $X = \frac{Z}{\sqrt{V/n}}$는 자유도가 n인 t분포를 따른다.

---

15) 이때 $E(X) = 0$이고 $Var(X) = \frac{n}{n-2}\ (n > 2)$이다.

t분포는 자유도에 따라 그 분포의 모양이 변하며. [그림 1.11]에는 여러 값의 자유도에 따른 t분포와 표준정규분포의 분포모양이 주어져있다. [그림 1.11]에서 보는 바와 같이 t 분포는 표준정규분포와 마찬가지로 평균 0을 중심으로 좌우대칭이며, 표준정규분포와 비슷하나 표준정규분포보다 양쪽 꼬리부분이 두텁고 가운데 부분의 높이가 낮다. 또한 t분포는 자유도 n이 증가할수록 표준정규분포에 가까워지며, 대략 n이 30이상이면 표준정규분포와 거의 일치한다.

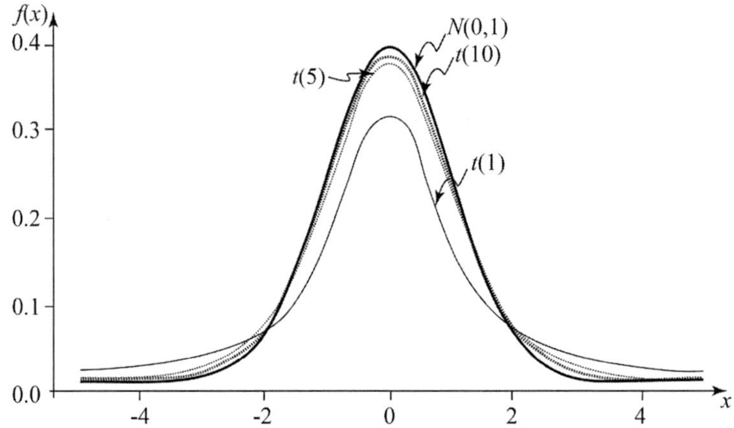

[그림 1.11] 자유도 n에 대한 t 확률밀도함수

확률변수 X가 자유도 n인 t분포를 따를 때 $P(X>x)=\alpha$를 만족하는 x값을 자유도가 n인 t분포의 상위 $100\alpha\%$ 백분위수라고 하며, $t_\alpha(n)$로 표기하다. 즉 $t_\alpha(n)$는 [그림 1.12]에서 보는 바와 같이 $P(X>t_\alpha(n))=\alpha$을 만족하는 값이다.

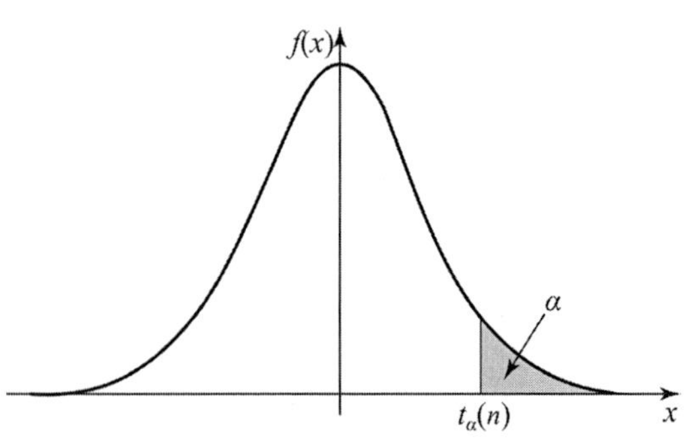

[그림 1.12] 자유도 n인 t분포의 상위 $100\alpha\%$ 백분위수

(2) T 확률변수의 분포

이제 $X_1, X_2, \cdots, X_n$이 정규모집단 $N(\mu, \sigma^2)$으로부터의 확률표본일 때, 확률변수 $T=\dfrac{\overline{X}-\mu}{S/\sqrt{n}}$가 어떠한 분포를 따르는지에 대하여 알아보도록 하자. 우리는 간단한 계산

을 통하여 확률변수 T를

$$T = \frac{\overline{X}-\mu}{S/\sqrt{n}} = \frac{(\overline{X}-\mu)/\left(\frac{\sigma}{\sqrt{n}}\right)}{\sqrt{\frac{(n-1)S^2}{\sigma^2}/(n-1)}} \quad (1.17)$$

16)

와 같이 표현할 수 있다. 정리 1.16에서 확률변수 $Z = \frac{\overline{X}-\mu}{\sigma/\sqrt{n}}$는 표준정규분포 $N(0,1)$를 따르는 것을 배웠고, 정리 1.21로부터 표본평균 $\overline{X}$와 표본분산 S^2은 서로 독립이며 확률변수 $V = \frac{(n-1)S^2}{\sigma^2}$는 자유도가 $n-1$인 카이제곱분포를 따른다는 것을 배웠다. 따라서 t분포의 정의에 의하여 확률변수 $T = \frac{\overline{X}-\mu}{S/\sqrt{n}}$는 자유도가 $n-1$인 t분포를 따른다는 것을 알 수 있다.

정리 1.22 확률변수 T의 분포

$X_1, X_2, \cdots, X_n$을 평균이 μ이고 분산이 σ^2인 정규모집단으로부터 얻은 확률표본이라고 하면, 확률변수 $T = \frac{\overline{X}-\mu}{S/\sqrt{n}}$는 자유도가 $n-1$인 t분포를 따른다. 즉,

$$T = \frac{\overline{X}-\mu}{S/\sqrt{n}} \sim t(n-1)$$

이 성립한다.

---

16) $T = \frac{\overline{X}-\mu}{S/\sqrt{n}} = \frac{\frac{\overline{X}-\mu}{1/\sqrt{n}}}{\sqrt{S^2}} = \frac{(\overline{X}-\mu)/\left(\frac{\sigma}{\sqrt{n}}\right)}{\sqrt{\frac{S^2}{\sigma^2}}} = \frac{(\overline{X}-\mu)/\left(\frac{\sigma}{\sqrt{n}}\right)}{\sqrt{\frac{(n-1)S^2}{\sigma^2}/(n-1)}}$

1.2.5 F 분포와 F 확률변수의 분포

(1) F 분포

F 분포는 두 정규모집단의 분산에 대한 추론에서 사용되는 표본분산의 비 S_1^2/S_2^2에 대한 분포를 이해하는데 유용하게 사용된다.

정의 1.26 F 분포(F distribution)

- 서로 독립인 두 확률변수 V_1과 V_2가 각각 자유도가 k_1과 k_2인 카이제곱분포를 따른다면, 새로운 확률변수 $X=\dfrac{V_1/k_1}{V_2/k_2}$는 자유도가 (k_1,k_2)인 F분포를 따른다.
- 확률변수 X가 자유도가 (k_1,k_2)인 F분포를 따른다면, $X\sim F(k_1,k_2)$로 표기하고 확률밀도함수 $f(x)$는 다음과 같다.

$$f(x)=\frac{\Gamma((k_1+k_2)/2)}{\Gamma(k_1/2)\Gamma(k_2/2)}\left(\frac{k_1}{k_2}\right)^{k_1/2}\frac{x^{(k_1-2)/2}}{(1+k_1x/k_2)^{(k_1+k_2)/2}},\ x>0$$

여기서 $\Gamma(\alpha)=\int_0^\infty t^{\alpha-1}e^{-t}dt,\ \alpha>0$[17)]

F분포는 자유도 (k_1,k_2)에 따라 그 분포의 모양이 결정되며, [그림 1.13]에서 보는 바와 같이 분포 모양은 왼쪽으로 치우쳐 있으면서 오른쪽으로 꼬리가 긴 비대칭형이다.

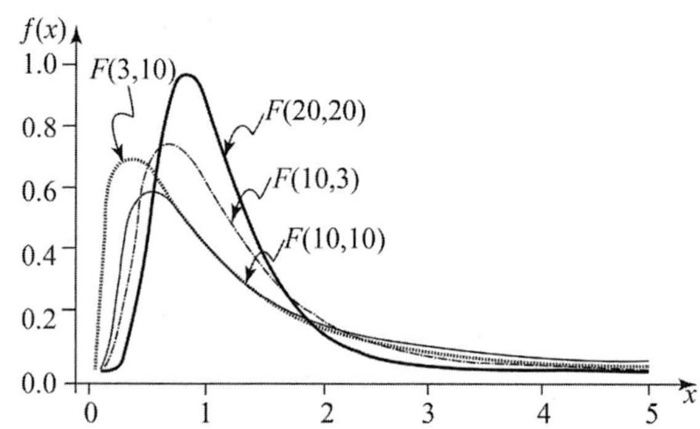

[그림 1.13] 자유도 (k_1, k_2)에 대한 F 확률밀도함수의 그래프

확률변수 X가 자유도가 (k_1,k_2)인 F분포를 따를 때 $P(X>x)=\alpha$를 만족하는 x값을 자유도가 (k_1,k_2)인 F분포의 상위 $100\alpha\%$

---

17) 이때 $E(X)=\dfrac{k_2}{k_2-2}\,(k_2>2)$이고 $Var(X)=\dfrac{2k_2^2(k_1+k_2-2)}{k_1(k_2-2)^2(k_2-4)}\,(k_2>4)$이다.

백분위수라고 하며, $f_\alpha(k_1,k_2)$로 표기하다. 즉 $f_\alpha(k_1,k_2)$는 [그림 1.14]에서 보는 바와 같이 $P(X > f_\alpha(k_1,k_2)) = \alpha$을 만족하는 값이다. 자유도가 (k_1, k_2)인 F 분포에서는 k_1과 k_2의 순서가 중요하다.

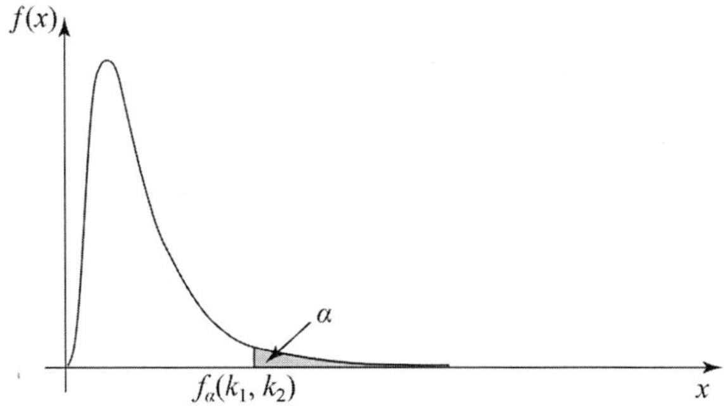

[그림 1.14] 자유도가 (k_1,k_2)인 F분포의 상위 $100\alpha\%$ 백분위수

F분포의 정의로부터 확률변수 X가 자유도가 (k_1,k_2)인 F분포를 따르면, $1/X$는 자유도가 (k_2,k_1)인 F분포를 따름이 자명하다. 따라서 두 확률변수 X와 $1/X$간에는

$$\alpha = P(X > f_\alpha(k_1,k_2)) = P\left(\frac{1}{X} \le \frac{1}{f_\alpha(k_1,k_2)}\right) = P\left(\frac{1}{X} \le f_{1-\alpha}(k_2,k_1)\right) \tag{1.18}$$

와 같은 식이 성립하므로

$$\frac{1}{f_\alpha(k_1,k_2)} = f_{1-\alpha}(k_2,k_1) \tag{1.19}$$

의 관계를 구할 수 있다. 또한 자유도가 n인 t분포를 따르는 확률변수 T에 대하여 $T^2 \sim F(1,n)$임을 보일 수 있다.[18)]

(2) F 확률변수의 분포

이제 $X_{11}, \cdots, X_{1n_1}$과 $X_{21}, \cdots, X_{2n_2}$를 각각 정규모집단 $N(\mu_1, \sigma_1^2)$과 $N(\mu_2, \sigma_2^2)$로부터 서로 독립적으로 추출한 확률표본이라 할 때, 두 모분산에 대한 추론에서 유용하게 사용되는 확률변수 $F = \frac{\sigma_2^2}{\sigma_1^2} \cdot \frac{S_1^2}{S_2^2}$가 어떠한 분포를 따르는지에 대하여 알아보도록 하자.

---

18) 서로 독립인 두 확률변수 $Z \sim N(0,1)$와 $V \sim \chi^2(n)$에 대하여 $T = \frac{Z}{\sqrt{V/n}} \sim t(n)$이며, $Z^2 \sim \chi^2(1)$이므로 $T^2 = \frac{Z^2/1}{V/n} \sim F(1,n)$이다.

정리 1.21로부터

$$\frac{(n_1-1)S_1^2}{\sigma_1^2} \sim \chi^2(n_1-1), \quad \frac{(n_2-1)S_2^2}{\sigma_2^2} \sim \chi^2(n_2-1) \tag{1.20}$$

이고 표본을 서로 독립적으로 추출하였으므로 이들은 서로 독립이다. 따라서, F분포의 정의로부터 확률변수

$$F = \frac{\dfrac{(n_1-1)S_1^2}{\sigma_1^2}/(n_1-1)}{\dfrac{(n_2-1)S_2^2}{\sigma_2^2}/(n_2-1)} = \frac{\sigma_2^2}{\sigma_1^2} \cdot \frac{S_1^2}{S_2^2} \tag{1.21}$$

는 자유도가 $(n_1-1,\ n_2-1)$ 인 F 분포를 따르게 된다.

정리 1.23 두 정규모집단에서 표본분산의 비에 대한 분포

- $X_{11}, \cdots, X_{1n_1}$ 과 $X_{21}, \cdots, X_{2n_2}$ 를 각각 정규모집단 $N(\mu_1, \sigma_1^2)$ 과 $N(\mu_2, \sigma_2^2)$ 로부터 서로 독립적으로 추출한 확률표본이라 할 때, 새로운 확률변수 $F = \frac{\sigma_2^2}{\sigma_1^2} \cdot \frac{S_1^2}{S_2^2}$ 는 자유도가 (n_1-1, n_2-1)인 F 분포를 따른다. 즉 $F = \frac{\sigma_2^2}{\sigma_1^2} \cdot \frac{S_1^2}{S_2^2} \sim F(n_1-1, n_2-1)$이 성립한다.

1.3 추정

관심의 대상인 모집단으로부터 표본을 추출하고, 추출된 표본으로부터 주어지는 정보를 분석하여 모집단의 분포 형태나 모수에 대하여 추측하고 이들에 관한 주장의 옳고 그름을 결정하는 일련의 과정을 통계적 추론(statistical inference)이라고 한다. 일반적으로 모집단의 분포를 추측하는 것은 매우 복잡하고 어렵다. 그러나 모집단의 분포 형태가 이미 알려

져 있다면 그 모집단의 정확한 분포는 모수에 의하여 결정되므로, 이러한 경우에는 모수에 대한 추론이 주요 관심사가 된다. 예를 들어 모집단의 분포가 $B(1,p)$일 때에는 추론의 대상인 모수는 p이고, $N(\mu,\sigma^2)$일 때에는 모수 μ와 σ^2이 추론의 대상이 된다. 모수모형(parametric model)이라고 불리는 이런 경우에는 미지의 모수를 제외하고는 확률분포의 유형이 결정되어 있으므로 모수만 알게 되면 모집단의 분포는 정확하게 표현될 수 있다.

통계적 추론은 그 목적에 따라 여러 형태로 분류될 수 있지만 그 중 가장 기본적이며 중요한 것으로는 모수의 참값으로 추측되는 값을 구하는 추정(estimation)과 모수에 대한 추측 또는 주장의 옳고 그름을 판단하는 가설검정(hypothesis testing)이 있다.[19] 이 절에서는 모집단의 모수에 관한 추정에 대해서 알아보기로 하고, 가설검정에 대해서는 다음 절에서 공부하기로 한다. 모수에 관한 추정은 크게 점추정(point estimation)과 구간추정(interval estimation)으로 나눌 수 있다. 점추정은 모수의 참값이라고 추측되는 하나의 값을 구하는 방법이며, 반면에 구간추정은 모수의 참값이 포함되리라고 기대되는 범위를 구하는 방법을 말한다.

1.3.1 점추정

점추정이란 표본에서 얻어지는 정보를 이용하여 알려져 있지 않은 모수의 참값으로 생각되는 하나의 값을 일정한 방법에 따라 구하는 과정을 말한다. 이때 표본평균, 표본분산 등과 같이 모수를 추정하기 위해 사용되는 통계량을 점추정량(point estimator) 또는 추정량(estimator)이라고 하고, 점추정량에 실제 관측된 값을 대입하여 계산된 추정량의 값을 추정값(estimate)이라고 한다.

정의 1.27 추정량(estimator)과 추정값(estimate)

미지의 모수 θ의 추정에 사용되는 통계량 $T(X_1,\cdots,X_n)$을 θ의 추정량이라 하며, 주어진 표본의 관측값 $X_1=x_1, X_2=x_2,\cdots,X_n=x_n$에 의해 계산된 추정량의 관측값 $T(x_1,\cdots,x_n)$을 θ의 추정값이라 한다.

19) 통계적 추론에서 모수모형을 사용했을 때, 모분포를 특정지우는 모수에 대한 추정방법이나 검정방법 등을 모수적 통계방법이라고 한다. 반면에 "모집단의 분포가 연속이다"와 같이 모집단에 대한 약한 가정 하에서 고려되는 방법을 비모수적(nonparametric) 통계방법이라고 한다. 모집단의 분포함수에 대한 확실한 근거가 있을 때에는 일반적으로 모수적 방법이 좋으며, 반면 모집단이 정규분포를 따른다는 등의 가정을 할 수 없는 경우에는 비모수적 방법이 안전할 것이다. 이 책에서는 모수적 방법에 대하여 다룰 것이다.

※ 모수 θ와 그의 추정량을 구별하기 편리하도록 일반적으로 모수 θ의 추정량을 $\hat{\theta}(X_1, \cdots, X_n)$ 또는 $\hat{\theta}$으로 표기한다. 또한 모수 θ의 추정값을 $\hat{\theta}(x_1, \cdots, x_n)$으로 표기하며, 추정량과 혼동이 되지 않는 경우에는 $\hat{\theta}$으로도 나타낸다.

예를 들어, $X_1, \cdots, X_n$을 평균이 μ이고 분산이 σ^2인 모집단으로부터 추출한 크기가 n인 확률표본이라고 하자. 이때 모평균 μ에 대한 추정량으로 표본평균 $\overline{X}$를 사용하고, 모분산 σ^2에 대한 추정량으로 표본분산 S^2을 사용하기로 한다면

$$
\begin{aligned}
\hat{\mu} &= \hat{\mu}(X_1, \cdots, X_n) = \overline{X} \left(= \frac{1}{n} \sum_{i=1}^{n} X_i \right) \\
\hat{\sigma}^2 &= \hat{\sigma}^2(X_1, \cdots, X_n) = S^2 \left(= \frac{1}{n-1} \sum_{i=1}^{n} (X_i - \overline{X})^2 \right)
\end{aligned}
\tag{1.22}
$$

이며, 표본의 실제 관측값 $x_1, x_2, \cdots, x_n$ 을 추정량에 대입하여 얻은 추정량의 관측값

$$
\begin{aligned}
\hat{\mu} &= \hat{\mu}(x_1, \cdots, x_n) = \overline{x} \left(= \frac{1}{n} \sum_{i=1}^{n} x_i \right) \\
\hat{\sigma}^2 &= \hat{\sigma}^2(x_1, \cdots, x_n) = s^2 \left(= \frac{1}{n-1} \sum_{i=1}^{n} (x_i - \overline{x})^2 \right)
\end{aligned}
\tag{1.23}
$$

은 각각 모평균과 모분산에 대한 추정값이 된다.[20)]

(1) 추정량의 성질

하나의 모수를 추정하는데 사용될 수 있는 추정량으로 여러 가지가 있을 수 있다. 예를 들어, 모평균 μ는 모집단의 중심위치를 나타내는 대표값이므로 이에 대한 추정량으로는 표본평균, 표본중앙값, 표본의 최댓값과 최솟값의 평균, 최빈값 등 여러 가지 추정량을 고려할 수 있다. 이때 이러한 추정량들 중에서 어느 것이 모평균 μ의 추정량으로 바람직하고 좋은 것인지를 판단할 수 있어야 한다. 좋은 추정량이 되기 위하여 일반적으로 요구되는 중요한 성질로는 불편성, 유효성, 일치성 등이 있다.

20) 일반적으로 추정량은 영문 대문자로, 추정값은 영문 소문자로 표시한다.

정의 1.28 편의(bias)와 불편추정량(unbiased estimator)

모수 θ의 추정량 $\hat{\theta}=\hat{\theta}(X_1,\cdots,X_n)$이 $E(\hat{\theta})=\theta$를 만족할 때 $\hat{\theta}$을 θ의 불편추정량이라 하며, $B(\hat{\theta})=E(\hat{\theta})-\theta$를 $\hat{\theta}$의 편의라고 한다.

정의 1.29 유효성(efficiency)

모수 θ의 두 불편추정량 $\hat{\theta}_1$과 $\hat{\theta}_2$에 대하여 $Var(\hat{\theta}_1)< Var(\hat{\theta}_2)$이면, $\hat{\theta}_1$이 $\hat{\theta}_2$보다 더 유효하다고 한다.

정의 1.30 일치추정량(consistent estimator)

크기가 n인 표본을 이용한 모수 θ의 추정량 $\hat{\theta}_n=\hat{\theta}(X_1,\cdots,X_n)$이 임의의 $\epsilon>0$에 대하여

$$\lim_{n\to\infty}P(|\hat{\theta}_n-\theta|<\epsilon)=1 \quad \text{또는} \quad \lim_{n\to\infty}P(|\hat{\theta}_n-\theta|\geq\epsilon)=0$$

을 만족하면 $\hat{\theta}_n$을 θ의 일치추정량이라고 한다.

(2) 모평균과 모분산의 점추정량

모평균 μ의 점추정량으로는 앞에서 이야기한 바와 같이 표본평균, 표본중앙값, 표본의 최대값과 최소값의 평균 등 여러 가지 추정량을 고려할 수 있다. 이러한 추정량들은 각각의 장·단점이 있으나, 가장 일반적으로 통용되는 추정량은 표본평균이다. 표본평균 $\overline{X}$는 모평균 μ의 추정에서 불편성과 일치성을 갖는 좋은 점추정량이 되는 것을 쉽게 보일 수 있다.

정리 1.24 모평균 μ의 점추정량

$X_1,X_2,\cdots,X_n$을 평균이 μ이고 분산이 σ^2인 모집단으로부터 얻은 크기가 n인 확률표본이라고 할 때, 표본평균 $\overline{X}$는 모평균 μ의 추정에서 불편성과 일치성을 갖는 점추정량이 된다.[21)]

모분산 σ^2은 모집단의 분포가 흩어져 있는 정도를 나타내는 척도로서 모분산 σ^2의 점추정량으로는 다음과 같은 두 추정량이 많이 사용되고 있다.

$$S^2 = \frac{1}{n-1}\sum_{i=1}^{n}(X_i - \overline{X})^2 \quad , \quad \tilde{S}^2 = \frac{1}{n}\sum_{i=1}^{n}(X_i - \overline{X})^2$$

이러한 두 추정량 중에서 표본분산 S^2은 불편성을 가지고 있기 때문에 모분산 σ^2의 추정에서 일반적으로 많이 사용되고 있다. 그러나 표본의 크기 n이 클 경우에는 두 추정량 S^2과 $\tilde{S}^2$은 차이가 없게 된다.

정리 1.25 모분산 σ^2의 점추정량

$X_1, X_2, \cdots, X_n$을 평균이 μ이고 분산이 σ^2인 모집단으로부터 얻은 크기가 n인 확률표본이라고 할 때, 표본분산 S^2은 모분산 σ^2의 추정에서 불편성과 일치성을 갖는 점추정량이 된다.

1.3.2 구간추정

일반적으로 크기가 고정된 표본으로부터 계산된 점추정값과 모집단의 모수는 정확하게 일치하지 않으며, 크고 작은 오차를 수반하게 된다. 그러나 점추정의 문제에서는 이러한 오차의 범위에 대한 정보, 즉 통계적 정확도를 표현하지 못하는 결점이 있다. 다시 말해, 추정값과 모수가 일치하지 않으면 그 추정값이 모수로부터 얼마나 차이가 나는지를 알 수 없다. 이러한 경우에는 하나의 추정값보다는 모수가 포함되리라고 기대되는 구간을 구하고, 그 구간 내에 모수가 포함될 확률로써 통계적 정확도를 표현하는 것이 바람직할 것이다. 구간추정(interval estimation)이란 표본에서 얻어지는 정보를 이용하여 일정한 확률 하에 모수가 포함될 구간을 구하는 것을 말한다.

---

21) 정규모집단의 경우 표본평균 $\overline{X}$는 모평균 μ의 최소분산 불편추정량이 되며, 가장 좋은 추정량으로 알려져 있다.

정의 1.31 신뢰구간(confidence interval)

주어진 확률 $1-\alpha$에 대하여 $P(L(X_1,\cdots,X_n) \le \theta \le U(X_1,\cdots,X_n)) = 1-\alpha$를 만족하는 구간 $[L(X_1,\cdots,X_n),\ U(X_1,\cdots,X_n)]$을 모수 θ에 대한 $100(1-\alpha)\%$ 신뢰구간(confidence interval) 또는 구간추정량(interval estimator)이라고 한다. 이때 $L(X_1,\cdots,X_n)$과 $U(X_1,\cdots,X_n)$을 각각 신뢰구간의 하한(lower limit), 상한(upper limit)이라 하며, $1-\alpha$를 신뢰수준(confidence level)이라 한다.

※ 주어진 표본의 관측값 $x_1, x_2, \cdots, x_n$에 의해 계산된 구간추정량의 관측값 $[L(x_1,\cdots,x_n),\ U(x_1,\cdots,x_n)]$을 모수 θ의 구간추정값(interval estimate)이라 하고, 구간추정량과 혼동이 되지 않는 경우에는 이 역시 신뢰구간이라 한다.

정의 1.31의 $100(1-\alpha)\%$ 신뢰구간 $[L(X_1,\cdots,X_n),\ U(X_1,\cdots,X_n)]$은 확률구간으로서 $1-\alpha$는 표본의 관찰값이 주어지기 이전에 해당하는 확률이다. 이제 표본의 관측값 $x_1, x_2, \cdots, x_n$ 에 의해 신뢰구간 $[L(x_1,\cdots,x_n),\ U(x_1,\cdots,x_n)]$이 관측되고 나면, 모수 θ는 이 신뢰구간에 포함되거나 또는 포함되지 않거나 둘 중의 하나일 뿐이다. 여기서 신뢰수준 $1-\alpha$ 는 모집단으로부터 같은 크기의 표본을 여러 번 추출하여 반복적으로 신뢰구간들을 구할 때 $100(1-\alpha)\%$ 에 해당하는 신뢰구간들이 모수 θ 를 포함한다는 것을 의미한다.

(1) 모평균의 구간추정

모분산 σ^2이 알려져 있는 않은 정규모집단 $N(\mu, \sigma^2)$에서 크기가 n인 확률표본 $X_1, X_2, \cdots, X_n$을 추출하면, 확률변수 $T = \dfrac{\overline{X}-\mu}{S/\sqrt{n}}$ 는 자유도가 $n-1$인 t분포를 따른다는 사실을 다룬 바 있다. 따라서, 확률변수 T가 $-t_{\alpha/2}(n-1)$과 $t_{\alpha/2}(n-1)$ 사이에 포함될 확률은

$$\begin{aligned} 1-\alpha &= P\left(-t_{\alpha/2}(n-1) \le \frac{\overline{X}-\mu}{S/\sqrt{n}} \le t_{\alpha/2}(n-1)\right) \\ &= P\left(\overline{X} - t_{\alpha/2}(n-1)\frac{S}{\sqrt{n}} \le \mu \le \overline{X} + t_{\alpha/2}(n-1)\frac{S}{\sqrt{n}}\right) \end{aligned} \tag{1.24}$$

이므로, 모분산 σ^2이 알려져 있는 않은 정규모집단의 모평균 μ에 대한 $100(1-\alpha)\%$ 신뢰구간은 다음과 같이 주어진다.

[모평균 μ에 대한 신뢰구간]

모분산 σ^2이 알려져 있지 않은 정규모집단 $N(\mu, \sigma^2)$의 모평균 μ에 대한 $100(1-\alpha)\%$ 신뢰구간은

$$\left[\overline{X} - t_{\alpha/2}(n-1)\frac{S}{\sqrt{n}},\quad \overline{X} + t_{\alpha/2}(n-1)\frac{S}{\sqrt{n}}\right]^{22)}$$

이다.

(2) 모분산의 구간추정

모평균 μ와 모분산 σ^2이 알려져 있지 않은 정규모집단 $N(\mu, \sigma^2)$의 분산 σ^2의 구간추정을 고려하자. 이 정규모집단에서 크기가 n인 확률표본 $X_1, X_2, \cdots, X_n$을 추출하면, 표본분산 S^2과 관련된 통계량 $V = \dfrac{(n-1)S^2}{\sigma^2}$은 자유도가 $n-1$인 카이제곱분포를 따른다는 사실을 이미 다루었다. 따라서, 확률변수 V가 $\chi^2_{1-\alpha/2}(n-1)$과 $\chi^2_{\alpha/2}(n-1)$ 사이에 포함될 확률은

$$\begin{aligned} 1-\alpha &= P\left(\chi^2_{1-\alpha/2}(n-1) \le \frac{(n-1)S^2}{\sigma^2} \le \chi^2_{\alpha/2}(n-1)\right)^{23)} \\ &= P\left[\frac{(n-1)S^2}{\chi^2_{\alpha/2}(n-1)} \le \sigma^2 \le \frac{(n-1)S^2}{\chi^2_{1-\alpha/2}(n-1)}\right] \end{aligned} \tag{1.25}$$

이므로, 모분산 σ^2에 대한 $100(1-\alpha)\%$ 신뢰구간은 다음과 같게 된다.

---

22) 여기서 구한 신뢰구간은 고정된 신뢰수준과 표본크기에 대하여 구간의 길이를 가장 짧게 하는 최적성을 가지고 있다.

23) 카이제곱분포는 대칭이 아니나 표본의 크기가 커짐에 따라 정규분포로 근사함을 고려하여 편의상 양쪽 꼬리부분에서 $\alpha/2$씩의 확률을 부여한다.

[모분산 σ^2에 대한 신뢰구간]

모평균 μ와 모분산 σ^2이 알려져 있지 않은 정규모집단 $N(\mu, \sigma^2)$의 모분산 σ^2에 대한 $100(1-\alpha)\%$ 신뢰구간은

$$\left[\frac{(n-1)S^2}{\chi^2_{\alpha/2}(n-1)},\ \frac{(n-1)S^2}{\chi^2_{1-\alpha/2}(n-1)}\right]$$

이다.

1.4 가설검정

1.4.1 기본원리와 용어

사회 및 자연현상에 대한 연구에서 그 대상이 되는 모집단의 모수 또는 분포형태에 대한 어떤 주장이나 가설이 새롭게 제시될 경우, 제시된 가설의 진위 여부를 정확히 확인하기 위해서는 모집단 전체를 조사하여야만 한다. 그러나 많은 경우에 있어서 모집단 전체를 조사한다는 것은 현실적으로 불가능한 경우가 많다. 따라서 모집단으로부터 표본을 추출하고, 이 표본으로부터 얻은 정보를 이용하여 제시된 주장 또는 가설의 옳고 그름을 판정하게 되는데, 이러한 통계적 기법을 통계적 가설 검정(statistical hypothesis testing)이라고 한다.

(1) 귀무가설과 대립가설

통계적 가설 검정은 현재까지 알려져 있는 사실이 옳다는 가정 하에서 연구자가 입증하고자 하는 새로운 사실에 대한 증거를 표본자료로부터 찾고자 하는 통계적 기법이다. 이를 위하여 연구자는 두 개의 가설 즉, 귀무가설(null hypothesis : H_0로 표기)과 대립가설(alternative hypothesis : H_1으로 표기)을 설정하고, 실험이나 관찰 등을 통하여 두 가설 중에 하나만을 최종적으로 선택하게 된다. 이때 연구자가 입증하고자 하는 새로운 주장을 대립가설로 설정하고, 대립가설에 반대되는 주장 즉, 지금까지 알려져 있는 기존의 사실을

귀무가설로 설정하여, 귀무가설을 기각하고 대립가설을 받아들일 만한 충분한 증거가 있는지를 실험 또는 관찰 등을 통하여 얻은 통계자료에 근거하여 판단하게 된다.[24)]

정의 1.32 귀무가설(null hypothesis)과 대립가설(alternative hypothesis)

귀무가설은 지금까지 옳은 것으로 알려져 있는 기존의 사실로서 H_0로 표기하며, 대립가설은 자료로부터의 충분한 증거에 근거하여 입증하고자 하는 새로운 주장으로서 H_1으로 표기한다.

※ 일반적으로 입증하고자 하는 주장을 나타내는 대립가설 H_1을 먼저 설정하며, 그런 후에 대립가설에 반대되는 귀무가설 H_0를 설정한다.

가설검정에 대한 기본원리와 용어에 대한 구체적인 설명은 모평균 μ의 검정에 관한 전구회사의 예제를 이용하여 살펴보기로 하자.

전구회사의 예제 어느 전구회사에서 생산되는 전구의 수명 X는 평균이 1500시간이고 표준편차가 180시간인 것으로 알려져 있다. 최근 이 회사의 연구원들은 새로운 생산방식의 개발에 성공하였으며, 이 생산방식을 적용하면 전구의 평균수명이 1500시간 보다 더 길어진다고 주장하고 있다. 회사의 경영진은 새로운 방식으로 생산된 전구 36개를 무작위로 추출하여 이들의 수명 $X_1, X_2, \cdots, X_{36}$을 각각 조사한 후 표본평균 $\overline{X}$의 관측값에 근거하여 연구원들의 주장에 대한 옳고 그름을 확인하기로 하였다. 이제 새로운 생산방식을 적용한 전구의 평균수명이 기존 전구의 평균수명보다 더 길다는 것으로 판단되면 회사의 모든 생산 공정을 변경하여 새로운 전구를 생산하려고 한다. 전구의 수명에 관한 통계적 가설 검정을 시행하여라.

가설검정을 시행하기 위해서는 먼저 가설을 설정하여야 한다. 전구의 수명에 관한 가설검정의 경우에는 '새로운 방식으로 생산한 전구의 평균수명이 1500시간보다 더 길다'고 하는 새로운 주장을 대립가설로 먼저 설정하고, 이에 상반되는 주장을 귀무가설로 설정하면 된다. 즉, 새로운 방식으로 생산된 전구의 평균수명을 μ(시간)라고 하면, 귀무가설과 대립

24) 귀무가설에서 귀무(歸無)라는 용어는 '입증하고자 하는 주장이 무효가 된다'는 의미를 나타내고 있다. 즉, 새롭게 주장하고자 하는 대립가설이 통계적으로 입증되기 위해서는 그것을 뒷받침할 만한 충분한 증거가 통계 자료에서 제시되어야 하며, 그렇지 않을 경우에 그 주장은 받아들이지 않게 되는 것이다. 이것은 법정에서 판사가 유죄의 증거가 확실치 않는 경우 검사의 주장을 받아들이지 않고 무죄로 판결하는 것과 유사하다.

가설은 각각 $H_0 : \mu \leq 1500$, $H_1 : \mu > 1500$와 같다. 이때 귀무가설을 $H_0 : \mu = 1500$으로 해도 동일한 결과를 얻게 되므로

$$H_0 : \mu = 1500 \ , \qquad H_1 : \mu > 1500 \tag{1.26}$$

와 같이 가설을 설정할 수 있다.

일반적으로 모수 θ에 대한 가설검정에서 대립가설 H_1의 형태는 크게

$$① \ H_1 : \theta > \theta_0 \qquad ② \ H_1 : \theta < \theta_0 \qquad ③ \ H_1 : \theta \neq \theta_0 \tag{1.27}$$

의 세 가지로 구분된다. 여기서 θ_0는 모수 θ에 대하여 주어진 특정한 값(상수)을 나타낸다. 이러한 대립가설의 형태에 따라 가설검정은 ①의 우측검정과 ②의 좌측검정과 같은 단측검정(one-sided test)과 ③의 양측검정(two-sided test)으로 구분된다. 이때, 대립가설이 $H_1 : \theta > \theta_0$ 또는 $H_1 : \theta < \theta_0$이면 귀무가설을 $H_0 : \theta \leqq \theta_0$ 또는 $H_0 : \theta \geqq \theta_0$와 같이 상반되게 설정하는 것이 원칙이지만, $H_0 : \theta = \theta_0$로 설정해도 동일한 결과를 얻게 된다. 따라서 전구회사의 예에서와 같이 편의상 귀무가설을 $H_0 : \theta = \theta_0$와 같은 형식으로 설정하는 것이 일반적이다.

(2) 검정통계량과 기각역

전구회사의 예제에서 귀무가설 H_0와 대립가설 H_1중에서 어느 가설을 채택할 것인지를 판단하는 기준으로 표본평균 $\overline{X}$를 사용하고 있다. 표본평균 $\overline{X}$는 모평균 μ의 추정에서 불편성, 일치성을 갖는 좋은 점추정량인 것을 3절에서 다룬 바 있다. 따라서 모평균의 가설검정에서 표본평균 $\overline{X}$를 이용하는 것은 직관적으로 타당하며, $\overline{X}$의 관측값이 1500시간보다 크면 클수록 귀무가설 $H_0 : \mu = 1500$을 기각하고 대립가설 $H_1 : \mu > 1500$을 채택하는데 대한 충분한 증거로 생각할 수 있을 것이다. 여기서 표본평균 $\overline{X}$와 같이 귀무가설과 대립가설 중에서 어느 하나를 채택하는데 사용되는 통계량을 검정통계량(test statistic)이라 한다.

귀무가설 H_0를 기각(또는 H_1 채택)할 것인지 또는 H_0를 채택(또는 H_1 기각)할 것인지에 대한 판단은 검정통계량의 관측값에 의해 결정된다. 따라서 검정통계량의 관측값이 어느 정도이면 귀무가설 H_0를 기각할 수 있는지에 대한 경계점을 사전에 정할 필요가 있

다. 예를 들어, 무작위로 추출한 전구의 수명을 조사하기에 앞서 검정통계량 $\overline{X}$의 관측값 $\overline{x}$가 어떤 값 c보다 크면 귀무가설을 기각하고, 그렇지 않으면 귀무가설을 채택하게 되는 적절한 상수 c를 먼저 결정하여야 한다. 이러한 경계점 c를 임계값(critical value)이라 하며, 검정통계량이 가질 수 있는 값의 영역 중에서 c값을 기준으로 귀무가설 H_0를 기각하게 되는 영역을 기각역(rejection region), 귀무가설 H_0를 채택하게 되는 영역을 채택역(acceptance region)이라 한다. 전구회사의 예에서 임계값 c가 주어졌을 때 기각역은 $\overline{x} > c$, 채택역은 $\overline{x} \le c$의 형태로 표현된다. 이러한 기각역의 설정은 검정통계량의 표본분포와 다음절에서 설명하는 유의수준의 크기를 고려하여 이루어진다.

정의 1.33 검정통계량(test statistic)과 기각역(rejection region)

확률표본 $X_1, X_2, \cdots, X_n$에 근거하여 귀무가설과 대립가설 중에서 어느 하나를 채택하는데 사용되는 통계량을 검정통계량이라 하며, 귀무가설 H_0을 기각하게 되는 검정통계량의 관측값의 영역을 기각역, 반대로 귀무가설 H_0을 채택하게 되는 검정통계량의 관측값의 영역을 채택역이라고 한다.

(3) 오류의 종류와 유의수준 α

표본에 의해 이루어지는 통계적 가설 검정의 결과에는 두 가지 종류의 오류가 발생할 수 있다. 실제 현상은 귀무가설 H_0가 참인데도 불구하고 검정 결과 H_0를 잘못 기각하는 제1종 오류(type I error)와 실제 현상은 H_1이 참인데도 불구하고 검정 결과 H_0를 잘못 채택하여 발생하는 제2종 오류(type II error)가 그것이다. 이를 표로 나타내면 다음과 같다.

실제 현상 / 검정 결과	H_0 참	H_1 참
H_0 채택	옳은 결정	제2종 오류
H_0 기각	제1종 오류	옳은 결정

이 두 가지 오류의 차이점을 보다 쉽게 이해하기 위하여 가설검정의 과정을 법정에서의 재판 과정에 비유하면 귀무가설과 대립가설은 각각 다음과 같다.

$$H_0: \text{피고는 무죄}, \qquad H_1: \text{피고는 유죄} \tag{1.28}$$

이때 실제로 무죄인 피고인을 판사가 유죄로 잘못 판결하는 것은 제1종 오류를 범하는 것이고, 실제로 유죄인 피고인을 판사가 무죄로 잘못 판결하는 것은 제2종 오류를 범하는 것이 된다.

가설검정에서 우리는 이와 같은 오류를 범할 확률을 최소화하도록 기각역을 설정하고자 한다. 하지만, 표본의 크기가 일정할 때 두 오류를 범할 확률을 동시에 줄이는 것은 불가능하다. 즉, 한 오류를 줄이려고 하면 다른 오류가 커지게 된다. 따라서 두 오류 중에서 일반적으로 더 중요시 되는 제 1종 오류를 범할 확률이 사전에 지정된 확률 이하가 되도록 기각역을 결정하게 된다. 이때 제1종 오류를 범할 확률을 유의수준(significance level)이라 하며 α로 표기하고, 제2종 오류를 범할 확률을 β로 표기한다. 또한 대립가설 H_1이 참일 때 H_0를 기각하는 확률 $1-\beta$를 검정력(power)이라고 한다. 통계적 가설 검정에서 나타날 수 있는 두 가지 종류의 오류와 각 오류를 범할 확률은 다음과 같이 조건부 확률로서 나타낼 수 있다.

정의 1.34 오류의 종류, 유의수준 α, 검정력 $1-\beta$

제 1종 오류(type Ⅰ error) : 귀무가설 H_0가 참일 때 H_0를 잘못 기각하는 오류

제 2종 오류(type Ⅱ error) : 대립가설 H_1이 참일 때 H_0를 잘못 채택하는 오류

유의수준 $\alpha =$ 제1종 오류를 범할 확률 $= P(H_0$를 기각 $\mid H_0$ 참$)$

$\beta =$ 제2종 오류를 범할 확률 $= P(H_0$를 채택 $\mid H_1$ 참$)$

검정력 $1-\beta = H_1$이 참일 때 H_0를 기각할 확률 $= P(H_0$를 기각 $\mid H_1$ 참$)$

이제 전구회사의 예제에서 전구의 수명에 대한 가설($H_0 : \mu = 1500,\ H_1 : \mu > 1500$)을 유의수준 $\alpha = 0.05$에서 검정하기 위한 기각역을 구하고, 이러한 기각역을 바탕으로 새로운 방식으로 생산된 전구 36개를 무작위로 추출하여 이들의 수명을 조사한 결과 표본평균이 $\overline{x} = 1550$ 시간으로 관측되었을 때 연구원들의 주장이 옳은지를 검정해 보도록 하자. 귀무가설 H_0가 참일 때 모집단은 평균이 1500이고 표준편차가 180인 정규분포 $N(1500, 180^2)$를 따르므로 표본평균 $\overline{X}$는 평균이 1500이고 표준편차가 $180/\sqrt{36}$인 정규분포를 따른다. 즉, 가설 H_0가 참일 때 검정통계량 $\overline{X} \sim N(1500, 30^2)$이다. 제1종 오류를 범할 확률은 귀무가설 H_0가 참일 때, 즉 모평균이 $\mu = 1500$ 일 때 귀무가설 H_0를 기각하는 확률이므로,

$$\alpha = 0.05 = P(H_0\text{를 기각} \mid H_0\text{ 참}) = P(\overline{X} > c \mid \mu = 1500)$$
$$= P\left(\frac{\overline{X}-1500}{180/\sqrt{36}} > \frac{c-1500}{180/\sqrt{36}}\right) = P\left(Z > \frac{c-1500}{180/\sqrt{36}}\right) \tag{1.29}$$

이다. 따라서 $\frac{c-1500}{180/\sqrt{36}} = z_{0.05}$을 만족하는 임계값 $c = 1500 + 1.645\frac{180}{\sqrt{36}} = 1549.35$이므로, 유의수준 $\alpha = 0.05$에서의 기각역은 $\overline{x} > 1549.35$와 같이 구해진다. 따라서 검정통계량의 관측값 $\overline{x} = 1550$이 기각역 $\overline{x} > 1549.35$에 포함되므로 귀무가설 H_0를 기각할 수 있다. 즉, '새로운 기술방식으로 생산된 전구의 평균수명이 1500 시간보다 더 길다'라는 연구원들의 주장은 옳다고 할 수 있다.

(4) p-값

전구회사의 예제에서 대립가설 $H_1 : \mu > 1500$에 포함되는 특정한 모평균의 값(상수)을 μ_1이라고 할 때, 대립가설을 $H_1 : \mu = \mu_1 (> 1500)$으로 표현하면 귀무가설 H_0와 대립가설 H_1하에서의 검정통계량 $\overline{X}$의 확률밀도함수는 [그림 1.15]과 같이 표현된다. [그림 1.15]에서 보는 바와 같이 제1종 오류를 범할 확률인 유의수준 α를 줄여서 임계값을 오른쪽으로 이동하면 제2종 오류를 범할 확률 β가 커지게 되고, 반대로 제2종 오류를 범할 확률 β를 줄여서 임계값을 왼쪽으로 이동하면 제1종 오류를 범할 확률, 즉 유의수준 α가 커지게 된다.

이제 검정통계량의 관측값이 $\overline{x} = 1580$으로 조사되었다고 하자. 검정통계량의 관측값이 $\overline{x} = 1550$인 경우와 마찬가지로 $\overline{x} = 1580$인 경우에도 기각역 $\overline{x} > 1549.35$에 포함되므로 귀무가설 H_0는 기각된다. 그러나 검정통계량이 $\overline{x} = 1550$으로 관측된 경우보다 $\overline{x} = 1580$으로 관측된 경우가 귀무가설 H_0를 기각하고 대립가설 H_1을 채택하는데 대한 더 강력한 증거를 제시한다고 할 수 있다. 이러한 이유로 귀무가설을 '기각할 수 있다' 또는 '기각할 수 없다'와 같은 단순한 검정결과에 추가하여 관측된 검정통계량의 값을 기준으로 귀무가설 H_0를 기각할 수 있게 하는 최소한의 유의수준을 제시하게 되는데, 이를 p-값 또는 유의확률(significance probability)이라고 한다. 따라서 p-값이 유의수준 α보다 작으면 H_0를 기각하고, 유의수준 α보다 크면 H_0를 채택하게 된다. 여기서 p-값$< \alpha$는 H_0에 반대되는 증거의 정도가 기준 α보다 더 강하다는 것을 의미하며, 이럴 경우 우리는 "유의수준 α에

서 통계적으로 유의하다(statistically significant at level α)"라고 말하게 된다. 이때 "유의하다"는 말은 "H_0에 반대되는 증거가 α라는 기준에 도달하였다"라는 것을 의미한다.

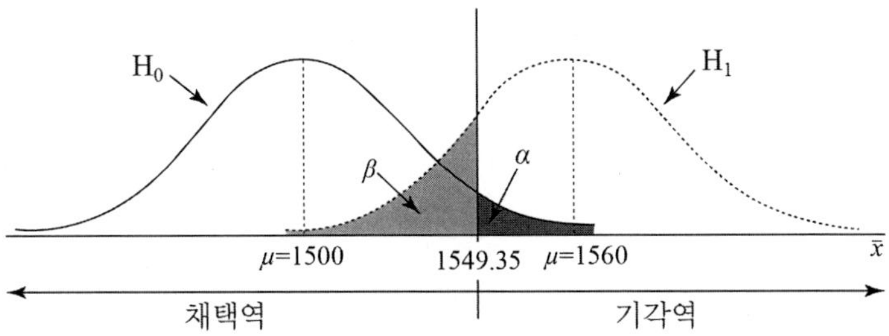

[그림 1.15] 검정통계량 $\overline{X}$의 확률밀도함수

정의 1.35 p-값

관측된 검정통계량의 값을 기준으로 귀무가설 H_0를 기각할 수 있게 하는 최소한의 유의수준을 p-값 또는 유의확률(significance probability)이라고 한다.

※ p-값이 유의수준 α보다 작으면 H_0를 기각하고, 유의수준 α보다 크면 H_0를 채택한다.

전구회사의 예제에서 새로운 방식으로 생산된 전구 36개를 무작위로 추출하여 이들의 수명을 조사한 결과 표본평균의 관측값이 $\overline{x} = 1580$ 시간이었다고 할 때 p값을 구하면

$$\begin{aligned} p\text{-값} = P(\overline{X} \geq 1580 | \mu = 150) &= P\left(\frac{\overline{X} - 1500}{180/\sqrt{36}} \geq \frac{1580 - 1500}{180/\sqrt{36}}\right) \\ &= P(Z \geq 2.67) \fallingdotseq 0.0038 \end{aligned} \tag{1.30}$$

와 같고, 이는 유의수준 $\alpha = 0.05$보다 작으므로 유의수준 $\alpha = 0.05$에서 귀무가설 H_0을 기각하게 된다.

(5) 단측검정과 양측검정

모수 θ에 대한 가설검정에서 크기가 n인 확률표본에 근거한 검정통계량 $T(X_1, \cdots, X_n)$을 고려하기로 하자. 이때 기각역의 방향은 대립가설의 형태에 따라 단측(좌측 또는 우측)과 양측으로 결정되며, 이에 따라 가설검정은 단측검정과 양측검정으로 구분된다.

단측검정은 우측검정과 좌측검정으로 구분되며 우측검정은 기각역이 우측 방향으로, 좌측검정은 기각역이 좌측 방향으로 결정되는 검정이다. 즉, 우측검정은 모수 θ 에 관한 귀무가설과 대립가설이

$$H_0 : \theta = \theta_0 \ , \qquad H_1 : \theta > \theta_0 \tag{1.31}$$

로 주어지고 기각역은 [그림 1.16]에서 보는 바와 같이 우측 방향으로 결정되며, 반면에 좌측검정은 모수 θ 에 대한 귀무가설과 대립가설이

$$H_0 : \theta = \theta_0 \ , \qquad H_1 : \theta < \theta_0 \tag{1.32}$$

로 주어지고 기각역은 [그림 1.16]에서 보는 바와 같이 좌측 방향으로 결정된다. 양측검정은 모수 θ 에 관한 귀무가설과 대립가설이

$$H_0 : \theta = \theta_0 \ , \qquad H_1 : \theta \neq \theta_0 \tag{1.33}$$

로 주어지고 기각역은 [그림 1.16]에서 보는 바와 같이 양측 방향으로 결정된다.

이상의 사실로부터, 양측검정과 단측검정(우측검정과 좌측검정)을 결정하는 것은 결국 대립가설의 형태라는 것을 알 수 있다. 따라서 주어진 연구 또는 조사에서 대립가설을 올바르게 설정하는 것이 대단히 중요하다.

대립가설 H_1의 형태에 따른 기각역

유의수준 α에서 검정통계량 $T(X_1,\cdots,X_n)$를 고려할 때, 귀무가설 $H_0 : \theta = \theta_0$ 와 각각의 대립가설에 따른 기각역의 형태는 다음과 같다.

① $H_1 : \theta > \theta_0$(우측검정), 기각역 : $T(x_1,\cdots,x_n) > k_1$

② $H_1 : \theta < \theta_0$(좌측검정), 기각역 : $T(x_1,\cdots,x_n) < k_2$

③ $H_1 : \theta \neq \theta_0$(양측검정), 기각역 : $T(x_1,\cdots,x_n) > k_3$ 또는 $T(x_1,\cdots,x_n) < k_4$

여기서 k_1 은 H_0 하에서의 우측 확률이 α 인 점, k_2 는 좌측 확률이 α 인 점, k_3 와 k_4 는 우측 및 좌측 확률이 각각 $\alpha/2$ 인 점이다.

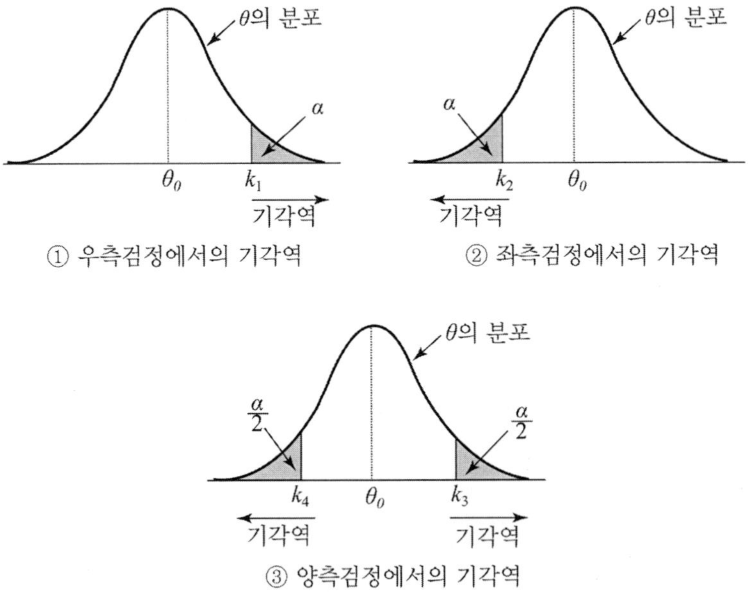

[그림 1.16] 대립가설과 기각역

1.4.2 모평균의 가설검정

(1) 모분산 σ^2이 알려져 있는 정규모집단의 경우

모분산 σ^2이 알려져 있는 정규모집단 $N(\mu, \sigma^2)$의 모평균 μ에 대한 다음의 가설검정

$$H_0 : \mu = \mu_0 \ , \qquad H_1 : \mu > \mu_0 \tag{1.34}$$

을 위해 이 정규모집단으로부터 크기가 n인 확률표본 $X_1, X_2, \cdots, X_n$을 추출하는 상황을 고려하자. 전구회사의 예제에서처럼 모평균의 가설검정에서 검정통계량으로 표본평균 $\overline{X}$를 이용하는 것은 직관적으로 타당하며, $\overline{X}$의 값이 μ_0보다 크면 클수록 귀무가설 $H_0 : \mu = \mu_0$를 기각하고 대립가설 $H_1 : \mu > \mu_0$을 채택하는데 대한 충분한 증거로 생각할 수 있을 것이다. 따라서 기각역은 $\overline{x} > c$와 같은 우측검정의 형태가 되며, 귀무가설 $H_0 : \mu = \mu_0$이 참일 때 검정통계량 $\overline{X}$는 $\overline{X} \sim N(\mu_0, \sigma^2/n)$의 확률분포를 따르므로 유의수준 α를 만족하는 임계값 c는

$$\alpha = P(H_0\text{를 기각}\,|\,H_0\text{ 참}) = P(\overline{X} > c\,|\,\mu = \mu_0)$$
$$= P\left(\frac{\overline{X}-\mu_0}{\sigma/\sqrt{n}} > \frac{c-\mu_0}{\sigma/\sqrt{n}}\right) = P(Z_0 > z_\alpha) \tag{1.35}$$

에 의해 $\frac{c-\mu_0}{\sigma/\sqrt{n}} = z_\alpha$를 만족하는 $c = \mu_0 + z_\alpha \frac{\sigma}{\sqrt{n}}$로 결정된다. 따라서 유의수준 α에서의 기각역은

$$\text{기각역: } \overline{x} > \mu_0 + z_\alpha \frac{\sigma}{\sqrt{n}} \tag{1.36}$$

으로 주어진다. 이때 모분산 σ^2이 알려져 있으므로 $\overline{X}$를 표준화한 검정통계량 $Z_0 = \frac{\overline{X}-\mu_0}{\sigma/\sqrt{n}}$를 이용하면, 검정통계량 Z_0는 표준정규분포 $N(0,1)$를 따르게 되고, 유의수준 α에서의 기각역과 검정통계량의 관측값 z_0^*에 대한 p-값은 각각

$$\text{기각역: } z_0 = \frac{\overline{x}-\mu_0}{\sigma/\sqrt{n}} > z_\alpha, \quad p-\text{값} = P(Z_0 > z_0^*) \tag{1.37}$$

으로 구할 수 있다.

이제 모평균 μ에 대한 다음의 가설검정을 생각해 보자.

$$H_0 : \mu = \mu_0 \ , \quad H_1 : \mu < \mu_0 \tag{1.38}$$

검정통계량 $\overline{X}$의 값이 μ_0보다 작으면 작을수록 대립가설 $H_1 : \mu < \mu_0$ 이 사실이라는 증거가 명백해지므로, 기각역은 $\overline{x} < c$와 같은 좌측검정의 형태가 된다. 우측검정에서와 마찬가지 원리로 유의수준 α에서의 기각역과 검정통계량의 관측값 z_0^*에 대한 p-값은 각각

$$\text{기각역: } z_0 = \frac{\overline{x}-\mu_0}{\sigma/\sqrt{n}} < -z_\alpha \left(\Leftrightarrow \overline{x} < \mu_0 - z_\alpha \frac{\sigma}{\sqrt{n}}\right), \quad p-\text{값} = P(Z_0 < z_0^*) \tag{1.39}$$

으로 구할 수 있다.

또한 모평균 μ에 대한 다음의 가설검정

$$H_0 : \mu = \mu_0 \ , \quad H_1 : \mu \neq \mu_0 \tag{1.40}$$

에 대해서는 검정통계량 $\overline{X}$의 값이 μ_0보다 크거나 또는 작으면 즉, $\overline{X}$의 값이 μ_0로부터 멀리 떨어져 있을수록 대립가설 $H_1 : \mu \neq \mu_0$이 사실이라는 증거가 강해지므로 $|\overline{x} - \mu_0| > c$ 형태의 기각역을 생각할 수 있다. 이때 유의수준 α를 만족하기 위해서는

$$\begin{aligned} \alpha &= P(H_0\text{를 기각} \mid H_0 \text{ 참}) = P(|\overline{X} - \mu_0| > c \mid \mu = \mu_0) \\ &= P\left(\left|\frac{\overline{X} - \mu_0}{\sigma/\sqrt{n}}\right| > \frac{c}{\sigma/\sqrt{n}}\right) = P(|Z_0| > z_{\alpha/2}) \end{aligned} \tag{1.41}$$

이어야 하므로 유의수준 α에서의 기각역과 검정통계량의 관측값 z_0^*에 대한 p-값은 각각

기각역:

$$z_0 = \frac{\overline{x} - \mu_0}{\sigma/\sqrt{n}} < -z_{\alpha/2} \text{ 또는 } z_0 = \frac{\overline{x} - \mu_0}{\sigma/\sqrt{n}} > z_{\alpha/2}, \ p-\text{값} = P(|Z_0| \geq |z_0^*|) \tag{1.42}$$

으로 구할 수 있다. 이와 같이 표준정규분포 $N(0, 1)$를 사용하여 모평균 μ에 관한 가설검정을 하는 방법을 Z-검정법 또는 정규검정법(normal test)이라 한다.

모평균 μ에 대한 가설검정

모분산 σ^2이 알려져 있는 정규모집단 $N(\mu, \sigma^2)$의 모평균 μ에 대한 아래의 가설검정에서 사용되는 검정통계량과 그 확률분포는

$$Z_0 = \frac{\overline{X} - \mu_0}{\sigma/\sqrt{n}} \sim N(0,1) \ \text{(귀무가설 } H_0\text{가 참일 때)}$$

이며, 유의수준 α에서의 기각역과 검정통계량의 관측값 z_0^*에 대한 p-값은 다음과 같다.

	가설	기각역	p−값
우측검정	$H_0 : \mu = \mu_0$, $H_1 : \mu > \mu_0$	$z_0 > z_\alpha$	$P(Z_0 > z_0^*)$
좌측검정	$H_0 : \mu = \mu_0$, $H_1 : \mu < \mu_0$	$z_0 < -z_\alpha$	$P(Z_0 < z_0^*)$
양측검정	$H_0 : \mu = \mu_0$, $H_1 : \mu \neq \mu_0$	$|z_0| > z_{\alpha/2}$	$2P(Z_0 > |z_0^*|)$

(2) 모분산 σ^2이 알려져 있지 않은 정규모집단의 경우

앞에서 소개된 Z-검정법에서는 정규모집단 $N(\mu, \sigma^2)$의 모분산 σ^2이 알려져 있는 것으로 가정하였다. 그러나 실제 문제에서 σ^2을 알고 있는 경우는 그다지 많지 않다. 이처럼 σ^2이 알려져 있지 않은 경우에는 Z-검정법의 검정통계량 $Z_0 = \dfrac{\overline{X}-\mu_0}{\sigma/\sqrt{n}}$에서 σ 대신에 표본표준편차 S를 사용한 $T_0 = \dfrac{\overline{X}-\mu_0}{S/\sqrt{n}}$를 검정통계량으로 사용할 수 있으며, 귀무가설 $H_0: \mu=\mu_0$이 참일 때 검정통계량 $T_0 = \dfrac{\overline{X}-\mu_0}{S/\sqrt{n}}$는 자유도가 $n-1$인 t-분포를 따르게 된다. 이와 같이 t-분포를 사용하여 모평균 μ에 관한 가설검정을 하는 방법을 t-검정법(t-test)이라 하며, Z-검정법과 유사한 원리에 의하여 기각역과 p-값을 다음과 같이 구할 수 있다.

모평균 μ에 대한 가설검정

모분산 σ^2이 알려져 있지 않은 정규모집단 $N(\mu, \sigma^2)$의 모평균 μ에 대한 아래의 가설검정에서 사용되는 검정통계량과 그 확률분포는

$$T_0 = \frac{\overline{X}-\mu_0}{S/\sqrt{n}} \sim t(n-1) \text{ (귀무가설 } H_0\text{가 참일 때)}$$

이며, 유의수준 α에서의 기각역과 검정통계량의 관측값 t_0^*에 대한 p-값은 다음과 같다.

	가설	기각역	p-값
우측검정	$H_0: \mu=\mu_0$, $H_1: \mu>\mu_0$	$t_0 > t_\alpha(n-1)$	$P(T_0 > t_0^*)$
좌측검정	$H_0: \mu=\mu_0$, $H_1: \mu<\mu_0$	$t_0 < -t_\alpha(n-1)$	$P(T_0 < t_0^*)$
양측검정	$H_0: \mu=\mu_0$, $H_1: \mu\neq\mu_0$	$\lvert t_0\rvert > t_{\alpha/2}(n-1)$	$2P(T_0 > \lvert t_0^*\rvert)$

1.4.3 모분산의 가설검정

이제 모평균 μ와 모분산 σ^2이 알려져 있지 않은 정규모집단 $N(\mu, \sigma^2)$의 분산 σ^2에 대한 다음의 가설검정

$$H_0 : \sigma^2 = \sigma_0^2 \ , \qquad H_1 : \sigma^2 > \sigma_0^2 \tag{1.43}$$

을 위해 이 정규모집단으로부터 크기가 n인 확률표본 $X_1, X_2, \cdots, X_n$ 을 추출하는 상황을 고려하자. 모분산의 가설검정에서 표본분산 S^2을 이용하는 것은 직관적으로 타당하며, S^2의 값이 σ_0^2보다 크면 클수록 귀무가설 $H_0 : \sigma^2 = \sigma_0^2$를 기각하고 대립가설 $H_1 : \sigma^2 > \sigma_0^2$을 채택하는데 대한 충분한 증거로 생각할 수 있을 것이다. 따라서 기각역은 $s^2 > c$와 같은 우측검정의 형태가 되며, 귀무가설 $H_0 : \sigma^2 = \sigma_0^2$이 참일 때 통계량 $V_0 = \dfrac{(n-1)S^2}{\sigma_0^2}$는 $V_0 \sim \chi^2(n-1)$의 확률분포를 따르므로 유의수준 α를 만족하는 임계값 c는

$$\begin{aligned} \alpha &= P(H_0\text{를 기각} \mid H_0 \text{ 참}) = P\left(S^2 > c \mid \sigma^2 = \sigma_0^2\right) \\ &= P\left(\frac{(n-1)S^2}{\sigma_0^2} > \frac{(n-1)c}{\sigma_0^2}\right) = P\left(V_0 > \chi_\alpha^2(n-1)\right) \end{aligned} \tag{1.44}$$

에 의해 $\dfrac{(n-1)c}{\sigma_0^2} = \chi_\alpha^2(n-1)$를 만족하는 $c = \dfrac{\sigma_0^2 \chi_\alpha^2(n-1)}{n-1}$로 결정된다. 따라서 유의수준 α에서의 기각역은

$$\text{기각역: } s^2 > \frac{\sigma_0^2 \chi_\alpha^2(n-1)}{n-1} \tag{1.45}$$

으로 주어진다. 이때 검정통계량으로 $V_0 = \dfrac{(n-1)S^2}{\sigma_0^2}$를 이용하면, 유의수준 α에서의 기각역과 검정통계량의 관측값 v_0^*에 대한 p-값은 각각

$$\text{기각역: } v_0 = \frac{(n-1)s^2}{\sigma_0^2} > \chi_\alpha^2(n-1), \qquad p-\text{값} = P(V_0 > v_0^*) \tag{1.46}$$

으로 구할 수 있다. 이와 같이 χ^2-분포를 사용하여 모분산 σ^2에 관한 가설검정을 하는 방법을 χ^2-검정법(chi-square test)이라 하며, 우측검정과 유사한 방법으로 좌측검정 및 양측검정에 대한 기각역과 p-값을 다음과 같이 구할 수 있다.

모분산 σ^2에 대한 가설검정

모평균 μ와 모분산 σ^2이 알려져 있지 않은 정규모집단 $N(\mu, \sigma^2)$의 모분산 σ^2에 대한 아래의 가설검정에서 사용되는 검정통계량과 그 확률분포는

$$V_0 = \frac{(n-1)S^2}{\sigma_0^2} \sim \chi^2(n-1) \text{(귀무가설 } H_0\text{가 참일 때)}$$

이며, 유의수준 α에서의 기각역과 검정통계량의 관측값 v_0^*에 대한 p-값은 다음과 같다.

	가설	기각역	p-값
우측검정	$H_0: \sigma^2 = \sigma_0^2$, $H_1: \sigma^2 > \sigma_0^2$	$v_0 > \chi^2_{\alpha}(n-1)$	$P(V_0 > v_0^*)$
좌측검정	$H_0: \sigma^2 = \sigma_0^2$, $H_1: \sigma^2 < \sigma_0^2$	$v_0 < \chi^2_{1-\alpha}(n-1)$	$P(V_0 < v_0^*)$
양측검정	$H_0: \sigma^2 = \sigma_0^2$, $H_1: \sigma^2 \neq \sigma_0^2$	$v_0 > \chi^2_{\alpha/2}(n-1)$ 또는 $v_0 < \chi^2_{1-\alpha/2}(n-1)$	$2\min\{P(V_0 > v_0^*)$ $,P(V_0 < v_0^*)\}$

제 2 장

두 모집단의 비교

2.1 두 모평균의 비교 : 서로 독립적으로 표본을 추출하는 경우
2.2 두 모평균의 비교 : 대응비교
2.3 두 모분산의 비교
2.4 두 모비율의 비교

한 개의 모집단으로부터 표본을 추출하여 그 모집단의 모수에 관하여 추정하고 가설을 검정하는 통계적 추론에 대해서는 1장에서 살펴보았다. 그러나 실제 사회현상이나 과학현상에서 요구되는 통계적 실험에서는 둘 또는 그 이상의 모집단에 대한 모수의 비교가 관심의 대상이 되는 경우가 종종 발생하게 된다. 예를 들면, 두 전구회사에서 생산되는 전구의 수명을 비교한다든지, 또는 두 제약회사에서 생산되는 특정 질병에 대한 치료약의 효능을 비교하는 문제 등을 생각해 볼 수 있다. 이 장에서는 두 모집단의 모수에 관한 추론에 대하여 알아보도록 할 것이다. 두 모집단에 대한 비교는 줄기-잎 그림 또는 상자그림 등을 이용하여 개략적으로 분석할 수도 있다. 하지만 이 장에서는 두 모집단으로부터 추출된 표본자료를 바탕으로 이론적인 체계 하에서 두 모집단을 비교하는 방법에 대하여 알아보도록 할 것이며, 이때 각 모집단의 모수와 표본자료에 대해서는 <표 2.1>과 같은 표기를 사용할 것이다.

〈표 2.1〉 두 모집단과 표본에 대한 표기

모집단			표본			
구분	평균	분산	표본 크기	확률표본	평균	분산
1	μ_1	σ_1^2	n_1	$X_{11}, X_{12}, \cdots, X_{1n_1}$	$\overline{X}_1$	S_1^2
2	μ_2	σ_2^2	n_2	$X_{21}, X_{22}, \cdots, X_{2n_2}$	$\overline{X}_2$	S_2^2

2.1 두 모평균의 비교 : 서로 독립적으로 표본을 추출하는 경우

두 모집단의 모평균에 대한 통계적 추론을 위하여 각각의 모집단에서 크기가 n_1과 n_2인 확률표본을 독립적으로 랜덤 추출하는 문제를 생각해 보자. 즉, 평균이 μ_1이고 분산이 σ_1^2인 첫 번째 모집단에서 크기가 n_1인 확률표본 $X_{11}, \cdots, X_{1n_1}$을 추출하고, 이와는 독립적으로 평균이 μ_2이고 분산이 σ_2^2인 두 번째 모집단에서 크기가 n_2인 확률표본 $X_{21}, \cdots, X_{2n_2}$를 추출한다고 하자. 이때 각각의 모집단에 대한 표본평균과 표본분산은 다음과 같다.

$$\text{모집단 1 :} \quad \overline{X}_1 = \frac{1}{n_1}\sum_{i=1}^{n_1} X_{1i}, \qquad S_1^2 = \frac{1}{n_1 - 1}\sum_{i=1}^{n_1}(X_{1i} - \overline{X}_1)^2$$
$$\text{모집단 2 :} \quad \overline{X}_2 = \frac{1}{n_2}\sum_{i=1}^{n_2} X_{2i}, \qquad S_2^2 = \frac{1}{n_2 - 1}\sum_{i=1}^{n_2}(X_{2i} - \overline{X}_2)^2 \tag{2.1}$$

일반적으로 두 모평균의 비교(통계적 추론)에서는 두 모평균의 차 $\mu_1 - \mu_2$를 이용하게 되며, 이에 대한 추정과 검정에 사용될 통계량은 두 표본평균의 차 $\overline{X}_1 - \overline{X}_2$ 임을 직관적으로 생각할 수 있다. 따라서 통계량 $\overline{X}_1 - \overline{X}_2$의 표본분포에 대해 먼저 살펴보고, 이를 바탕으로 두 모평균의 차에 대한 통계적 추론을 살펴보기로 한다.

2.1.1 두 모분산이 알려져 있는 정규모집단의 경우

정규분포를 따르는 두 모집단 $N(\mu_1, \sigma_1^2)$과 $N(\mu_2, \sigma_2^2)$에서 각각의 분산 σ_1^2과 σ_2^2이 알려져 있는 경우, $\overline{X}_1$와 $\overline{X}_2$의 분포는 각각

$$\overline{X}_1 \sim N\left(\mu_1, \frac{\sigma_1^2}{n_1}\right), \qquad \overline{X}_2 \sim N\left(\mu_2, \frac{\sigma_2^2}{n_2}\right) \tag{2.2}$$

이므로, 정규분포의 가법성에 따라 $\overline{X}_1 - \overline{X}_2$ 는 정규분포를 따르게 되며

$$E\left(\overline{X}_1 - \overline{X}_2\right) = E\left(\overline{X}_1\right) - E\left(\overline{X}_2\right) = \mu_1 - \mu_2\,,$$
$$Var\left(\overline{X}_1 - \overline{X}_2\right) = Var\left(\overline{X}_1\right) + Var\left(\overline{X}_2\right) = \frac{\sigma_1^2}{n_1} + \frac{\sigma_2^2}{n_2} \quad \text{(서로 독립이므로)} \tag{2.3}$$

이다. 따라서 $\overline{X}_1 - \overline{X}_2$를 표준화한 확률변수 Z는

$$Z = \frac{\overline{X}_1 - \overline{X}_2 - (\mu_1 - \mu_2)}{\sqrt{\sigma_1^2/n_1 + \sigma_2^2/n_2}} \sim N(0,\, 1) \tag{2.4}$$

와 같이 표준정규분포를 따른다.

정리 2.1 두 정규모집단에서 표본평균의 차에 대한 분포 (1)

서로 독립인 두 표본 $X_{11}, X_{12}, \cdots, X_{1n_1}$ 과 $X_{21}, X_{22}, \cdots, X_{2n_2}$ 이 각각 정규모집단 $N(\mu_1, \sigma_1^2)$과 $N(\mu_2, \sigma_2^2)$으로부터 구한 확률표본이라고 하면, 두 표본평균의 차 $\overline{X}_1 - \overline{X}_2$는 정규분포 $N\left(\mu_1 - \mu_2, \dfrac{\sigma_1^2}{n_1} + \dfrac{\sigma_2^2}{n_2}\right)$를 따른다. 즉,

$$Z = \frac{\overline{X}_1 - \overline{X}_2 - (\mu_1 - \mu_2)}{\sqrt{\sigma_1^2/n_1 + \sigma_2^2/n_2}} \sim N(0, 1)$$

이다.

정규분포를 따르는 두 모집단의 분산 σ_1^2과 σ_2^2이 알려져 있는 경우, 정리 2.1의 확률변수 Z를 이용하여 1장 3절에서와 동일한 방법으로 두 모평균의 차 $\mu_1 - \mu_2$에 관한 신뢰구간을 구할 수 있다. 즉

$$\begin{aligned} 1 - \alpha &= P\left(-z_{\alpha/2} \leqq \frac{(\overline{X}_1 - \overline{X}_2) - (\mu_1 - \mu_2)}{\sqrt{\sigma_1^2/n_1 + \sigma_2^2/n_2}} \leqq z_{\alpha/2}\right) \\ &= P\left((\overline{X}_1 - \overline{X}_2) - z_{\alpha/2}\sqrt{\frac{\sigma_1^2}{n_1} + \frac{\sigma_2^2}{n_2}} \leqq \mu_1 - \mu_2 \leqq (\overline{X}_1 - \overline{X}_2) \right. \\ &\qquad \left. + z_{\alpha/2}\sqrt{\frac{\sigma_1^2}{n_1} + \frac{\sigma_2^2}{n_2}}\right) \end{aligned} \tag{2.5}$$

이므로, $\mu_1 - \mu_2$에 대한 $100(1-\alpha)\%$ 신뢰구간은

$$(\overline{X}_1 - \overline{X}_2) \pm z_{\alpha/2}\sqrt{\frac{\sigma_1^2}{n_1} + \frac{\sigma_2^2}{n_2}} \tag{2.6}$$

와 같이 주어진다.

[$\mu_1 - \mu_2$에 대한 신뢰구간] 두 모분산이 알려져 있는 정규모집단의 경우

두 정규모집단 $N(\mu_1, \sigma_1^2)$ 과 $N(\mu_2, \sigma_2^2)$ 의 모분산 σ_1^2과 σ_2^2이 알려져 있는 경우, 두

모평균의 차 $\mu_1 - \mu_2$에 대한 $100(1-\alpha)\%$ 신뢰구간은 다음과 같다.

$$\left[(\overline{X}_1 - \overline{X}_2) - z_{\alpha/2}\sqrt{\frac{\sigma_1^2}{n_1} + \frac{\sigma_2^2}{n_2}},\ (\overline{X}_1 - \overline{X}_2) + z_{\alpha/2}\sqrt{\frac{\sigma_1^2}{n_1} + \frac{\sigma_2^2}{n_2}}\right]$$

또한 정리 2.1의 확률변수 Z를 이용하여 1장 4절에서와 동일한 방법으로 두 모평균에 대한 가설을 검정할 수 있다. 두 모평균에 대한 귀무가설이 $H_0 : \mu_1 - \mu_2 = \delta_0$일 때, 검정통계량으로는

$$Z = \frac{\overline{X}_1 - \overline{X}_2 - \delta_0}{\sqrt{\sigma_1^2/n_1 + \sigma_2^2/n_2}} \tag{2.7}$$

를 사용하며, 유의수준 α에서의 기각역과 p-값을 다음과 같이 구할 수 있다.

[$\mu_1 - \mu_2$에 대한 가설검정 : 두 집단 z-검정] 두 모분산이 알려져 있는 정규모집단의 경우

두 정규모집단 $N(\mu_1, \sigma_1^2)$과 $N(\mu_2, \sigma_2^2)$의 모분산 σ_1^2과 σ_2^2이 알려져 있는 경우, 두 모평균의 차 $\mu_1 - \mu_2$에 대한 아래의 가설검정에서 사용되는 검정통계량과 그 확률분포는

$$Z_0 = \frac{\overline{X}_1 - \overline{X}_2 - \delta_0}{\sqrt{\sigma_1^2/n_1 + \sigma_2^2/n_2}} \sim N(0,1) \text{ (귀무가설 } H_0\text{가 참일 때)}$$

이며, 유의수준 α에서의 기각역과 검정통계량의 관측값 z_0^*에 대한 p-값은 다음과 같다.

	가설	기각역	p-값
우측검정	$H_0 : \mu_1 - \mu_2 = \delta_0,\ H_1 : \mu_1 - \mu_2 > \delta_0$	$Z_0 > z_\alpha$	$P(Z_0 > z_0^*)$
좌측검정	$H_0 : \mu_1 - \mu_2 = \delta_0,\ H_1 : \mu_1 - \mu_2 < \delta_0$	$Z_0 < -z_\alpha$	$P(Z_0 < z_0^*)$
양측검정	$H_0 : \mu_1 - \mu_2 = \delta_0,\ H_1 : \mu_1 - \mu_2 \neq \delta_0$	$\lvert Z_0\rvert > z_{\alpha/2}$	$2P(Z_0 > \lvert z_0^*\rvert)$

예제 2.1 A 회사에서 생산되는 배터리의 수명 X_1은 정규분포 $N(\mu_1, 0.64)$를 따르고, B 회사 배터리의 수명 X_2는 정규분포 $N(\mu_2, 0.81)$를 따르는 것으로 알려져 있다. 두 회사 배터리의 평균수명 간에 차이가 있는지를 유의수준 $\alpha = 0.05$에서 검정하기 위해, A 회사 배터리 8개와 B 회사 배터리 9개를 랜덤으로 추출하여 이들의 수명 $X_{11}, X_{12}, \cdots, X_{18}$와

$X_{21}, X_{22}, \cdots, X_{29}$ 를 각각 조사하고자 한다. 다음 물음에 답하여라.

(1) 귀무가설과 대립가설을 설정하여라.

(2) 귀무가설 H_0 가 참일 때, 가설검정을 위한 검정통계량과 그 확률분포를 구하여라.

(3) 기각역을 구하여라.

(4) 두 회사에서 랜덤 추출한 배터리의 수명이 다음과 같이 조사되었다. 이 결과를 이용하여 문제(1)의 가설을 검정하여라.

A 회사	8.8	8.4	7.9	8.7	9.1	9.6	9.2	8.2	
B 회사	9.9	9.0	11.1	9.6	8.7	10.4	9.5	9.5	10.5

(5) 문제(4)의 결과를 이용하여 p-값을 구하고 이를 이용하여 가설을 검정하여라.

풀이

(1) A, B 두 회사의 배터리 수명 간에 차이가 있다고 할 수 있는지를 검정하는 것이므로 양측검정이 된다. 따라서 귀무가설 및 대립가설은 각각 다음과 같이 설정된다.

$$H_0 : \mu_1 = \mu_2, \quad H_1 : \mu_1 \neq \mu_2$$

(2) 두 표본평균의 차 $\overline{X_1} - \overline{X_2}$ 의 분산은

$$Var(\overline{X_1} - \overline{X_2}) = Var(\overline{X_1}) + Var(\overline{X_2}) = \frac{0.64}{8} + \frac{0.81}{9}$$

이므로 귀무가설 H_0 가 참일 때, $\overline{X}_1 - \overline{X}_2 \sim N\left(0,\ \frac{0.64}{8} + \frac{0.81}{9}\right)$ 이다. $\overline{X_1} - \overline{X_2}$ 을 표준화한 검정통계량 $Z_0 = \dfrac{\overline{X}_1 - \overline{X}_2}{\sqrt{\frac{0.64}{8} + \frac{0.81}{9}}}$ 또한 사용할 수 있으며, $Z_0 \sim N(0, 1)$ 이다.

(3) 검정통계량으로 $\overline{X_1} - \overline{X_2}$ 를 사용하였을 때, 양측검정에서의 기각역은 다음과 같이 주어진다.

$$\overline{x}_1 - \overline{x}_2 < -z_{0.025}\sqrt{\frac{0.64}{8} + \frac{0.81}{9}} = -0.808$$

$$\text{또는 } \overline{x}_1 - \overline{x}_2 > z_{0.025}\sqrt{\frac{0.64}{8} + \frac{0.81}{9}} = 0.808$$

만일 Z_0 를 검정통계량으로 사용하였다면 기각역은 $|z_0| > 1.96$ 이다.

(4) 검정통계량의 관측값 $\overline{x_1} - \overline{x_2}$ 을 계산하면 $\overline{x_1} - \overline{x_2} = -1.0625 < -0.808$ 이므로 귀무가설 H_0은 기각된다. 마찬가지로 $\overline{x_1} - \overline{x_2}$ 을 표준화한 검정통계량의 관측값 z_0^*를 계산

하면 $|z_0^*| = \left|\frac{-1.0625}{\sqrt{0.17}}\right| = 2.58 > 1.96$ 으로 귀무가설 H_0가 기각됨을 알 수 있다.

(5) p-값$= P(|Z_0| > 2.58) = 2P(Z_0 > 2.58) = 2 \cdot 0.005 = 0.01 < 0.05$ 이므로 귀무가설 H_0을 기각한다. 즉 실험결과는 유의수준 $\alpha = 0.05$에서 "A, B 두 회사의 배터리 수명에는 차이가 있다"는 주장을 충분히 뒷받침하고 있다고 할 수 있다. ■

R 실습 2.1 두 집단 z-검정을 위한 R 코드를 작성하고, 이를 이용하여 [예제 2.1]의 가설을 검정하여라.

풀이

```
[R 프로그램 2.1] 두 집단 z-검정
z.test=function(x, y, alternative, delta=0, var=c(1,1)){
  x.bar=mean(x); y.bar=mean(y)  # mean() : 평균을 계산하는 함수
  x.n=length(x); y.n=length(y)  # length() : 입력벡터의 길이(원소개수)를 계산
  z0=(x.bar-y.bar-delta)/sqrt(var[1]/x.n+var[2]/y.n)
  if (alternative=="greater"){p.value=(1-pnorm(z0,mean=0,sd=1))}
  if (alternative=="less"){p.value=pnorm(z0,mean=0,sd=1)}
  if (alternative=="two.sided"){ # if() : 조건문
   p.value=(1-pnorm(abs(z0),mean=0,sd=1))*2}
  result=list(z=z0, pvalue=p.value)
  return(result)
}

Acom = c(8.8, 8.4, 7.9, 8.7, 9.1, 9.6, 9.2, 8.2)
Bcom = c(9.9, 9.0, 11.1, 9.6, 8.7, 10.4, 9.5, 9.5, 10.5)
z.test(x=Acom, y=Bcom, alternative="two.sided", var=c(0.64, 0.81))
```

• function() 함수를 사용하여 두 집단 z-검정을 위한 z.test( )라는 사용자 함수를 만들었으며, 다음 절에서 배우게 되는 R 프로그램 2.3의 t.test() 함수의 구조와 유사하게 만들고자 하였다. z.test() 사용자 함수를 만들기 위해 평균을 계산하는 mean(), 입력벡터의 길이를 계산하는 length(), 조건문 if(), 정규분포의 누적확률을 계산하는 pnorm() 등의 함수가 사용되었다[1].

---

1) R에 내장되어 있는 함수들의 구체적인 설명은 help() 함수 또는 ?를 이용하여 확인할 수 있다. 예를 들어 R Console에서 help(pnorm) 또는 ?pnorm을 입력하면 pnorm() 함수에 대한 설명과 예제를 얻을 수 있다.

• 두 모평균의 차이에 대한 z-검정은 각 회사 배터리의 수명을 $Acom$과 $Bcom$이란 이름으로 입력한 후에 z.test() 사용자 함수를 이용하면 된다. [그림 2.1]은 두 모분산이 알려져 있는 경우 두 집단 z-검정의 결과이며, 이미 알려져 있는 두 모집단의 분산은 사용자 함수 z.test()의 인수 var에서 var=c(0.64, 0.81)와 같이 입력하였다. [그림 2.1]에서 검정통계량의 값 $z=-2.58$, p-값 $p-value=0.01$은 예제 2.1의 결과와 동일함을 알 수 있으며, 이로부터 유의수준 $\alpha=0.05$에서 A, B 두 회사의 배터리 수명에는 차이가 있다고 할 수 있다.

```
R Console
> Acom = c(8.8, 8.4, 7.9, 8.7, 9.1, 9.6, 9.2, 8.2)
> Bcom = c(9.9, 9.0, 11.1, 9.6, 8.7, 10.4, 9.5, 9.5, 10.5)
> z.test(x=Acom, y=Bcom, alternative="two.sided", var=c(0.64, 0.81))
$z
[1] -2.576941

$pvalue
[1] 0.009967896

>
```

[그림 2.1] 두 집단 z-검정 결과 (R 프로그램 2.1)

2.1.2 두 모분산이 알려져 있지 않은 정규모집단의 경우

(1) $\sigma_1^2 \neq \sigma_2^2$인 경우

정리 2.1의 확률변수 Z는 두 정규모집단의 모분산 σ_1^2과 σ_2^2이 알려져 있는 경우 두 모평균의 차 $\mu_1-\mu_2$의 통계적 추론에서 유용하게 사용될 수 있다. 그러나 일반적으로 모분산 σ_1^2과 σ_2^2이 알려져 있는 경우보다는 알려져 있지 않은 경우가 대부분이다. 표본분산 S_1^2과 S_2^2은 각각 모분산 σ_1^2과 σ_2^2의 불편추정량이면서 일치추정량이므로 모분산이 알려져 있지 않은 경우에는 확률변수 Z에 σ_1^2과 σ_2^2의 좋은 점추정량인 S_1^2과 S_2^2을 각각 대입하여 얻은 새로운 확률변수

$$T=\frac{\overline{X}_1-\overline{X}_2-(\mu_1-\mu_2)}{\sqrt{S_1^2/n_1+S_2^2/n_2}} \tag{2.8}$$

를 고려할 수 있을 것이다. 그러나 표본의 크기가 작은 경우 두 모집단이 정규분포를 따른

다고 하더라도 확률변수 T는 더 이상 t분포를 따르지 않는다. 이처럼 모분산이 알려져 있지 않은 경우 확률변수 T의 정확한 분포를 구하는 문제는 매우 복잡하므로 새터스웨이트(Satterthwaite)에 의한 근사적인 방법을 이용하게 된다. 즉, 확률변수 T가 다음과 같은 자유도 ψ를 가지는 t분포를 근사적으로 따른다는 사실을 이용하여 두 모평균의 차에 대한 통계적 추론을 하게 된다.

$$\psi = \frac{(s_1^2/n_1 + s_2^2/n_2)^2}{(s_1^2/n_1)^2/(n_1-1) + (s_2^2/n_2)^2/(n_2-1)} \tag{2.9}$$

정리 2.2 두 정규모집단에서 표본평균의 차에 대한 분포 (2)

서로 독립인 두 표본 $X_{11}, X_{12}, \cdots, X_{1n_1}$과 $X_{21}, X_{22}, \cdots, X_{2n_2}$이 각각 정규모집단 $N(\mu_1, \sigma_1^2)$과 $N(\mu_2, \sigma_2^2)$으로부터 구한 확률표본이라고 하면,

확률변수 $T = \dfrac{\overline{X}_1 - \overline{X}_2 - (\mu_1 - \mu_2)}{\sqrt{S_1^2/n_1 + S_2^2/n_2}}$는 근사적으로 자유도가 ψ인 t분포를 따른다. 즉,

$$T = \frac{\overline{X}_1 - \overline{X}_2 - (\mu_1 - \mu_2)}{\sqrt{S_1^2/n_1 + S_2^2/n_2}} \stackrel{\cdot}{\sim} t(\psi)$$

이고, 이때 $\psi = \dfrac{(s_1^2/n_1 + s_2^2/n_2)^2}{(s_1^2/n_1)^2/(n_1-1) + (s_2^2/n_2)^2/(n_2-1)}$이다.

정규분포를 따르는 두 모집단의 분산 σ_1^2과 σ_2^2이 알려져 있지 않은 경우, 정리 2.2의 확률변수 T를 이용하여 두 모평균의 차 $\mu_1 - \mu_2$에 관한 근사 신뢰구간과 가설검정법을 다음과 같이 구할 수 있다.

[$\mu_1 - \mu_2$에 대한 신뢰구간] 두 모분산이 알려져 있지 않은 정규모집단의 경우

두 정규모집단 $N(\mu_1, \sigma_1^2)$과 $N(\mu_2, \sigma_2^2)$의 모분산 σ_1^2과 σ_2^2이 알려져 있지 않은 경우, 두 모평균의 차 $\mu_1 - \mu_2$에 대한 $100(1-\alpha)\%$ 근사 신뢰구간은 다음과 같다.

$$\left[(\overline{X}_1 - \overline{X}_2) - t_{\alpha/2}(\psi)\sqrt{\frac{S_1^2}{n_1} + \frac{S_2^2}{n_2}},\ (\overline{X}_1 - \overline{X}_2) + t_{\alpha/2}(\psi)\sqrt{\frac{S_1^2}{n_1} + \frac{S_2^2}{n_2}}\right]$$

[$\mu_1 - \mu_2$ 에 대한 가설검정 : 두 집단 t-검정] 두 모분산이 알려져 있지 않은 정규모집단의 경우

두 정규모집단 $N(\mu_1,\ \sigma_1^2)$과 $N(\mu_2,\ \sigma_2^2)$의 모분산 σ_1^2과 σ_2^2이 알려져 있지 않은 경우, 두 모평균의 차 $\mu_1 - \mu_2$에 대한 아래의 가설검정에서 사용되는 검정통계량과 그 확률분포는

$$T_0 = \frac{\overline{X}_1 - \overline{X}_2 - \delta_0}{\sqrt{S_1^2/n_1 + S_2^2/n_2}} \;\dot{\sim}\; t(\psi) \text{ (귀무가설 } H_0\text{가 참일 때)}$$

이며, 유의수준 α에서의 기각역과 검정통계량의 관측값 t_0^*에 대한 p-값은 다음과 같다.

	가설	기각역	p-값
우측검정	$H_0 : \mu_1 - \mu_2 = \delta_0,\ \ H_1 : \mu_1 - \mu_2 > \delta_0$	$T_0 > t_\alpha(\psi)$	$P(T_0 > t_0^*)$
좌측검정	$H_0 : \mu_1 - \mu_2 = \delta_0,\ \ H_1 : \mu_1 - \mu_2 < \delta_0$	$T_0 < -t_\alpha(\psi)$	$P(T_0 < t_0^*)$
양측검정	$H_0 : \mu_1 - \mu_2 = \delta_0,\ \ H_1 : \mu_1 - \mu_2 \neq \delta_0$	$\lvert T_0\rvert > t_{\alpha/2}(\psi)$	$2P(T_0 > \lvert t_0^*\rvert)$

예제 2.2 어떤 고등학교 영어 교사가 독해력을 향상시킬 수 있는 새로운 교육방법을 개발하였다고 한다. 이를 확인하기 위하여 학교에서는 서로 실력이 비슷한 44명의 학생을 랜덤하게 A반(21명)과 B반(23명)으로 나눈 후 A반은 새로운 교육방법으로, B반은 기존의 교육방법으로 3주간의 교육을 실시하였다. 3주간의 교육 후에 A, B 두 반의 학생들을 대상으로 치른 독해시험의 성적 $X_{A1}, X_{A2}, \cdots, X_{A21}$ 와 $X_{B1}, X_{B2}, \cdots, X_{B23}$에 근거하여 새로운 교육방법이 기존의 교육방법보다 독해력을 향상시킨다고 할 수 있는지를 유의수준 $\alpha = 0.05$에서 검정하고자 한다. A반과 B반의 독해시험 성적이 각각 평균이 μ_A와 μ_B인 정규분포를 따른다고 가정할 때, 다음 물음에 답하여라.

(1) 귀무가설과 대립가설을 설정하여라.

(2) 귀무가설 H_0가 참일 때, 가설검정을 위한 검정통계량과 그 확률분포를 구하여라.

(3) 기각역을 구하여라.

(4) A반과 B반의 독해시험 성적이 다음과 같을 때, 이 결과를 이용하여 문제 (1)의 가설을 검정하여라.

A반(새로운 교육방법)	B반(기존 교육방법)
34 61 59 46 43 44 52 43	42 33 46 37 43 41 10 42
58 67 62 57 71 49 54 43	55 19 17 55 26 54 60 28
53 57 49 56 33	62 20 53 48 37 69 42

(5) 문제 (4)의 시험결과 이용하여 p-값을 구하고 이를 이용하여 가설을 검정하여라.

풀이

(1) 새로운 교육방법이 기존의 교육방법보다 독해력을 향상시킨다고 할 수 있는지를 검정하는 것이므로 우측검정이 된다. 따라서 귀무가설 및 대립가설은 다음과 같다.

$$H_0 : \mu_A = \mu_B\ , \quad H_1 : \mu_A > \mu_B$$

(2) 두 집단의 분산에 대한 가정이 없으므로, 새터스웨이트 자유도를 사용한 근사적 방법을 이용한다. 즉 귀무가설 H_0가 참일 때,

$$T_0 = \frac{\overline{X}_A - \overline{X}_B}{\sqrt{S_A^2/21 + S_2^2/23}} \dot{\sim} t(\psi)$$

이고, 여기서 $\psi = \dfrac{(s_1^2/21 + s_2^2/23)^2}{(s_1^2/21)^2/(21-1) + (s_2^2/23)^2/(23-1)}$ 이다.

(3) 우측검정에서의 기각역은 $t_0 > t_{0.05}(\psi)$ 로 주어진다.

(4) $\overline{x}_A = 51.95,\ \overline{x}_B = 40.82,\ s_A^2 = 98.45,\ s_B^2 = 241.97$이므로, 검정통계량의 관측값은

$$t_0^* = \frac{(\overline{x_A} - \overline{x_B})}{\sqrt{\dfrac{s_A^2}{n_A} + \dfrac{s_B^2}{n_B}}} = \frac{(51.95 - 40.82)}{\sqrt{\dfrac{98.45}{21} + \dfrac{241.97}{23}}} = 2.853 \text{ 이며,}$$

$$\psi = \frac{\left(\dfrac{s_A^2}{n_A} + \dfrac{s_B^2}{n_B}\right)^2}{\dfrac{1}{n_A - 1}\left(\dfrac{s_A^2}{n_A}\right)^2 + \dfrac{1}{n_B - 1}\left(\dfrac{s_B^2}{n_B}\right)^2} = \frac{\left(\dfrac{98.45}{21} + \dfrac{241.97}{23}\right)^2}{\dfrac{1}{20}\left(\dfrac{98.45}{21}\right)^2 + \dfrac{1}{22}\left(\dfrac{241.97}{23}\right)^2}$$

$= 37.73 \simeq 37.7$ 이므로, $t_{0.05}(37.7) = 1.686$ 이다. $t_0^* = 2.853 > 1.686 = t_{0.05}(37.7)$ 이므로 귀무가설 H_0는 기각된다.

(5) p-값$= P(T > 2.583) = 0.003 < 0.05$ 이므로 귀무가설 H_0을 기각한다. 즉, 실험결과는 유의수준 $\alpha = 0.05$ 에서 새로운 교육방법이 독해력을 향상시킨다는 충분한 증거를 제공하고 있다고 할 수 있다. ■

R 실습 2.2 [예제 2.2]의 가설을 R 프로그램을 이용하여 검정하고자 한다. 다음 물음에 답하여라.

(1) 두 모집단은 각각 정규분포를 따른다고 할 수 있는지를 줄기-잎 그림 또는 정규 Q-Q 그림을 이용하여 검토하여라.

(2) 새로운 교육방법이 기존의 교육방법보다 독해력을 향상시킨다고 할 수 있는지를 유의수

준 $\alpha = 0.05$에서 검정하여라.

풀이

(1) 정규성 가정에 대한 검토

[R 프로그램 2.2] 줄기-잎 그림과 정규 Q-Q 그림

```
Aclass = c(34,61,59,46,43,44,52,43,58,67,62,57,71,49,54,43,53,57,49,56,33)
Bclass = c(42,33,46,37,43,41,10,42,55,19,17,55,26,54,60,28,62,20,53,48,37,
           69,42)
stem(Aclass); stem(Bclass)  # stem() : 줄기-잎 그림을 그리기 위한 함수
par(mfrow=c(1,2))  # par() : 한 행에 두 그림을 동시에 그리기 위해 사용
qqnorm(Aclass, main="Normal Q-Q Plot : Aclass"); qqline(Aclass)
        # qqnorm () : 정규 Q-Q 그림을 출력
qqnorm(Bclass, main="Normal Q-Q Plot : Bclass"); qqline(Bclass)
        # qqline () : 정규 Q-Q 그림에서 적합선 출력
```

• A반과 B반의 시험점수를 각각 $Aclass$와 $Bclass$라는 이름으로 입력한 후에 stem() 함수를 이용하여 각 반의 점수에 대한 줄기-잎 그림을 그리면 [그림 2.2]와 같다. [그림 2.2]로부터 A반과 B반 모두 특이값으로 의심되는 값은 존재하지 않으며, 두 반의 전체적인 분포모양이 좌우대칭인 형태를 띄고 있음을 알 수 있다.

```
R Console
> Aclass = c(34,61,59,46,43,44,52,43,58,67,62,57,71,49,54,43,53,57,49,56,33)
> Bclass = c(42,33,46,37,43,41,10,42,55,19,17,55,26,54,60,28,62,20,53,48,37,
+            69,42)
> stem(Aclass); stem(Bclass)  # stem() : 줄기-잎 그림을 그리기 위한 함수

  The decimal point is 1 digit(s) to the right of the |

  3 | 34
  4 | 3334699
  5 | 23467789
  6 | 127
  7 | 1


  The decimal point is 1 digit(s) to the right of the |

  0 | 079
  2 | 068377
  4 | 12223683455
  6 | 029

> |
```

[그림 2.2] 줄기-잎 그림 (R 프로그램 2.2)

• 만약 자료가 정규분포로부터 추출되었다면 정규모집단으로부터 이론적으로 구한 분위수

(theoretical quantiles)들과 표본으로부터 구한 분위수(sample quantiles)들은 기울기가 45° 인 직선 형태에서 크게 벗어나지 않을 것이다. [그림 2.3]는 qqnorm()과 qqline() 함수를 이용하여 그린 정규 Q-Q 그림이며, 이로부터 t-검정을 위한 정규성 가정이 성립함을 알 수 있다.

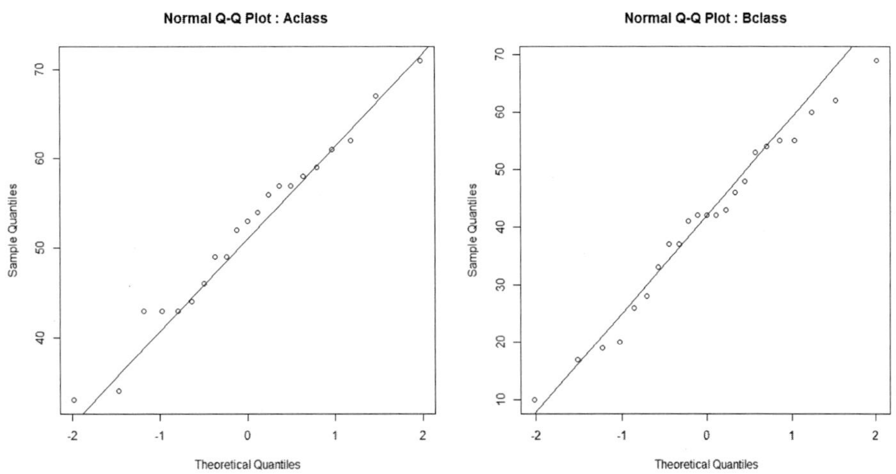

[그림 2.3] 정규 Q-Q 그림 (R 프로그램 2.2)

(2) 두 교육방법에 대한 가설검정

[R 프로그램 2.3] 두 집단 t-검정 : 두 모분산이 서로 다른 경우

```
t.test(x=Aclass, y=Bclass, alternative="greater", var.equal=FALSE, conf.level=0.95)
  # t.test() : 두 집단 t-검정을 위한 함수
  # alternative : 가설검정의 형태를 지정하는 인수
  # var.equal : 등분산성을 지정하는 인수
```

- 두 모평균의 차이에 대한 t-검정은 R에서 제공하는 t.test() 함수를 이용하면 된다. t.test() 함수는 검정의 형태에 따라 인수 alternative를 "two.sided"(양측검정), "less"(좌측검정), "greater"(우측검정) 중에서 지정해야 하며, 두 모집단의 분산이 서로 다르다는 것을 기본 전제로 하고 있다. 즉, 인수 var.equal=FALSE로 지정되어 있으며, 만약 두 모집단의 분산이 동일하다고 할 경우에는 var.equal=TRUE로 지정해 주어야 한다. [그림 2.4]은 두 모분산이 서로 다른 경우 두 집단 t-검정의 결과이다. [그림 2.4]에서 검정통계량의 값 $t = 2.853$, 자유도 $df = 37.7$, p-값 $p-value = 0.003$은 예제 2.2의 결과와 동일함을 알 수 있으며, 이로부터 유의수준 $\alpha = 0.05$에서 새로운 교육방법이 독해력을 향상시킨다는 충분한 증거를 제공하고 있다고 할 수 있다.

```
> t.test(x=Aclass, y=Bclass, alternative="greater", var.equal=FALSE, conf.level=0.95)

        Welch Two Sample t-test

data:  Aclass and Bclass
t = 2.8531, df = 37.733, p-value = 0.003495
alternative hypothesis: true difference in means is greater than 0
95 percent confidence interval:
 4.550268      Inf
sample estimates:
mean of x mean of y
 51.95238  40.82609

>
```

[그림 2.4] 두 집단 t-검정 결과 (R 프로그램 2.3)

(2) $\sigma_1^2 = \sigma_2^2 = \sigma^2$ 인 경우

이제 두 정규모집단의 모분산 σ_1^2과 σ_2^2이 알려져 있지는 않지만, 두 모분산이 같은 경우 즉, $\sigma_1^2 = \sigma_2^2 = \sigma^2$ 이라는 등분산 가정이 성립하는 경우를 고려하자. 이 경우에 정리 2.1의 확률변수 Z는

$$Z = \frac{\overline{X}_1 - \overline{X}_2 - (\mu_1 - \mu_2)}{\sigma\sqrt{1/n_1 + 1/n_2}} \sim N(0,\ 1) \tag{2.10}$$

와 같이 표현된다. 확률변수 Z는 공통모분산 σ^2이 알려져 있는 경우 두 모평균의 차 $\mu_1 - \mu_2$의 통계적 추론에서 사용될 수 있으나, 그렇지 않은 경우에는 미지의 공통모분산 σ^2을 적절한 추정량으로 대체한 새로운 확률변수를 고려할 수 있을 것이다. 등분산 가정이 성립하는 경우 표본분산 S_1^2과 S_2^2은 모두 불편성과 일치성을 갖는 공통모분산 σ^2의 좋은 추정량이 된다. 따라서 이들을 함께 이용하여 공통모분산 σ^2을 추정하는 것이 바람직하며, 일반적으로 공통모분산 σ^2의 최소분산 불편추정량인 합동추정량(pooled estimator)

$$S_p^2 = \frac{\sum_{i=1}^{n_1}(X_{1i} - \overline{X}_1)^2 + \sum_{i=1}^{n_2}(X_{2i} - \overline{X}_2)^2}{n_1 + n_2 - 2} = \frac{(n_1 - 1)S_1^2 + (n_2 - 1)S_2^2}{n_1 + n_2 - 2} \tag{2.11}$$

을 사용한다. 또한 확률변수 Z에서 σ 대신 S_p를 대입한 새로운 확률변수

$$T = \frac{\overline{X}_1 - \overline{X}_2 - (\mu_1 - \mu_2)}{S_p \sqrt{1/n_1 + 1/n_2}} \sim t(n_1 + n_2 - 2) \tag{2.12}$$

를 두 정규모집단에서 등분산 가정이 성립하는 경우 두 모평균의 차 $\mu_1 - \mu_2$ 의 통계적 추론에서 사용하게 된다.

정리 2.3 두 정규모집단에서 표본평균의 차에 대한 분포 (3)

서로 독립인 두 표본 $X_{11}, X_{12}, \cdots, X_{1n_1}$ 과 $X_{21}, X_{22}, \cdots, X_{2n_2}$ 이 각각 정규모집단 $N(\mu_1, \sigma^2)$과 $N(\mu_2, \sigma^2)$으로부터 구한 확률표본이라고 하면,

확률변수 $T = \frac{\overline{X}_1 - \overline{X}_2 - (\mu_1 - \mu_2)}{S_p \sqrt{1/n_1 + 1/n_2}}$ 는 자유도가 $(n_1 + n_2 - 2)$ 인 t 분포를 따른다. 즉,

$$T = \frac{\overline{X}_1 - \overline{X}_2 - (\mu_1 - \mu_2)}{S_p \sqrt{1/n_1 + 1/n_2}} \sim t(n_1 + n_2 - 2)$$

이다.

정규분포를 따르는 두 모집단이 등분산 가정, 즉 $\sigma_1^2 = \sigma_2^2 = \sigma^2$ 이 성립하는 경우 정리 2.3의 확률변수 T를 이용하여 두 모평균의 차 $\mu_1 - \mu_2$ 에 관한 신뢰구간과 가설검정법을 다음과 같이 구할 수 있다.

[$\mu_1 - \mu_2$ 에 대한 신뢰구간] 미지의 두 모분산이 같은 정규모집단의 경우

두 정규모집단 $N(\mu_1, \sigma_1^2)$과 $N(\mu_2, \sigma_2^2)$의 알려져 있지 않은 두 모분산이 등분산성 $\sigma_1^2 = \sigma_2^2 = \sigma^2$ 을 만족하는 경우, 두 모평균의 차 $\mu_1 - \mu_2$ 에 대한 $100(1-\alpha)\%$ 신뢰구간은 다음과 같다.

$$\left[(\overline{X}_1 - \overline{X}_2) - t_{\alpha/2}(n_1 + n_2 - 2) S_p \sqrt{\frac{1}{n_1} + \frac{1}{n_2}},\right.$$
$$\left. (\overline{X}_1 - \overline{X}_2) + t_{\alpha/2}(n_1 + n_2 - 2) S_p \sqrt{\frac{1}{n_1} + \frac{1}{n_2}} \right]$$

[$\mu_1 - \mu_2$ 에 대한 가설검정 : 두 집단 t-검정] 미지의 두 모분산이 같은 정규모집단의 경우

두 정규모집단 $N(\mu_1, \sigma_1^2)$과 $N(\mu_2, \sigma_2^2)$의 알려져 있지 않은 두 모분산이 등분산성 $\sigma_1^2 = \sigma_2^2 = \sigma^2$을 만족하는 경우, 두 모평균의 차 $\mu_1 - \mu_2$에 대한 아래의 가설검정에서 사용되는 검정통계량과 그 확률분포는

$$T_0 = \frac{\overline{X}_1 - \overline{X}_2 - \delta_0}{S_p\sqrt{1/n_1 + 1/n_2}} \sim t(n_1 + n_2 - 2) \text{ (귀무가설 } H_0 \text{가 참일 때)}$$

이며, 유의수준 α에서의 기각역과 검정통계량의 관측값 t_0^*에 대한 p-값은 다음과 같다.

	가설	기각역	p-값
우측검정	$H_0 : \mu_1 - \mu_2 = \delta_0$, $H_1 : \mu_1 - \mu_2 > \delta_0$	$t_0 > t_\alpha(n_1 + n_2 - 2)$	$P(T_0 > t_0^*)$
좌측검정	$H_0 : \mu_1 - \mu_2 = \delta_0$, $H_1 : \mu_1 - \mu_2 < \delta_0$	$t_0 < -t_\alpha(n_1 + n_2 - 2)$	$P(T_0 < t_0^*)$
양측검정	$H_0 : \mu_1 - \mu_2 = \delta_0$, $H_1 : \mu_1 - \mu_2 \neq \delta_0$	$\lvert t_0\rvert > t_{\alpha/2}(n_1 + n_2 - 2)$	$2P(T_0 > \lvert t_0^*\rvert)$

예제 2.3 쥐를 대상으로 한 실험에서 칼슘이 혈압을 떨어뜨리는 효과가 있는 것으로 나타났다. 이러한 효과가 사람에게도 나타나는지를 알아보기 위하여 나이와 건강상태가 비슷한 고혈압 환자 20명을 각각 10명씩 두 집단(집단 1과 집단 2)으로 나눈 후 집단 1에는 칼슘을, 집단 2에는 가짜 약을 12주 동안 복용시키는 실험을 실시하였다. 12주 후 두 집단의 환자들을 대상으로 측정한 혈압 감소량 $X_{1i}(i = 1, \cdots, 10)$와 $X_{2i}(i = 1, \cdots, 10)$에 근거하여 칼슘의 복용이 혈압을 낮추는데 효과가 있다고 할 수 있는지를 유의수준 $\alpha = 0.05$에서 검정하고자 한다. 집단 1과 집단 2의 혈압 감소량이 각각 평균이 μ_1과 μ_2이고 동일한 분산 σ^2을 가지는 정규분포를 따른다고 가정할 때, 다음 물음에 답하여라.

(1) 귀무가설과 대립가설을 설정하여라.

(2) 귀무가설 H_0가 참일 때, 가설검정을 위한 검정통계량과 그 확률분포를 구하여라.

(3) 기각역을 구하여라.

(4) 두 그룹의 혈압 감소량이 다음과 같이 측정되었을 때, 이 결과를 이용하여 문제(1)의 가설을 검정하여라.

	감소된 혈압									
집단 1(칼슘 복용)	9	6	8	1	2	-2	4	-3	4	5
집단 2(가짜약 복용)	5	3	-1	2	6	3	-1	-3	-1	-4

(5) 문제 4)의 시험결과를 이용하여 p-값을 구하고 이를 이용하여 가설을 검정하여라.

풀이

(1) 칼슘을 복용한 그룹1이 가짜약을 복용한 그룹2보다 혈압이 더 많이 감소되었는지를 알아보는 것이므로 여기서는 우측검정이 된다. 따라서 귀무가설 및 대립가설은 다음과 같다. $H_0 : \mu_1 = \mu_2 , \quad H_1 : \mu_1 > \mu_2$

(2) 두 모분산이 동일한 분산을 가진다고 가정하였으므로, 귀무가설 H_0가 참일 때, 검정통계량과 그 확률분포는 다음과 같다.

$$T_0 = \frac{\overline{X}_1 - \overline{X}_2}{S_p\sqrt{1/10+1/10}} \sim t(18)$$

(3) 우측검정이므로, 기각역은 $t_0 > t_{0.05}(18) = 1.73$ 으로 주어진다.

(4) $\overline{x}_1 = 3.4,\ \overline{x}_2 = 0.9,\ s_p = 3.677$ 이므로

$$t_0^* = \frac{3.4-0.9}{3.677\sqrt{1/10+1/10}} = 1.521 \text{ 이다.}$$

$t_0^* = 1.521 < 1.73 = t_{0.05}(18)$ 이므로 귀무가설 H_0을 기각하지 않는다.

(5) p-값$= P(T > 1.521) = 0.073 > 0.05$ 이므로 귀무가설 H_0을 기각하지 않는다. 즉, 실험결과는 유의수준 $\alpha = 0.05$에서 칼슘의 복용이 혈압이 낮추는 데 효과가 있다고 하기에는 그 증거가 불충분하다고 할 수 있다. ■

R 실습 2.3 [예제 2.3]의 가설을 R 프로그램을 이용하여 검정하고자 한다. 다음 물음에 답하여라.

(1) 두 모집단은 각각 정규분포를 따른다고 할 수 있는지를 상자그림 또는 Shapiro-Wilk 정규성 검정[2)]을 이용하여 검토하여라.

(2) 칼슘의 복용이 혈압을 낮추는데 효과가 있다고 할 수 있는지를 유의수준 $\alpha = 0.05$에서 검정하여라.

---

2) Shapiro-Wilk 정규성 검정에 대한 구체적인 설명은 이 책의 수준을 넘어서므로 생략하고, 여기서는 R함수를 이용하여 정규성 가정을 검정하는 방법에 대하여 소개하고자 한다.

풀이

(1) 정규성 가정에 대한 검토

[R 프로그램 2.4] 상자그림과 Shapiro-Wilk 정규성 검정

```
group1 = c(9,6,8,1,2,-2,4,-3,4,5); group2 = c(5,3,-1,2,6,3,-1,-3,-1,-4)
pressure.data = cbind(group1,group2) # cbind() : 자료들의 열을 결합하는 함수
boxplot(pressure.data, main="boxplots for two groups")
    # boxplot() : 상자그림을 그리기 위한 함수
shapiro.test(group1)  # shapiro.test() : Shapiro-Wilk 정규성 검정을 위한 함수
shapiro.test(group2)
```

• 상자그림은 boxplot() 함수를 이용하여 출력할 수 있다. 이때 주어진 자료가 벡터 형태이면 하나의 상자그림이, 행렬 또는 데이터 프레임의 형태이면 열(column)의 개수만큼 상자그림이 출력된다. [그림 2.5]의 상자그림은 두 집단의 자료를 열로 결합한 $pressure.data$를 이용하여 출력하였으며, 이로부터 두 그룹 모두 특이값으로 의심되는 값은 없으며 각 그룹의 분포모양은 좌우대칭인 형태를 띠고 있다고 할 수 있다.

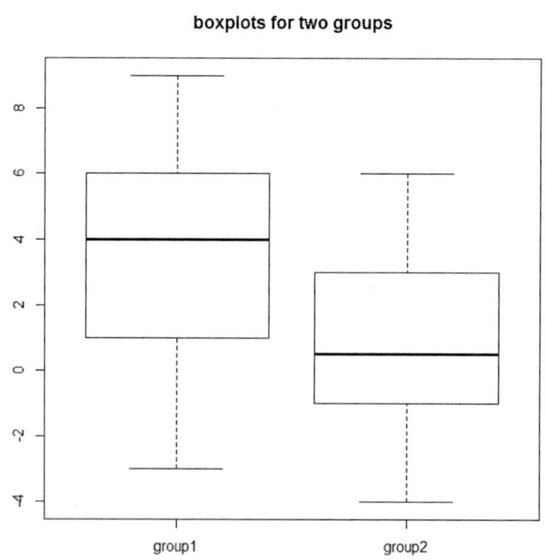

[그림 2.5] 상자그림 (R 프로그램 2.4)

• 주어진 자료에 대한 정규성 검정을 위하여 Shapiro와 Wilk(1965)가 제안한 검정통계량 W를 이용할 수 있으며, 이때 p-값이 유의수준 α보다 작으면 귀무가설을 기각할 수 있다. 즉, 주어진 자료가 정규모집단으로부터 수집되었다고 할 수 없다. 반대로 p-값이 유

의수준 α 보다 크면, 모집단이 정규분포를 따른다고 할 수 있다. R에서는 Shapiro-Wilk 정규성 검정을 위한 shapiro.test() 함수를 제공하고 있으며, [그림 2.6]는 두 집단의 정규성 검정의 결과를 나타내고 있다. [그림 2.6]에서 집단 1의 p-값$= 0.79 > 0.05$ 이고, 집단 2의 p-값$= 0.56 > 0.05$ 이므로 두 집단 모두 정규분포를 따른다고 할 수 있다.

- Shapiro-Wilk 정규성 검정은 자료의 정규성 여부를 검정할 수 있지만, 자료의 분포에 대한 시각적인 정보를 알려주지 못한다. 따라서 정규 Q-Q 그림을 함께 이용하여 자료가 정규분포와 유사한지를 검정하는 것이 바람직하다. [그림 2.7]은 집단 1과 집단 2에 대한 정규 Q-Q 그림을 나타내며, 관측값들이 기울기가 45도인 직선에 가까이 관측되므로 t-검정을 위한 정규성 가정이 성립함을 알 수 있다. 정규 Q-Q 그림에 대한 코드는 R 프로그램 2.2를 참고하기 바란다.

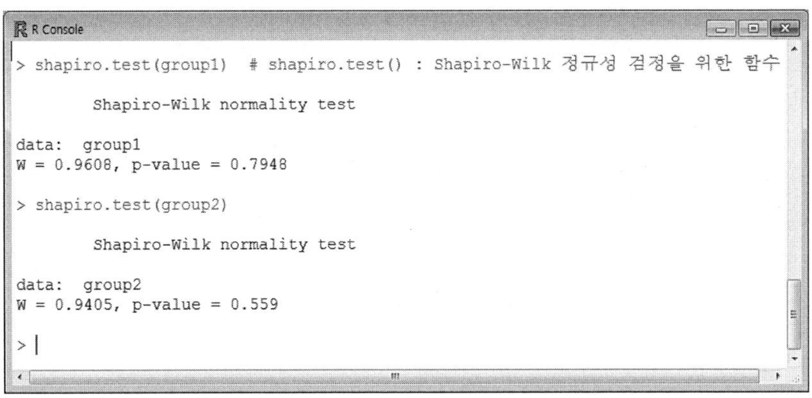

[그림 2.6] Shapiro-Wilk 정규성 검정 (R 프로그램 2.4)

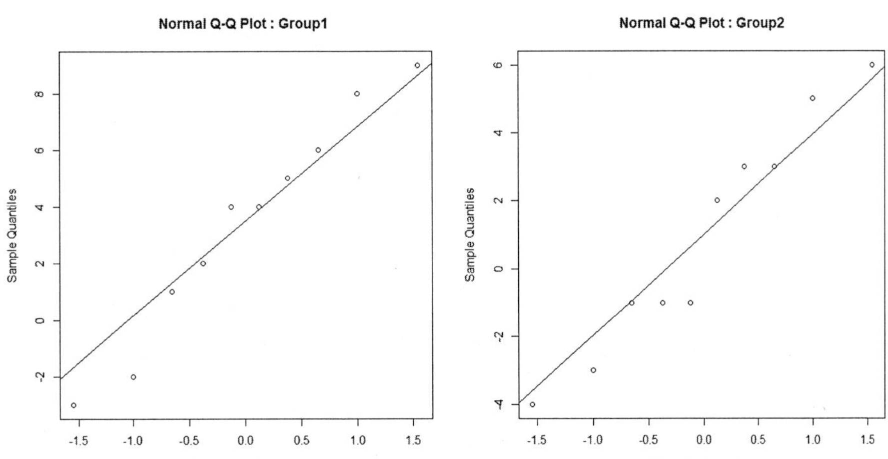

[그림 2.7] 정규 Q-Q 그림

(2) 두 집단에 대한 가설검정

[R 프로그램 2.5] 두 집단 t-검정 : 두 모분산이 동일한 경우

```
t.test(x=group1, y=group2, alternative="greater", var.equal=TRUE, conf.level=0.95)
    # t.test() : 두 집단 t-검정을 위한 함수
    # alternative : 가설검정의 형태를 지정하는 인수
    # var.equal : 등분산성을 지정하는 인수
```

• 두 모집단의 분산이 동일하다고 가정하였으므로 t.test() 함수에서 인수를 var.equal=TRUE로 지정하였다. [그림 2.8]의 검정결과로부터 검정통계량의 값 $t=1.52$, 자유도 $df=18$, p-값 $p-value=0.073$은 예제 2.3의 결과와 동일함을 알 수 있다.

```
R Console
> t.test(x=group1, y=group2, alternative="greater", var.equal=TRUE, conf.level=0.95)

        Two Sample t-test

data:  group1 and group2
t = 1.5205, df = 18, p-value = 0.07288
alternative hypothesis: true difference in means is greater than 0
95 percent confidence interval:
 -0.3511156        Inf
sample estimates:
mean of x mean of y
      3.4       0.9

> |
```

[그림 2.8] 두 집단 t-검정 결과 (R 프로그램 2.5)

2.1.3 두 모분산이 알려져 있지 않은 비정규모집단의 경우

지금까지는 두 모집단의 분포가 정규분포라는 가정 하에서 두 모평균의 차에 대한 신뢰구간과 가설검정법에 대하여 살펴보았다. 그러나 실제자료의 분석에서는 모집단의 분포형태와 모분산에 대해 모르는 경우가 대부분이므로, 모분산이 알려져 있지 않은 두 비정규모집단의 모평균 차에 대한 추론을 생각해 보기로 하자. 두 집단으로부터 추출한 확률표본의 크기 n_1과 n_2가 모두 큰 경우, 중심극한정리에 의해 표본평균 $\overline{X}_1$와 $\overline{X}_2$의 확률분포는 모집단의 분포에 관계없이 각각 근사적으로 $N(\mu_1, \sigma_1^2/n_1)$과 $N(\mu_2, \sigma_2^2/n_2)$의 분포를 따른다. 따라서 정규분포의 가법성에 따라 $\overline{X}_1-\overline{X}_2$는 근사적으로 정규분포 $N\left(\mu_1-\mu_2, \sigma_1^2/n_1+\sigma_2^2/n_2\right)$를 따르게 되고, 이를 표준화한 확률변수는

$$\frac{\overline{X}_1 - \overline{X}_2 - (\mu_1 - \mu_2)}{\sqrt{\sigma_1^2/n_1 + \sigma_2^2/n_2}} \overset{\cdot}{\sim} N(0,\ 1) \tag{2.13}$$

와 같이 근사적으로 표준정규분포를 따른다. 또한 표본분산 S_1^2과 S_2^2은 각각 미지의 모분산 σ_1^2과 σ_2^2에 대한 일치추정량이므로, 표본의 크기 n_1과 n_2가 충분히 큰 경우 σ_1^2과 σ_2^2 대신 S_1^2과 S_2^2을 각각 대입하여도 근사분포가 다음과 같이 성립한다.

정리 2.4 두 비정규모집단에서 두 표본평균의 차에 대한 분포

서로 독립인 두 표본 $X_{11}, X_{12}, \cdots, X_{1n_1}$과 $X_{21}, X_{22}, \cdots, X_{2n_2}$이 각각 비정규모집단 으로부터 구한 확률표본이라고 하면, 확률표본의 크기 n_1과 n_2가 충분히 큰 경우 확률변수 $Z = \dfrac{\overline{X}_1 - \overline{X}_2 - (\mu_1 - \mu_2)}{\sqrt{S_1^2/n_1 + S_2^2/n_2}}$는 근사적으로 표준정규분포를 따른다. 즉,

$$Z = \frac{\overline{X}_1 - \overline{X}_2 - (\mu_1 - \mu_2)}{\sqrt{S_1^2/n_1 + S_2^2/n_2}} \overset{\cdot}{\sim} N(0,1)$$

이다.

두 확률표본의 크기 n_1과 n_2가 작은 경우에는 두 모평균의 차 $\mu_1 - \mu_2$에 대한 추론을 위하여 두 모집단의 정규성에 대한 가정이 필요하였다. 그러나 두 확률표본의 크기가 충분히 큰 경우에는 모집단의 분포에 관계없이 중심극한정리와 표본분산의 일치성에 근거하여 $\mu_1 - \mu_2$에 대한 근사 신뢰구간과 가설검정법을 다음과 같이 구할 수 있다.

[$\mu_1 - \mu_2$에 대한 신뢰구간] 두 확률표본의 크기가 큰 경우

두 확률표본의 크기 n_1과 n_2가 충분히 큰 경우, 두 모평균의 차 $\mu_1 - \mu_2$에 대한 $100(1-\alpha)\%$ 근사 신뢰구간은 다음과 같다.

$$\left[(\overline{X}_1 - \overline{X}_2) - z_{\alpha/2}\sqrt{\frac{S_1^2}{n_1} + \frac{S_2^2}{n_2}},\ \ (\overline{X}_1 - \overline{X}_2) + z_{\alpha/2}\sqrt{\frac{S_1^2}{n_1} + \frac{S_2^2}{n_2}} \right]$$

[$\mu_1 - \mu_2$에 대한 가설검정 : 두 집단 z-검정] 두 확률표본의 크기가 큰 경우

두 확률표본의 크기 n_1과 n_2가 충분히 큰 경우, 두 모평균의 차 $\mu_1 - \mu_2$에 대한 아래의 가설검정에서 사용되는 검정통계량과 그 확률분포는

$$Z_0 = \frac{\overline{X}_1 - \overline{X}_2 - \delta_0}{\sqrt{S_1^2/n_1 + S_2^2/n_2}} \dot{\sim} N(0,1) \text{ (귀무가설 } H_0\text{가 참일 때)}$$

이며, 유의수준 α에서의 기각역과 검정통계량의 관측값 z_0^*에 대한 p-값은 다음과 같다.

	가설	기각역	p-값
우측검정	$H_0 : \mu_1 - \mu_2 = \delta_0$, $H_1 : \mu_1 - \mu_2 > \delta_0$	$z_0 > z_\alpha$	$P(Z_0 > z_0^*)$
좌측검정	$H_0 : \mu_1 - \mu_2 = \delta_0$, $H_1 : \mu_1 - \mu_2 < \delta_0$	$z_0 < -z_\alpha$	$P(Z_0 < z_0^*)$
양측검정	$H_0 : \mu_1 - \mu_2 = \delta_0$, $H_1 : \mu_1 - \mu_2 \neq \delta_0$	$\lvert z_0\rvert > z_{\alpha/2}$	$2P(Z_0 > \lvert z_0^*\rvert)$

예제 2.4 최근 A사료회사에서는 젖소의 우유생산을 증진시키는데 매우 효과적인 사료의 개발에 성공하였으며, 새로 개발한 A사료를 이용하면 경쟁회사의 B사료를 이용할 때보다 우유의 평균생산량이 10리터 이상 증가한다고 주장하고 있다. 이를 확인하기 위해 축산 농가에서는 나이와 건강상태가 비슷한 젖소 80마리를 랜덤으로 추출하여 40마리씩 두 집단으로 나눈 후, 집단 1에는 A사료를, 집단 2에는 B사료를 일정기간 동안 먹인 후 각 집단의 젖소들의 우유 생산량 $X_{1i}(i = 1, \cdots 40)$와 $X_{2i}(i = 1, \cdots 40)$에 근거하여 A사료회사의 주장이 옳은지를 유의수준 $\alpha = 0.05$에서 검정하고자 한다. 다음 물음에 답하여라.

(1) 귀무가설과 대립가설을 설정하여라.

(2) 귀무가설 H_0가 참일 때, 가설검정을 위한 검정통계량과 그 확률분포를 구하여라.

(3) 기각역을 구하여라.

(4) 집단 1과 집단 2의 우유 생산량에 대한 표본평균과 표본분산이 다음과 같이 조사되었을 때, 이 결과를 이용하여 문제(1)의 가설을 검정하여라.

	표본평균	표본분산
집단 1(A사료)	$\overline{x}_1 = 91$	$s_1^2 = 25$
집단 2(B사료)	$\overline{x}_1 = 77$	$s_2^2 = 36$

(5) 문제 4)의 시험결과를 이용하여 p-값을 구하고 이를 이용하여 가설을 검정하여라.

풀이

(1) A사료를 먹인 집단이 B사료를 먹인 집단보다 우유의 평균생산량이 10리터 이상 많은지를 알아보는 것이므로 우측검정이 된다. 따라서 귀무가설 및 대립가설은 다음과 같다.

$$H_0 : \mu_1 - \mu_2 = 10, \ H_1 : \mu_1 - \mu_2 > 10$$

(2) 두 집단의 표본의 크기가 충분히 크므로, 정규분포에 의한 근사적 방법을 이용할 수 있다. 즉, 귀무가설 H_0가 참일 때, 검정통계량과 그 확률분포는 다음과 같다.

$$Z_0 = \frac{\overline{X}_1 - \overline{X}_2 - 10}{\sqrt{S_1^2/n_1 + S_2^2/n_2}} \stackrel{\cdot}{\sim} N(0,1)$$

(3) 우측검정이므로, 기각역은 $z_0 > z_{0.05} = 1.645$ 으로 주어진다.

(4) 검정통계량의 관측값 $z_0^* = \dfrac{91-77-10}{\sqrt{\dfrac{25}{40}+\dfrac{36}{40}}} = 3.24$ 이다. $z_0^* = 3.24 > 1.645 = z_{0.05}$ 이므로 귀무가설 H_0을 기각한다.

(5) p-값$= P(Z_0 > 3.24) = 0.0006 < 0.05$ 이므로 귀무가설 H_0을 기각한다. 즉, 실험결과는 A 사료의 이용이 B사료를 이용할 때보다 우유의 평균생산량을 10리터 이상 증가시킨다는 강력한 증거를 제공하고 있다고 할 수 있다. ■

R 실습 2.4 두 집단의 표본평균과 표본분산이 주어졌을 때 두 집단 z-검정을 위한 R 코드를 작성하고, 이를 이용하여 [예제 2.4]의 가설을 검정하여라.

풀이

[R 프로그램 2.6] 대표본(large sample)에서의 두 집단 z-검정

```
z.test2=function(x=c(), y=c(), X=c(0,1,50), Y=c(0,1,50), alternative, delta=0) {# X와 Y는 각 집단의 표본평균, 표본분산, 표본크기를 입력하기 위한 인수   if(length(x)==0){x.bar=X[1]; x.var=X[2]; x.n=X[3]} else {x.bar=mean(x); x.var=var(x); x.n=length(x)} if(length(y)==0) {y.bar=Y[1]; y.var=Y[2]; y.n=Y[3]} else {y.bar=mean(y); y.var=var(y); y.n=length(y)}
  # if else 조건문을 이용하여 원자료가 x, y에 입력되면 이를 이용하여 계산하고
  # 그렇지 않으면 문제에서 제공된 표본평균, 표본분산, 표본크기의 값을 이용함
  z0=(x.bar-y.bar-delta)/sqrt(x.var/x.n+y.var/y.n)
  if (alternative=="greater"){p.value=(1-pnorm(z0,mean=0,sd=1))}
  if (alternative=="less"){p.value=pnorm(z0,mean=0,sd=1)}
  if (alternative=="two.sided"){ # if() : 조건문
```

```
    p.value=(1-pnorm(abs(z0),mean=0,sd=1))*2}
  result=list(z=z0, pvalue=p.value)
  return(result)}
z.test2(X=c(91, 25, 40), Y=c(77, 36, 40), alternative="greater", delta=10)
```

- 사용자 함수 z.test2()는 R 프로그램 2.1의 z.test() 사용자 함수와 매우 유사하다. 두 집단의 원자료가 x, y에 입력되는 경우와 표본평균, 표본분산, 표본크기의 값이 X, Y에 입력되는 경우를 구분하기 위하여 if else 조건문이 사용되었다.
- 예제 2.4에서는 두 집단의 표본평균, 표본분산, 표본크기의 값이 주어졌으므로, 이 값들을 각각 z.test2() 함수의 인수 X=c(91,25,40), Y=c(77,36,40)에 입력하였으며, 그 결과는 [그림 2.6]에 나타나 있다. [그림 2.6]에서 검정통계량의 값 $z=3.24$, p-값 $p-value=0.0006$은 예제 2.4의 결과와 동일함을 알 수 있다.

```
R Console
> z.test2(X=c(91, 25, 40), Y=c(77, 36, 40), alternative="greater", delta=10)
$z
[1] 3.239105

$pvalue
[1] 0.0005995264

>
```

[그림 2.9] 대표본에서의 두 집단 z-검정 결과 (R 프로그램 2.6)

2.2 두 모평균의 비교 : 대응비교

앞 절에서는 서로 독립적으로 추출된 두 표본에 근거하여 두 모평균을 비교하는 방법을 다루었다. 그러나 어떤 경우에는 두 표본을 독립적으로 추출하기가 힘들거나, 독립적으로 추출한다고 하더라고 각 표본개체 또는 실험단위의 특성 차이가 심해 그 결과의 분석이 무의미할 때가 있다. 예를 들어, 사료의 효능을 비교하기 위하여 젖소를 두 집단으로 나누어 한 집단에는 A 사료를 주고, 다른 집단에는 B 사료를 주어 일정한 기간 후에 우유의 생산량을 측정하는 실험을 한다고 하자. 이때 실제로는 사료의 종류에 따라 우유 생산량에 차이가 있음에도 불구하고, 두 집단 간에 젖소의 건강 상태나 나이 등에 따른 특성 차이로 인하여 우유 생산량에 변동이 심할 경우에는 이러한 차이를 판별할 수 없게 된다. 이와 같은 문제점을 해결하기 위하여 아래 <표 2.2>와 같은 대응표본을 사용한다. 즉, 실험 단위를 동질적인 짝으로 묶어 각 짝에서 두 관측값의 차이를 계산하여 두 모집단의 평균을 비교하는 추론을 하게 된다. 이러한 방법을 대응비교(paired comparison)라고 한다.

〈표 2.2〉 대응비교시 자료의 구조

짝	1	2	……	n	표본평균	표본분산
표본 1 표본 2	X_{11} X_{21}	X_{12} X_{22}	…… ……	X_{1n} X_{2n}		
$D_i = X_{1i} - X_{2i}$	D_1	D_2	……	D_n	$\overline{D} = \frac{1}{n}\sum_{i=1}^{n} D_i$	$S_D^2 = \frac{1}{n-1}\sum_{i=1}^{n}(D_i - \overline{D})^2$

대응비교를 할 경우에는 대응표본에 대한 두 관측값의 차 $D_i = X_{1i} - X_{2i}\ (i = 1, \cdots, n)$에 근거하여 두 모평균의 차에 대한 추론을 하게 된다. 대응비교에서는 두 확률변수 X_{1i}와 X_{2i}가 서로 독립이 아니므로, 두 관측값의 차 D_i의 기댓값과 분산은 각각

$$E(D_i) = E(X_{1i} - X_{2i}) = E(X_{1i}) - E(X_{2i}) = \mu_1 - \mu_2\,,$$
$$Var(D_i) = Var(X_{1i} - X_{2i}) = Var(X_{1i}) + Var(X_{2i}) - 2\,Cov(X_{1i}, X_{2i})$$

와 같다. 이제 $Var(D_i) = \sigma_D^2$으로 표기하기로 하고, $D_1, D_2, \cdots, D_n$을 정규모집단 $N(\mu_1 - \mu_2, \sigma_D^2)$으로부터 추출된 크기가 n인 확률표본이라고 가정하면, 1장에서 이미 배운 t분포의 정의로부터 확률변수

$$T = \frac{\overline{D} - (\mu_1 - \mu_2)}{S_D / \sqrt{n}}$$

는 자유도 $n-1$인 t분포를 따르게 된다. 대응비교에서는 이러한 확률변수 T를 이용하여 두 모평균의 차 $\mu_1 - \mu_2$에 관한 추론을 하게 된다.

정리 2.5 대응비교에서 두 표본평균의 차에 대한 분포

$D_1, D_2, \cdots, D_n$ 이 각각 정규모집단 $N(\mu_1 - \mu_2,\ \sigma_D^2)$ 으로부터 구한 확률표본이라고 하면, 확률변수 $T = \dfrac{\overline{D} - (\mu_1 - \mu_2)}{S_D / \sqrt{n}}$ 는 자유도가 $(n-1)$ 인 t 분포를 따른다. 즉,

$$T = \frac{\overline{D} - (\mu_1 - \mu_2)}{S_D / \sqrt{n}} \sim t(n-1)$$

이다.

대응비교에서 두 모평균의 차 $\mu_1 - \mu_2$에 대한 신뢰구간은 정리 2.5의 확률변수 T를 이용하여 다음과 같이 구할 수 있다.

[$\mu_1 - \mu_2$에 대한 신뢰구간] 대응비교의 경우

$D_i = X_{1i} - X_{2i}\ (i = 1, \cdots, n)$ 이 각각 정규모집단 $N(\mu_1 - \mu_2,\ \sigma_D^2)$ 으로부터 구한 확률표본이라고 할 때, 두 모평균의 차 $\mu_1 - \mu_2$ 에 대한 $100(1-\alpha)\%$ 신뢰구간은 다음과 같다.

$$\left[\overline{D} - t_{\alpha/2}(n-1)\frac{S_D}{\sqrt{n}},\ \overline{D} + t_{\alpha/2}(n-1)\frac{S_D}{\sqrt{n}}\right]$$ [3)]

---

3) 대응비교에서는 실험단위를 동질적인 짝으로 묶어서 분석하므로, 일반적으로 두 확률변수에 대한 공분산 $Cov(X_1, X_2)$은 양의 값을 갖는다. 대응비교에서의 두 모평균의 차 $\mu_1 - \mu_2$ 에 대한 신뢰구간의 식을 다시 살펴보면, $\overline{D} = \overline{X}_1 - \overline{X}_2,\ S_D^2 = S_1^2 + S_2^2 - 2S_{12}$이고, 여기서 $S_{12} = \dfrac{1}{n-1}\sum_{i=1}^{n}(X_{1i} - \overline{X}_1)(X_{2i} - \overline{X}_2)$은 두 확률표본의 표본공분산이다. 따라서 대응비교에서의 두 모평균의 차 $\mu_1 - \mu_2$ 에 대한 $100(1-\alpha)\%$ 신뢰구간은

$$\left[(\overline{X}_1 - \overline{X}_2) - t_{\alpha/2}(n-1)\sqrt{\frac{S_1^2}{n} + \frac{S_2^2}{n} - 2\frac{S_{12}}{n}},\ (\overline{X}_1 - \overline{X}_2) + t_{\alpha/2}(n-1)\sqrt{\frac{S_1^2}{n} + \frac{S_2^2}{n} - 2\frac{S_{12}}{n}}\right]$$

와 같이 나타낼 수 있다. 이는 두 모분산이 알려져 있지 않은 정규모집단에서의 두 모평균의 차 $\mu_1 - \mu_2$에 대한 $100(1-\alpha)\%$ 신뢰구간

$$\left[(\overline{X}_1 - \overline{X}_2) - t_{\alpha/2}(\psi)\sqrt{\frac{S_1^2}{n} + \frac{S_2^2}{n}},\ (\overline{X}_1 - \overline{X}_2) + t_{\alpha/2}(\psi)\sqrt{\frac{S_1^2}{n} + \frac{S_2^2}{n}}\right]$$

과 비교하였을 때, 자유도는 작지만($n-1 < \psi$) 양의 값을 가지는 두 확률표본의 표본공분산을 반영하므

또한 대응비교에서 두 모평균의 차 $\mu_1 - \mu_2$ 에 대한 가설검정은 1장에서 다룬 일표본 t-검정법과 동일한 방법으로 다음과 같이 구할 수 있다.

[$\mu_1 - \mu_2$ 에 대한 가설검정 : 두 집단 t–검정] 대응비교의 경우

$D_i = X_{1i} - X_{2i}\,(i = 1,\cdots,n)$ 이 각각 정규모집단 $N(\mu_1 - \mu_2,\, \sigma_D^2)$ 으로부터 구한 확률표본이라고 할 때, 두 모평균의 차 $\mu_1 - \mu_2$ 에 대한 아래의 가설검정에서 사용되는 검정통계량과 그 확률분포는

$$T_0 = \frac{\overline{D} - \delta_0}{S_D/\sqrt{n}} \sim t(n-1) \text{ (귀무가설 } H_0\text{가 참일 때)}$$

이며, 유의수준 α 에서의 기각역과 검정통계량의 관측값 t_0^* 에 대한 p-값은 다음과 같다.

	가설	기각역	p–값
우측검정	$H_0 : \mu_1 - \mu_2 = \delta_0$, $H_1 : \mu_1 - \mu_2 > \delta_0$	$t_0 > t_\alpha(n-1)$	$P(T_0 > t_0^*)$
좌측검정	$H_0 : \mu_1 - \mu_2 = \delta_0$, $H_1 : \mu_1 - \mu_2 < \delta_0$	$t_0 < -t_\alpha(n-1)$	$P(T_0 < t_0^*)$
양측검정	$H_0 : \mu_1 - \mu_2 = \delta_0$, $H_1 : \mu_1 - \mu_2 \neq \delta_0$	$\|t_0\| > t_{\alpha/2}(n-1)$	$2P(T_0 > \|t_0^*\|)$

대응비교에서도 2.1.3절에서와 마찬가지로 표본의 크기 n 이 충분히 큰 경우에는 모집단에 대한 정규성 가정이 없어도 확률변수 Z가

$$Z = \frac{\overline{D} - (\mu_1 - \mu_2)}{S_D/\sqrt{n}} \overset{\cdot}{\sim} N(0,1) \tag{2.16}$$

와 같이 근사적으로 표준정규분포를 따른다는 사실을 이용하여 두 모평균의 차 $\mu_1 - \mu_2$ 에 대한 근사 신뢰구간과 가설검정법을 구할 수 있다.

로 보다 정확한 신뢰구간을 제공한다고 할 수 있다.

예제 2.5 N 타이어 회사의 연구진은 기존제품(A)보다 마모율이 작은 신제품(B)의 개발에 성공하였다고 주장하고 있다. 이를 확인하기 위해 회사의 경영진은 10대의 자동차를 임의로 추출하여 각 자동차의 뒷바퀴 중에서 한쪽에는 A 타이어를, 그리고 다른 한쪽에는 B 타이어를 무작위로 장착하고 일정한 거리를 주행하는 실험을 하기로 하였다. 실험 후 측정되는 A 타이어의 마모율 $X_{1i}(i=1,\cdots,10)$와 B 타이어의 마모율 $X_{2i}(i=1,\cdots,10)$에 근거하여 연구진의 주장에 대한 옳고 그름을 유의수준 $\alpha=0.05$에서 검정하고자 한다. 두 타이어 A, B의 마모율은 각각 평균이 μ_1, μ_2인 정규분포를 따른다고 가정할 때, 다음 물음에 답하여라.

(1) 귀무가설과 대립가설을 설정하여라.
(2) 귀무가설 H_0가 참일 때, 가설검정을 위한 검정통계량과 그 확률분포를 구하여라.
(3) 기각역을 구하여라.
(4) 실험 후 A 타이어와 B 타이어의 마모율이 다음과 같이 측정되었다. 이 결과를 이용하여 문제(1)의 가설을 검정하여라.

번호	1	2	3	4	5	6	7	8	9	10
타이어 A의 마모율(X_{1i})	5.4	10.6	1.8	4.7	11.2	9.9	11.6	9.1	7.0	4.0
타이어 B의 마모율(X_{2i})	6.8	4.6	4.2	5.8	5.6	4.7	2.4	7.0	8.6	0.6
마모율 차이	-1.4	6.0	-2.1	-1.1	5.6	5.2	9.2	2.1	-1.6	3.4

(5) 문제 (4)의 시험결과를 이용하여 p-값을 구하고 이를 이용하여 가설을 검정하여라.

풀이

(1) N 타이어 회사의 연구진이 개발한 신제품(B)의 마모율이 기존제품(A)보다 작은지를 알아보는 것이므로 여기서는 우측검정이 된다. 따라서 귀무가설 및 대립가설은 다음과 같다.

$$H_0: \mu_1 = \mu_2, \quad H_1: \mu_1 > \mu_2$$

(2) 대응비교에 해당하므로 $D_i = X_{1i} - X_{2i}(i=1,\cdots,10)$라고 하면, 귀무가설 H_0가 참일 때의 검정통계량과 그 확률분포는 다음과 같다.

$$T_0 = \frac{\overline{D}}{S_D/\sqrt{10}} \sim t(9)$$

(3) 우측검정이므로, 기각역은 $t_0 > t_{0.05}(9) = 1.83$으로 주어진다.

(4) $\overline{d} = 2.5$, $s_d = 4$이므로

$t_0 = \dfrac{2.5}{4/\sqrt{10}} = 1.98$이다. $t_0 = 1.98 > 1.83 = t_{0.05}(9)$이므로 귀무가설 H_0을 기각

한다.

(5) p-값$= P(T_0 > 1.98) = 0.04 < 0.05$이므로 귀무가설 H_0을 기각한다. 즉, 실험결과는 유의수준 $\alpha = 0.05$에서 N타이어 회사의 연구진이 개발한 신제품(B)의 마모율이 기존제품(A)보다 작다는 충분한 증거를 제공하고 있다고 할 수 있다. ■

R 실습 2.5 [예제 2.5]의 가설을 R 프로그램을 이용하여 유의수준 $\alpha = 0.05$에서 검정하여라.

풀이

[R 프로그램 2.7] 두 집단 t-검정 : 대응비교의 경우

```
Atire=c(5.4, 10.6, 1.8, 4.7, 11.2, 9.9, 11.6, 9.1, 7.0, 4.0)
Btire=c(6.8, 4.6, 4.2, 5.8, 5.6, 4.7, 2.4, 7.0, 8.6, 0.6)
t.test(x=Atire, y=Btire, alternative="greater", paired=TRUE, conf.level=0.95)
  # paired : 대응비교를 지정하는 인수
```

- 대응비교는 t.test() 함수에서 인수 paired=TRUE로 지정하면 된다. [그림 2.10]의 검정결과로부터 검정통계량의 값 $t = 1.98$, 자유도 $df = 9$, p-값 $p-value = 0.04$은 예제 2.5의 결과와 동일함을 알 수 있다.

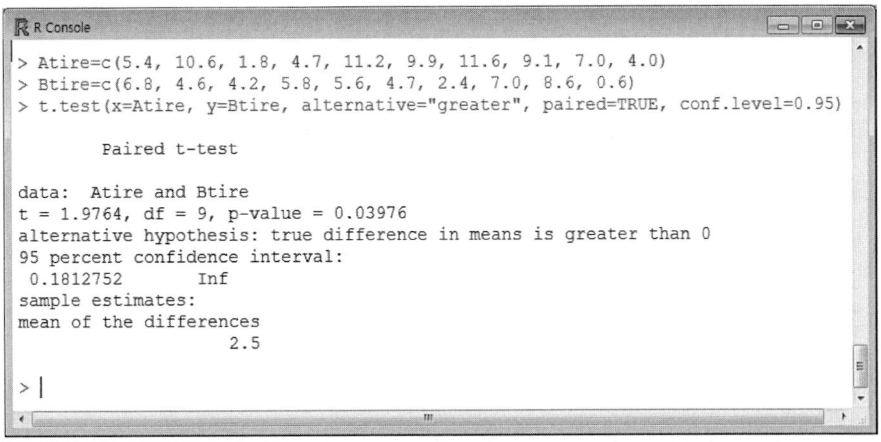

```
R Console
> Atire=c(5.4, 10.6, 1.8, 4.7, 11.2, 9.9, 11.6, 9.1, 7.0, 4.0)
> Btire=c(6.8, 4.6, 4.2, 5.8, 5.6, 4.7, 2.4, 7.0, 8.6, 0.6)
> t.test(x=Atire, y=Btire, alternative="greater", paired=TRUE, conf.level=0.95)

        Paired t-test

data:  Atire and Btire
t = 1.9764, df = 9, p-value = 0.03976
alternative hypothesis: true difference in means is greater than 0
95 percent confidence interval:
 0.1812752       Inf
sample estimates:
mean of the differences
                    2.5

> |
```

[그림 2.10] 두 집단 t-검정(대응비교) 결과 (R 프로그램 2.7)

예제 2.6 예제 2.5의 측정결과를 이용하여 두 모평균의 차 $\mu_1 - \mu_2$에 대한 95% 근사 신뢰구간을 구하여라.

풀이

대응비교에서의 두 모평균의 차 $\mu_1 - \mu_2$에 대한 $100(1-\alpha)\%$ 신뢰구간은 다음과 같다.

$$\left[\overline{D} - t_{\alpha/2}(n-1)\frac{S_D}{\sqrt{n}},\ \overline{D} + t_{\alpha/2}(n-1)\frac{S_D}{\sqrt{n}}\right]$$

따라서 $t_{0.025}(9) = 2.262$ 이므로, 두 모평균의 차 $\mu_1 - \mu_2$에 대한 95% 신뢰구간은

$$\left[2.5 - 2.262\frac{4}{\sqrt{10}}, 2.5 + 2.262\frac{4}{\sqrt{10}}\right] = (-0.36, 5.36)$$ 이다. ■

R 실습 2.6 [예제 2.6]의 신뢰구간을 R 프로그램을 이용하여 구하여라.

풀이

[R 프로그램 2.8] 두 모평균의 차에 대한 신뢰구간 : 대응비교의 경우

```
t.test(x=Atire, y=Btire, alternative="two.sided", paired=TRUE, conf.level=0.95)
  # 양측검정의 경우 신뢰구간을 제공하므로 alternative="two.sided"로 지정
```

- 가설 $H_0:\ \mu_1 - \mu_2 = 0$, $H_1:\ \mu_1 - \mu_2 \neq 0$에 대한 유의수준 α 에서의 양측검정과 두 모평균의 차 $\mu_1 - \mu_2$ 에 대한 $100(1-\alpha)\%$ 신뢰구간은 그 결과의 해석에서 동일한 의미를 제공한다. t.test() 함수는 인수 alternative="two.sided"로 지정할 경우 신뢰구간을 함께 제공하며, 추정된 신뢰구간이 0을 포함하는 경우에는 양측검정에서 귀무가설 $H_0:\ \mu_1 - \mu_2 = 0$ 을 기각할 수 없게 된다.
- 대응비교에서 두 모평균의 차 $\mu_1 - \mu_2$에 대한 95% 신뢰구간을 구하기 위하여 t.test() 함수에서 인수 alternative="two.sided", paired=TRUE, conf.level=0.95로 지정하였다. t.test() 함수에서는 기본적으로 paired=FALSE로 지정되어 있으므로, 예제 2.6과 같이 표본이 독립적으로 추출되지 않은 경우에 대응비교를 하기 위해서는 paired=TRUE로 지정해 주어야 한다. [그림 2.11]의 결과로부터 추정된 신뢰구간 $[-0.36, 5.36]$은 예제 2.6의 결과와 동일함을 알 수 있다. 또한 이 신뢰구간이 0을 포함하므로 양측검정에서의 귀무가설 H_0를 기각할 수 없으며, 이는 양측검정에서의 $p-value = 0.08 > \alpha = 0.05$인 결과와 동일하다.

```
> t.test(x=Atire, y=Btire, alternative="two.sided", paired=TRUE, conf.level=0.95)

        Paired t-test

data:  Atire and Btire
t = 1.9764, df = 9, p-value = 0.07952
alternative hypothesis: true difference in means is not equal to 0
95 percent confidence interval:
 -0.3614276  5.3614276
sample estimates:
mean of the differences
                    2.5

>
```

[그림 2.11] 두 모평균의 차에 대한 신뢰구간 (R 프로그램 2.8)

2.3 두 모분산의 비교

모집단의 특성을 표현할 때 가장 기본적인 것은 중심위치가 어디이며, 그것을 중심으로 자료값들이 어떻게 흩어져 있는지를 나타내는 것이다. 정규모집단의 경우 이것은 모평균 μ와 모분산 σ^2에 의해서 표현되어진다. 지금까지는 두 모집단의 중심위치를 나타내는 두 모평균을 비교하는 방법에 대해서 공부하였다. 이 절에서는 두 모집단이 정규분포를 따른다고 할 경우 그 흩어진 상태, 즉 두 모분산을 비교하는 방법에 대해서 알아보도록 할 것이다. 두 모분산의 비교는 두 모평균의 차에 관한 추론 문제에서 두 모분산이 같은지의 여부를 판단하고자 할 때 필요하다. 또한, 일반적으로 크게 관심의 대상이 되는 분야는 아니지만, 때때로 두 모집단의 분산에 대한 비교를 해야 하는 경우도 있다. 예를 들면, 자동차의 조립에 사용되는 볼트의 품질은 그 직경에 대한 규격을 정확하게 지키느냐에 달려있다. 따라서 두 회사에서 생산하는 두 제품 모두 평균적으로 규격에 맞는다고 할 때, 분산이 더 작은 제품이 우수하다고 볼 수 있다.

두 모집단의 분산을 비교하고자 하는 경우에는 두 모분산의 차 $\sigma_1^2-\sigma_2^2$ 대신에 모분산의 비 σ_1^2/σ_2^2를 사용하게 된다. 두 모분산의 비가 1보다 큰지, 작은지 또는 같은지는 바로 σ_1^2이 σ_2^2보다 큰지, 작은지 또는 같은지를 비교하는 것과 동일하며, 두 모분산의 차 대신에 모분산의 비를 사용하는 이유는 1장에서 다룬 F 분포의 정의로부터 표본분산의 비 S_1^2/S_2^2에 대한 분포를 수학적으로 유도할 수 있기 때문이다.

이제 $X_{11}, \cdots, X_{1n_1}$ 과 $X_{21}, \cdots, X_{2n_2}$ 를 각각 정규모집단 $N(\mu_1, \sigma_1^2)$ 과 $N(\mu_2, \sigma_2^2)$ 로부터 서로 독립적으로 추출한 확률표본이라 하면 두 모집단의 모분산의 비 σ_1^2/σ_2^2 에 대한 신뢰구간은 1장의 정리 1.23의 확률변수 F 를 이용하여 구할 수 있다. 즉, 확률변수 $\frac{1}{F} = \frac{\sigma_1^2}{\sigma_2^2} \cdot \frac{S_2^2}{S_1^2} \sim F(n_2 - 1, n_1 - 1)$ 이므로

$$\begin{aligned} 1-\alpha &= P\left(f_{1-\alpha/2}(n_2-1, n_1-1) \le \frac{\sigma_1^2}{\sigma_2^2} \cdot \frac{S_2^2}{S_1^2} \le f_{\alpha/2}(n_2-1, n_1-1)\right) \\ &= P\left(\frac{S_1^2}{S_2^2} \cdot f_{1-\alpha/2}(n_2-1, n_1-1) \le \frac{\sigma_1^2}{\sigma_2^2} \le \frac{S_1^2}{S_2^2} \cdot f_{\alpha/2}(n_2-1, n_1-1)\right) \qquad (2.17) \\ &= P\left(\frac{S_1^2}{S_2^2} \cdot \frac{1}{f_{\alpha/2}(n_1-1, n_2-1)} \le \frac{\sigma_1^2}{\sigma_2^2} \le \frac{S_1^2}{S_2^2} \cdot f_{\alpha/2}(n_2-1, n_1-1)\right) \end{aligned}$$

이고, σ_1^2/σ_2^2 에 대한 $100(1-\alpha)\%$ 신뢰구간은 다음과 같다.

[σ_1^2/σ_2^2에 대한 신뢰구간] 두 정규모집단 경우

두 정규모집단 $N(\mu_1, \sigma_1^2)$ 과 $N(\mu_2, \sigma_2^2)$ 의 모분산의 비 σ_1^2/σ_2^2 에 대한 $100(1-\alpha)\%$ 신뢰구간은 다음과 같다.

$$\left[\frac{S_1^2}{S_2^2} \cdot \frac{1}{f_{\alpha/2}(n_1-1, n_2-1)},\ \frac{S_1^2}{S_2^2} \cdot f_{\alpha/2}(n_2-1, n_1-1)\right]$$

또한 정리 1.23의 확률변수 F 를 이용하여 두 모분산에 대한 가설을 검정할 수 있다. 귀무가설이 두 모분산의 동일성에 대한 가설 $H_0: \sigma_1^2 = \sigma_2^2$ 이면, 즉 두 모분산의 비 $\sigma_1^2/\sigma_2^2 = 1$ 일 때, 검정통계량으로는

$$F_0 = \frac{S_1^2}{S_2^2} \qquad (2.18)$$

를 사용하며, 유의수준 α 에서의 기각역과 p-값을 다음과 같이 구할 수 있다.

[σ_1^2/σ_2^2 에 대한 가설검정] 두 정규모집단 경우

두 정규모집단 $N(\mu_1, \sigma_1^2)$ 과 $N(\mu_2, \sigma_2^2)$ 의 모분산의 비 σ_1^2/σ_2^2 에 대한 아래의 가설검정에서 사용되는 검정통계량과 그 확률분포는

$$F_0 = \frac{S_1^2}{S_2^2} \sim F(n_1 - 1, n_2 - 1) \ \text{(귀무가설 } H_0\text{가 참일 때)}$$

이며, 유의수준 α 에서의 기각역과 검정통계량의 관측값 f_0^* 에 대한 p-값은 다음과 같다.

	가설	기각역	p-값
우측 검정	$H_0: \sigma_1^2 = \sigma_2^2$, $H_1: \sigma_1^2 > \sigma_2^2$ ($H_0: \sigma_1^2/\sigma_2^2 = 1$, $H_1: \sigma_1^2/\sigma_2^2 > 1$)	$f_0 > f_\alpha(n_1 - 1, n_2 - 1)$	$P(F_0 > f_0^*)$
좌측 검정	$H_0: \sigma_1^2 = \sigma_2^2$, $H_1: \sigma_1^2 < \sigma_2^2$ ($H_0: \sigma_1^2/\sigma_2^2 = 1$, $H_1: \sigma_1^2/\sigma_2^2 < 1$)	$f_0 < f_{1-\alpha}(n_1 - 1, n_2 - 1)$	$P(F_0 < f_0^*)$
양측 검정	$H_0: \sigma_1^2 = \sigma_2^2$, $H_1: \sigma_1^2 \neq \sigma_2^2$ ($H_0: \sigma_1^2/\sigma_2^2 = 1$, $H_1: \sigma_1^2/\sigma_2^2 \neq 1$)	$f_0 > f_{\alpha/2}(n_1 - 1, n_2 - 1)$ 또는 $f_0 < f_{1-\alpha/2}(n_1 - 1, n_2 - 1)$	$2\min\{P(F_0 > f_0^*), P(F_0 < f_0^*)\}$

예제 2.7 [예제 2.3]에서 두 모집단의 분산에 대한 추론을 하고자 한다. 다음 물음에 답하여라.

(1) 두 모분산이 같다고 할 수 있는지를 유의수준 $\alpha = 0.05$ 에서 검정하여라.

(2) 두 모분산의 비 σ_1^2/σ_2^2에 대한 95% 신뢰구간을 구하여라.

풀이

(1) 두 모분산이 같다고 할 수 있는지를 검정하는 것이므로, 귀무가설과 대립가설은 $H_0: \sigma_1^2 = \sigma_2^2$, $H_1: \sigma_1^2 \neq \sigma_2^2$ 와 같이 설정할 수 있다. 검정통계량 $F_0 = \dfrac{S_1^2}{S_2^2}$ 은 자유도가 각각 9, 9 인 F 분포를 따르고, $s_1^2 = 15.6$, $s_2^2 = 11.43$ 이므로, 검정통계량의 관측값 $f_0^* = 15.6/11.43 = 1.365$ 이다. 따라서 p-값$= 2P(F_0 > f_0^*) = 2 \cdot 0.325 = 0.65 > 0.05 = \alpha$ 이므로 귀무가설 $H_0: \sigma_1^2 = \sigma_2^2$을 기각하지 않는다. 즉, 두 모분산이 같다는 귀무가설을 기각할 수 없다.

(2) 두 모분산의 비 σ_1^2/σ_2^2에 대한 $100(1-\alpha)\%$ 신뢰구간은 다음과 같다.

$$\left[\frac{S_1^2}{S_2^2}\cdot\frac{1}{f_{\alpha/2}(n_1-1,n_2-1)},\ \frac{S_1^2}{S_2^2}\cdot f_{\alpha/2}(n_2-1,n_1-1)\right]$$

따라서 $f_{0.025}(9,9)=4.026$. $f_{0.975}(9,9)=1/f_{0.025}(9,9)=0.248$ 이므로, 두 모분산의 비 σ_1^2/σ_2^2 에 대한 95% 신뢰구간은 $\left[\frac{15.6}{11.43}\cdot\frac{1}{4.026},\frac{15.6}{11.43}\cdot 4.026\right]=(0.339, 5.495)$ 이다. ■

R 실습 2.7 [예제 2.7]의 두 모집단의 분산에 대하여 R 프로그램을 이용하여 추론하여라.

풀이

[R 프로그램 2.9] 두 집단 F-검정과 신뢰구간

```
group1 = c(9,6,8,1,2,-2,4,-3,4,5); group2 = c(5,3,-1,2,6,3,-1,-3,-1,-4)
var.test(x=group1, y=group2, ratio=1, alternative="two.sided", conf.level=0.95)
   # var.test() : 두 집단의 분산에 대한 가설을 검정하는 함수
```

• 두 집단의 분산에 대한 F-검정과 신뢰구간은 R에서 제공하는 var.test() 함수를 이용하여 구할 수 있다. 여기서 귀무가설 $H_0: \sigma_1^2/\sigma_2^2=1$ 의 분산비가 1이므로 인수 ratio=1로 지정하고 양측검정이므로 alternative="two.sided"로 지정하면 [그림 2.12]의 결과를 얻게 된다. [그림 2.12]의 결과로부터 검정통계량의 값 $F=1.36$, 자유도 $df=(9, 9)$, p-값 $p-value=0.65$, 신뢰구간 $[0.34, 5.49]$은 예제 2.7의 결과와 동일함을 알 수 있다.

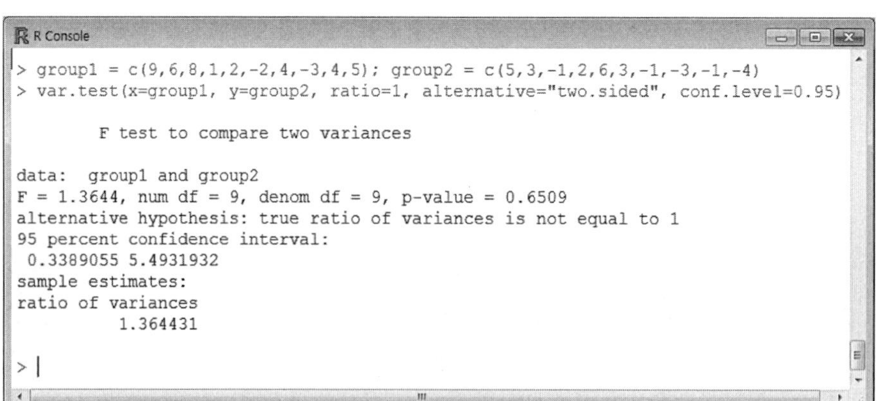

[그림 2.12] 두 집단 F-검정 결과 (R 프로그램 2.9)

2.4 두 모비율의 비교

특정 정책에 대한 지지도에 있어서 성별 간에 차이가 존재하는지 또는 두 공장에서 생산되고 있는 제품의 불량률이 동일한 지에 대한 조사는 두 집단의 모비율을 비교하는 문제에 해당된다. 두 모비율의 비교에서는 두 모평균의 비교에서와 마찬가지로 두 모비율의 차 $p_1 - p_2$를 이용하게 되고, 두 표본비율의 차 $\hat{p}_1 - \hat{p}_2$를 이용하여 통계적 추론을 하게 된다. 따라서 $\hat{p}_1 - \hat{p}_2$의 표본분포에 대해 먼저 살펴보고, 이를 바탕으로 두 모비율의 차 $p_1 - p_2$에 대한 신뢰구간과 가설검정법을 살펴보기로 한다.

$X_{11}, \cdots, X_{1n_1}$ 과 $X_{21}, \cdots, X_{2n_2}$를 각각 성공률이 p_1인 베르누이분포 $B(1, p_1)$과 성공률이 p_2인 베르누이분포 $B(1, p_2)$로부터 서로 독립적으로 추출한 확률표본이라 하면, 각각의 확률변수 $X_{1i}(i = 1, \cdots, n_1)$와 $X_{2i}(i = 1, \cdots, n_2)$는 0(실패) 아니면 1(성공)의 값을 가지게 된다. 이때 확률변수 $X_1 = \sum_{i=1}^{n_1} X_{1i}$는 첫 번째 모집단 $B(1, p_1)$으로부터 n_1번의 독립적인 베르누이 시행에서 성공횟수를 나타내므로 이항분포 $B(n_1, p_1)$를 따르게 되고, 마찬가지로 확률변수 $X_2 = \sum_{i=1}^{n_2} X_{2i}$는 두 번째 모집단 $B(1, p_2)$으로부터 n_2번의 독립적인 베르누이 시행에서 성공횟수를 나타내므로 이항분포 $B(n_2, p_2)$를 따르게 된다. 따라서 두 표본비율은 각각

$$\hat{p}_1 = \frac{X_1}{n_1} = \frac{1}{n_1}\sum_{i=1}^{n_1} X_{1i}, \ \hat{p}_2 = \frac{X_2}{n_2} = \frac{1}{n_2}\sum_{i=1}^{n_2} X_{2i} \tag{2.19}$$

이고, $\hat{p}_1 - \hat{p}_2$의 기대값과 분산은

$$\begin{aligned} E(\hat{p}_1 - \hat{p}_2) &= E(\hat{p}_1) - E(\hat{p}_2) = p_1 - p_2, \\ Var(\hat{p}_1 - \hat{p}_2) &= Var(\hat{p}_1) + Var(\hat{p}_2) = \frac{p_1(1-p_1)}{n_1} + \frac{p_2(1-p_2)}{n_2} \end{aligned} \tag{2.20}$$

(서로 독립이므로)

이다. 두 표본의 크기 n_1과 n_2가 충분히 큰 경우에 $\hat{p}_1 - \hat{p}_2$을 표준화한 확률변수

$$\frac{(\hat{p}_1 - \hat{p}_2) - (p_1 - p_2)}{\sqrt{p_1(1-p_1)/n_1 + p_2(1-p_2)/n_2}} \tag{2.21}$$

는 중심극한정리에 의하여 근사적으로 표준정규분포 $N(0, 1)$을 따르게 된다. 또한 두 표본비율 $\hat{p}_1$과 $\hat{p}_2$은 각각 미지의 모비율 p_1과 p_2에 대한 일치추정량이므로, 두 표본의 크기 n_1과 n_2가 충분히 클 경우 분모의 p_1과 p_2 대신에 이들의 일치추정량인 $\hat{p}_1$과 $\hat{p}_2$을 대입하여도 다음과 같은 근사분포가 성립한다.

정리 2.6 두 표본비율의 차에 대한 분포

$X_{11}, X_{12}, \cdots, X_{1n_1}$과 $X_{21}, X_{22}, \cdots, X_{2n_2}$이 각각 베르누이분포 $B(1,p_1)$와 $B(1,p_2)$를 따르는 모집단으로부터 구한 확률표본이라고 하면, 확률표본의 크기 n_1과 n_2가 충분히 큰 경우 확률변수 $Z = \frac{(\hat{p}_1 - \hat{p}_2) - (p_1 - p_2)}{\sqrt{\hat{p}_1(1-\hat{p}_1)/n_1 + \hat{p}_2(1-\hat{p}_2)/n_2}}$는 근사적으로 표준정규분포를 따른다. 즉,

$$Z = \frac{(\hat{p}_1 - \hat{p}_2) - (p_1 - p_2)}{\sqrt{\hat{p}_1(1-\hat{p}_1)/n_1 + \hat{p}_2(1-\hat{p}_2)/n_2}} \overset{\cdot}{\sim} N(0,1)$$

이다.

베르누이 분포를 따르는 두 모집단의 모비율의 차 $p_1 - p_2$에 대한 근사 신뢰구간은 정리 2.6의 확률변수 Z를 이용하여 다음과 같이 구할 수 있다.

[$p_1 - p_2$에 대한 근사 신뢰구간] : 두 확률표본의 크기가 큰 경우

두 확률표본의 크기 n_1과 n_2가 충분히 큰 경우, 베르누이분포 $B(1,p_1)$와 $B(1,p_2)$를 따르는 두 모집단의 모비율의 차 $p_1 - p_2$에 대한 $100(1-\alpha)\%$ 근사 신뢰구간은 다음과 같다.

$$\left[(\hat{p}_1 - \hat{p}_2) - z_{\alpha/2}\sqrt{\frac{\hat{p}_1(1-\hat{p}_1)}{n_1} + \frac{\hat{p}_2(1-\hat{p}_2)}{n_2}}\,,\right.$$

$$(\hat{p}_1-\hat{p}_2)+z_{\alpha/2}\sqrt{\frac{\hat{p}_1(1-\hat{p}_1)}{n_1}+\frac{\hat{p}_2(1-\hat{p}_2)}{n_2}}\ \Bigg]$$

이제 두 모비율에 대한 귀무가설이 $H_0: p_1=p_2$ 일 때, 가설검정의 문제를 생각해 보자. 귀무가설이 참일 때 두 모집단의 공통 모비율을 $p(=p_1=p_2)$라고 하면 $\hat{p}_1-\hat{p}_2$의 기대값과 분산은 각각

$$E(\hat{p}_1-\hat{p}_2)=0,\ \ Var(\hat{p}_1-\hat{p}_2)=p(1-p)\left(\frac{1}{n_1}+\frac{1}{n_2}\right) \tag{2.22}$$

이다. 따라서 두 표본의 크기 n_1과 n_2가 충분히 큰 경우에 $\hat{p}_1-\hat{p}_2$을 표준화한 확률변수

$$\frac{(\hat{p}_1-\hat{p}_2)-0}{\sqrt{p(1-p)(1/n_1+1/n_2)}} \tag{2.23}$$

는 중심극한정리에 의하여 근사적으로 표준정규분포 $N(0,\,1)$을 따르게 된다. 두 모비율이 동일하다는 귀무가설($H_0: p_1=p_2$)의 조건 하에서는 두 모집단으로부터 추출한 확률표본을 함께 이용하여 공통 모비율 p를 추정하는 것이 바람직하며, 일반적으로 합동추정량

$$\hat{p}=\frac{n_1\hat{p}_1+n_2\hat{p}_2}{n_1+n_2} \tag{2.24}$$

을 사용한다. 따라서 두 모비율에 대한 귀무가설 $H_0: p_1=p_2$이 참일 때, 2.1.2절의 모분산에 대한 합동추정량과 마찬가지로 분모의 p 대신에 합동추정량인 $\hat{p}$을 사용하면, 이 근사분포는

$$Z_0=\frac{(\hat{p}_1-\hat{p}_2)}{\sqrt{\hat{p}(1-\hat{p})(1/n_1+1/n_2)}}\ \dot{\sim}\ N(0,1) \tag{2.25}$$

와 같이 성립한다. 이러한 Z_0를 검정통계량으로 사용하여 유의수준 α에서의 기각역과 p-값을 다음과 같이 구할 수 있다.

[$p_1 - p_2$에 대한 가설검정] : 두 확률표본의 크기가 큰 경우

두 확률표본의 크기 n_1과 n_2가 충분히 큰 경우, 베르누이분포 $B(1,p_1)$와 $B(1,p_2)$를 따르는 두 모집단의 모비율의 차 $p_1 - p_2$에 대한 아래의 가설검정에서 사용되는 검정통계량과 그 확률분포는

$$Z_0 = \frac{(\hat{p}_1 - \hat{p}_2)}{\sqrt{\hat{p}(1-\hat{p})(1/n_1 + 1/n_2)}} \dot{\sim} N(0,1) \quad (\text{귀무가설 } H_0\text{가 참일 때})$$

이며, 유의수준 α에서의 기각역과 검정통계량의 관측값 z_0^*에 대한 p-값은 다음과 같다.

	가설	기각역	p-값
우측검정	$H_0 : p_1 = p_2 ,\ H_1 : p_1 > p_2$	$z_0 > z_\alpha$	$P(Z_0 > z_0^*)$
좌측검정	$H_0 : p_1 = p_2 ,\ H_1 : p_1 < p_2$	$z_0 < - z_\alpha$	$P(Z_0 < z_0^*)$
양측검정	$H_0 : p_1 = p_2 ,\ H_1 : p_1 \neq p_2$	$\lvert z_0 \rvert > z_{\alpha/2}$	$2P(Z_0 > \lvert z_0^* \rvert)$

예제 2.8 최근 담뱃값 인상에 대하여 남녀 간에 찬성 비율이 다르다는 주장이 제기되었다. 이에 보건복지부에서는 성인남녀 각각 200명씩을 대상으로 설문조사를 실시하여 담뱃값 인상에 대한 찬성 비율이 성인남녀간에 차이가 있는지를 유의수준 $\alpha = 0.05$에서 검정하려고 한다. 담뱃값 인상에 대한 성인남성의 찬성비율을 p_1, 성인여성의 찬성비율을 p_2라고 할 때, 다음 물음에 답하여라.

(1) 가설을 설정하여라.
(2) 귀무가설 H_0가 참일 때, 가설검정을 위한 검정통계량과 그 확률분포를 구하여라.
(3) 기각역을 구하여라.
(4) 설문조사결과 각각 200명의 설문대상자 가운데 성인남성 94명과 성인여성 112명이 담뱃값인상에 찬성하였다. 이 결과를 이용하여 (1)의 가설을 검정하여라.

풀이

(1) 담뱃값 인상에 대하여 남녀간에 찬성 비율이 다르다는 주장에 대한 검정이므로 양측검정에 해당한다. 따라서 귀무가설 및 대립가설은 다음과 같다 $H_0 : p_1 = p_2$, $H_1 : p_1 \neq p_2$
(2) 귀무가설 $H_0 : p_1 = p_2 = p$가 참일 때 공통비율 p의 추정량은

$\hat{p} = \dfrac{n_1 \hat{p}_1 + n_2 \hat{p}_2}{n_1 + n_2} = \dfrac{200\hat{p}_1 + 200\hat{p}_2}{200 + 200} = \dfrac{1}{2}(\hat{p}_1 + \hat{p}_2)$이고, $n_1 = n_2 = 200$이 충분히

크므로,

$$Z_0 = \frac{\hat{p}_1 - \hat{p}_2}{\sqrt{\hat{p}(1-\hat{p})\left(\frac{1}{200}+\frac{1}{200}\right)}} \dot{\sim} N(0,1)\text{이다.}$$

(3) $z_{\alpha/2} = z_{0.025} = 1.96$이므로, 기각역은 $z_0 \le -1.96$ 또는 $z_0 \ge 1.96$이다.

(4) $\hat{p}_1 = \frac{94}{200} = 0.47$, $\hat{p}_2 = \frac{112}{200} = 0.56$ 이므로, 공통비율 p의 추정량은

$\hat{p} = \frac{1}{2}(\hat{p_1} + \hat{p_2}) = \frac{1}{2}(0.47 + 0.56) = 0.515$이다. 따라서 검정통계량의 관측값

$$z_0^* = \frac{\hat{p}_1 - \hat{p}_2}{\sqrt{\hat{p}(1-\hat{p})\left(\frac{1}{200}+\frac{1}{200}\right)}} = \frac{0.47-0.56}{\sqrt{(0.515)(1-0.515)/100}} = -1.8$$

이고, z_0^*는 기각역에 포함되지 않는다. 따라서 귀무가설 H_0을 기각할 수 없다. 즉, 설문조사결과는 담뱃값 인상에 대한 찬성 비율이 성인남녀간에 차이가 있다는 주장을 충분히 뒷받침하고 있다고 할 수 없다. ■

R 실습 2.8 두 집단의 표본비율이 주어졌을 때 두 모비율을 검정하기 위한 R 프로그램을 작성하고, 이를 이용하여 [예제 2.8]의 가설을 검정하여라.

풀이

[R 프로그램 2.10] 대표본에서의 두 모비율에 대한 z-검정

```
z.test3=function(x=c(), y=c(), X=c(0,50), Y=c(0,50), alternative, delta=0){
  # X와 Y는 각 집단의 성공횟수, 표본크기를 입력하기 위한 인수
  if(length(x)==0){x.bar=X[1]/X[2]; x.n=X[2]
  } else {
    x.bar=mean(x); x.n=length(x)
  }
  if(length(y)==0){y.bar=Y[1]/Y[2]; y.n=Y[2]
  } else {
    y.bar=mean(y); y.n=length(y)
  }
  p.hat=(x.bar*x.n+y.bar*y.n)/(x.n+y.n)   # 공통 모비율의 합동추정량
  z0=(x.bar-y.bar-delta)/sqrt(p.hat*(1-p.hat)*(1/x.n+1/y.n))
  if (alternative=="greater"){p.value=(1-pnorm(z0,mean=0,sd=1))}
```

```
  if (alternative=="less"){p.value=pnorm(z0,mean=0,sd=1)}
  if (alternative=="two.sided"){ # if() : 조건문
    p.value=(1-pnorm(abs(z0),mean=0,sd=1))*2}
  result=list(z=z0, pvalue=p.value)
  return(result)
}

z.test3(X=c(94, 200), Y=c(112, 200), alternative="two.sided", delta=0)
```

- 사용자 함수 z.test3()은 R 프로그램 2.6의 z.test2()와 매우 유사하게 작성되었으며, 두 집단의 원자료가 x, y에 입력되는 경우와 성공횟수, 표본크기의 값이 X, Y에 입력되는 경우를 구분하기 위하여 if else 조건문을 사용하였다.
- 예제 2.8에서는 두 집단의 성공 횟수(찬성인원), 표본크기의 값이 주어졌으므로, 이 값들을 각각 z.test3() 함수의 인수 X=c(94,200), Y=c(112,200)에 입력하였으며, 그 결과는 [그림 2.13]에 나타나 있다. [그림 2.13]에서 검정통계량의 값 $z=-1.80$, p-값 $p-value=0.072$는 예제 2.8의 결과와 동일함을 알 수 있다.

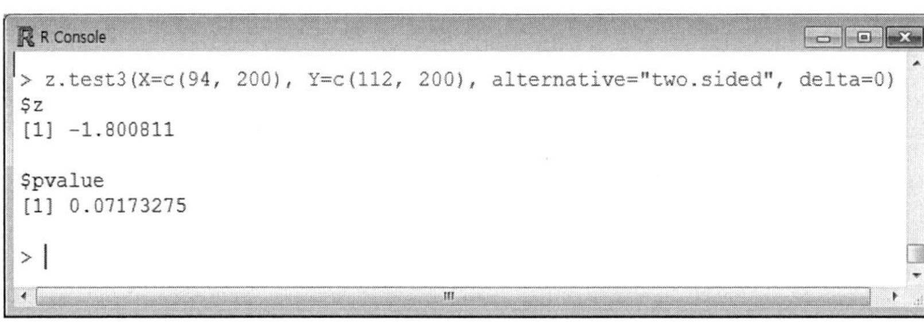

[그림 2.13] 두 모비율에 대한 검정 결과 (R 프로그램 2.10)

예제 2.9 [예제 2.8]의 설문조사 결과를 이용하여 두 모비율의 차 p_1-p_2에 대한 95% 신뢰구간을 구하여라.

풀이

두 모비율의 차 p_1-p_2에 대한 $100(1-\alpha)\%$ 신뢰구간은 다음과 같다.

$$\left[(\hat{p}_1-\hat{p}_2)-z_{\alpha/2}\sqrt{\frac{\hat{p}_1(1-\hat{p}_1)}{n_1}+\frac{\hat{p}_2(1-\hat{p}_2)}{n_2}},(\hat{p}_1-\hat{p}_2)\right.$$

$$+ z_{\alpha/2}\sqrt{\frac{\hat{p}_1(1-\hat{p}_1)}{n_1}+\frac{\hat{p}_2(1-\hat{p}_2)}{n_2}}\Bigg]$$

따라서 두 모비율의 차 $p_1 - p_2$에 대한 95% 신뢰구간은

$$\Bigg[(0.47-0.56)-1.96\sqrt{\frac{0.47(1-0.47)}{200}+\frac{0.56(1-0.56)}{200}},$$

$$(0.47-0.56)+1.96\sqrt{\frac{0.47(1-0.47)}{200}+\frac{0.56(1-0.56)}{200}}\Bigg]=(-0.188, 0.008)$$

■

R 실습 2.9 [예제 2.9]의 신뢰구간을 R 프로그램을 이용하여 구하여라.

풀이

[R 프로그램 2.11] 대표본에서의 두 모비율에 대한 z-검정 및 신뢰구간

```
n.success=c(94,112)  # 두 집단의 성공 횟수
n.trial=c(200,200)  # 두 집단의 시행 횟수
prop.test(x=n.success, n=n.trial, alternative="two.sided", correct=FALSE)
```

- 두 모비율의 차 $p_1 - p_2$에 대한 통계적 추론(가설검정 및 신뢰구간)은 prop.test() 함수를 이용하여 시행할 수 있다. 이때 인수 x에는 각 집단별 성공 횟수를 입력하고, 인수 n에는 각 집단별 시행 횟수를 입력한다. correct는 연속성 수정의 유무를 나타내기 위한 인수로서 여기서는 R프로그램 2.10과 동일하게 검정을 시행하기 위하여 correct=FALSE로 입력하여 연속성 수정을 시행하지 않았다.
- [그림 2.14]는 prop.test() 함수를 이용한 두 모비율의 차 $p_1 - p_2$에 대한 통계적 추론의 결과를 나타내고 있다. 이로부터 가설 $H_0 : p_1 = p_2$, $H_1 : p_1 \neq p_2$에 대한 검정결과와 두 모비율의 차 $p_1 - p_2$ 신뢰구간은 R 프로그램 2.10을 이용한 검정 결과 및 예제 2.9의 결과와 동일함을 알 수 있다.

```
> n.success=c(94,112)  # 두 집단의 성공 횟수
> n.trial=c(200,200)    # 두 집단의 시행 횟수
> prop.test(x=n.success, n=n.trial, alternative="two.sided", correct=FALSE)

        2-sample test for equality of proportions without continuity
        correction

data:  n.success out of n.trial
X-squared = 3.2429, df = 1, p-value = 0.07173
alternative hypothesis: two.sided
95 percent confidence interval:
 -0.187556211  0.007556211
sample estimates:
prop 1 prop 2 
  0.47   0.56 

> 
```

[그림 2.14] 두 모비율의 차에 대한 신뢰구간 (R 프로그램 2.11)

연습문제

01 K대 수학과에서는 학생들의 통계학 이해도를 증진시키기 위한 새로운 강의방법을 개발하였다. 이 강의방법이 효과가 있는지를 확인하기 위해 16명의 학생을 대상으로 8명씩 2개조로 나누어 한 조에는 새로운 강의방법을, 다른 한 조에는 기존의 강의방법을 적용하여 이해도를 측정한 결과, 다음과 같은 자료를 얻었다.

기존의 방법	65	70	76	63	72	71	67	68
새로운 방법	75	79	72	77	69	81	71	76

두 강의방법에 따른 이해도에 차이가 있는지를 유의수준 $\alpha = 0.05$ 로 검정하여라(단, 측정점수는 각각 정규분포 $N(\mu_1,\ \sigma^2)$, $N(\mu_2,\ \sigma^2)$를 따른다고 가정한다).

02 A와 B 두 경호업체 소속 경호원을 각각 10명씩 랜덤으로 선발하여 사격 시합을 한 결과, 아래와 같은 자료를 얻었다. A경호업체의 경호원들이 B경호업체의 경호원들보다 사격능력이 우수하다고 할 수 있는지를 유의수준 $\alpha = 0.05$ 에서 검정하여라. 단, 사격점수는 정규분포를 따른다고 가정한다.

	1	2	3	4	5	6	7	8	9	10
A경호업체	66	70	60	61	73	62	75	62	80	65
B경호업체	55	72	57	73	64	70	74	52	66	64

03 어느 제약회사에서 비만증 환자를 위한 약을 개발하였다. 새로이 개발된 약이 환자에게 부작용이 있는지 없는지를 알아보기 위해 12명의 환자를 랜덤으로 추출하여 약을 복용하기 전과 복용하고 난 후의 혈압을 측정한 결과 다음과 같은 자료를 얻었다.

환 자	1	2	3	4	5	6	7	8	9	10	11	12
복용 전	128	176	110	149	183	136	118	158	150	130	126	162
복용 후	134	174	118	152	187	136	125	168	152	128	130	161

두 혈압에 차이가 있는지를 유의수준 $\alpha = 0.05$로 검정하여라(단, 혈압은 정규분포를 따른다고 가정한다).

04 Motor Trend Car Road Tests 자료는 1974년 미국의 자동차 잡지 Motor Trend에서 수집한 것으로 R 프로그램에서는 $mtcars$ 라는 이름으로 제공되고 있다. $mtcars$ 자료에 포함되어 있는 11개 변수 중에서 연비(mpg)와 변속기 종류(am)를 이용하여 "변속기가 자동인 자동차들의 평균연비가 수동인 자동차들의 평균연비보다 더 작다"라는 가설을 유의수준 $\alpha = 0.05$ 에서 검정하여라.

05 연습문제 1에서 두 모집단의 분산이 같다고 할 수 있는지를 유의수준 $\alpha = 0.05$ 에서 검정하여라.

06 공기중의 수은 농도를 측정하는 두 가지 기기 A, B의 정밀도를 검사하기 위해 각각의 기기로 측정한 결과 다음과 같은 자료를 얻었다(단위 : ppm/cm^3). 두 모집단의 분산이 동일하다고 할 수 있는지를 유의수준 $\alpha = 0.05$ 에서 검정하여라.

기기 A	0.95	0.83	0.78	0.96	0.72	0.86	0.99
기기 B	0.90	0.92	0.94	0.91	0.90	0.89	

제 3 장

분산분석

3.1 서론

모집단이 하나일 때 모평균에 대한 추정과 검정은 1장에서, 그리고 모집단의 개수가 두 개일 경우 두 모평균에 대한 비교는 2장에서 각각 다루었다. 그러나 일반적으로 모집단의 개수가 세 개 이상이면서 여러 모집단 사이의 모평균을 비교해야 되는 경우가 종종 발생하게 된다. 예를 들어, 시중에서 유통되고 있는 막걸리가 제조회사에 따라 판매량에 차이가 있는지, 어느 대학교 학생들의 지능지수가 학년에 따라 차이가 있는지, 또는 강남콩의 비타민 C 함유량이 저장 온도 및 기간에 따라 차이가 있는지 등에 대한 비교가 바로 이러한 경우에 해당된다.

분산분석(analysis of variance: ANOVA)은 비교하고자 하는 모집단이 세 개 이상일 경우, 그 집단들 사이의 모평균을 비교, 분석하는 통계적 기법으로 영국의 통계학자 피셔(R.A. Fisher)에 의해 고안되었다. 분산분석은 최초 농사실험과 관련된 연구에서 사용되었으며, 현재에는 교육, 심리, 의학, 공학 등과 같은 많은 분야의 실험에서 관심 있는 요인들의 효과를 분석하는 통계적 기법으로서 널리 응용되고 있다.

분산분석에서 사용되는 중요한 용어에는 인자(factor)와 수준(level)이 있다. 어떤 실험에 있어서 그 실험의 결과에 영향을 미치는 요인을 인자라 하고, 인자를 분류하는데 사용되는 여러 가지 조건을 인자수준(factor level) 또는 처리(treatment)라고 한다. 그리고 실험의 측정값에 영향을 주는 인자가 하나인 실험에 대한 분산분석을 일원분산분석(one-way ANOVA), 인자의 수가 두 개인 실험에 대한 분산분석을 이원분산분석(two-way ANOVA)이라 한다. 예를 들어, SK, LG, GS 등 세 정유회사에서 판매하는 휘발유의 질이 같은지를 조사하기 위하여 1600cc의 차량을 이용하여 연비(ℓ 당 주행거리)를 측정하는 실험을 한다고 하자. 이때 정유회사가 인자에 해당되고 정유회사의 종류인 SK, LG, GS가 인자수준 또는 처리에 해당되며, 이러한 분산분석은 인자가 하나인 일원분산분석이 된다. 만약 정유회사라는 인자 이외에 차종(예를 들어 1600cc, 2400cc, 3200cc 등 세 종류의 차를 이용하여 실험한다고 할 때)이라는 인자를 추가하여 연비의 차이를 조사하게 된다면 이때에는 인자가 두 개(정유회사와 차종)인 이원분산분석이 되는 것이다.

[인자(factor)와 수준(level)]

- 인자 : 실험의 결과에 영향을 미치는 중요 요인
- 수준 : 인자수준으로 인자를 분류하는데 사용되는 조건

인자는 수준을 선택하는 방법에 따라 모수인자(fixed factor)와 변량인자(random factor)로 분류할 수 있다. 모수인자는 온도, 압력, 작업방법 등과 같이 실험자가 기술적으로 미리 정해진 수준을 사용하며, 변량인자는 임의로 선택된 3일의 날짜와 같이 수준의 선택이 랜덤으로 이루어지며 각 수준이 기술적인 의미를 지니고 있는 것은 아니다. 또한 모수인자만으로 구성된 자료의 구조모형을 모수모형(fixed effects model)이라고 하고, 변량인자만으로 구성된 자료의 구조모형을 변량모형(random effects model), 그리고 모수인자와 변량인자가 섞여있는 자료의 구조모형을 혼합모형(mixed effects model)이라고 한다.

모수모형의 경우에는 각각의 인자수준에서 실험을 통하여 얻어지는 관측값들을 해당 수준의 모집단으로부터 얻어지는 표본으로 간주한 후, 여러 인자수준들의 모평균 간에 차이가 있는지에 관심을 두고 분석이 이루어지게 된다. 반면에 변량모형의 경우에는 실험에서 사용되고 있는 인자수준들이 인자수준들 전체의 모집단으로부터 추출된 확률표본이기 때문에 여기에서의 추론은 인자수준들의 모집단과 관련되어 이루어진다.[1] 모수모형과 변량모형을 예를 들면, 5개의 서로 다른 형태의 광고가 효과 면에서 차이가 있는지를 조사할 경우에는 모수모형에 해당되며, 반면에 전국적으로 수백개의 대리점을 소유하고 있는 회사가 7개의 대리점을 랜덤으로 뽑은 후, 이로부터 얻은 정보를 이용하여 전국의 대리점과 관련된 결론을 얻고자 하는 경우는 변량모형에 해당된다.

3.2 일원분산분석 : 모수모형

먼저 하나의 모수인자에 대하여 $l(\geq 3)$개의 인자수준에 대한 실험의 효과, 즉 처리효과(treatment effect)에 차이가 있는지에 대하여 검정하는 일원분산분석에 대하여 알아보도록 하자. 모수인자이므로 i번째 인자수준에서의 관측값들이 모평균이 $\mu_i(i=1,2,\cdots,l)$인 모집단으로부터 수집되었다고 하면, 이 문제는

1) 모수모형은 인자수준 그 자체에 관심을 가지고 인자수준이 연구자에 의해 기술적으로 미리 선택되기 때문에 실험에서 사용된 수준들은 수준들의 모집단으로부터 추출된 표본이 아니라는 것이고, 변량모형은 인자수준들이 커다란 모집단으로부터 추출된 하나의 표본을 이루고 있으며, 이때의 관심은 모집단에 있게 되는 것이다.

$$H_0: \mu_1 = \mu_2 = \cdots = \mu_l\,, \quad H_1: \text{적어도 1개의 모평균은 나머지와 다르다.}$$

와 같이 가설을 설정할 수 있다. 이러한 가설은 2장에서 다루었던 두 집단 비교를 여러 집단으로 확장한 것으로, 분산분석을 통하여 통계적으로 검정할 수 있다. 분산분석은 그 용어가 뜻하는 대로 자료의 분산 또는 변동을 분석하여 여러 집단의 모평균을 분석하는 방법이다.

3.2.1 자료구조와 통계적 모형

모수인자 A의 l개의 인자수준 $A_1, A_2, \cdots, A_l$에 해당하는 각각의 모집단으로부터 크기가 $n_1, n_2, \cdots, n_l$인 확률표본

$$Y_{11},\ Y_{12},\ \cdots,\ Y_{1n_1}\,,\quad Y_{21},\ Y_{22},\ \cdots,\ Y_{2n_2}\,,\quad \cdots,\quad Y_{l1},\ Y_{l2},\ \cdots,\ Y_{ln_2} \tag{3.1}$$

을 독립적으로 얻었다고 하자. <표 3.1>은 이러한 자료의 배치 구조를 보여주고 있다. 여기서 μ_i와 $\overline{Y}_{i.} = \dfrac{1}{n_i}\sum_{j=1}^{n_i} Y_{ij}$는 각각 i번째 인자수준에 대한 모평균과 표본평균을 나타내고, 전체 표본의 크기를 $n = \sum_{i=1}^{l} n_i$ 라고 하면 전체 표본평균은

$$\overline{Y}_{..} = \frac{1}{n}\sum_{i=1}^{l} n_i \overline{Y}_{i.} = \frac{1}{n}\sum_{i=1}^{l}\sum_{j=1}^{n_i} Y_{ij} \tag{3.2}$$

와 같다.

<표 3.1>의 일원배치법에서는 실험이 랜덤하게 선택된 순서에 의해 시행되어야 하며, 이를 완전랜덤화계획(completely randomized design)이라고 한다. 예를 들어, 온도가 공정의 생산성에 영향을 미치는지를 조사하기 위하여 A_1(100℃), A_2(200℃), A_3(300℃) 세 온도에서 각각 5회의 실험을 진행하여 공정의 생산성을 측정한다고 하자. 이 경우 실험을 완전랜덤화시키는 한 방법은 $3 \times 5 = 15$개의 각 실험단위에 일련번호를 부여하고 난수를 뽑아 먼저 나오는 번호의 순서대로 실험을 진행시키는 것이다.

〈표 3.1〉 일원배치법의 자료구조

구분	인자 A의 수준				
	A_1	A_2	$\cdots$	A_l	
실험의 반복	Y_{11} Y_{12} Y_{13} $\vdots$ Y_{1n_1}	Y_{21} Y_{22} Y_{23} $\vdots$ Y_{2n_2}	$\cdots$	Y_{l1} Y_{l2} Y_{l3} $\vdots$ Y_{ln_l}	
표본크기	n_1	n_2	$\cdots$	n_l	$n=\sum_{i=1}^{l} n_i$
표본평균	$\overline{Y}_{1.}$	$\overline{Y}_{2.}$	$\cdots$	$\overline{Y}_{l.}$	$\overline{Y}_{..}=\frac{1}{n}\sum_{i=1}^{l} n_i \overline{Y}_{i.}$
모평균	μ_1	μ_2	$\cdots$	μ_l	$\mu=\frac{1}{n}\sum_{i=1}^{l} n_i \mu_i$

인자 A의 l개의 수준에 대한 처리효과를 통계적으로 검정하기 위해서는 각 수준에 대한 모집단의 확률모형이 필요하다. 각 수준별 모집단을 [그림 3.1]과 같이 서로 독립인 정규모집단 $N(\mu_i, \sigma^2)(i=1,\cdots,l)$으로 가정하면, Y_{ij}는 i번째 인자수준에서 j번째로 수집되는 관측값으로

$$Y_{ij}=\mu_i+\epsilon_{ij},\ i=1,2,\cdots,l\ ,\quad j=1,2,\cdots,n_i \tag{3.3}$$

와 같은 통계적 모형으로 나타낼 수 있다. 여기서 μ_i는 i번째 수준에서의 모평균을 나타내고, ϵ_{ij}는 Y_{ij}를 측정할 때 관심 있는 인자의 처리효과 이외의 각종 요인들에 의하여 발생하는 오차를 나타낸다. 이때 오차는 서로 독립적으로 발생하며, 정규분포 $N(0,\ \sigma^2)$를 따른다고 가정한다.

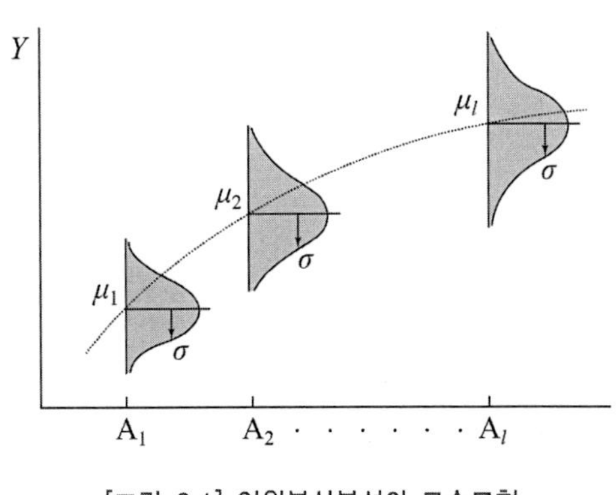

[그림 3.1] 일원분산분석의 모수모형

[일원분산분석의 모수모형 I]

$Y_{ij} = \mu_i + \epsilon_{ij},\ i = 1, 2, \cdots, l\ ,\quad j = 1, 2, \cdots, n_i$

- Y_{ij} : i번째 인자수준에서의 j번째 관측값
- μ_i : i번째 인자수준의 모평균
- ϵ_{ij} : 랜덤오차로서 서로 독립이며 정규분포 $N(0,\ \sigma^2)$를 따른다고 가정

이제 각 수준별 모평균 $\mu_i(i = 1, \cdots, l)$에 대한 전체 모평균을 μ라고 하면, μ는

$$\mu = \frac{1}{n}\sum_{i=1}^{l} n_i \mu_i \tag{3.4}$$

로 정의되며, i번째 처리효과(treatment effect)

$$\alpha_i = \mu_i - \mu \tag{3.5}$$

를 이용하면 모형 (3.3)은 다음과 같은 선형모형(linear model)으로 표현할 수 있다.

$$Y_{ij} = \mu + \alpha_i + \epsilon_{ij},\ i = 1, 2, \cdots, l\ ,\quad j = 1, 2, \cdots, n_i \tag{3.6}$$

여기서 전체 모평균 μ는 상수(constant)이고 처리효과 α_i는 i번째 처리가 행해졌을 때 전체 모평균 μ로부터의 편차를 나타낸다. 이때 전체 모평균의 정의로부터

$$\mu = \frac{1}{n}\sum_{i=1}^{l} n_i \mu_i = \frac{1}{n}\sum_{i=1}^{l} n_i(\mu + \alpha_i) = \mu + \frac{1}{n}\sum_{i=1}^{l} n_i \alpha_i \tag{3.7}$$

이므로

$$\sum_{i=1}^{l} n_i \alpha_i = 0 \tag{3.8}$$

이 되고, 만약 각 수준별 반복수가 같다면, 즉 $n_1 = n_2 = \cdots = n_l$ 이면 $\mu = \frac{1}{l}\sum_{i=1}^{l}\mu_i$ 이므로

$$\sum_{i=1}^{l} \alpha_i = 0 \tag{3.9}$$

이 된다.

[일원분산분석의 모수모형 Ⅱ]

$Y_{ij} = \mu + \alpha_i + \epsilon_{ij},\ i = 1, 2, \cdots, l\ ,\quad j = 1, 2, \cdots, n_i$

- $\mu = \frac{1}{n}\sum_{i=1}^{l} n_i \mu_i$: 전체 모평균
- α_i : i번째 처리효과, $\sum_{i=1}^{l} n_i \alpha_i = 0$
- ϵ_{ij} : 랜덤오차로서 서로 독립이며 정규분포 $N(0,\ \sigma^2)$를 따른다고 가정

일원분산분석에서는 오차항 ϵ_{ij}를 서로 독립이고 정규분포 $N(0,\ \sigma^2)$를 따르는 확률변수로 가정하고 있는데, 이러한 가정들을 구체적으로 표현하면 다음과 같다.

[일원분산분석의 모수모형에서의 가정]

- 선형성 : $E(\epsilon_{ij}) = 0$, 즉 $E(Y_{ij}) = \mu + \alpha_i$
- 등분산성 : $Var(\epsilon_{ij}) = \sigma^2 > 0$
- 독립성 : ϵ_{ij}는 서로 독립
- 정규성 : $\epsilon_{ij} \sim N(0, \sigma^2)$

3.2.2 분산분석을 이용한 처리효과의 유의성 검정

일원배치에서의 관심은 l개의 인자수준의 처리효과들 간에 유의한 차이가 존재하는지에 대한 유의성 검정을 시행하는 것이며, 이는 l개의 인자수준에 대한 모평균들 간에 차이가 있는지를 검정하는 것과 같다. 따라서 모수모형 Ⅰ을 이용하여

$$H_0: \mu_1 = \mu_2 = \cdots = \mu_l\ ,\ H_1: \text{적어도 한 개의 모평균은 나머지와 다르다.} \tag{3.10}$$

와 같이 가설을 설정하거나, 모수모형 Ⅱ를 이용하여

$$H_0 : \alpha_1 = \alpha_2 = \cdots = \alpha_l = 0\ ,\ H_1 : \text{적어도 한 개의 } \alpha_i \text{ 는 0이 아니다.} \tag{3.11}$$

와 같이 가설을 설정할 수 있다.

처리효과의 유의성 검정을 위하여 관측값들의 전체 변동을 처리효과의 차이에서 발생하는 변동과 그 밖의 요인, 즉 오차에 의해서 발생하는 변동으로 분해하는 방법을 생각해 보자. 관측값 Y_{ij} 와 관측값들의 전체 평균 $\overline{Y}_{..}$ 간의 차이인 편차 $(Y_{ij} - \overline{Y}_{..})$는 다음과 같이 분할 가능하다.

$$(Y_{ij} - \overline{Y}_{..}) = (\overline{Y}_{i.} - \overline{Y}_{..}) + (Y_{ij} - \overline{Y}_{i.}) \tag{3.12}$$

이때 식 (3.12)에서 우변의 첫째항은 i번째 처리에서 관찰값들의 평균과 전체 평균간의 차이 즉, 처리간의 차이에 따른 편차를 나타내며, 두 번째 항은 관측값과 각 처리의 평균간의 차이 즉, i번째 처리 내에서의 편차를 나타내며 실험에서 불확실성을 나타내는 오차를 의미한다. 식 (3.12)의 양변을 제곱하여 전체 관측값들에 대하여 모두 더하면 식 (3.12)는

$$\begin{aligned}\sum_{i=1}^{l}\sum_{j=1}^{n_i}(Y_{ij} - \overline{Y}_{..})^2 &= \sum_{i=1}^{l}\sum_{j=1}^{n_i}(\overline{Y}_{i.} - \overline{Y}_{..})^2 + \sum_{i=1}^{l}\sum_{j=1}^{n_i}(Y_{ij} - \overline{Y}_{i.})^2 \\ &\quad + 2\sum_{i=1}^{l}\sum_{j=1}^{n_i}(\overline{Y}_{i.} - \overline{Y}_{..})(Y_{ij} - \overline{Y}_{i.})\end{aligned} \tag{3.13}$$

와 같이 되고, 여기서

$$\begin{aligned}\sum_{i=1}^{l}\sum_{j=1}^{n_i}(\overline{Y}_{i.} - \overline{Y}_{..})(Y_{ij} - \overline{Y}_{i.}) &= \sum_{i=1}^{l}\left[(\overline{Y}_{i.} - \overline{Y}_{..})\sum_{j=1}^{n_i}(Y_{ij} - \overline{Y}_{i.})\right] \\ &= \sum_{i=1}^{l}\left[(\overline{Y}_{i.} - \overline{Y}_{..}) \times 0\right] = 0\end{aligned} \tag{3.14}$$

이 되므로

$$\sum_{i=1}^{l}\sum_{j=1}^{n_i}(Y_{ij}-\overline{Y}_{..})^2 = \sum_{i=1}^{l}n_i(\overline{Y}_{i.}-\overline{Y}_{..})^2+\sum_{i=1}^{l}\sum_{j=1}^{n_i}(Y_{ij}-\overline{Y}_{i.})^2$$

$$\begin{array}{ccccc} TSS & = & SSTR & + & SSE \\ & & (SSB) & & (SSW) \\ \text{총제곱합} & = & \text{처리제곱합} & + & \text{오차제곱합} \end{array} \tag{3.15}$$

와 같이 전체 변동을 분할 할 수 있다.

식 (3.15)의 좌변은 측정된 자료값 전체의 평균과 각 측정값 간의 차이를 제곱하여 모두 더한 값으로 이것을 총변동(total variation) 또는 총제곱합(total sum of squares : TSS)이라 부른다. 식 (3.15)에서 우변의 첫째항은 측정된 자료값 전체의 평균과 각 처리별 평균 간의 차이를 제곱하여 모두 더한 값으로 비교하고자 하는 인자수준간의 차이에 의해서 발생하는 변동을 나타내며, 이것을 처리간 변동(sum of squares between treatments : SSB) 또는 처리제곱합(sum of squares due to treatment : $SSTR$)이라 부른다. 식 (3.15)에서 우변의 둘째항은 각 인자수준 내에서의 관측값과 해당 수준의 평균간의 차이를 제곱하여 모두 더한 값으로 총변동량 중에서 인자수준으로 설명이 되지 않는 변동을 나타내며, 이것을 처리내 변동(sum of squares within treatments : SSW) 또는 오차제곱합(sum of squares due to error : SSE)이라 부른다.

처리효과의 유의성 검정에서 식 (3.10) 또는 (3.11)의 귀무가설이 참이라면, 즉 각 수준들 간의 모평균이 모두 같다면 각 수준별 표본평균 $\overline{Y}_{i.}\ (i=1,2,\cdots,l)$들은 전체 표본평균 $\overline{Y}_{..}$와 유사한 값을 가지게 될 것이므로 처리제곱합 $SSTR$은 0에 가까울 것이며, 반대로 모평균의 수준들 간의 차이가 클수록 $SSTR$은 커지게 될 것이다. 따라서 처리효과가 유의하다면 자료의 전체 변동을 나타내는 총제곱합(TSS) 중에서 처리제곱합($SSTR$)이 차지하는 비중이 커지고 오차제곱합(SSE)이 차지하는 비중이 작아질 것이다. 즉, $\frac{SSTR}{SSE}$의 값이 커질수록 처리효과가 유의하다는 증거가 강해지는 것이다.

분산분석은 분산(변동)의 개념을 이용하여 여러 집단의 모평균에 대하여 분석하는 방법으로 분산을 계산할 때와 동일한 요령으로 각각의 제곱합을 해당 자유도로 나누어 얻게 되는 값을 이용하여 각 수준별 모평균들 간에 차이가 존재하는 지에 대한 판단을 하게 된다. 총제곱합 TSS를 두 부분으로 분할할 수 있으므로 자유도 또한 두 부분으로 나눌 수 있다. 총제곱합 $TSS=\sum_{i=1}^{l}\sum_{j=1}^{n_i}(Y_{ij}-\overline{Y}_{..})^2$를 살펴보면 관측값들의 총개수는 $n=\sum_{i=1}^{l}n_i$

이고, 이때 총제곱합 TSS 와 관련된 한 개의 제약식 $\sum_{i=1}^{l}\sum_{j=1}^{n_i}(Y_{ij}-\overline{Y}_{..})=0$ 이 있으므로 TSS 의 자유도는 $n-1$이 된다. 처리제곱합 $SSTR$ 에는 l개의 인자수준의 평균 $\overline{Y}_{i.}$ 가 있으며, 이때 한 개의 제약식은 $\sum_{i=1}^{l}n_i(\overline{Y_{i.}}-\overline{Y}_{..})=0$이 존재하므로 $SSTR$ 의 자유도는 $l-1$이 된다. 그리고 오차제곱합 SSE 에서 i 번째 수준에 대한 제곱합 $\sum_{j=1}^{n_i}\left(Y_{ij}-\overline{Y}_{i.}\right)^2$과 관련된 한 개의 제약식은 $\sum(Y_{ij}-\overline{Y}_i)=0$이 있으므로 이때의 자유도는 n_i-1이 된다. 그리고 SSE 에는 이러한 제약식이 l개 있으므로, 결과적으로 SSE 의 자유도는 $n-l$이 된다. 분산분석에서 처리제곱합 $SSTR$을 자신의 자유도인 $l-1$로 나눈 값을 평균처리제곱합(mean squares due to treatment : $MSTR$), 오차제곱합 SSE 를 자신의 자유도인 $n-l$로 나눈 값을 평균오차제곱합(mean squares due to error : MSE)이라 한다.

<표 3.2>와 같이 분산분석에서 필요한 모든 정보 즉, 위에서 설명한 제곱합, 자유도, 평균제곱합 등을 요인별로 분류하여 정리한 표를 분산분석표(ANOVA table)라 한다. 분산분석표에서 가장 오른쪽에는 평균처리제곱합 $MSTR$과 평균오차제곱합 MSE 의 상대적인 크기를 나타내는 통계량 F_0 의 값이 주어지며, 분산분석에서는 이 값을 이용하여 전체 수준들의 모평균이 같은지의 여부를 판단하게 된다. 즉 F_0 값의 크기는 처리제곱합 $SSTR$과 오차제곱합 SSE 의 크기에 영향을 받으므로 F_0의 값이 크다는 것은 수준별 모평균들 간의 차이가 크다는 것을, 반대로 F_0의 값이 작다는 것은 수준별 모평균들 간에는 차이가 없다는 것을 나타내게 된다.

〈표 3.2〉 일원분산분석표

요인	제곱합	자유도	평균제곱합	F_0
처리	$SSTR$	$l-1$	$MSTR=\frac{SSTR}{l-1}$	$F_0=\frac{MSTR}{MSE}$
오차	SSE	$n-l$	$MSE=\frac{SSE}{n-l}$	
전체	TSS	$n-1$		

일원분산분석표를 이용하여 식 (3.10) 또는 (3.11)의 가설을 통계적으로 검정하기 위해서는 통계량 F_0의 확률분포를 알아야 한다. 먼저 식 (3.15)의 처리제곱합은

$$\begin{aligned} SSTR &= \sum_{i=1}^{l} n_i \left(\overline{Y}_{i.} - \overline{Y}_{..}\right)^2 = \sum_{i=1}^{l} n_i \left((\overline{Y}_{i.} - \mu) - (\overline{Y}_{..} - \mu)\right)^2 \\ &= \sum_{i=1}^{l} n_i \left(\overline{Y}_{i.} - \mu\right)^2 - 2\sum_{i=1}^{l} n_i \left(\overline{Y}_{i.} - \mu\right)\left(\overline{Y}_{..} - \mu\right) + \sum_{i=1}^{l} n_i \left(\overline{Y}_{..} - \mu\right)^2 \\ &= \sum_{i=1}^{l} n_i \left(\overline{Y}_{i.} - \mu\right)^2 - n\left(\overline{Y}_{..} - \mu\right)^2 \end{aligned} \tag{3.16}$$

와 같이 표현되고, 이 식의 양변을 σ^2으로 나누어 정리하면

$$\sum_{i=1}^{l} \left(\frac{\overline{Y}_{i.} - \mu}{\sigma / \sqrt{n_i}}\right)^2 = \frac{SSTR}{\sigma^2} + \left(\frac{\overline{Y}_{..} - \mu}{\sigma / \sqrt{n}}\right)^2 \tag{3.17}$$

이 된다. 이때 귀무가설($H_0 : \alpha_1 = \alpha_2 = \cdots = \alpha_l = 0$)이 참이면, 모수모형의 오차항에 대한 정규성 가정으로부터

$$\frac{\overline{Y}_{i.} - \mu}{\sigma / \sqrt{n_i}} \sim N(0,1)\,(i = 1, 2, \cdots, l)\,, \quad \frac{\overline{Y}_{..} - \mu}{\sigma / \sqrt{n}} \sim N(0,1) \tag{3.18}$$

이 성립하므로 1장의 정리 1.18과 정리 1.19에 의해

$$\sum_{i=1}^{l} \left(\frac{\overline{Y}_{i.} - \mu}{\sigma / \sqrt{n_i}}\right)^2 \sim \chi^2(l), \quad \left(\frac{\overline{Y}_{..} - \mu}{\sigma / \sqrt{n}}\right) \sim \chi^2(1) \tag{3.19}$$

이 되고, $SSTR$과 $\overline{Y}_{..}$가 서로 독립이므로

$$\frac{SSTR}{\sigma^2} \sim \chi^2(l-1) \tag{3.20}$$

이 성립함을 알 수 있다. 또한 정리 1.21로부터

$$\frac{\sum_{j=1}^{n_i}\left(Y_{ij}-\overline{Y}_{i.}\right)^2}{\sigma^2} \sim \chi^2(n_i-1),\ i=1,2,\cdots,l \tag{3.21}$$

이 성립하므로, 식 (3.21)의 통계량을 모든 수준에 대하여 합하면

$$\frac{SSE}{\sigma^2} \sim \chi^2(n-l) \tag{3.22}$$

와 같은 확률변량을 구할 수 있다. 정리 1.21로부터 $\overline{Y}_{i.}$ 와 $\sum_{j=1}^{n_i}\left(Y_{ij}-\overline{Y}_{i.}\right)^2\ (i=1,2,\cdots,l)$ 는 서로 독립이므로 이들의 함수인 $SSTR$과 SSE도 서로 독립이다. 따라서 F분포의 정의 1.26에 의해 귀무가설($H_0: \mu_1=\mu_2=\cdots=\mu_l=\mu$)이 참일 때

$$F_0=\frac{\frac{SSTR}{\sigma^2}/(l-1)}{\frac{SSE}{\sigma^2}/(n-l)}=\frac{MSTR}{MSE} \sim F(l-1,n-l) \tag{3.23}$$

와 같이 검정통계량 F_0의 확률분포를 유도할 수 있다. 식 (3.23)의 평균오차제곱합(MSE)과 평균처리제곱합($MSTR$)의 기댓값은 기댓값의 성질로부터

$$\begin{aligned} E(MSE)&=\sigma^2 \\ E(MSTR)&=\sigma^2+\frac{1}{l-1}\sum_{i=1}^{l} n_i\alpha_i^2 \end{aligned} \tag{3.24}$$

와 같이 구해진다.

정리 3.1 검정통계량 F_0의 분포

모수모형 $Y_{ij}=\mu+\alpha_i+\epsilon_{ij},\ i=1,2,\cdots,l,\ j=1,2,\cdots,n_i$ 에서 오차항에 대한 가정이 성립할 때, 즉 $\epsilon_{ij} \sim i.i.d.\ N(0,\sigma^2)$ 일 때

(1) 귀무가설($H_0: \alpha_1=\alpha_2=\cdots=\alpha_l=0$)이 참이면

$\frac{SSTR}{\sigma^2} \sim \chi^2(l-1)$이다.

(2) 귀무가설에 관계없이

$$\frac{SSE}{\sigma^2} \sim \chi^2(n-l) \text{이다.}$$

(3) $SSTR$과 SSE는 서로 독립이다.

(4) 귀무가설($H_0 : \alpha_1 = \alpha_2 = \cdots = \alpha_l = 0$)이 참이면

$$F_0 = \frac{MSTR}{MSE} \sim F(l-1, n-l) \text{ 이다.}$$

모수모형의 가설 (3.10) 또는 (3.11)을 검정할 때 F_0의 값이 크다는 것은 인자수준의 모평균들 간의 차이가 심하다는 것을 의미한다. 따라서, 유의수준 α에서 검정통계량 F_0의 관측값 f_0^*가 $f_0^* \geq F_\alpha(l-1, n-l)$이거나 $P(F_0 \geq f_0^*) < \alpha$이면 귀무가설 H_0를 기각하고, 그렇지 않으면 H_0를 채택하게 된다. 이와 같은 검정법을 F-검정(F-test)이라 한다.

[처리효과에 대한 가설검정] 일원분산분석의 모수모형

모수모형 $Y_{ij} = \mu + \alpha_i + \epsilon_{ij},\ i = 1, 2, \cdots, l\ ,\ j = 1, 2, \cdots, n_i$의 가설

$$H_0 : \alpha_1 = \alpha_2 = \cdots = \alpha_l = 0\ ,\ H_1 : \text{적어도 한 개의 } \alpha_i \text{는 0이 아니다.}$$

에 대하여 검정통계량 $F_0 = \dfrac{MSTR}{MSE}$를 이용한 기각역과 p-값은 다음과 같다.

- 유의수준 α에서의 기각역 : $f_0 \geq F_\alpha(l-1, n-l)$
- 검정통계량 F_0의 관측값 f_0^*에 대한 p-값 : $p-$값 $= P(F_0 \geq f_0^*)$
- 유의수준 α에서의 검정방법 : 표본으로부터 계산된 검정통계량의 관측값 f_0^*가

$$f_0^* \geq F_\alpha(l-1, n-l) \text{ 또는 } p\text{-값} = P(F_0 \geq f_0^*) < \alpha \text{ 이면 } H_0 \text{를 기각}$$

$$f_0^* < F_\alpha(l-1, n-l) \text{ 또는 } p\text{-값} = P(F_0 \geq f_0^*) \geq \alpha \text{ 이면 } H_0 \text{를 채택}$$

예제 3.1 어느 사료회사에서는 현재 돼지 사육에게 사용되고 있는 사료 A 이외에 최근 두 종류의 사료 B와 C를 새로이 개발하였다. 사료의 종류에 따라 돼지의 체중에 차이가 있는지를 유의수준 $\alpha = 0.05$에서 검정하기 위하여 21마리의 돼지를 7마리씩 3개조로 랜덤하게 추출하여 일정기간 동안 세 종류의 사료를 각각 사용하여 사육한 후, 이들의 체중 증가량(단위: kg) $Y_{i1}, Y_{i2}, \cdots, Y_{i7}$ $(i = 1, 2, 3)$을 조사하고자 한다. 다음 물음에 답하여라.

(1) 모수모형 Ⅱ에 근거하여 귀무가설과 대립가설을 설정하여라.

(2) 검정통계량 F_0의 확률분포와 기각역을 구하여라.

(3) 세 종류의 사료에 대한 돼지의 체중 증가량이 다음과 같이 측정되었다. 이 결과에 근거하여 분산분석표를 작성하고, 문제(2)의 기각역을 이용하여 가설을 검정하여라.

측정값 / 인자	사료의 종류에 따른 체중의 증가량							
	1	2	3	4	5	6	7	평균
사 료 A	30	35	28	29	25	29	34	30
사 료 B	25	31	28	27	23	24	31	27
사 료 C	20	16	17	18	18	17	20	18
전 체								25

(4) 문제(3)의 결과를 이용하여 p-값을 구하고 이를 이용하여 가설을 검정하여라.

풀이

(1) 돼지의 사육에서 A, B, C 세 사료의 효과(체중 증가량)간에 차이가 있는지를 검정하는 것이므로 귀무가설 및 대립가설은 각각 다음과 같이 설정된다.

$$H_0: \alpha_1 = \alpha_2 = \alpha_3 = 0\ ,\ H_1: \text{적어도 한 개의 } \alpha_i \text{는 0이 아니다.}$$

(2) 인자수준의 수 $l = 3$이고 전체 자료의 수 $n = 21$이므로, 귀무가설이 참일 때 검정통계량 F_0의 확률분포는

$$F_0 = \frac{MSTR}{MSE} \sim F(2, 18)$$

와 같다. F_0의 값이 커질수록 세 사료의 효과 간에 차이가 크다는 것을 의미하므로 기각역은

$$f_0 > F_{0.05}(2,18) = 3.554$$

으로 구해진다.

(3) 관측된 자료로부터 제곱합을 계산하면

$$SSTR = 7\times(30-25)^2 + 7\times(27-25)^2 + 7\times(18-25)^2 = 546$$
$$TSS = (30-25)^2 + (35-25)^2 + \cdots + (20-25)^2 = 694$$
$$SSE = SST - SSTR = 694 - 546 = 148$$

이므로, 분산분석표는 다음과 같이 구해진다.

요인	제곱합	자유도	평균제곱	F_0
사료	546	2	273	33.20
오차	148	18	8.22	
전체	694	20		

분산분석표에서 보는 바와 같이 가설을 검정하기 위한 검정통계량 F_0의 관측값은 $f_0^* = 33.2$이고, $f_0^* = 33.20 > F_{0.05}(2,18) = 3.554$ 이므로 유의수준 $\alpha = 0.05$ 에서 귀무가설 H_0를 기각할 수 있다. 즉, 사료의 종류에 따라 돼지의 체중 증가에 미치는 효과 차이가 있다고 할 수 있다.

(4) 검정통계량 F_0의 관측값이 $f_0^* = 33.2$이므로 p-값은 $P(F_0 \geq 33.2) = 9.123 \times 10^{-7}$이다. 이때 계산된 p-값 유의수준 $\alpha = 0.05$보다 작으므로 귀무가설 H_0는 기각된다.

R 실습 3.1 [예제 3.1]의 가설을 R 프로그램을 이용하여 검정하여라.

풀이

[R 프로그램 3.1] 일원분산분석

```
weight = c(30,35,28,29,25,29,34,25,31,28,27,23,24,31,20,16,17,18,18,17,20)
feed = c(rep("A", 7), rep("B", 7), rep("C", 7))
feed = as.factor(feed)  # 변수를 인자로 지정
pig.data = data.frame(weight, feed)
anova.result=aov(weight~feed, data=pig.data)
summary(anova.result)
```

- 돼지의 체중과 사료의 종류를 순서에 맞게 각각 $weight$와 $feed$라는 이름으로 입력하고 이를 데이터 프레임의 형태로 저장하였다. 이때 사료의 종류를 쉽게 입력하기 위하여 rep() 함수를 사용하여 입력자료를 필요한 수만큼 반복하도록 하였으며, as.factor() 함수를 이용하여 인자로 나타내었다.
- 분산분석을 위해 R에서 제공하는 함수는 aov()이다. aov() 함수의 사용 형식은 aov(모형, 자료명)이고, 모형은 일원분산분석의 경우에는 Y~X1, 이원분산분석의 경우에는 Y ~ X1 + X2와 같이 입력한다. 여기서 Y는 반응변수를, X1, X2는 인자를 각각 나타낸다.
- 분산분석표의 출력을 위해서 R에서 제공되는 summary() 함수를 사용하면 [그림 3.2]와 같은 결과를 구할 수 있다. 이 결과는 예제 3.1에서 직접 구한 분산분석표와 동일함을 알 수 있으며, p-값= $9.123 \times 10^{-7} < 0.05$ 이므로 “사료의 종류 간에 차이가 없다”는 귀무가설은 기각된다. 즉 “사료의 종류에 따라 돼지의 체중에 차이가 있다”고 할 수 있겠다.

```
> weight = c(30,35,28,29,25,29,34,25,31,28,27,23,24,31,20,16,17,18,18,17,20)
> feed = c(rep("A"  , 7), rep("B", 7), rep("C", 7))
> feed = as.factor(feed)  # 변수를 인자로 지정
> pig.data = data.frame(weight, feed)
> anova.result=aov(weight~feed, data=pig.data)
> summary(anova.result)
            Df Sum Sq Mean Sq F value   Pr(>F)
feed         2    546  273.00    33.2 9.12e-07 ***
Residuals   18    148    8.22
---
Signif. codes:  0 '***' 0.001 '**' 0.01 '*' 0.05 '.' 0.1 ' ' 1
> |
```

[그림 3.2] 일원분산분석의 유의성 검정 결과 (R 프로그램 3.1)

3.2.3 통계적 모형에서 모수의 추정

이제 분산분석의 통계적 모형에 포함된 모수들의 추정에 대하여 알아보도록 하자. 일원분산분석의 모수모형에서 알려져 있지 않은 모수에는 μ_i, μ, α_i, σ^2 등이 있으며, 여기서는 이러한 모수들의 점추정과 구간추정에 대하여 살펴보기로 한다.

(1) 점추정

미지의 모수를 추정하는 방법에는 최대우도추정법, 적률을 이용한 추정법 등 여러 가지 방법이 있으나, 여기서는 최소제곱추정법(least squares estimation method)에 대하여 알아보기로 하자. 최소제곱추정법은 오차항의 제곱합

$$S(\mu, \alpha_1, \cdots, \alpha_l) = \sum_{i=1}^{l}\sum_{j=1}^{n_i}(\epsilon_{ij})^2 = \sum_{i=1}^{l}\sum_{j=1}^{n_i}(Y_{ij} - \mu - \alpha_i)^2 \tag{3.25}$$

을 최소화 하는 값을 모수의 추정량으로 사용하는 방법으로, 식 (3.25)의 $S(\mu, \alpha_1, \cdots, \alpha_l)$를 최소화하는 μ와 $\alpha_i\,(i = 1, 2, \cdots, l\,)$의 값을 구하기 위해서는 $S(\mu, \alpha_1, \cdots, \alpha_l)$를 각각의 모수에 대하여 편미분하여 구한 다음의 연립방정식을 풀어야 한다.

$$\begin{aligned} &\frac{\partial}{\partial \mu} S(\mu, \alpha_1, \cdots, \alpha_l) = -2\sum_{i=1}^{l}\sum_{j=1}^{n_i}(Y_{ij} - \mu - \alpha_i) = 0 \\ &\frac{\partial}{\partial \alpha_i} S(\mu, \alpha_1, \cdots, \alpha_l) = -2\sum_{j=1}^{n_i}(Y_{ij} - \mu - \alpha_i) = 0\ ,\ i = 1, 2, \cdots, l \end{aligned} \tag{3.26}$$

이와 같은 연립방정식을 정규방정식(normal equations)이라 하며, $\sum_{i=1}^{l} n_i \alpha_i = 0$ 의 조건을 이용하여 풀면 다음과 같은 추정량을 얻게 된다.

$$\hat{\mu} = \overline{Y}_{..} = \frac{1}{n}\sum_{i=1}^{l}\sum_{j=1}^{n_i} Y_{ij}$$
$$\hat{\alpha}_i = \overline{Y}_{i.} - \overline{Y}_{..} = \frac{1}{n_i}\sum_{j=1}^{n_i} Y_{ij} - \frac{1}{n}\sum_{i=1}^{l}\sum_{j=1}^{n_i} Y_{ij},\ i = 1,2,\cdots,l \tag{3.27}$$

식 (3.5)와 (3.6)으로부터 i번째 인자수준의 모평균 μ_i에 대한 추정량은

$$\hat{\mu}_i = \hat{\mu} + \hat{\alpha}_i = \overline{Y}_{..} + \left(\overline{Y}_{i.} - \overline{Y}_{..}\right) = \overline{Y}_{i.},\ i = 1,2,\cdots,l \tag{3.28}$$

으로 구해지고, 오차항에 대한 추정량은

$$\hat{\epsilon}_{ij} = Y_{ij} - \hat{\mu} - \hat{\alpha}_i = Y_{ij} - \overline{Y}_{i.},\ i = 1,2,\cdots,l\ ,\ j = 1,2,\cdots,n_i \tag{3.29}$$

와 같이 각각의 관측값과 그 관측값이 속한 인자수준의 표본평균과의 차이로 구해진다. 식 (3.28)의 추정량 $\hat{\mu}_i$은

$$E\left(\hat{\mu}_i\right) = E\left(\overline{Y}_{i.}\right) = E\left(\frac{1}{n_i}\sum_{j=1}^{n_i} Y_{ij}\right) = \frac{1}{n_i}\sum_{j=1}^{n_i} E(Y_{ij}) = \frac{1}{n_i}\sum_{j=1}^{n_i}\mu_i = \mu_i \tag{3.30}$$

이므로 i번째 인자수준의 모평균 μ_i에 대한 불편추정량임을 알 수 있다.

이제 오차항의 분산 σ^2의 추정량에 대하여 살펴보자. 우리는 이미 식 (3.22)에서 오차항의 분산 σ^2과 관련된 확률변량의 분포를 구했으며, 이러한 결과와 정의 1.24에서 언급한 카이제곱분포의 기댓값으로부터

$$E\left(\frac{SSE}{\sigma^2}\right) = n - l \tag{3.31}$$

이 됨을 알 수 있다. 따라서 σ^2의 불편추정량을

$$\hat{\sigma}^2 = MSE = \frac{SSE}{n-l} = \frac{\sum_{i=1}^{l}\sum_{j=1}^{n_i}\left(Y_{ij} - \overline{Y}_{i.}\right)^2}{n-l} \tag{3.32}$$[2)]

와 같이 구할 수 있다.

[일원분산분석의 모수에 대한 점추정]

일원분산분석의 모수 μ, α_i, μ_i, σ^2, ϵ_{ij}에 대한 점추정은 다음과 같다.

- $\hat{\mu} = \overline{Y}_{..}$
- $\hat{\alpha}_i = \overline{Y}_{i.} - \overline{Y}_{..}$, $i = 1,2,\cdots,l$
- $\hat{\mu}_i = \overline{Y}_{i.}$, $i = 1,2,\cdots,l$
- $\hat{\sigma}^2 = MSE = \dfrac{\sum_{i=1}^{l}\sum_{j=1}^{n_i}\left(Y_{ij} - \overline{Y}_{i.}\right)^2}{n-l}$
- $\hat{\epsilon}_{ij} = Y_{ij} - \overline{Y}_{i.}$, $i = 1,2,\cdots,l$, $j = 1,2,\cdots,n_i$

(2) 구간추정

오차항의 정규성 가정으로부터 μ_i의 불편추정량 $\hat{\mu}_i = \overline{Y}_{i.}$의 확률분포는

$$\overline{Y}_{i.} \sim N\left(\mu_i, \frac{\sigma^2}{n_i}\right), \ i = 1,2,\cdots,l \tag{3.33}$$

이고, 이로부터 서로 독립인 두 표본평균의 차 $\overline{Y}_{i.} - \overline{Y}_{j.}$의 확률분포는

$$\overline{Y}_{i.} - \overline{Y}_{j.} \sim N\left(\mu_i - \mu_j, \frac{\sigma^2}{n_i} + \frac{\sigma^2}{n_j}\right), \ i \neq j \tag{3.34}$$

으로 구해진다.

식 (3.22)의 카이제곱통계량과 식 (3.33)의 $\overline{Y}_{i.}$는 서로 독립이므로 t분포에 관한 정의 1.25로부터

2) 추정량 $\hat{\sigma}^2$은 2장의 두 집단 t-검정에서 공통 모분산의 추정량으로 사용되는 S_p^2을 여러 집단으로 확장한 것이다.

$$T = \frac{\dfrac{\overline{Y}_{i.} - \mu_i}{\sigma / \sqrt{n_i}}}{\sqrt{\dfrac{SSE}{\sigma^2} / (n-l)}} = \frac{\overline{Y}_{i.} - \mu_i}{\sqrt{MSE / n_i}} \sim t(n-l) \tag{3.35}$$

임을 알 수 있다. 마찬가지 방법으로 식 (3.34)를 이용하여

$$T = \frac{(\overline{Y}_{i.} - \overline{Y}_{i.}) - (\mu_i - \mu_j)}{\sqrt{MSE\left(\dfrac{1}{n_i} + \dfrac{1}{n_j}\right)}} \sim t(n-l) \tag{3.36}$$

와 같은 t-분포를 따르는 확률변량을 구할 수 있다. 이러한 결과를 이용하여 μ_i와 $\mu_i - \mu_j (i \neq j)$에 대한 $100(1-\alpha)\%$ 신뢰구간을 다음과 같이 구할 수 있다.

[일원분산분석의 모수에 대한 구간추정]

일원분산분석의 모수 μ_i에 대한 $100(1-\alpha)\%$ 신뢰구간은

$$\left[\overline{Y}_{i.} - t_{\alpha/2}(n-l)\sqrt{\frac{MSE}{n_i}},\ \overline{Y}_{i.} + t_{\alpha/2}(n-l)\sqrt{\frac{MSE}{n_i}} \right]$$

와 같고, $\mu_i - \mu_j (i \neq j)$ 에 대한 $100(1-\alpha)\%$ 신뢰구간은

$$\left[(\overline{Y}_{i.} - \overline{Y}_{j.}) - t_{\alpha/2}(n-l)\sqrt{MSE\left(\frac{1}{n_i} + \frac{1}{n_j}\right)},\ (\overline{Y}_{i.} - \overline{Y}_{j.}) + t_{\alpha/2}(n-l)\sqrt{MSE\left(\frac{1}{n_i} + \frac{1}{n_j}\right)} \right]$$

와 같다.

R 실습 3.1 [예제 3.1]의 가설검정 결과로 부터 사료의 종류가 돼지의 체중 증가에 유의한 효과가 있음을 확인할 수 있었다. 상자그림을 이용하여 사료의 유의한 효과를 검토하고, 각각의 사료에 대한 체중의 평균 증가량 $\mu_i (i=1,2,3)$와 오차항의 분산 σ^2 에 대한 불편추정량을 구하여라.

풀이

[R 프로그램 3.2] 일원분산분석의 점추정

```
plot(weight~feed, data=pig.data)  # 인자수준별로 상자그림을 그리기 위한 함수
tapply(weight, feed, mean)        # 인자수준별로 표본평균을 구하기 위한 함수
```

- 사료의 종류별로 상자그림을 그리기 위하여 plot() 함수3)를 이용하였다. 상자그림을 그리기 위한 plot() 함수의 사용 형식은 plot(모형, 자료명)이고, 모형은 Y~X와 같이 입력한다. 여기서 Y는 반응변수를 X는 인자를 각각 나타낸다. [그림 3.3]의 상자그림으로부터 체중 증가량에 대한 사료의 유의한 효과를 확인할 수 있다.
- 인자수준별 모평균 μ_i 의 불편추정량은 각 수준별 표본평균이다. 따라서 사료의 종류별로 체중 증가량의 표본평균을 tapply() 함수를 사용하여 구하면 [그림 3.4]의 결과를 얻을 수 있다. 즉 $\hat{\mu}_1 = 30$, $\hat{\mu}_2 = 27$, $\hat{\mu}_3 = 18$ 로 A, B 두 사료가 C사료에 비해 매우 효과적임을 알 수 있다. tapply() 함수의 사용 형식은 tapply(반응변수, 인자, 함수명)이고, 표본평균을 구하기 위해 함수명에 mean을 사용하였다. 인자수준별로 표본분산, 관측수를 구하기 위해서는 함수명에 var, length를 각각 사용하면 된다.
- 오차항의 모분산 σ^2 에 대한 불편추정량은 평균오차제곱합(MSE)이고 이는 [그림 3.2]의 분산분석표로부터 $\hat{\sigma}^2 = 8.22$임을 알 수 있다.

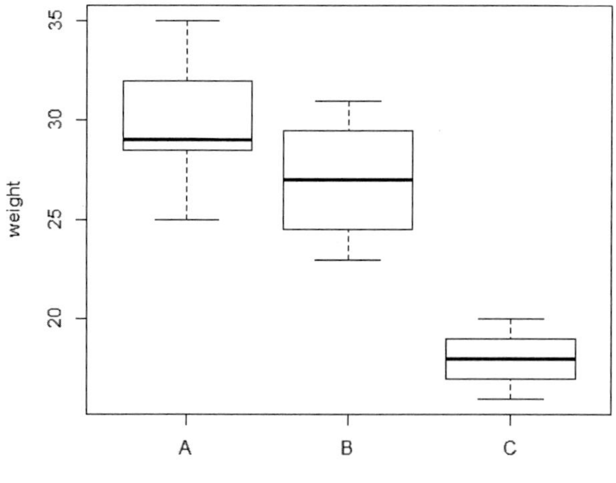

[그림 3.3] 인자수준별 상자그림 (R 프로그램 3.2)

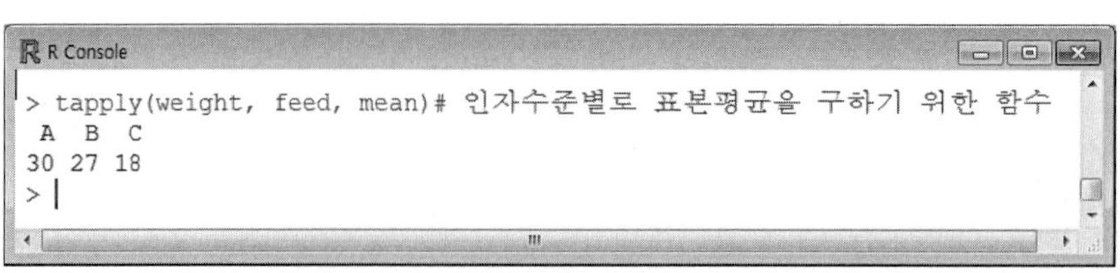

[그림 3.4] 인자수준별 표본평균 (R 프로그램 3.2)

3) 상자그림을 그리기 위하여 plot() 함수 대신 R 프로그램 2.4와 같이 boxplot() 함수를 이용할 수도 있다.

3.2.4 분산분석 후의 여러 처리효과들에 대한 비교

인자 수준들의 모평균이 같은지 또는 같지 않은지를 판단하는 $F-$검정은 일원분산분석에서 가장 기본적인 검정이다. $F-$검정을 시행한 결과, "인자 수준들의 모평균 μ_i는 모두 같다"는 귀무가설 H_0를 채택할 경우 더 이상의 추가적인 분석은 필요가 없다. 그러나 검정 결과, 귀무가설 H_0가 기각되어 "적어도 하나 이상의 모평균 μ_i는 나머지 모평균들과 같지 않다"라고 할 경우에는 그러한 차이가 어디에서 발생되는지에 대한 추가적인 분석이 필요하게 된다. 예를 들어, A, B, C 세 정유회사에서 생산되는 휘발유의 품질이 같은지를 조사하는 실험에서 만약 "적어도 하나 이상의 휘발유의 품질이 나머지 휘발유와 다르다"고 판정하게 될 경우, 어느 회사의 품질이 가장 우수한지 또는 어떤 특정한 두 회사의 휘발유 사이에 품질 차이가 있는지 등의 추가적인 분석이 필요하게 된다. 여기서는 대비를 이용한 특정한 부분가설에 대한 검정법과 여러 개의 부분가설을 동시에 검정하는 다중비교에 대하여 살펴보기로 한다.

(1) 대비를 이용한 부분가설의 검정

분산분석을 통한 처리효과의 유의성 검정 결과, "적어도 하나 이상의 모평균 μ_i는 나머지 모평균들과 같지 않다"라고 판단될 경우에는 짝지어진 두 수준의 모평균에 대한 비교와 더불어 셋 이상의 모평균들 간의 특정한 관계를 비교해야 되는 경우도 있다. 예를 들어, 휘발유의 품질을 비교하는 실험에서 A 정유회사는 원유를 인도네시아로부터, B와 C 두 정유회사는 원유를 사우디아라비아로부터 수입하고 있다고 하자. 이때 사우디아라비아에서 수입한 원유를 사용하는 두 정유회사 B와 C의 휘발유의 품질 간에 차이가 있는지에 대한 검정은 두 수준의 모평균에 대한 비교에 해당하고, 휘발유의 품질이 원산지에 따라 차이가 있는지를 비교하기 위해 A 회사의 품질과 B, C 두 회사의 평균 품질을 비교하는 것은 세 집단의 특정한 관계를 비교하는 경우에 해당된다.

둘 또는 그 이상의 모평균들을 포함하는 비교를 위하여 각 수준들의 모평균 $\mu_i\,(i=1,2,\cdots,l)$를 하나의 선형식으로 표현한 대비(Contrast) C를 이용하게 되며, 이러한 대비는

$$C=c_1\mu_1+c_2\mu_2+\cdots+c_l\mu_l=\sum_{i=1}^{l}c_i\mu_i\,,\quad \sum_{i=1}^{l}c_i=0 \tag{3.37}$$

와 같이 표현된다. 다시 말해, 대비 C를 이용하여 인자 수준의 모평균에 대하여 관심 있는 가설을 설정할 수 있다. 예를 들어, 인자의 수준수가 5인 경우 첫 두 수준의 모평균을 비교하기 위한 가설은

$$H_0: \mu_1 = \mu_2\,, \quad H_1: \mu_1 \neq \mu_2 \tag{3.38}$$

와 같고, 이는 대비

$$C = 1 \cdot \mu_1 - 1 \cdot \mu_2 + 0 \cdot \mu_3 + 0 \cdot \mu_4 + 0 \cdot \mu_5 \tag{3.39}$$

를 이용하여

$$H_0: C = 0\,,\ H_1: C \neq 0 \tag{3.40}$$

와 같이 표현 가능하다. 또한, 첫 두 수준의 모평균과 나머지 세 수준의 모평균의 동일성을 검정하기 위한 가설은

$$H_0: \frac{\mu_1+\mu_2}{2} = \frac{\mu_3+\mu_4+\mu_5}{3}, \quad H_1: \frac{\mu_1+\mu_2}{2} \neq \frac{\mu_3+\mu_4+\mu_5}{3} \tag{3.41}$$

와 같고, 이러한 가설은 마찬가지 방법으로 대비

$$C = \frac{1}{2} \cdot \mu_1 + \frac{1}{2} \cdot \mu_2 - \frac{1}{3} \cdot \mu_3 - \frac{1}{3} \cdot \mu_4 - \frac{1}{3} \cdot \mu_5 \tag{3.42}$$

를 이용하여 표현 가능하다.

일반적으로 l개의 모평균 $\mu_i (i = 1, 2, \cdots, l)$에 대한 관심 있는 가설은 식 (3.37)의 대비를 이용하여

$$H_0: C = \sum_{i=1}^{l} c_i \mu_i = 0\,,\ H_1: C = \sum_{i=1}^{l} c_i \mu_i \neq 0 \tag{3.43}$$

와 같이 표현되며, 이때 대비 C에 대한 추정량으로 각 수준별 표본평균 $\overline{Y}_{i.}$의 선형결합인

$$\hat{C}=\sum_{i=1}^{l} c_i \overline{Y}_{i.} \tag{3.44}$$

을 사용할 수 있다. 오차항의 정규성 가정으로 부터 $\overline{Y}_{i.}(i=1,\cdots,l)$는 서로 독립인 정규분포를 따르므로 이들의 선형결합인 $\hat{C}$ 또한 정리 1.11에 따라 정규분포를 따른다. 또한 $\hat{C}$의 기댓값과 분산은 각각

$$\begin{aligned} E(\hat{C}) &= E\left(\sum_{i=1}^{l} c_i \overline{Y}_{i.}\right) = \sum_{i=1}^{l} c_i E(\overline{Y}_{i.}) = \sum_{i=1}^{l} c_i \mu_i = C \\ Var(\hat{C}) &= Var\left(\sum_{i=1}^{l} c_i \overline{Y}_{i.}\right) = \sum_{i=1}^{l} c_i^2\, Var(\overline{Y}_{i.}) = \sigma^2 \sum_{i=1}^{l} c_i^2/n_i \end{aligned} \tag{3.45}$$

이므로, 대비 C의 추정량 $\hat{C}$ 을 표준화 하면

$$\frac{\hat{C}-C}{\sqrt{\sigma^2 \sum_{i=1}^{l} c_i^2/n_i}} \sim N(0,1) \tag{3.46}$$

와 같은 표준정규분포를 따르는 확률변량을 구할 수 있다.

식 (3.43)의 귀무가설이 참이면, 정리 1.19에 따라

$$\frac{\left(\sum_{i=1}^{l} c_i \overline{Y}_{i.}\right)^2}{\sigma^2 \sum_{i=1}^{l} c_i^2/n_i} = \frac{\left(\sum_{i=1}^{l} c_i \overline{Y}_{i.}\right)^2 \Big/ \left(\sum_{i=1}^{l} c_i^2/n_i\right)}{\sigma^2} = \frac{SS_C}{\sigma^2} \sim \chi^2(1), \tag{3.47}$$

$$\text{여기서 } SS_C = \left(\sum_{i=1}^{l} c_i \overline{Y}_{i.}\right)^2 \Big/ \left(\sum_{i=1}^{l} c_i^2/n_i\right)$$

이 성립함을 알 수 있고, 정의 1.26으로부터

$$F_0 = \frac{\dfrac{SS_C}{\sigma^2}/1}{\dfrac{SSE}{\sigma^2}/(n-l)} = \frac{SS_C}{SSE/(n-l)} = \frac{SS_C}{MSE} \sim F(1, n-l) \tag{3.48}$$

와 같은 귀무가설 하에서의 검정통계량을 구할 수 있다. 식 (3.43)의 귀무가설이 참이라면 대비 C의 불편추정량 $\hat{C}=\sum_{i=1}^{l} c_i \overline{Y}_{i.}$ 은 0에 가까울 것이므로 검정통계량 F_0 또한 0에 가까운 값을 나타낼 것이며, 반대로 귀무가설에 반할수록 F_0의 값은 커지게 될 것이다. 즉, F_0의 값이 크다는 것은 귀무가설에 반대되는 증거가 강해지는 것을 나타낸다. 따라서, 유의수준 α에서 검정통계량 F_0의 관측값 f_0^*가 $f_0^* \geq F_\alpha(1, n-l)$이거나 $P(F_0 \geq f_0^*) < \alpha$ 이면 귀무가설 H_0를 기각하고, 그렇지 않으면 H_0를 채택하게 된다.

[대비를 이용한 부분가설에 대한 검정] 일원분산분석의 모수모형

대비 $C = c_1\mu_1 + c_2\mu_2 + \cdots + c_l\mu_l = \sum_{i=1}^{l} c_i\mu_i$, $\sum_{i=1}^{l} c_i = 0$를 이용한 부분가설

$$H_0: C=0\ ,\ H_1: C \neq 0$$

에 대하여 검정통계량 $F_0 = \dfrac{SS_C}{MSE}$를 이용한 기각역과 p-값은 다음과 같다.

- 유의수준 α에서의 기각역 : $f_0 \geq F_\alpha(1, n-l)$
- 검정통계량 F_0의 관측값 f_0^*에 대한 p-값 : $p-$값 $= P(F_0 \geq f_0^*)$
- 유의수준 α에서의 검정방법 : 표본으로부터 계산된 검정통계량의 관측값 f_0^*가

  $f_0^* \geq F_\alpha(l-1, n-l)$ 또는 p-값$= P(F_0 \geq f_0^*) < \alpha$ 이면 H_0를 기각

  $f_0^* < F_\alpha(l-1, n-l)$ 또는 p-값$= P(F_0 \geq f_0^*) \geq \alpha$ 이면 H_0를 채택

예제 3.2 K식품회사에서는 제품의 판매량이 포장지의 형태에 따라 차이가 있는지를 알아보기 위하여, 4 종류의 포장지를 각각 사용하여 생산한 제품에 대하여 판매량을 조사한 결과 아래와 같은 결과를 얻었다. 다음 물음에 답하여라.

포장지의 형태	판매량	전체	평균
#1(3색+만화)	12, 18	30	15
#2(3색)	14, 12, 13	39	13
#3(5색+만화)	19, 17, 21	57	19
#4(5색)	24, 30	54	27

(1) 포장지의 색상에 따라 판매량에 차이가 있는지를 유의수준 $\alpha = 0.10$에서 검정하여라.
(2) 만화의 삽입 여부에 따라 판매량에 차이가 있는지를 유의수준 $\alpha = 0.10$에서 검정하여라.
(3) 포장지가 3색일 때 만화의 삽입 여부에 따라 판매량에 차이가 있는지를 유의수준 $\alpha = 0.10$에서 검정하여라.
(4) 포장지가 5색일 때 만화의 삽입 여부에 따라 판매량에 차이가 있는지를 유의수준 $\alpha = 0.10$에서 검정하여라.

풀이

(1) 포장지의 색상에 따라 판매량에 차이가 있는지를 검정하기 위하여 대비를

$$C_1 = \frac{\mu_1 + \mu_2}{2} - \frac{\mu_3 + \mu_4}{2}$$

와 같이 설정하고 가설 $H_0:\ C_1 = 0$, $H_1:\ C_1 \neq 0$ 에 대하여 검정을 시행하면 된다. 대비의 추정량 $\hat{C}_1 = \sum_{i=1}^{4} c_i \overline{Y}_{i.} = -9$이고 $\sum_{i=1}^{4} c_i^2/n_i = \frac{2}{8} + \frac{2}{12} = \frac{5}{12}$이므로 $SS_C = 81 \times \frac{12}{5} = 194.4$이고 $MSE = 7.6667$으로 계산된다. 따라서 검정통계량 F_0의 관측값은 $f_0^* = 25.356$으로 계산되고, p-값을 계산하면 p-값$= P(F_0 > 25.356) = 0.00237 < \alpha = 0.10$이므로 귀무가설 $H_0:\ C_1 = 0$ 을 기각할 수 있다. 즉, "포장지의 색상에 따라 판매량에 차이가 있다"고 할 수 있다.

(2) 만화의 삽입 여부에 따라 판매량에 차이가 있는지를 검정하기 위한 대비는

$$C_2 = \frac{1}{2}\mu_1 - \frac{1}{2}\mu_2 + \frac{1}{2}\mu_3 - \frac{1}{2}\mu_4$$

와 같이 설정할 수 있으며 가설 $H_0:\ C_2 = 0$, $H_1:\ C_2 \neq 0$ 에 대하여 검정을 시행하면 된다. 대비의 추정량 $\hat{C}_2 = -3$이고 $\sum_{i=1}^{4} c_i^2/n_i = \frac{5}{12}$이므로 $SS_C = 9 \times \frac{12}{5} = 21.6$이고 $MSE = 7.6667$으로 계산된다. 따라서 검정통계량 F_0의 관측값은 $f_0^* = 2.8174$로 계산되고, p-값$= P(F_0 > 2.8174) = 0.1443 > \alpha = 0.10$이므로 귀무가설 $H_0:\ C_2 = 0$ 을 기각할 수 없다. 즉, "만화의 삽입여부에 따라 판매량은 차이가 없다"고 할 수 있다.

(3) 포장지가 3색일 때 만화의 삽입 여부에 따라 판매량에 차이가 있는지를 검정하기 위한 대비는

$$C_3 = \mu_1 - \mu_2 + 0\mu_3 + 0\mu_4$$

와 같이 설정할 수 있으며 가설 $H_0:\ C_3 = 0$, $H_1:\ C_3 \neq 0$에 대하여 검정을 시행하면

된다. 동일한 방법으로 검정통계량 F_0의 관측값을 계산하면 $f_0^* = 0.6261$이고, p-값 $= P(F_0 > 0.6261) = 0.4589 > \alpha = 0.10$이다. 따라서 귀무가설 H_0: $C_3 = 0$ 을 기각할 수 없으며, "포장지가 3색일 때 만화의 삽입여부에 따라 판매량은 차이가 없다"고 할 수 있다.

(4) 포장지가 5색일 때 만화의 삽입 여부에 따라 판매량에 차이가 있는지를 검정하기 위한 대비는

$$C_4 = 0\mu_1 + 0\mu_2 + \mu_3 - \mu_4$$

와 같이 설정할 수 있으며 가설 H_0: $C_4 = 0$, H_1: $C_4 \neq 0$에 대하여 검정을 시행하면 된다. 동일한 방법으로 검정통계량 F_0의 관측값을 계산하면 $f_0^* = 10.0174$이고, p-값 $= P(F_0 > 10.0174) = 0.0194 < \alpha = 0.10$이다. 따라서 귀무가설 H_0: $C_4 = 0$ 을 기각할 수 있으며, "포장지가 5색일 때 만화의 삽입여부에 따라 판매량은 차이가 있다"고 할 수 있다.

R 실습 3.3 대비를 이용한 부분가설의 F-검정을 위한 R 프로그램을 작성하고, 이를 이용하여 [예제 3.2]의 가설을 검정하여라.

풀이

[R 프로그램 3.3] 대비를 이용한 부분가설의 F-검정

```
ftest.contrast=function(Y, X, C.coef){ #Y : 반응변수, X : 인자, C.coef : 대비
  anova.result=aov(Y~X)
  mse=anova(anova.result)[2,"Mean Sq"]  # MSE의 값을 mse에 저장
  df=anova(anova.result)[2,"Df"]        # DF의 값을 df에 저장
  x.bar=tapply(Y, X, mean); num=tapply(Y, X, length) # 처리별 평균과 관측수
  ssc1=(sum(C.coef*x.bar))^2; ssc2=sum(C.coef^2/num)
  ssc=ssc1/ssc2     # SSC의 값을 계산
  f0=ssc/mse; p.value=1-pf(f0, 1, df)     # f0의 값을 이용하여 p-값 계산
  result=list(f=f0, pvalue=p.value); return(result)
}

sales=c(12,18,14,12,13,19,17,21,24,30)
type=c(rep(1,2), rep(2,3), rep(3,3), rep(4,2)); type=as.factor(type)
ftest.contrast(Y=sales, X=type, C.coef=c(0.5, 0.5, -0.5, -0.5))       #[예제 3.2](1)
ftest.contrast(Y=sales, X=type, C.coef=c(0.5, -0.5, 0.5, -0.5))       #[예제 3.2](2)
```

```
ftest.contrast(Y=sales, X=type, C.coef=c(1, -1, 0, 0))          #[예제 3.2](3)
ftest.contrast(Y=sales, X=type, C.coef=c(0, 0, 1, -1))          #[예제 3.2](4)
```

- 대비를 이용한 부분가설의 F-검정을 위하여 사용자 함수 ftest.contrast()를 만들었으며, 함수의 인수로는 관측값 Y, 인자 수준 X, 대비의 계수 C.coef 등 세 가지를 입력하도록 하였다.
- ftest.contrast() 함수에서 식 (3.48)의 검정통계량 F_0의 계산에 사용되는 평균오차제곱합(MSE)과 자유도(df)를 구하기 위하여 anova() 함수를 이용하였으며, 대비의 계수벡터 C.coef와 수준별 표본평균 x.bar를 이용하여 SS_C의 값을 계산하도록 하였다.
- [그림 3.5]의 F-검정 결과를 보면 예제 3.2의 풀이와 동일한 결과를 얻을 수 있음을 알 수 있다.

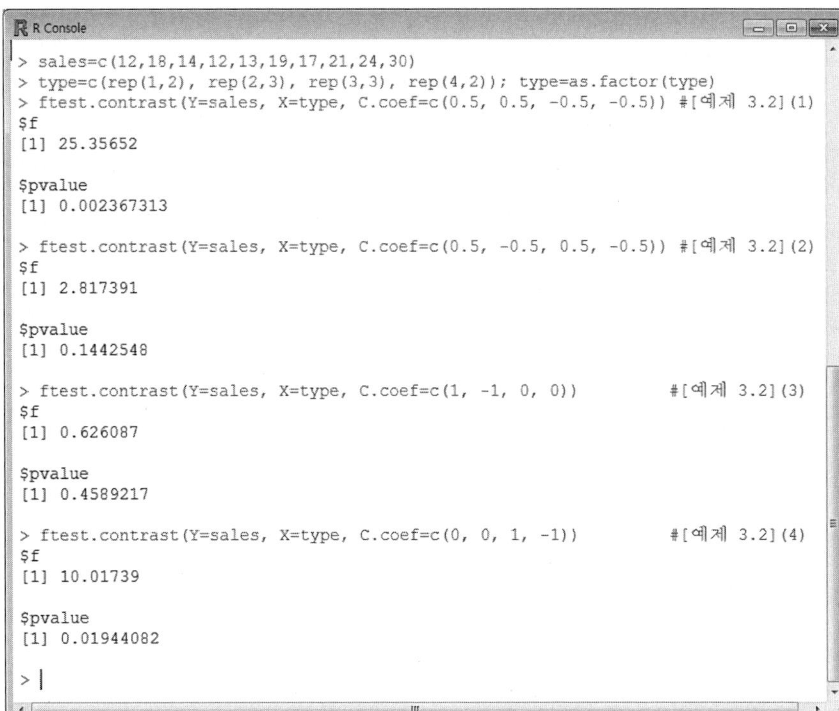

```
> sales=c(12,18,14,12,13,19,17,21,24,30)
> type=c(rep(1,2), rep(2,3), rep(3,3), rep(4,2)); type=as.factor(type)
> ftest.contrast(Y=sales, X=type, C.coef=c(0.5, 0.5, -0.5, -0.5)) #[예제 3.2](1)
$f
[1] 25.35652

$pvalue
[1] 0.002367313

> ftest.contrast(Y=sales, X=type, C.coef=c(0.5, -0.5, 0.5, -0.5)) #[예제 3.2](2)
$f
[1] 2.817391

$pvalue
[1] 0.1442548

> ftest.contrast(Y=sales, X=type, C.coef=c(1, -1, 0, 0))          #[예제 3.2](3)
$f
[1] 0.626087

$pvalue
[1] 0.4589217

> ftest.contrast(Y=sales, X=type, C.coef=c(0, 0, 1, -1))          #[예제 3.2](4)
$f
[1] 10.01739

$pvalue
[1] 0.01944082

>
```

[그림 3.5] 대비를 이용한 부분가설의 F-검정 결과 (R 프로그램 3.3)

(2) 다중비교

분산분석을 통해 "인자수준의 모평균 간에 차이가 없다"는 귀무가설 H_0를 기각하고 "적어도 하나 이상의 모평균이 나머지 모평균들과 같지 않다"는 대립가설 H_1을 채택하더라도 그러한 차이가 어디에서 발생되는지는 알 수 없다. 이러한 경우에는 여러 개의 부분 가설을 동시에 고려하는 다중비교(multiple comparison)를 통하여 대립가설의 정확한 형태를 파악할 수 있다. 여기서는 인자수준의 수가 l개 일 때 가능한 모든 $K=\binom{l}{2}$개의 짝지어진 두 수준의 모평균에 대한 비교를 고려하고자 한다. 즉 관심 있는 가설로 K개의 부분가설

$$H_{0k}: \mu_i = \mu_j,\ H_{1k}: \mu_i \neq \mu_j\,(i<j),\ k=1,2,\cdots,K \tag{3.49}$$

을 동시에 검정하는 다중비교에 대하여 알아보도록 하겠다.

일반적으로 가설검정에서는 제 1종 오류를 범할 확률인 유의수준을 사전에 지정하고 이에 대한 점검을 해야 하는데 다중비교에서는 여러 개의 가설을 동시에 고려해야 하므로 다음과 같은 오류율에 대한 정의가 필요하다.

정의 3.1 비교별 오류율(α_C)과 실험별 오류율(α_E)

- 비교별 오류율(comparisonwise error rate) : 특정한 하나의 k번째 부분가설에서 귀무가설 H_{0k}이 참일 때 H_{0k}를 기각하는 오류를 범할 확률
- 실험별 오류율(experimentwise error rate) : 모든 부분가설의 귀무가설 $H_{0k}(k=1,2,\cdots,K)$가 참일 때 적어도 하나 이상의 H_{0k}를 기각하는 오류를 범할 확률

이제 k번째 부분가설의 귀무가설 H_{0k}가 참 일 때 H_{0k}를 기각하는 사건을 E_k라고 하면 비교별 오류율은

$$\alpha_C = P(E_k),\ k=1,2,\cdots,K \tag{3.50}$$

와 같이 표현되고, 실험별 오류율은

$$\begin{aligned}\alpha_E &= P(E_1 \cup E_2 \cup \cdots \cup E_K) = 1-P\big((E_1 \cup E_2 \cup \cdots \cup E_K)^c\big)\\ &= 1-P\big(E_1^c \cap E_2^c \cap \cdots \cap E_K^c\big) = 1-(1-\alpha_C)^K\end{aligned} \tag{3.51}$$

와 같이 계산된다. 따라서 비교해야 하는 부분가설이 많아질수록 실험별 오류율은 증가하게 된다. 예를 들어, 인자수준이 5개 일 때 비교해야 되는 부분가설의 총 개수는 $\binom{5}{2}=10$

개가 되고, 비교별 오류율을 $\alpha_C = 0.05$로 하여 10번의 두 집단 $t-$검정을 각각 독립적으로 할 경우에 실험별 오류율은 $\alpha_E = 1-(0.95)^{10} = 0.401$로 α_C보다 훨씬 커지게 된다. 바꾸어 이야기하면, 각각의 부분가설에 대한 $t-$검정에 대해서 유의수준의 크기를 0.401로 하여야만 모든 부분가설의 검정에 대한 유의수준의 크기가 0.05가 될 수 있다는 것이다. 따라서 비교해야 되는 부분가설의 수가 많을수록 잘못된 결론(H_0가 참인데도 불구하고 H_0를 기각)을 내릴 확률은 점점 커지게 되는 것이다. 이와 같은 문제점을 해결하기 위하여 실험별 오류율 α_E를 설정된 크기로 유지하면서 모든 부분가설을 동시에 비교할 수 있도록 고안된 검정방법을 다중비교(multiple comparison)라 한다. 다중비교를 위한 검정방법으로는 여러 가지가 있으나 여기서는 본페로니(Bonferroni) 검정법과 튜키(Tukey) 검정법에 대해서만 설명하도록 하겠다.

2.1) 본페로니 검정법

본페로니 검정법을 살펴보기 위해서

$$\alpha_E = P(E_1 \cup E_2 \cup \cdots \cup E_K) \le \sum_{k=1}^{K} P(E_k) = \sum_{k=1}^{K} \alpha_C = K\alpha_C \tag{3.52}$$

의 관계식를 이용하도록 하자. 본페로니 검정법은 실험별 오류율 α_E를 요구되는 유의수준 α 이하로 통제하기 위하여 비교별 오류율을 $\alpha_C = \alpha/K$로 지정하여 개별 부분가설에 대한 검정을 시행한다. 즉 k번째 부분가설의 귀무가설 $H_{0k} : \mu_i = \mu_j$가 참이면 식 (3.36)로부터 검정통계량 T_{0k}의 확률분포는

$$T_{0k} = \frac{(\overline{Y}_{i.} - \overline{Y}_{j.})}{\sqrt{MSE\left(\frac{1}{n_i} + \frac{1}{n_j}\right)}} \sim t(n-l),\ k = 1, 2, \cdots, K \tag{3.53}$$

와 같이 구해지고, 비교별 오류율 $\alpha_C = \alpha/K$를 이용하여 양측검증을 시행하므로 이때의 기각역은

$$|t_{0k}| \ge t_{\alpha/2K}(n-l)\ ,\ k = 1, 2, \cdots, K \tag{3.54}$$

와 같다. 이처럼 본페로니 검정법은 아주 간단한 검정방법으로 많은 다중비교에서 이용되

고 있지만, 실험별 오류율이 요구되는 유의수준보다 작거나 같으므로, 즉 $\alpha_E \le \alpha$이므로 매우 보수적인 검정방법에 해당한다고 하겠다.

[본페로니 검정법]

K개의 부분가설

$$H_{0k}: \mu_i = \mu_j,\ H_{1k}: \mu_i \ne \mu_j\,(i<j),\ k=1,2,\cdots,K$$

에 대한 다중비교에서 k번째 부분가설에 대한 본페로니 검정법의 검정통계량과 그 확률분포는

$$T_{0k} = \frac{(\overline{Y}_{i.} - \overline{Y}_{j.})}{\sqrt{MSE\left(\frac{1}{n_i}+\frac{1}{n_j}\right)}} \sim t(n-l),\ k=1,2,\cdots,K \text{ (귀무가설 } H_{0k}\text{가 참일 때)}$$

이며, 전체의 유의수준이 α 이하가 되도록 하는 기각역은

$$|t_{0k}| \ge t_{\alpha/2K}(n-l)\ ,\ k=1,2,\cdots,K$$

이다.

본페로니 검정법의 기각역 (3.54)에 검정통계량 T_{0k}를 대입하면

$$|\overline{Y}_{i.} - \overline{Y}_{j.}| \ge t_{\alpha/2K}(n-l)\sqrt{MSE\left(\frac{1}{n_i}+\frac{1}{n_j}\right)}\ ,\ k=1,2,\cdots,K \tag{3.55}$$

와 같이 기각역을 정리할 수도 있다.

2.2) 튜키의 HSD 검정법

튜키가 제안한 HSD(honestly significant difference) 검정법은 표준화 범위분포(studentized range distribution)를 이용하여 모든 가능한 두 수준짝들의 모평균 간에 차이가 있는지를 검정하는 방법이다. 수준별 표본의 크기가 $n_1 = n_2 = \cdots = n_l = m$으로 동일하고 식 (3.49)의 모든 귀무가설이 참일 때, 통계량 Q_0의 확률분포는[4)]

---

4) 통계량 Q_0의 표준화 범위분포에 대한 유도는 이 책의 범위를 벗어나므로 생략하기로 하고, 표준화 범위분포의 상위 $100\alpha\%$ 백분위수 $q_\alpha(l, n-l)$은 부록 B.8을 참고하기 바란다.

$$Q_0 = \frac{\overline{Y}_{(l)} - \overline{Y}_{(1)}}{\sqrt{MSE/m}} \sim q(l, n-l) \tag{3.56}$$

와 같이 표준화 범위분포를 따른다. 여기서 $\overline{Y}_{(l)}$와 $\overline{Y}_{(1)}$는 l개의 수준별 표본평균들의 최댓값과 최솟값을 각각 의미한다.

통계량 Q_0의 관찰값이 크면 클수록 모든 부분가설의 귀무가설 $H_{0k}: \mu_i = \mu_j\ (k=1, \cdots, K)$가 참이라는 주장을 기각할만한 충분한 증거를 제공한다고 하겠다. 따라서 전체 유의수준을 α라고 하면,

$$\begin{aligned}
\alpha &= P\left(Q_0 > q_\alpha(l, n-1) \mid \text{모든 } H_{0k} \text{ 가 참}\right) \\
&= P\left(\overline{Y}_{(l)} - \overline{Y}_{(1)} > q_\alpha(l, n-l)\sqrt{\frac{MSE}{m}}\right) \\
&= P\left(\text{모든 } i, j \text{ 에 대하여 } |\overline{Y}_{i.} - \overline{Y}_{j.}| > q_\alpha(l, n-l)\sqrt{\frac{MSE}{m}}\right)
\end{aligned} \tag{3.57}$$

와 같은 관계식이 유도된다. 여기서 튜키의 HSD는

$$HSD_{ij} = q_\alpha(l, n-l)\sqrt{\frac{MSE}{m}} \tag{3.58}$$

로 정의되고, 이로부터 수준별 표본의 크기가 같을 때, 튜키의 HSD 검정법은 다음과 같다.

[튜키의 HSD 검정법] : 수준별 표본의 크기가 m으로 같을 때[5)]

K개의 부분가설

$$H_{0k}: \mu_i = \mu_j,\ H_{1k}: \mu_i \neq \mu_j\ (i < j),\ k = 1, 2, \cdots, K$$

에 대한 다중비교에서 k번째 부분가설에 대한 튜키의 검정법은 전체의 유의수준 α에서

$$|\overline{Y}_{i.} - \overline{Y}_{j.}| > HSD_{ij} \quad \text{이면 } H_{0k}(k=1,2,\cdots,K)\text{를 기각한다.}$$

여기서 $HSD_{ij} = q_\alpha(l, n-l)\sqrt{\frac{MSE}{m}}$ 이다.

---

5) 수준별 표본의 크기가 다를 경우에는 $HSD_{ij} = q_\alpha(l, n-l)\sqrt{\frac{MSE}{2}\left(\frac{1}{n_i} + \frac{1}{n_j}\right)}$ 를 이용하여

예제 3.3 어떤 제품을 생산하고 있는 공장에서 실내조명이 생산량에 영향을 미치고 있는지를 조사하기 위하여 4가지 조명상태(A, B, C, D)에서 생산량을 측정하였다. 다음 물음에 답하여라.

(1) 아래의 측정 결과로부터 조명상태에 따라 생산량에 차이가 있다고 할 수 있는지를 유의수준 $\alpha = 0.05$로 검정하여라.

조명상태	생산량
A	120, 100, 155, 132, 138
B	86, 74, 99, 105, 95
C	111, 150, 108, 92, 120
D	125, 140, 132, 121, 123

(2) 만약 조명상태에 따라 생산량에 차이가 존재한다고 할 경우, 어떤 조명 간에 차이가 존재하는지를 전체 유의수준 $\alpha = 0.05$에서 본페로니 검정법을 이용하여 분석하여라.

풀이

(1) 실내조명 상태가 생산량에 미치는 효과를 검정하기 위해 분산분석표를 구하면

요인	제곱합	자유도	평균제곱	F_0	P-값
조명	4515.8	3	1505.27	5.531	0.008
오차	4354.4	16	272.15		
전체	8870.2	19			

와 같다. 분산분석표로부터 검정통계량 F_0의 값은 5.531이고, 이때의 p-값은 0.008로 유의수준 $\alpha = 0.05$보다 작으므로 귀무가설 H_0는 기각된다. 즉, "조명상태에 따라 생산량은 차이가 있다"고 할 수 있다.

(2) 귀무가설이 기각됨에 따라 전체 유의수준 $\alpha = 0.05$에서 본페로니 검정법을 이용한 다중비교를 하기 위하여 t-분포의 상위 $100(\alpha/2K)\%$ 백분위수 값을 구하면

$$t_{\alpha/2K}(n-l) = t_{0.05/12}(16) = t_{0.0042}(16) = 2.673$$

이다. 각 수준에서의 표본평균들의 크기를 순서대로 나열한 후 검정통계량의 값 $|t_{0k}|$을 구하고 상위 $100(\alpha/2K)\%$ 백분위수 값 $t_{0.0042}(16) = 2.673$과 비교한 결과를 요약하면 다음과 같다.

	B	C	D	A
B	-	2.34	3.49*	3.57*
C		-	1.15	1.23

$|\overline{Y}_{i.} - \overline{Y}_{j.}| > HSD_{ij}$이면 $H_{0k}(k = 1, 2, \cdots, K)$를 기각한다.

	B	C	D	A
D			-	0.08
A				-

여기서 * 표시는 전체 유의수준 $\alpha = 0.05$에서 $|t_{0k}| \geq t_{\alpha/2K}(n-l)$인 경우, 즉 두 수준의 모평균 간에 유의한 차이를 보이고 있다는 것을 나타낸다. 따라서 "조명 A와 B, B와 D간에 차이가 있다"고 할 수 있다.

예제 3.4 [예제 3.3]의 다중비교를 튜키의 HSD 검정법으로 검정하여라.

풀이

전체 유의수준 $\alpha = 0.05$에서 튜키 검정법을 이용한 다중비교를 시행하기 위하여 부록 B.8로부터 표준화 범위분포의 상위 $100\alpha\%$ 백분위수의 값을 구하면 $q_{\alpha}(l, n-l) = q_{0.05}(4,\ 16)$ $= 4.05$이다. 따라서 HSD_{ij}는 다음과 같이 계산된다.

$$HSD_{ij} = q_{0.05}(4,16) \times \sqrt{\frac{272.15}{5}} = (4.05) \times (7.377) = 29.879$$

각 수준에서의 표본평균들의 크기를 순서대로 나열한 후 두 수준의 표본평균간의 차이 $|\overline{y}_{i.} - \overline{y}_{j.}|$를 구하고 HSD_{ij}와 비교한 결과를 요약하면 다음과 같다.

	B	C	D	A
B	-	24.4	36.4*	37.2*
C		-	12.0	12.8
D			-	0.8
A				-

여기서 * 표시는 전체 유의수준 $\alpha = 0.05$에서 $|\overline{y_i} - \overline{y_j}| > HSD_{ij}$ 인 경우, 즉 두 수준의 모평균 간에 유의한 차이를 보이고 있다는 것을 나타낸다. 이러한 결과는 예제 3.3의 본페로니 검정법과 동일하나 일반적으로 본페로니 검정법은 튜키의 검정법에 비해 매우 보수적인 방법으로 처리 평균간 차이가 유의하다는 결정을 쉽게 내리지 않는다.

R 실습 3.4 [예제 3.3]과 [예제 3.4]의 다중비교를 R 프로그램을 이용하여 검정하여라.

풀이

[R 프로그램 3.4] 본페로니 검정과 튜키의 HSD 검정

```
yield=c(120,100,155,132,138,86,74,99,105,95,111,150,108,92,120,125,140,
```

```
     132,121,123)
type=as.factor(c(rep("A",5), rep("B",5), rep("C",5), rep("D",5)))
pairwise.t.test(x=yield, g=type, p.adjust="bonf", pool.sd=T) # 본페로니 검정
  anova.result=aov(yield~type)
TukeyHSD(anova.result)    # 튜키의 HSD 검정
```

- 본페로니 검정을 위해서는 R에서 제공되는 pairwise.t.test() 함수를 사용할 수 있다. pairwise.t.test() 함수의 인수로는 관측값(x), 인자수준(g), 다중비교 방법(p.adjust), 등분산성 여부(pool.sd) 등이 있으며, 여기서는 본페로니 방법을 사용하기 위하여 p.adjust="bonf"로, 공통 모분산을 명시하기 위하여 pool.sd=T로 지정하였다.
- 튜키의 HSD 검정을 위해서는 TukeyHSD() 함수를 사용할 수 있으며, 주요 인수로는 avo() 함수를 이용한 분산분석의 적합결과가 사용된다. 여기서는 R 프로그램 3.1에서와 같이 aov() 함수를 이용한 적합결과를 $anova.result$에 저장하였으며, 이를 TukeyHSD() 함수의 인수로 이용하였다.
- [그림 3.6]은 본페로니 검정법을 이용한 다중비교의 검정결과로 실내조명 A와 B, B와 D에 대한 p-값이 전체 유의수준 $\alpha = 0.05$보다 작으므로 "조명 A와 B, B와 D간에 차이가 있다"고 할 수 있다. 이러한 결과는 예제 3.3의 결과와 동일하며, 각각의 p-값은 부분가설의 수가 $K = 6$이므로 $2P(T_0 > |t_0^*|) \times 6$으로 계산되어진다.

```
R Console
> yield=c(120,100,155,132,138,86,74,99,105,95,111,150,108,92,120,125,140,
+         132,121,123)
> type=as.factor(c(rep("A",5), rep("B",5), rep("C",5), rep("D",5)))
> pairwise.t.test(x=yield, g=type, p.adjust="bonf", pool.sd=T) # 본페로니 검정

        Pairwise comparisons using t tests with pooled SD

data:  yield and type

  A     B     C
B 0.015 -     -
C 1.000 0.196 -
D 1.000 0.018 1.000

P value adjustment method: bonferroni
> |
```

[그림 3.6] 본페로니 검정법을 이용한 다중비교 (R 프로그램 3.4)

- [그림 3.7]은 튜키의 HSD 검정법을 이용한 다중비교의 검정결과로 'diff'는 수준간 표본평균의 차이를, 'lwr'과 'upr'은 각각 두 모평균의 차에 대한 신뢰구간의 하한값과 상한값을, 'p.adj'는 p-값을 나타낸다. 출력결과에서 신뢰구간이 0을 포함하지 않거나 p-값이 주어진 전체 유의수준 $\alpha = 0.05$보다 작으면 해당되는 부분가설의 귀무가설은 기각된다.

[그림 3.7]의 튜키 검정법의 검정결과는 예제 3.4의 검정결과와 동일함을 알 수 있다. [그림 3.6]의 본페로니 검정법과 [그림 3.7]의 튜키의 검정법을 비교하면 본페로니 검정법의 p-값이 튜키의 검정법보다 더 크게 계산되는 것을 알 수 있다. 이로부터 본페로니 검정방법은 튜키의 검정법에 비해 더 보수적인 방법임을 확인할 수 있다.

```
R Console
>   anova.result=aov(yield~type)
> TukeyHSD(anova.result)    # 튜키의 HSD 검정
  Tukey multiple comparisons of means
    95% family-wise confidence level

Fit: aov(formula = yield ~ type)

$type
     diff        lwr        upr     p adj
B-A -37.2 -67.050735 -7.349265 0.0123916
C-A -12.8 -42.650735 17.050735 0.6196106
D-A  -0.8 -30.650735 29.050735 0.9998311
C-B  24.4  -5.450735 54.250735 0.1305541
D-B  36.4   6.549265 66.250735 0.0144677
D-C  12.0 -17.850735 41.850735 0.6651756
```

[그림 3.7] 튜키의 HSD 검정법을 이용한 다중비교 (R 프로그램 3.4)

3.2.5 모형의 타당성에 대한 검토

분산분석을 통한 가설검정이 유효하려면 오차항에 대한 기본 가정이 만족되어야 하며, 이러한 가정에 대한 검토는 식 (3.29)의 오차항의 추정량인 잔차

$$e_{ij} = \hat{\epsilon}_{ij} = Y_{ij} - \overline{Y}_{i.}\ ,\ i = 1,2,\cdots,l,\ j = 1,2,\cdots,n_i \tag{3.59}$$

를 이용하여 이루어진다.

(1) 오차항의 정규성

오차항의 정규성에 대한 만족 여부는 각 수준에서 잔차들의 히스토그램, 상자그림, 또는 정규확률도 등을 이용하여 검토할 수 있다. 즉, 잔차에 대한 히스토그램이 정규분포와 비슷한 형태를 이루고 있거나 상자그림에서 특이값들이 나타나지 않고 대칭성에서 크게 벗어나지 않는다면 정규성은 만족된다고 보면 된다. 그리고 잔차들에 대한 정규확률도를 그렸을 때 잔차값들이 직선으로부터 크게 벗어나지 않는다면 정규성은 만족된다고 보면 된다.

(2) 오차항의 등분산성

분산분석의 모형에서는 오차항 ϵ_{ij}가 모든 수준에서 동일한 분산을 갖는다고 가정하였다. 이러한 등분산성의 만족 여부는 각 수준에서 x축을 $\hat{Y}_{ij}$, y축을 잔차 e_{ij}로 한 산점도를 이용하거나 또는 Bartlett이 제시한 검정법을 이용하여 판단하면 된다.

2.1) 산점도를 이용할 경우

잔차에 대한 산점도에서 $\hat{Y}_{ij}$ 이 커짐에 따라 잔차의 흩어진 상태가 넓어진다면 이것은 측정값이 커짐에 따라 오차가 커진다고 볼 수 있다. 예를 들어, [그림 3.8]에서 (a)와 (b)의 경우 잔차값들은 0을 중심으로 흩어지는 경향이 비슷하므로 수준 1, 2의 분산은 동일하다고 할 수 있으며, 반면에 (c)의 경우는 (a)와 (b)와는 달리 잔차값들이 흩어져 있는 폭이 크므로 수준 3의 분산은 수준 1과 수준 2의 분산보다 크다고 할 수 있다.

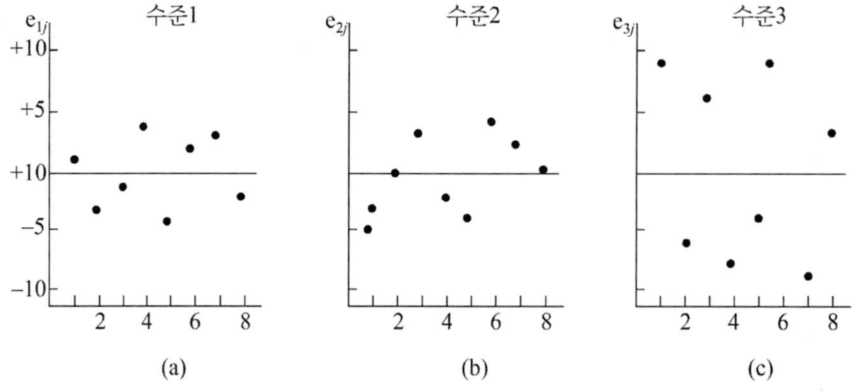

[그림 3.8] 산점도를 이용한 등분산성 판단

2.2) Bartlett 검정법

Bartlett 검정법은 표본의 크기가 같거나 같지 않은 모든 경우에 적용할 수 있는 방법으로서 가설

$$H_0 : \sigma_1^2 = \sigma_2^2 = \cdots = \sigma_l^2 \ , \ H_1 : \text{적어도 한 개의 } \sigma_i^2\text{는 나머지와 같지 않다} \tag{3.60}$$

을 검정하기 위한 검정통계량으로

$$M_0 = \frac{1}{c}(n-l)\ln(MSE) - \sum_{i=1}^{r}(n_i-1)\ln\left(S_i^2\right) \tag{3.61}$$

를 사용한다. 여기서 $c = 1 + \frac{1}{3(l-1)}\left(\sum_{i=1}^{l}\frac{1}{n_i-1} - \frac{1}{n-l}\right)$, $MSE = \frac{1}{n-l}\sum_{i=1}^{l}(n_i-1)S_i^2$, S_i^2은 i번째 수준의 표본분산을 각각 나타낸다.

검정통계량 M은 자유도가 $l-1$인 χ^2분포로 근사해 가며, 만약 S_i^2 간의 차이가 크면 통계량 M_0의 값은 커지게 되고, S_i^2간에 차이가 적으면 M_0의 값은 0에 가까워진다. 따라서 표본으로부터 계산된 검정통계량의 관측값 m_0^*가 $m_0^* > \chi_\alpha^2(l-1)$ 또는 p-값 $= P(M_0 \geq m_0^*) < \alpha$이면 유의수준 α에서 귀무가설 H_0를 기각하게 되고, 그렇지 않으면 H_0를 채택하게 된다.

[Bartlett 검정][6] 일원분산분석의 모수모형

등분산성에 대한 가설

$H_0 : \sigma_1^2 = \sigma_2^2 = \cdots = \sigma_l^2$, H_1 : 적어도 한 개의 σ_i^2는 나머지와 같지 않다

에 대하여 검정통계량 $M_0 = \frac{1}{c}(n-l)\ln(MSE) - \sum_{i=1}^{r}(n_i-1)\ln\left(S_i^2\right)$를 이용한 기각역과 p-값은 다음과 같다.

- 유의수준 α에서의 기각역 : $m_0 \geq \chi_\alpha^2(n-l)$
- 검정통계량 M_0의 관측값 m_0^*에 대한 p-값 : $p-$값 $= P(M_0 \geq m_0^*)$
- 유의수준 α에서의 검정방법 : 표본으로부터 계산된 검정통계량의 관측값 m_0^*가

  $m_0^* \geq \chi_\alpha^2(n-l)$ 또는 p-값$= P(M_0 \geq m_0^*) < \alpha$ 이면 H_0를 기각

  $m_0^* < \chi_\alpha^2(n-l)$ 또는 p-값$= P(M_0 \geq m_0^*) \geq \alpha$ 이면 H_0를 채택

예제 3.5 연령대 별로 혈당량을 조사한 결과 다음과 같은 결과를 얻었다고 할 때 각 집단의 분산이 동일하다고 할 수 있는지를 Bartlett 검정을 이용하여 유의수준 $\alpha = 0.05$에서 검정하여라.

---

6) Bartlett 검정은 정규성 가정에 매우 민감하다. 그러므로 정규성에 대해 의심스럽다면 Bartlett 검정의 사용을 추천하지 않는다.

연령대별 그룹	혈당량
A	124, 116, 101, 118, 118, 120, 110, 127, 106, 130
B	111, 101, 130, 108, 127, 129, 122, 103, 122, 127
C	117, 142, 121, 123, 121, 148, 141, 122, 139, 125
D	104, 128, 130, 103, 121, 119, 106, 107, 107, 115
E	142, 139, 133, 120, 127, 149, 150, 149, 120, 116

풀이

집단별 등분산성에 대한 가설

$H_0 : \sigma_1^2 = \sigma_2^2 = \cdots = \sigma_5^2$, H_1 : 적어도 한 개의 σ_i^2는 나머지와 같지 않다

을 검정하기 위하여 Bartlett 검정통계량의 값을 계산하면

$$m_0^* = \frac{1}{c}(n-l)\ln(mse) - \sum_{i=1}^{r}(n_i - 1)\ln\left(s_i^2\right) = 1.2786$$

이므로 p-값은 $P(M_0 \geq 1.2876) = 0.8649 \geq 0.05$ 이다. 따라서 귀무가설을 기각할 수 없다. 즉, 각 집단별 등분산의 가정이 만족된다고 할 수 있다.

R 실습 3.5 [예제 3.5]의 등분산성에 대한 가설을 R 프로그램을 이용하여 검정하여라.

풀이

[R 프로그램 3.5] Bartlett 검정

```
blood=c(124, 116, 101, 118, 118, 120, 110, 127, 106, 130,
        111, 101, 130, 108, 127, 129, 122, 103, 122, 127,
        117, 142, 121, 123, 121, 148, 141, 122, 139, 125,
        104, 128, 130, 103, 121, 119, 106, 107, 107, 115,
        142, 139, 133, 120, 127, 149, 150, 149, 120, 116)
group=c(rep("A", 10),rep("B", 10),rep("C", 10),rep("D", 10),rep("E", 10))
bartlett.test(blood~group) # Bartlett 검정을 위함 함수
```

- Bartlett 검정을 위해서는 R에서 제공되는 bartlett.test() 함수를 사용하면 된다. 이 함수의 사용 형식은 bartlett.test(y~x)와 같으며, 이때 y에는 관측값을, x에는 관측값에 해당하는 그룹을 입력하면 된다.

- Bartlett 검정의 결과는 [그림 3.9]에 주어져 있으며, 이 결과는 예제 3.5의 결과와 동일함을 알 수 있다.

```
R Console
> blood=c(124, 116, 101, 118, 118, 120, 110, 127, 106, 130,
+         111, 101, 130, 108, 127, 129, 122, 103, 122, 127,
+         117, 142, 121, 123, 121, 148, 141, 122, 139, 125,
+         104, 128, 130, 103, 121, 119, 106, 107, 107, 115,
+         142, 139, 133, 120, 127, 149, 150, 149, 120, 116)
> group=c(rep("A", 10),rep("B", 10),rep("C", 10),rep("D", 10),rep("E", 10))
> bartlett.test(blood~group) # Bartlett 검정을 위함 함수

        Bartlett test of homogeneity of variances

data:  blood by group
Bartlett's K-squared = 1.2786, df = 4, p-value = 0.865

> |
```

[그림 3.9] Bartlett 검정의 결과 (R 프로그램 3.5)

오차항의 기본 가정이 성립하지 않을 경우에는 다음과 같은 해결책을 고려할 수 있다.

① 등분산성의 가정이 성립하지 않을 경우에는 각 수준에서의 반복수가 같은 균형 자료보다 각 처리의 반복수가 같은 않은 불균형 자료에서 더 큰 영향을 받게 된다. 이러한 경우에는 반응변수에 대한 변수변환을 할 수 있다. 예를 들어 분산 σ_i^2이 수준평균 μ_i에 비례하는 경우에는 $\sqrt{Y}$ 또는 $\sqrt{Y}+\sqrt{Y+1}$ 변환을, 표준편차 σ_i가 수준평균 μ_i에 비례하는 경우에는 $\log Y$변환을 하면 된다.7)

② 정규성의 가정은 만족하면서 등분산성이 만족되지 않을 경우 분산을 안정시키기 위한 변환은 정규성을 위배하게 할 수 있다. 그러나 다행스럽게도 정규성과 등분산성의 위배는 동시에 일어나는 경우가 대부분이며, 이때 등분산성을 해결하기 위한 자료의 변환은 대개 정규성을 동시에 개선시키는 효과를 가져 오게 된다.

③ 정규성의 가정이 심각하게 위배될 경우에는 비모수 검정법인 크루스칼 왈리스 검정법(Kruskal-Wallis test)을 사용하는 것이 바람직하다.

---

7) 자료를 변환한 후에는 변환된 자료가 등분산성의 가정을 만족하는지를 반드시 검토하여야 한다.

3.3 일원분산분석 : 변량모형

모수모형의 경우와는 달리 실험에서 사용된 수준 그 자체에 근본적인 관심이 있는 것이 아니라 수준들의 전체 집단에 관심이 있는 경우가 있다. 예를 들어 20대의 기계로 어떤 제품을 생산하고 있는 공장에서 4대의 기계를 랜덤으로 추출한 후 1주일 동안 4대의 기계에서 생산되는 일일 생산량을 조사한다고 할 경우, 이때의 관심은 4대의 기계가 아니라 공장 전체 기계와 관련된 추론에 있게 된다. 변량모형은 이러한 경우를 위하여 설계된 모형이다. 따라서 변량모형에서는 실험에서 사용된 l개의 수준이 전체 수준의 모집단으로부터 추출된 확률표본이기 때문에 수준별 모평균 μ_i를 확률변수로 간주하여 여기서 얻어진 결론을 모집단 전체로 확장하게 되는 것이다.

일원분산분석의 변량모형은 다음과 같다.

$$Y_{ij} = \mu_i + \epsilon_{ij},\ i = 1, 2, \cdots, l\ ,\quad j = 1, 2, \cdots, n_i \tag{3.62}$$

여기서 μ_i와 ϵ_{ij}는 모두 확률변수로서 μ_i는 정규분포 $N(\mu,\ \sigma_\alpha^2)$을, ϵ_{ij}는 정규분포 $N(0,\ \sigma^2)$을 따르고, μ_i와 ϵ_{ij}는 서로 독립이라고 가정한다.[8] 식 (3.62)의 변량모형은 모수모형에서처럼

$$Y_{ij} = \mu + \alpha_i + \epsilon_{ij},\ i = 1, 2, \cdots, l\ ,\quad j = 1, 2, \cdots, n_i \tag{3.63}$$

와 같이 표현가능하며, 이때 전체 모평균 μ는 상수이고 α_i는 ϵ_{ij}와 독립인 정규분포 $N(0,\ \sigma_\alpha^2)$을 따르는 확률변수로 가정한다.

[일원분산분석의 변량모형]

(1) $Y_{ij} = \mu_i + \epsilon_{ij},\ i = 1, 2, \cdots, l\ ,\quad j = 1, 2, \cdots, n_i$ (변량모형 Ⅰ)

- μ_i : 정규분포 $N(\mu,\ \sigma_\alpha^2)$를 따르며 ϵ_{ij}와 서로 독립인 확률변수로 가정
- ϵ_{ij} : 랜덤오차로서 서로 독립이며 정규분포 $N(0,\ \sigma^2)$를 따른다고 가정

8) 변량모형과 모수모형은 서로 비슷하지만 그 차이점은 모수모형에서 인자 수준 μ_i가 상수인 반면 변량모형에서는 μ_i가 확률변수라는 사실이다.

(2) $Y_{ij} = \mu + \alpha_i + \epsilon_{ij},\ i = 1, 2, \cdots, l\ ,\quad j = 1, 2, \cdots, n_i$ (변량모형 Ⅱ)

- $\mu_i = \mu + \alpha_i$
- α_i : 정규분포 $N(0,\ \sigma_\alpha^2)$를 따르며 ϵ_{ij}와 서로 독립인 확률변수로 가정

변량모형에서는 일반적으로 모수 μ_i에 관한 추론보다는 μ_i의 모집단과 관련된 추론에 관심을 가지게 된다. 변량모형에서 Y_{ij}의 기댓값은 기댓값의 성질로부터

$$E(Y_{ij}) = E(\mu_i + \epsilon_{ij}) = E(\mu_i) + E(\epsilon_{ij}) = \mu + 0 = \mu \tag{3.64}$$

가 되고, Y_{ij}의 분산은 μ_i와 ϵ_{ij}가 서로 독립이므로 분산의 성질로부터

$$Var(Y_{ij}) = Var(\mu_i + \epsilon_{ij}) = Var(\mu_i) + Var(\epsilon_{ij}) = \sigma_\alpha^2 + \sigma^2 \tag{3.65}$$

가 된다.[9] 그리고 μ_i의 분산인 σ_α^2은 $Var(Y_{ij})$에 대한 상대적인 크기 즉,

$$\frac{\sigma_\alpha^2}{\sigma_\alpha^2 + \sigma^2} \tag{3.66}$$

에 의하여 보다 의미 있게 설명되어진다. 식 (3.66)에서 분모 $\sigma_\alpha^2 + \sigma^2$은 측정값 Y_{ij}의 전체 변동을, 분자 σ_α^2은 인자 수준들 간의 차이에 기인한 변동을 나타내므로 식 (3.66)은 Y_{ij}의 전체 변동 중에서 인자 수준들 간의 차이에 의해서 설명되어지는 변동량의 정도를 의미하게 된다. 기계 생산량의 예를 이용하여 설명하면, 분모는 공장 내의 모든 기계에 의한 생산량의 총변동을 분자는 기계간의 차이에 의한 생산량의 변동을 의미한다. 따라서 이 값이 0에 가깝다는 것은 기계들 간의 차이가 거의 없다는 것을, 반면에 값이 0.5 또는 그 이상으로 크다는 것은 전체 변동 중 기계들 간의 차이에 따른 변동이 상당히 크다는 것을 나타낸다. 이러한 경우에는 기계들 간의 차이를 줄일 수 있는 방안을 강구해야 할 것이다.

변량모형에서는 개별 처리효과에 대한 검정이 아니라 인자수준의 모집단에 대한 다음의 가설에 대하여 검정을 하게 된다.

---

9) 모형 Y_{ij}의 분산은 두 성분 σ_α^2과 σ^2의 합이기 때문에 변량모형은 때때로 분산성분 모형(components of variance model)이라 부르기도 한다.

$$H_0 : \sigma_\alpha^2 = 0, \quad H_1 : \sigma_\alpha^2 > 0 \tag{3.67}$$

여기서 귀무가설 H_0는 모든 수준의 모평균이 같다는 것을, 즉, $\mu_1 = \cdots = \mu_l = \mu$ 또는 $\alpha_1 = \cdots = \alpha_l = 0$ 라는 것을 의미하고, 반면에 대립가설 H_1은 수준의 모평균들 간에 차이가 있다는 것을 의미한다.10)

변량모형은 모수모형과 다르지만 분산분석은 동일한 형태로 이루어진다. 변량모형에서 평균오차제곱합(MSE)과 평균처리제곱합($MSTR$)의 기댓값은 기댓값의 성질로부터

$$\begin{aligned} &E(MSE) = \sigma^2 \\ &E(MSTR) = \sigma^2 + n'\sigma_\alpha^2, \ n' = \frac{1}{l-1}\left[\left(\sum_{i=1}^{l} n_i\right) - \sum_{i=1}^{l} \frac{n_i^2}{\sum_{i=1}^{l} n_i}\right] \end{aligned} \tag{3.68}$$

와 같이 구해진다. 이때 귀무가설 $H_0 : \sigma_\alpha^2 = 0$ 이 참이라면 MSE와 $MSTR$의 기대값은 σ^2 으로 동일할 것이며, 대립가설 $H_1 : \sigma_\alpha^2 > 0$이 참이면 항상 $E(MSTR) > E(MSE)$가 될 것이다. 따라서 $MSTR$과 오차평균제곱 MSE의 상대적인 크기를 나타내는 통계량

$$F_0 = \frac{MSTR}{MSE} \tag{3.69}$$

이 검정통계량으로 사용되어 F_0의 값이 크면 귀무가설은 기각되어 질 것이다. 귀무가설 H_0가 사실일 때 검정통계량 F_0는 정리 3.1에 의해 자유도가 $l-1$과 $n-l$인 F분포를 따르게 된다. 따라서 표본으로부터 계산된 검정통계량의 값을 f_0^*라고 할 때 $f_0^* > F_\alpha(l-1, \ n-l)$ 또는 p-값$= P(F_0 \geq f_0^*) < \alpha$이면 유의수준 α에서 귀무가설 H_0를 기각하게 되고, 그렇지 않으면 H_0를 채택하게 된다.

[처리효과에 대한 가설검정] 일원분산분석의 변량모형

변량모형 $Y_{ij} = \mu + \alpha_i + \epsilon_{ij}, \ \alpha_i \sim N(0, \ \sigma_\alpha^2), \ i = 1, 2, \cdots, l \ , \ j = 1, 2, \cdots, n_i$ 의 가설

10) 기계 생산량에서 μ_i는 i번째 기계의 평균 생산량을 의미하므로 μ_i의 분산 σ_α^2은 μ_i간의 차이가 클수록 그 값은 커지게 되고, 반면에 μ_i가 모두 같을 경우에는 $\sigma_\alpha^2 = 0$이 된다.

$$H_0 : \sigma_\alpha^2 = 0, \quad H_1 : \sigma_\alpha^2 > 0$$

에 대하여 검정통계량 $F_0 = \dfrac{MSTR}{MSE}$ 를 이용한 기각역과 p-값은 다음과 같다.

- 유의수준 α에서의 기각역 : $f_0 \geq F_\alpha(l-1, n-l)$
- 검정통계량 F_0의 관측값 f_0^* 에 대한 p-값 : $p-$값 $= P(F_0 \geq f_0^*)$
- 유의수준 α에서의 검정방법 : 표본으로부터 계산된 검정통계량의 관측값 f_0^*가

$f_0^* \geq F_\alpha(l-1, n-l)$ 또는 p-값$= P(F_0 \geq f_0^*) < \alpha$ 이면 H_0를 기각

$f_0^* < F_\alpha(l-1, n-l)$ 또는 p-값$= P(F_0 \geq f_0^*) \geq \alpha$ 이면 H_0를 채택

일원분산분석의 변량모형에서 알려져 있지 않은 모수에는 μ, σ^2, σ_α^2 등이 있으며, μ_i는 고정된 모수가 아니라 정규분포를 따르는 확률변수이다. 따라서 변량모형에서 μ_i에 대한 통계적 추론은 큰 의미가 없다고 하겠다.

예제 3.6 어떤 대기업에서 신입사원 면접시험을 위하여 기업 전체 이사들중에서 5명을 랜덤으로 뽑은 후 지원자들을 면접하도록 하였다. 면접 결과 이사들이 지원자들에게 부여한 점수가 다음과 같다고 할 때, 이사들이 부여한 면접점수 간에 차이가 있다고 할 수 있는지를 유의수준 $\alpha = 0.05$에서 검정하여라.

이사	면접점수			
A	76	64	85	75
B	58	75	81	66
C	49	63	62	46
D	74	71	85	90
E	66	74	81	79

풀이

귀무 및 대립가설은

$$H_o : \sigma_\alpha^2 = 0, \quad H_1 : \sigma_\alpha^2 > 0$$

와 같이 설정되고, 분산분석표는 다음과 같이 계산되어진다.

요인	제곱합	자유도	평균제곱	F_0	$P-$값
처리	1,480	4	370	4.89	0.0100
오차	1,134	15	75.6		
전체	2,614	19			

검정통계량 F_0의 관측값 $f_0^* = 4.89 > F_{0.05}(4,\ 15) = 3.06$이므로(또는 p-값을 계산하면 $P(F_0 \geq 4.89) = 0.010$이고 이 값은 유의수준 $\alpha = 0.05$보다 작으므로) 귀무가설 H_0는 기각된다. 즉, "기업내의 이사들이 부여한 점수 간에는 차이가 있다"고 할 수 있다.

3.4 이원분산분석 : 반복이 없는 모수모형

지금까지는 반응변수에 영향을 주는 인자가 하나인 일원분산분석에 대하여 살펴보았다. 이 절에서는 반응변수에 영향을 주는 인자가 두 개인 이원분산분석에 대하여 알아보도록 할 것이다.

일원분산분석과 이원분산분석의 차이점은 일원분산분석에서는 인자 수준 그 자체가 하나의 처리가 되지만 이원분산분석에서는 각 인자 수준들의 조합 하나 하나가 한 개의 처리로 간주된다는 것이다. 즉, 인자 A가 l 개의 수준, 인자 B가 m 개의 수준을 각각 가질 때 두 인자 수준들의 총 처리수는 lm 가지가 된다.

일반적으로 실험 결과에 대한 신뢰도를 높이기 위해서는 가능하다면 주어진 조건하에서 2회 이상 실험을 반복하는 것이 바람직하다. 하지만 때로는 반복 실험이 불가능한 경우도 있을 수 있는데 여기서는 반복이 없는 경우에 대하여 살펴보고, 반복이 있는 경우에 대해서는 3.6절에서 설명하도록 하겠다.

3.4.1 자료구조와 통계적 모형

두 개의 모수인자 A와 B가 각각 l개와 m 개의 수준을 가지고, 각 처리에 해당하는 모집단으로부터 각각 독립적으로 한 개의 표본을

$$Y_{11},\ Y_{12},\ \cdots,\ Y_{1m}\ ,\ Y_{21},\ Y_{22},\ \cdots,\ Y_{2m}\ ,\ \cdots,\ Y_{l1},\ Y_{l2},\ \cdots,\ Y_{lm} \tag{3.70}$$

와 같이 얻었다고 하자. <표 3.3>은 이러한 자료의 배치구조를 보여주고 있다. 여기서 $\overline{Y}_{i.} = \frac{1}{m}\sum_{j=1}^{m} Y_{ij}$는 인자 A의 i번째 수준에 대한 표본평균을, $\overline{Y}_{.j} = \frac{1}{l}\sum_{i=1}^{l} Y_{ij}$는 인자 B의 j번째 수준에 대한 표본평균을 나타내고 $\overline{Y}_{..} = \frac{1}{lm}\sum_{i=1}^{l}\sum_{j=1}^{m} Y_{ij}$는 전체 표본평균을 나타낸다.

〈표 3.3〉 이원배치법의 자료구조(처리내의 측정수가 하나인 경우)

구분		인자 A의 수준				표본평균
		A_1	A_2	$\cdots$	A_l	
인자 B의 수준	B_1	Y_{11}	Y_{21}		Y_{l1}	$\overline{Y}_{.1}$
	B_2	Y_{12}	Y_{22}	$\cdots$	Y_{l2}	$\overline{Y}_{.2}$
	$\vdots$	$\vdots$	$\vdots$		$\vdots$	$\vdots$
	B_m	Y_{1m}	Y_{2m}		Y_{lm}	$\overline{Y}_{.m}$
표본평균		$\overline{Y}_{1.}$	$\overline{Y}_{2.}$	$\cdots$	$\overline{Y}_{l.}$	$\overline{Y}_{..}$

일원배치에서와 마찬가지로 이원배치의 실험은 완전 랜덤화하는 것이 원칙이다. 예를 들어, 어떤 제품의 공정에서 온도 A_1, A_2, A_3와 압력 B_1, B_2, B_3, B_4에 대한 실험을 계획할 때, 12개의 처리에 대하여 실험 전체를 랜덤하게 시행하여야 한다.[11)]

이원분산분석에서는 각 인자 수준들의 조합 하나 하나가 한 개의 처리로 간주되므로 총 lm개의 처리에 대하여 각 처리별 모집단을 서로 독립인 정규모집단 $N(\mu_{ij}, \sigma^2)$ $(i=1,\cdots,l,\ j=1,\cdots,m)$으로 가정하면, Y_{ij}는 인자 A의 i번째 수준과 인자 B의 j번째 수준에서 수집되는 관측값으로

$$Y_{ij} = \mu_{ij} + \epsilon_{ij},\ i=1,2,\cdots,l,\ j=1,2,\cdots,m \tag{3.71}$$

와 같은 통계적 모형으로 나타낼 수 있다. 여기서 μ_{ij}는 인자 A의 i번째 수준과 인자 B

---

11) 이때 부득이한 사정으로 실험을 랜덤하게 진행할 수 없는 경우에는 별도의 실험계획법에 의하여 실험을 설계하고 분석해야 한다.

의 j번째 수준에 해당하는 처리에서의 모평균을 나타내고, ϵ_{ij}는 Y_{ij}를 측정할 때 발생하는 오차를 나타낸다. 이때 오차는 일원분산분석에서와 같이 서로 독립적으로 발생하며, 정규분포 $N(0,\ \sigma^2)$를 따른다고 가정한다.

이제 각 수준별 모평균 $\mu_{ij}(i=1,\cdots,l, j=1,\cdots,m)$에 대한 전체 모평균을 μ라 하고, 인자 A의 i번째 수준에 대한 모평균을 $\mu_{i.}$, 인자 B의 j번째 수준에 대한 모평균을 $\mu_{.j}$라고 하면, μ, $\mu_{i.}$, $\mu_{.j}$는 각각

$$\mu=\frac{1}{lm}\sum_{i=1}^{l}\sum_{j=1}^{m}\mu_{ij},\ \mu_{i.}=\frac{1}{m}\sum_{j=1}^{m}\mu_{ij}(i=1,\cdots,l),\ \mu_{.j}=\frac{1}{l}\sum_{i=1}^{l}\mu_{ij}(j=1,\cdots,m) \tag{3.72}$$

로 정의된다. 여기서 인자 A의 i번째 처리효과 α_i와 인자 B의 j번째 처리효과 β_j

$$\alpha_i=\mu_{i.}-\mu,\ \beta_j=\mu_{.j}-\mu \tag{3.73}$$

를 이용하면 식 (3.71)의 모형은 다음과 같은 모형으로 표현할 수 있다.

$$Y_{ij}=\mu+\alpha_i+\beta_j+\epsilon_{ij},\ i=1,2,\cdots,l,\ j=1,2,\cdots,m \text{ 12)} \tag{3.74}$$

이때 전체 모평균의 정의로부터

$$\mu=\frac{1}{lm}\sum_{i=1}^{l}\sum_{j=1}^{m}\mu_{ij}=\frac{1}{l}\sum_{i=1}^{l}u_{i.}=\mu+\frac{1}{l}\sum_{i=1}^{l}\alpha_i=\frac{1}{m}\sum_{j=1}^{m}u_{.j}=\mu+\frac{1}{m}\sum_{j=1}^{m}\beta_j \tag{3.75}$$

이므로

$$\sum_{i=1}^{l}\alpha_i=0\ ,\ \sum_{j=1}^{m}\beta_j=0 \tag{3.76}$$

이 되고, 각 인자의 처리수준에 대한 모평균 $\mu_{i.}$와 $\mu_{.j}$는

12) 반복이 없는 이원분산분석에서는 두 인자 사이의 교호작용효과 $(\alpha\beta)_{ij}=\mu_{ij}-(\mu+\alpha_i+\beta_j)$를 검출할 수 없으므로 모형에서 $(\alpha\beta)_{ij}=0$으로 두며, 교호작용에 대해서는 3.6절에서 자세히 다루기로 한다.

$$\mu_{i.} = \frac{1}{m}\sum_{j=1}^{m}\mu_{ij} = \frac{1}{m}\sum_{j=1}^{m}(\mu+\alpha_i+\beta_j) = \mu+\alpha_i$$
$$\mu_{.j} = \frac{1}{l}\sum_{i=1}^{l}\mu_{ij} = \frac{1}{l}\sum_{i=1}^{l}(\mu+\alpha_i+\beta_j) = \mu+\beta_j \quad (3.77)$$

와 같이 표현된다.

[이원분산분석의 모수모형] : 반복이 없는 경우

(1) $Y_{ij} = \mu_{ij} + \epsilon_{ij},\ i=1,2,\cdots,l,\ j=1,2,\cdots,m$ (모수모형 Ⅰ)

- Y_{ij} : 인자 A의 i번째 수준과 인자 B의 j번째 수준에서의 관측값
- μ_{ij} : A의 i번째 수준과 인자 B의 j번째 수준에서의 모평균
- ϵ_{ij} : 랜덤오차로서 서로 독립이며 정규분포 $N(0,\ \sigma^2)$를 따른다고 가정

(2) $Y_{ij} = \mu + \alpha_i + \beta_j + \epsilon_{ij},\ i=1,2,\cdots,l,\ j=1,2,\cdots,m$ (모수모형 Ⅱ)

- μ : 전체 모평균
- α_i : 인자 A의 i번째 처리효과, $\sum_{i=1}^{l}\alpha_i = 0$
- β_j : 인자 B의 j번째 처리효과, $\sum_{j=1}^{m}\beta_j = 0$

3.4.2 분산분석을 이용한 처리효과의 유의성 검정

이원분산분석에서 인자 A의 효과를 검정하기 위한 가설은

$H_0: \mu_{1.} = \mu_{2.} = \cdots = \mu_{l.} = \mu$, H_1: 적어도 1개의 $\mu_{i.}$은 나머지와 다르다.

또는 (3.78)

$H_0: \alpha_1 = \alpha_2 = \cdots = \alpha_l = 0$, H_1: 적어도 한 개의 α_i는 0이 아니다.

와 같이 설정할 수 있으며, 인자 B의 효과를 검정하기 위한 가설은

$H_0: \mu_{.1} = \mu_{.2} = \cdots = \mu_{.m} = \mu$, H_1: 적어도 1개의 $\mu_{.j}$는 나머지와 다르다.

또는

$$H_0: \beta_1 = \beta_2 = \cdots = \beta_m = 0\,,\ H_1: \text{적어도 한 개의 } \beta_j \text{는 0이 아니다.} \tag{3.79}$$

와 같이 설정할 수 있다.

이제 각 인자의 효과를 검정하기 위하여 일원분산분석에서와 같은 방법으로 관측값들의 전체 변동을 처리효과의 차이에서 발생하는 변동과 오차에 의해서 발생하는 변동으로 분해하는 방법을 생각해 보자. 처리내에서 반복이 없는 이원분산분석의 모형은 편차 $\left(Y_{ij} - \overline{Y}_{..}\right)$를

$$\left(Y_{ij} - \overline{Y}_{..}\right) = \left(\overline{Y}_{i.} - \overline{Y}_{..}\right) + \left(\overline{Y}_{.j} - \overline{Y}_{..}\right) + \left(Y_{ij} - \overline{Y}_{i.} - \overline{Y}_{.j} + \overline{Y}_{..}\right) \tag{3.80}$$

와 같이 세 개의 성분합으로 나타낼 수 있으며, 이 식의 양변을 제곱하여 전체 관측값들에 대하여 모두 더하면

$$\begin{aligned} \sum_{i=1}^{l}\sum_{j=1}^{m}\left(Y_{ij} - \overline{Y}_{..}\right)^2 &= m\sum_{i=1}^{l}\left(\overline{Y}_{i.} - \overline{Y}_{..}\right)^2 + l\sum_{j=1}^{m}\left(\overline{Y}_{.j} - \overline{Y}_{..}\right)^2 + \sum_{i=1}^{l}\sum_{j=1}^{m}\left(Y_{ij} - \overline{Y}_{i.} - \overline{Y}_{.j} + \overline{Y}_{..}\right)^2 \\ \underset{(\text{총제곱합})}{TSS} &= \underset{(A\text{의 처리제곱합})}{SSTR_A} + \underset{(B\text{의 처리제곱합})}{SSTR_B} + \underset{(\text{오차제곱합})}{SSE} \end{aligned} \tag{3.81}$$

와 같이 전체 변동을 분할 할 수 있다. 이때 각 제곱합의 자유도는

$$\underset{(\text{총제곱합})}{lm-1} = \underset{(A\text{의 처리제곱합})}{l-1} + \underset{(B\text{의 처리제곱합})}{m-1} + \underset{(\text{오차제곱합})}{(l-1)(m-1)} \tag{3.82}$$

와 같으며, 식 (3.81)과 식 (3.82)로부터 <표 3.4>의 처리내에서 반복이 없는 이원분산분석표를 구할 수 있다.

〈표 3.4〉 이원분산분석표

요인	제곱합	자유도	평균제곱합	F_0
인자 A	$SSTR_A$	$l-1$	$MSTR_A = \dfrac{SSTR_A}{l-1}$	$\dfrac{MSTR_A}{MSE}$
인자 B	$SSTR_B$	$m-1$	$MSTR_B = \dfrac{SSTR_B}{m-1}$	$\dfrac{MSTR_B}{MSE}$

요인	제곱합	자유도	평균제곱합	F_0
오차	SSE	$(l-1)(m-1)$	$MSE=\dfrac{SSE}{(l-1)(m-1)}$	
전체	TSS	$lm-1$		

이원분산분석표를 이용하여 식 (3.78)과 식 (3.79)의 가설을 통계적으로 검정하기 위해서는 검정통계량 F_0의 확률분포를 알아야 하며, 일원분산분석의 정리 3.1과 동일한 유도 과정을 이용하면 정리 3.2의 결과를 얻을 수 있다.

정리 3.2 검정통계량 F_0의 분포 : 이원분산분석 (반복이 없는 경우)

모수모형 $Y_{ij}=\mu+\alpha_i+\beta_j+\epsilon_{ij},\ i=1,2,\cdots,l\ ,\ j=1,2,\cdots,m$ 에서 오차항에 대한 가정이 성립할 때, 즉 $\epsilon_{ij}\sim i.i.d.\ N(0,\sigma^2)$ 일 때

(1) 귀무가설에 관계없이

$\dfrac{SSE}{\sigma^2}\sim\chi^2((l-1)(m-1))$이다.

(2) 귀무가설 $H_0:\alpha_1=\alpha_2=\cdots=\alpha_l=0$ 이 참이면

$\dfrac{SSTR_A}{\sigma^2}\sim\chi^2(l-1)$이고, $F_0=\dfrac{MSTR_A}{MSE}\sim F((l-1),(l-1)(m-1))$이다.

(3) 귀무가설 $H_0:\beta_1=\beta_2=\cdots=\beta_m=0$ 이 참이면

$\dfrac{SSTR_B}{\sigma^2}\sim\chi^2(m-1)$이고, $F_0=\dfrac{MSTR_B}{MSE}\sim F((m-1),(l-1)(m-1))$이다.

처리효과의 유의성 검정에서 식 (3.78)의 귀무가설 $H_0:\alpha_1=\alpha_2=\cdots=\alpha_l=0$ 이 참이라면, 즉 인자 A의 각 수준들 간의 모평균이 모두 같다면 수준별 표본평균 $\overline{Y}_{i.}\ (i=1,2,\cdots,l)$ 들은 전체 표본평균 $\overline{Y}_{..}$ 와 유사한 값을 가지게 될 것이므로 인자 A의 처리제곱합 $SSTR_A$는 0에 가까울 것이며, 반대로 모평균의 수준들 간의 차이가 클수록 $SSTR_A$ 은 커지게 될 것이다. 따라서 가설 (3.78)을 검정할 때 $F_0=\dfrac{MSTR_A}{MSE}$의 값이 크다는 것은 인자 A의 수준별 모평균들 간의 차이가 심하다는 것을 의미한다. 따라서, 유의수준 α에서 검정통계량 F_0의 관측값 f_0^*가 $f_0^*\ge F_\alpha(l-1,n-l)$이거나 $P(F_0\ge f_0^*)<\alpha$이면 귀무

가설 H_0 를 기각하고, 그렇지 않으면 H_0 를 채택하게 된다. 마찬가지 방법으로 검정통계량 $F_0 = \dfrac{MSTR_B}{MSE}$ 를 이용하여 인자 B 의 효과를 검정하기 위한 가설 (3.79)를 검정할 수 있다.

[처리효과에 대한 가설검정] 이원분산분석 : 반복이 없는 경우

모수모형 $Y_{ij} = \mu + \alpha_i + \beta_j + \epsilon_{ij},\ i = 1, 2, \cdots, l,\ j = 1, 2, \cdots, m$ 에서

(1) 인자 A 의 처리효과에 관한 가설

$$H_0: \alpha_1 = \alpha_2 = \cdots = \alpha_l = 0\ ,\ H_1: \text{적어도 한 개의 } \alpha_i \text{ 는 0이 아니다.}$$

에 대하여 검정통계량 $F_0 = \dfrac{MSTR_A}{MSE}$ 를 이용한 기각역과 p-값은 다음과 같다.

- 유의수준 α 에서의 기각역 : $f_0 \ge F_\alpha(l-1, (l-1)(m-l))$
- 검정통계량 F_0의 관측값 f_0^* 에 대한 p-값 : $p-$ 값 $= P(F_0 \ge f_0^*)$
- 유의수준 α 에서의 검정방법 : 표본으로부터 계산된 검정통계량의 관측값 f_0^*가

  $f_0^* \ge F_\alpha(l-1, (l-1)(m-1))$ 또는 p-값$= P(F_0 \ge f_0^*) < \alpha$ 이면 H_0를 기각

  $f_0^* < F_\alpha(l-1, (l-1)(m-1))$ 또는 p-값$= P(F_0 \ge f_0^*) \ge \alpha$ 이면 H_0를 채택

(2) 인자 B의 처리효과에 관한 가설

$$H_0: \beta_1 = \beta_2 = \cdots = \beta_m = 0\ ,\ H_1: \text{적어도 한 개의 } \beta_j \text{ 는 0이 아니다.}$$

에 대하여 검정통계량 $F_0 = \dfrac{MSTR_B}{MSE}$ 를 이용한 기각역과 p-값은 다음과 같다.

- 유의수준 α 에서의 기각역 : $f_0 \ge F_\alpha(m-1, (l-1)(m-l))$
- 검정통계량 F_0의 관측값 f_0^* 에 대한 p-값 : $p-$ 값 $= P(F_0 \ge f_0^*)$
- 유의수준 α 에서의 검정방법 : 표본으로부터 계산된 검정통계량의 관측값 f_0^*가

  $f_0^* \ge F_\alpha(m-1, (l-1)(m-1))$ 또는 p-값$= P(F_0 \ge f_0^*) < \alpha$ 이면 H_0를 기각

  $f_0^* < F_\alpha(m-1, (l-1)(m-1))$ 또는 p-값$= P(F_0 \ge f_0^*) \ge \alpha$ 이면 H_0를 채택

예제 3.7 자동차와 연료 첨가제의 종류에 따라 연비에 차이가 있는지를 검정하기 위해 차종과 연료 첨가제를 인자로 반복이 없는 이원배치의 실험을 시행하였다. 서로 다른 5가지 종류의 자동차 $M1$, $M2$, $M3$, $M4$, $M5$ 와 3종류의 연료 첨가제 A , B , C 를 대상으로 15회의

실험을 완전 랜덤화하여 시행하였으며 다음과 같은 자료를 얻었다. 분산분석표를 작성하고, 유의수준 $\alpha = 0.05$에서 자동차와 연료 첨가제의 처리효과에 대한 유의성 검정을 하여라.

첨가제 \ 자동차 종류	$M1$	$M2$	$M3$	$M4$	$M5$	평균
A	12	15	13	14	16	14.0
B	11	12	11	12	14	12.0
C	13	18	18	22	21	18.4
평 균	12.0	15.0	14.0	16.0	17.0	14.8

풀이

이원분류 분산분석의 모수모형 $X_{ij} = \mu + \alpha_i + \beta_j + \epsilon_{ij} (i = 1,2,\cdots,5, j = 1,2,3)$에서 자동차와 첨가제의 처리효과에 대한 유의성을 검정하기 위한 가설은 각각

$$H_0 : \alpha_1 = \alpha_2 = \cdots = \alpha_5 = 0,\ H_1 : \text{적어도 하나의 } \alpha_i \text{는 0이 아니다.}$$
$$H_0 : \beta_1 = \beta_2 = \beta_3 = 0,\ H_1 : \text{적어도 하나의 } \beta_j \text{는 0이 아니다}$$

와 같고 분산분석표는 다음과 같이 계산되어 진다.

요인	제곱합	자유도	평균제곱합	F_0
자동차 종류	44.4	4	11.1	4.269
첨가제	107.2	2	53.6	20.615
오차	20.8	8	2.6	
전체	172.4	14		

따라서 자동차의 종류에 대한 유의수준 $\alpha = 0.05$에서의 기각역은 $f_0 > F_{0.05}(4,8) = 3.838$이므로 귀무가설 $H_0 : \alpha_1 = \alpha_2 = \cdots = \alpha_5 = 0$을 기각할 수 있다. 즉 자동차의 종류에 따라 연비의 차이가 있다고 할 수 있다. 또한 첨가제의 종류에 대한 기각역은 $f_0 > F_{0.05}(2,8) = 4.459$이므로 귀무가설 $H_0 : \beta_1 = \alpha_2 = \beta_3 = 0$을 기각할 수 있다. 즉 첨가제의 종류에 따라 연비의 차이가 있다고 할 수 있다.

R 실습 3.6 R 프로그램을 이용하여 [예제 3.7]의 두 인자의 처리효과에 대한 유의성을 검정하여라.

풀이

[R 프로그램 3.6] 이원분산분석 : 반복이 없는 경우

```
efficiency=c(12, 11, 13, 15, 12, 18, 13, 11, 18, 14, 12, 22, 16, 14, 21)
```

```
car=c(rep("M1", 3), rep("M2",3), rep("M3",3), rep("M4",3), rep("M5",3))
additive=rep(c("A", "B", "C"), 5)
anova.result=aov(efficiency~car+additive)
summary(anova.result)
```

- 실험으로 관측된 연비와 자동차 및 첨가제의 종류를 순서에 맞게 각각 $efficiency$와 car, $additive$라는 이름으로 저장하고 분산분석을 위해 aov() 함수를 사용하였다. 이때 반복이 없는 이원분산분석을 위한 모형은 Y~X1+X2와 같고, 여기서 Y는 반응변수를, X1, X2는 인자를 각각 나타낸다.
- 분산분석표의 출력을 위해 summary() 함수를 사용하면 [그림 3.10]과 같은 결과를 구할 수 있으며, 이 결과는 예제 3.7의 결과와 동일함을 알 수 있다.

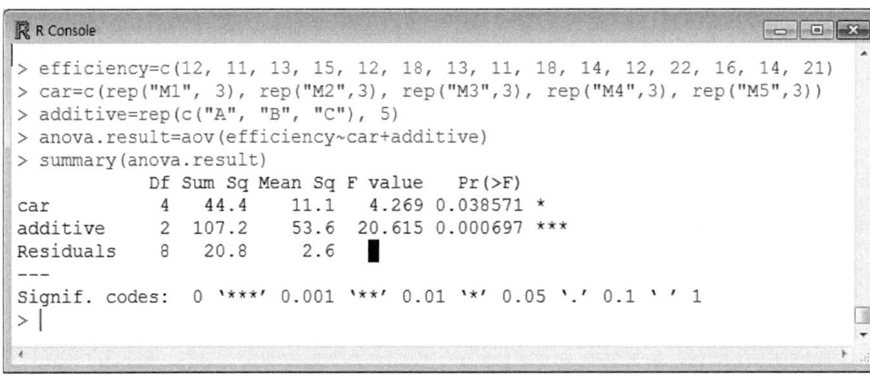

```
> efficiency=c(12, 11, 13, 15, 12, 18, 13, 11, 18, 14, 12, 22, 16, 14, 21)
> car=c(rep("M1", 3), rep("M2",3), rep("M3",3), rep("M4",3), rep("M5",3))
> additive=rep(c("A", "B", "C"), 5)
> anova.result=aov(efficiency~car+additive)
> summary(anova.result)
            Df Sum Sq Mean Sq F value   Pr(>F)
car          4   44.4    11.1   4.269 0.038571 *
additive     2  107.2    53.6  20.615 0.000697 ***
Residuals    8   20.8     2.6
---
Signif. codes:  0 '***' 0.001 '**' 0.01 '*' 0.05 '.' 0.1 ' ' 1
>
```

[그림 3.10] 반복이 없는 이원분산분석의 유의성 검정 결과 (R 프로그램 3.6)

3.4.3 통계적 모형에서 모수의 추정

3.2절의 일원분산분석에서와 마찬가지로 최소제곱추정법을 이용하여 이원분산분석의 모수에 대하여 추정하도록 하자.

(1) 점추정

오차항의 제곱합

$$S(\mu, \alpha_1, \cdots, \alpha_l, \beta_1, \cdots, \beta_m) = \sum_{i=1}^{l}\sum_{j=1}^{m}(\epsilon_{ij})^2 = \sum_{i=1}^{l}\sum_{j=1}^{m}(Y_{ij} - \mu - \alpha_i - \beta_j)^2 \tag{3.83}$$

를 최소화하는 μ, α_i, β_j 의 값들을 구하기 위해서는 $S(\mu, \alpha_1, \cdots, \alpha_l, \beta_1, \cdots, \beta_m)$를 각각의 모수에 대하여 편미분하여 구한 다음의 정규방정식(normal equations)을 풀어야 한다.

$$\begin{aligned} &\frac{\partial}{\partial \mu} S(\mu, \alpha_1, \cdots, \alpha_l, \beta_1, \cdots, \beta_m) = -2 \sum_{i=1}^{l} \sum_{j=1}^{m} (Y_{ij} - \mu - \alpha_i - \beta_j) = 0 \\ &\frac{\partial}{\partial \alpha_i} S(\mu, \alpha_1, \cdots, \alpha_l, \beta_1, \cdots, \beta_m) = -2 \sum_{j=1}^{m} (Y_{ij} - \mu - \alpha_i - \beta_j) = 0, \ i = 1, 2, \cdots, l \\ &\frac{\partial}{\partial \beta_j} S(\mu, \alpha_1, \cdots, \alpha_l, \beta_1, \cdots, \beta_m) = -2 \sum_{i=1}^{l} (Y_{ij} - \mu - \alpha_i - \beta_j) = 0, \ j = 1, 2, \cdots, m \end{aligned} \tag{3.84}$$

이때 $\sum_{i=1}^{l} \alpha_i = 0$, $\sum_{j=1}^{m} \beta_j = 0$ 의 조건을 이용하면 다음과 같은 추정량을 얻게 된다.

$$\begin{aligned} &\hat{\mu} = \overline{Y}_{..} = \frac{1}{lm} \sum_{i=1}^{l} \sum_{j=1}^{m} Y_{ij} \\ &\hat{\alpha}_i = \overline{Y}_{i.} - \overline{Y}_{..} = \frac{1}{m} \sum_{j=1}^{m} Y_{ij} - \frac{1}{lm} \sum_{i=1}^{l} \sum_{j=1}^{m} Y_{ij}, \ i = 1, 2, \cdots, l \\ &\hat{\beta}_j = \overline{Y}_{.j} - \overline{Y}_{..} = \frac{1}{l} \sum_{i=1}^{l} Y_{ij} - \frac{1}{lm} \sum_{i=1}^{l} \sum_{j=1}^{m} Y_{ij}, \ j = 1, 2, \cdots, m \end{aligned} \tag{3.85}$$

식 (3.72)와 (3.73)으로부터 인자 A의 i번째 수준에서의 모평균 $\mu_{i.}$과 인자 B의 j번째 수준에서의 모평균을 $\mu_{.j}$에 대한 추정량은 각각

$$\begin{aligned} &\hat{\mu}_{i.} = \hat{\mu} + \hat{\alpha}_i = \overline{Y}_{..} + (\overline{Y}_{i.} - \overline{Y}_{..}) = \overline{Y}_{i.}, \ i = 1, 2, \cdots, l \\ &\hat{\mu}_{.j} = \hat{\mu} + \hat{\beta}_j = \overline{Y}_{..} + (\overline{Y}_{.j} - \overline{Y}_{..}) = \overline{Y}_{.j}, \ i = 1, 2, \cdots, l \end{aligned} \tag{3.86}$$

으로 구해지고, 인자 A의 i번째 수준과 인자 B의 j번째 수준에서의 모평균 μ_{ij}와 오차항 ϵ_{ij}에 대한 추정량은

$$\begin{aligned} &\hat{\mu}_{ij} = \hat{\mu} + \hat{\alpha}_i + \hat{\beta}_j = \overline{Y}_{i.} + \overline{Y}_{.j} - \overline{Y}_{..}, \ i = 1, 2, \cdots, l, \ j = 1, 2, \cdots, m \\ &\hat{\epsilon}_{ij} = Y_{ij} - \hat{\mu} - \hat{\alpha}_i - \hat{\beta}_j = Y_{ij} - \overline{Y}_{i.} - \overline{Y}_{.j} + \overline{Y}_{..} \ \ i = 1, 2, \cdots, l, \ j = 1, 2, \cdots, m \end{aligned} \tag{3.87}$$

으로 구해진다. 또한 정리 3.2의 결과를 이용하면 σ^2 의 불편추정량을

$$\hat{\sigma}^2 = MSE = \frac{SSE}{(l-1)(m-1)} = \frac{\sum_{i=1}^{l}\sum_{j=1}^{m}\left(Y_{ij} - \overline{Y}_{i.} - \overline{Y}_{.j} + \overline{Y}_{..}\right)^2}{(l-1)(m-1)} \tag{3.88}$$

와 같이 구할 수 있다.

[이원분산분석의 모수에 대한 점추정] : 반복이 없는 경우

이원분산분석의 모수에 대한 점추정은 다음과 같다.

- $\hat{\mu} = \overline{Y}_{..}$, $\hat{\alpha}_i = \overline{Y}_{i.} - \overline{Y}_{..}(i = 1,2,\cdots,l)$, $\hat{\beta}_j = \overline{Y}_{.j} - \overline{Y}_{..}(j = 1,2,\cdots,m)$
- $\hat{\mu}_{i.} = \overline{Y}_{i.}(i = 1,2,\cdots,l)$, $\hat{\mu}_{.j} = \overline{Y}_{.j}(j = 1,2,\cdots,m)$
- $\hat{\mu}_{ij} = \overline{Y}_{i.} + \overline{Y}_{.j} - \overline{Y}_{..}$, $i = 1,2,\cdots,l$, $j = 1,2,\cdots,m$
- $\hat{\sigma}^2 = MSE = \frac{\sum_{i=1}^{l}\sum_{j=1}^{m}\left(Y_{ij} - \overline{Y}_{i.} - \overline{Y}_{.j} + \overline{Y}_{..}\right)^2}{(l-1)(m-1)}$
- $\hat{\epsilon}_{ij} = Y_{ij} - \overline{Y}_{i.} - \overline{Y}_{.j} + \overline{Y}_{..}$, $i = 1,2,\cdots,l$, $j = 1,2,\cdots,m$

(2) 구간추정

오차항의 정규성 가정으로부터 $\mu_{i.}$ 의 추정량 $\hat{\mu}_{i.} = \overline{Y}_{i.}$ 의 확률분포는

$$\overline{Y}_{i.} \sim N\left(\mu_{i.}, \frac{\sigma^2}{m}\right), \ i = 1,2,\cdots,l \tag{3.89}$$

이고, 이로부터 서로 독립인 두 표본평균의 차 $\overline{Y}_{i.} - \overline{Y}_{k.}$ 의 확률분포는

$$\overline{Y}_{i.} - \overline{Y}_{k.} \sim N\left(\mu_{i.} - \mu_{k.}, \frac{2\sigma^2}{m}\right), \ i \neq k \tag{3.90}$$

으로 구해진다. 정리 3.2와 t 분포에 관한 정의 1.25로부터

$$T = \frac{\frac{\overline{Y}_{i.} - \mu_{i.}}{\sigma/\sqrt{m}}}{\sqrt{\frac{SSE}{\sigma^2}/(l-1)(m-1)}} = \frac{\overline{Y}_{i.} - \mu_{i.}}{\sqrt{MSE/m}} \sim t((l-1)(m-1)), \ i = 1,2,\cdots,l \tag{3.91}$$

임을 알 수 있으며, 마찬가지 방법으로 T 확률변량

$$T=\frac{(\overline{Y}_{i.}-\overline{Y}_{k.})-(\mu_{i.}-\mu_{k.})}{\sqrt{2MSE/m}}\sim t((l-1)(m-1)),\ i\neq k \tag{3.92}$$

의 분포를 구할 수 있다.

정리 3.2의 결과를 이용하면 $\hat{\mu}_{.j}=\overline{Y}_{.j}$와 서로 독립인 두 표본평균의 차 $\overline{Y}_{.j}-\overline{Y}_{.k}$의 확률분포 또한 유사한 방법으로 구할 수 있다. 더불어 $\hat{\mu}_{ij}=\overline{Y}_{i.}+\overline{Y}_{.j}-\overline{Y}_{..}$ 의 확률분포는

$$\overline{Y}_{i.}+\overline{Y}_{.j}-\overline{Y}_{..}\sim N(\mu_{ij},\sigma^2/n_e)\ \text{, 여기서 } n_e=lm/(l+m-1) \tag{3.93}$$

이고 T 확률변량의 분포를

$$T=\frac{(\overline{Y}_{i.}+\overline{Y}_{.j}-\overline{Y}_{..})-\mu_{ij}}{\sqrt{MSE/n_e}}\sim t((l-1)(m-1)),i=1,2,\cdots,l\ ,\ j=1,2,\cdots,m \tag{3.94}$$

와 같이 구할 수 있다. 이러한 결과를 이용하면 이원분산분석의 모수에 대한 $100(1-\alpha)\%$ 신뢰구간은 다음과 같이 구해진다.

[이원분산분석의 모수에 대한 구간추정] : 반복이 없는 경우

- 이원분산분석의 모수 $\mu_{i.}$에 대한 $100(1-\alpha)\%$ 신뢰구간은

$$\left[\overline{Y}_{i.}-t_{\alpha/2}((l-1)(m-1))\sqrt{\frac{MSE}{m}},\ \overline{Y}_{i.}+t_{\alpha/2}((l-1)(m-1))\sqrt{\frac{MSE}{m}}\ \right]$$

와 같고, $\mu_{i.}-\mu_{k.}\,(i\neq k)$ 에 대한 $100(1-\alpha)\%$ 신뢰구간은

$$\left[(\overline{Y}_{i.}-\overline{Y}_{k.})-t_{\alpha/2}((l-1)(m-1))\sqrt{\frac{2MSE}{m}},\ (\overline{Y}_{i.}-\overline{Y}_{k.})\right.$$
$$\left.+t_{\alpha/2}((l-1)(m-1))\sqrt{\frac{2MSE}{m}}\ \right]$$

와 같다.

• 이원분산분석의 모수 $\mu_{.j}$에 대한 $100(1-\alpha)\%$ 신뢰구간은

$$\left[\overline{Y}_{.j}-t_{\alpha/2}((l-1)(m-1))\sqrt{\frac{MSE}{l}},\ \overline{Y}_{.j}+t_{\alpha/2}((l-1)(m-1))\sqrt{\frac{MSE}{l}}\ \right]$$

와 같고, $\mu_{.j}-\mu_{.k}(j \neq k)$ 에 대한 $100(1-\alpha)\%$ 신뢰구간은

$$\left[\left(\overline{Y}_{.j}-\overline{Y}_{.k}\right)-t_{\alpha/2}((l-1)(m-1))\sqrt{\frac{2MSE}{l}},\ \left(\overline{Y}_{.j}-\overline{Y}_{.k}\right)\right.$$
$$\left.+\ t_{\alpha/2}((l-1)(m-1))\sqrt{\frac{2MSE}{l}}\ \right]$$

와 같다.

• 이원분산분석의 모수 μ_{ij}에 대한 $100(1-\alpha)\%$ 신뢰구간은

$$\left[\left(\overline{Y}_{i.}+\overline{Y}_{.j}-\overline{Y}_{..}\right)-t_{\alpha/2}((l-1)(m-1))\sqrt{\frac{MSE}{n_e}},\left(\overline{Y}_{i.}+\overline{Y}_{.j}-\overline{Y}_{..}\right)\right.$$
$$\left.+\ t_{\alpha/2}((l-1)(m-1))\sqrt{\frac{MSE}{n_e}}\ \right]$$

와 같다. 여기서 $n_e = lm/(l+m-1)$이다.

3.5 이원분산분석 : 반복이 없는 혼합모형(난괴법)

이제 하나의 인자는 모수이고 또 다른 인자는 변량인 반복이 없는 이원배치법의 분산분석에 대하여 알아보도록 하자. 여기서는 편의상 인자 A를 모수인자라고 하고 인자 B를 변량인자라고 하겠다. 일반적으로 실험을 설계할 때에는 방해요인에 의한 변동이 실험결과에 영향을 미칠 수 있으므로 랜덤화를 통해 이러한 방해요인을 제어하게 된다. 그러나 방해요인을 조절할 수 있는 경우에는 블록화(blocking) 기법을 이용하여 처리간 비교에 영향을 주는 요인을 제거해 주어야 할 필요가 있다.

블록설계 중 가장 많이 사용되는 설계 방식은 난괴법(randomized block design)으로, 이는 실험의 균일성을 가정할 수 없는 경우 성질이 유사한 실험단위들 끼리 묶어서 블록을 만들고, 각 블록 안에서 모든 처리방법들을 랜덤하게 배치하는 실험방법이다. 난괴법은 R.A. Fisher에 의해 도입된 것으로 그 이름은 농사시험에서 유래하였다. 예를 들어, l개의

벼 품종(모수인자 A)에 따른 수확량을 실험하는 경우 논의 비옥도(변량인자 B)라는 방해 요인이 실험의 결과에 영향을 미칠 수 있으므로 논을 비옥도가 다를 것으로 예상되는 m 개의 블록으로 나누고 각 블록을 l 개의 구획으로 나누어 시험하려는 품종 $A_1, A_2, \cdots, A_l$ 을 각 블록마다 각 구획에 랜덤하게 배치하여 실험을 진행하는 것이 좋은 예이다.

3.5.1 자료구조와 통계적 모형

난괴법의 자료구조는 두 인자가 모두 모수인 경우의 자료구조인 <표 3.3>과 거의 동일하다. 그러나 반복이 없는 이원배치법의 통계적 모형

$$Y_{ij} = \mu + \alpha_i + \beta_j + \epsilon_{ij},\ i = 1, 2, \cdots, l,\ j = 1, 2, \cdots, m \tag{3.95}$$

에서 α_i 는 모수인자 A 의 i 번째 처리효과로 $\sum_{i=1}^{l} \alpha_i = 0$을 만족하는 고정효과를 나타내지만 β_j 는 j 번째 블록효과로 변량효과를 나타낸다. 즉, β_j 는 오차항 ϵ_{ij} 와 서로 독립인 확률변수로

$$\beta_j \sim N(0, \sigma_\beta^2),\ j = 1, 2, \cdots, m \tag{3.96}$$

와 같이 가정하며 일반적으로 $\sum_{j=1}^{m} \beta_j \neq 0$ 이다.

[이원분산분석의 혼합모형(난괴법)] : 반복이 없는 경우

$Y_{ij} = \mu + \alpha_i + \beta_j + \epsilon_{ij},\ i = 1, 2, \cdots, l,\ j = 1, 2, \cdots, m$

- μ : 전체 모평균
- α_i : 인자 A 의 i 번째 처리효과로 고정효과, $\sum_{i=1}^{l} \alpha_i = 0$
- β_j : j 번째 블록교과로 변량효과,

  $\beta_j \sim N(0, \sigma_\beta^2)$ 이고 ϵ_{ij} 와 서로 독립인 확률변수로 가정
- ϵ_{ij} : 랜덤오차로서 서로 독립이며 정규분포 $N(0,\ \sigma^2)$를 따른다고 가정

3.5.2 분산분석을 이용한 처리효과의 유의성 검정

난괴법에서 관심있는 문제는 처리효과 및 블록효과의 존재 여부이다. 처리효과에 대한 가설은 식 (3.78)과 동일하게

$$H_0: \alpha_1 = \alpha_2 = \cdots = \alpha_l = 0\ ,\ H_1: \text{적어도 한 개의 } \alpha_i \text{ 는 } 0 \text{ 이 아니다.} \tag{3.97}$$

와 같이 설정할 수 있으며, 블록효과에 대한 가설은 변량모형의 가설 (3.67)에서처럼

$$H_0: \sigma_\beta^2 = 0\ , \qquad H_0: \sigma_\beta^2 > 0 \tag{3.98}$$

와 같이 설정할 수 있다. 두 가설에 대한 유의성 검정은 <표 3.4>의 이원분산분석표와 정리 3.2의 검정 통계량 F_0를 이용하여 시행할 수 있다. 이때 블록 간에 차이가 없는 경우에는 블록간의 변동을 오차항에 넣어주면 일원배치와 같게 되며, 이를 오차항에 풀링(pooling) 한다고 한다.

R 실습 3.7 5종류의 비료에 대한 생산효과를 알아보기 위하여 3개의 블록(논)을 이용한 난괴법에 의한 실험을 진행하였으며 다음과 같은 생산량의 결과를 얻었다. 이 자료에 근거하여 블록과 비료의 종류에 따라 생산량의 차이가 있다고 할 수 있는지를 유의수준 $\alpha = 0.05$ 에서 검정하여라.

블록(논) \ 비료 종류	A_1	A_2	A_3	A_4	A_5	평균
B_1	15.9	13.3	12.5	13.2	16.5	14.3
B_2	15.2	12.2	11.1	14.3	19.5	14.5
B_3	16.0	10.1	9.3	11.0	14.2	12.1
평균	15.7	11.9	11.0	12.8	16.7	13.6

풀이

[R 프로그램 3.7] 이원분산분석 : 반복이 없는 경우

```
product = c(15.9, 13.3, 12.5, 13.2, 16.5, 15.2, 12.2, 11.1, 14.3, 19.5, 16.0,
            10.1, 9.3, 11.0, 14.2)
block = c(rep("B1", 5), rep("B2", 5), rep("B3", 5))
```

```
treatmentA = as.factor(rep(c("A1", "A2", "A3", "A4", "A5"), 3))
rbd.data = data.frame(product, block, treatmentA)
result = lm(product ~ block + treatmentA, rbd.data)
anova(result)
```

- 분산분석을 위해서는 aov() 함수 외에 lm() 함수를 이용할 수 있다. 여기서는 관측된 생산량과 블록 및 비료의 종류를 순서에 맞게 각각 $product$와 $block$, $treatment\,A$라는 이름으로 저장하고 분산분석을 위해 lm() 함수를 사용하였다. lm() 함수에서도 반복이 없는 이원분산분석을 위한 모형은 Y~X1+X2와 같고, 여기서 Y는 반응변수를, X1, X2는 인자를 각각 나타낸다.
- lm() 함수를 이용한 분산분석의 결과는 anova() 함수를 사용하여 출력할 수 있으며, 그 결과는 [그림 3.11]과 같다. 이로부터 블록 및 비료의 종류에 따른 생산량에 유의한 차이가 있음을 알 수 있다.

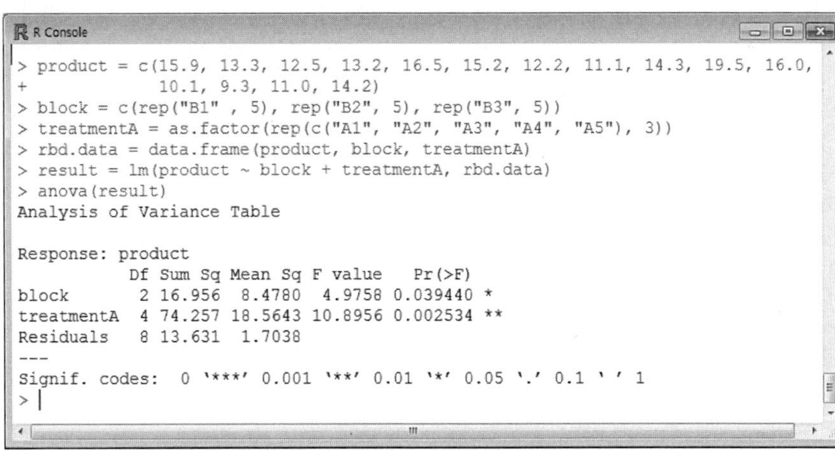

[그림 3.11] 반복이 없는 이원분산분석의 유의성 검정 결과 (R 프로그램 3.7)

3.5.3 통계적 모형에서 모수의 추정

반복이 없는 이원분산분석에서 모수모형과 난괴법의 차이점은 분산분석 후의 추정에 있다고 할 수 있다. 난괴법에서는 인자 B가 변량이므로 이에 대한 모평균의 추정은 전혀 의미가 없으며 대신 분산 σ_β^2의 추정값을 구할 필요가 있다.

(1) 점추정

모수모형에서처럼 난괴법의 모수에 대한 추정량을 구하면 다음과 같다.

[이원분산분석의 모수에 대한 점추정] : 반복이 없는 경우(난괴법)

난괴법의 모수에 대한 점추정은 다음과 같다.

- $\hat{\mu}= \overline{Y}_{..}$, $\hat{\alpha}_i = \overline{Y}_{i.} - \overline{Y}_{..}(i=1,2,\cdots,l)$
- $\hat{\mu}_{i.} = \overline{Y}_{i.}(i=1,2,\cdots,l)$
- $\hat{\sigma}^2 = MSE, \quad \hat{\sigma}_\beta^2 = \dfrac{MSTR_B - MSE}{l}$
- $\hat{\epsilon}_{ij} = Y_{ij} - \overline{Y}_{i.} - \overline{Y}_{.j} + \overline{Y}_{..}, \ i=1,2,\cdots,l, \ j=1,2,\cdots,m$

(2) 구간추정

추정량 $\hat{\mu}_{i.} = \overline{Y}_{i.}$ 는 식 (3.95)로부터

$$\overline{Y}_{i.} = \mu + \alpha_i + \overline{\beta} + \overline{\epsilon}_{i.}, \text{ 여기서 } \overline{\beta} = \frac{1}{m}\sum_{j=1}^{m}\beta_j \text{이고 } \overline{\epsilon}_{i.} = \frac{1}{m}\sum_{j=1}^{m}\epsilon_{ij} \tag{3.99}$$

와 같이 표현할 수 있다. 따라서 $\overline{Y}_{i.}$ 의 기댓값과 분산은 각각

$$E(\overline{Y}_{i.}) = \mu + \alpha_i = \mu_{i.}, \ Var(\overline{Y}_{i.}) = Var(\overline{\beta}) + Var(\overline{\epsilon}_{i.}) = \frac{\sigma_\beta^2}{m} + \frac{\sigma^2}{m} \tag{3.100}$$

이므로

$$\overline{Y}_{i.} \sim N\left(\mu_{i.}, \frac{\sigma_\beta^2}{m} + \frac{\sigma^2}{m}\right), \ i=1,2,\cdots,l \tag{3.101}$$

이고, $\overline{Y}_{i.} - \overline{Y}_{k.}$ 의 확률분포는

$$\overline{Y}_{i.} - \overline{Y}_{k.} \sim N\left(\mu_{i.} - \mu_{k.}, \frac{2\sigma^2}{m}\right), \ i \neq k \tag{3.102}$$

으로 구해진다. 이러한 확률분포를 이용하여 모수모형과 동일한 방법으로 신뢰구간을 구하면 다음과 같다.

[이원분산분석의 모수에 대한 구간추정] : 반복이 없는 경우(난괴법)

난괴법의 모수 $\mu_{i.}$에 대한 $100(1-\alpha)\%$ 신뢰구간은

$$\left[\overline{Y}_{i.}-t_{\alpha/2}(\psi)\sqrt{\frac{MSTR_B+(l-1)MSE}{lm}},\ \overline{Y}_{i.}+t_{\alpha/2}(\psi)\sqrt{\frac{MSTR_B+(l-1)MSE}{lm}}\right]$$

와 같고, $\mu_{i.}-\mu_{k.}\,(i\neq k)$ 에 대한 $100(1-\alpha)\%$ 신뢰구간은

$$\left[\left(\overline{Y}_{i.}-\overline{Y}_{k.}\right)-t_{\alpha/2}((l-1)(m-1))\sqrt{\frac{2MSE}{m}},\ \left(\overline{Y}_{i.}-\overline{Y}_{k.}\right)+t_{\alpha/2}((l-1)(m-1))\sqrt{\frac{2MSE}{m}}\right]$$

와 같다. 여기서 ψ는 새터스웨이트에 의하여 제안된 자유도로

$$\psi=\frac{(MSTR_B+(l-1)MSE)^2}{\dfrac{(MSTR_B)^2}{m-1}+\dfrac{((l-1)MSE)^2}{l-1}}$$

이다.

3.6 이원분산분석 : 반복이 있는 모수모형

실험을 계획할 때 가능하면 각 수준의 조합에서 2회 이상의 실험을 시행하는 것이 바람직하다. 이원배치법에서도 반복이 있는 경우에는 인자의 조합에 따른 효과 즉, 교호작용(interaction)을 분리하여 검출할 수 있으므로 인자의 처리효과에 대한 검출이 좋아지는 이점이 있다.

교호작용이란 2인자 이상의 특정한 인자수준의 조합에서 서로 복잡하게 얽혀 일어나는 효과를 말한다. 예를 들어, 예를 들어 강철의 강도가 탄소 함유량과 담금 온도에 따라 어떻게 변화하는지에 대한 실험에서 탄소 함유량은 적지만 담금 온도가 높을수록 철강의 강도가 높아지고, 반대로 탄소 함유량은 많지만 담금 온도가 낮을수록 철강의 강도가 높아지는 현상이 발생할 경우 이것은 바로 두 인자 사이의 교호작용에 의해서 생겨나는 효과가 되는 것이다. 두 요인 사이의 교호작용 존재여부는 두 요인의 모든 수준에서 평균값을 계산하여 그래프를 그려 봄으로써 개략적으로 알 수 있다. 즉, 평균값에 대한 그래프에서 두 직선이 평행인 경우에는 교호작용이 없다고 보며, 평행상태에서 심하게 벗어나거나 교

차하는 경우는 교호작용이 존재한다고 할 수 있다. 예를 들어, 어떤 일을 배우는데 걸리는 시간을 연령(10대, 30대, 50대)과 성별(남, 여)에 따라 조사하여 그 평균값을 계산한 후, 이를 그래프로 나타낸 결과가 [그림 3.12]과 같다고 하자. 이때 그림 (a)의 경우 남자와 여자 모두 일을 배우는데 걸리는 시간 차이가 모든 수준에서 4시간으로 일정하기 때문에 두 직선은 평행으로 나타나며, 이것은 두 인자 사이에 교호작용이 존재하지 않는다는 것을 의미하는 것이다. 반면에 그림 (b)의 경우 성별에 따라 일을 배우는데 걸리는 시간에서 서로 차이가 나며 또한 각 연령대에서도 서로 차이가 있어 평균값들을 연결한 직선은 서로 교차하여 나타나고 있다. 이것은 두 인자 사이에 교호작용이 존재하고 있기 때문에 이러한 현상이 나타나고 있음을 의미하는 것이 된다.

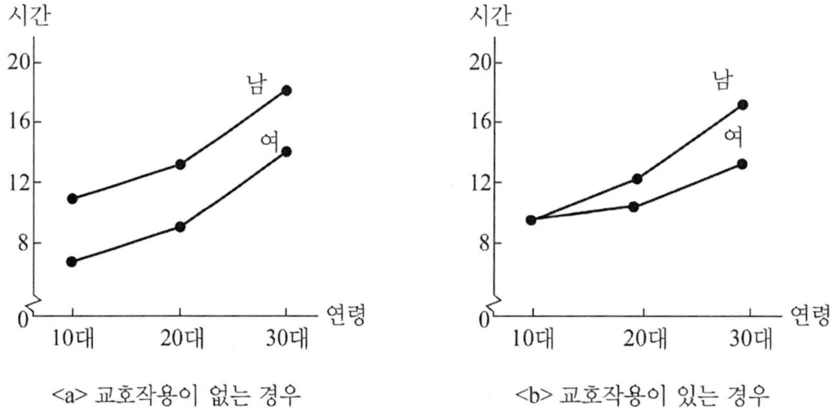

[그림 3.12] 각 수준조합에서의 평균값에 대한 그래프

3.6.1 자료구조와 통계적 모형

두 개의 모수인자 A와 B가 각각 l개와 m개의 수준을 가지고, 각 처리에 해당하는 모집단으로부터 각각 독립적으로 r개의 표본을

$$Y_{ijk}\,,\ i=1,2,\cdots,l\,,\ j=1,2,\cdots,m\,,\ k=1,2,\cdots,r \tag{3.103}$$

와 같이 얻었다고 하자. <표 3.5>는 이러한 자료의 배치구조를 보여주고 있다. 여기서 $\overline{Y}_{ij.}=\frac{1}{r}\sum_{k=1}^{r}Y_{ijk}$는 인자 A의 i번째 수준과 인자 B의 j번째 수준에 대한 표본평균을,

$\overline{Y}_{i..} = \frac{1}{mr}\sum_{j=1}^{m}\sum_{k=1}^{r} Y_{ijk}$ 는 인자 A 의 i 번째 수준에서의 표본평균을, $\overline{Y}_{.j.} = \frac{1}{lr}\sum_{i=1}^{l}\sum_{k=1}^{r} Y_{ijk}$ 는 인자 B 의 j 번째 수준에서의 표본평균을 나타내고 $\overline{Y}_{...} = \frac{1}{lmr}\sum_{i=1}^{l}\sum_{j=1}^{m}\sum_{k=1}^{r} Y_{ijk}$ 는 전체 표본평균을 나타낸다.

〈표 3.5〉 이원배치법의 자료구조(처리내의 측정수가 둘 이상인 경우)

구분		인자 A의 수준				표본평균
		A_1	A_2	$\cdots$	A_l	
인자 B의 수준	B_1	Y_{111} Y_{112} $\vdots$ Y_{11r}	Y_{211} Y_{212} $\vdots$ Y_{21r}	$\cdots$	Y_{l11} Y_{l12} $\vdots$ Y_{l1r}	$\overline{Y}_{.1.}$
	B_2	Y_{121} Y_{122} $\vdots$ Y_{12r}	Y_{221} Y_{222} $\vdots$ Y_{22r}	$\cdots$	Y_{l21} Y_{l22} $\vdots$ Y_{l2r}	$\overline{Y}_{.2.}$
	$\vdots$	$\vdots$	$\vdots$	$\vdots$	$\vdots$	$\vdots$
	B_m	Y_{1m1} Y_{1m2} $\vdots$ Y_{1mr}	Y_{2m1} Y_{2m2} $\vdots$ Y_{2mr}	$\cdots$	Y_{lm1} Y_{lm2} $\vdots$ Y_{lmr}	$\overline{Y}_{.m.}$
표본평균		$\overline{Y}_{1..}$	$\overline{Y}_{2..}$	$\cdots$	$\overline{Y}_{l..}$	$\overline{Y}_{...}$

반복이 있는 이원배치법에서는 lmr 회의 전체 실험을 랜덤하게 시행하여야 한다. 만약 인자수준들의 조합에 대한 lm 회만 랜덤하게 선택하고 각각의 수준조합에서 r 번의 반복

실험을 계속하여 실험하는 경우에는 랜덤화의 원칙에 맞지 않으며, 이러한 경우에는 다른 분석방법[13)]을 적용하여 자료를 분석하여야 한다.

반응값 Y_{ijk} 는 인자 A 의 i번째 수준과 인자 B 의 j번째 수준에서 k번째로 수집되는 관측값으로

$$Y_{ijk} = \mu_{ij} + \epsilon_{ijk},\ i = 1, 2, \cdots, l,\ j = 1,2,\cdots,m,\ k = 1, 2, \cdots, r \tag{3.104}$$

와 같은 통계적 모형으로 나타낼 수 있다. 여기서 μ_{ij}는 인자 A 의 i번째 수준과 인자 B 의 j번째 수준에 해당하는 처리에서의 모평균을 나타내고, ϵ_{ijk}는 Y_{ijk}를 측정할 때 발생하는 오차로 서로 독립적으로 발생하며 정규분포 $N(0,\ \sigma^2)$를 따른다고 가정한다.

반복이 있는 경우에는 두 인자 사이의 교호작용을 검출할 수 있으므로 식 (3.104)의 모형은 반복이 없는 이원분산분석의 모형 (3.74)에 교호작용효과 $(\alpha\beta)_{ij}$

$$(\alpha\beta)_{ij} = \mu_{ij} - (\mu + \alpha_i + \beta_j) = \mu_{ij} - \mu_{i.} - \mu_{.j} + \mu,\ i = 1, 2, \cdots, l,\ j = 1,2,\cdots,m \tag{3.105}$$

를 추가하여 다음과 같은 모형으로 표현할 수 있다.

$$Y_{ijk} = \mu + \alpha_i + \beta_j + (\alpha\beta)_{ij} + \epsilon_{ijk},\ i = 1, 2, \cdots, l,\ j = 1,2,\cdots,m,\ k = 1, 2, \cdots, r \tag{3.106}$$

이때 인자 A의 i번째 처리효과 α_i와 인자 B의 j번째 처리효과 β_j에 대해서는 $\sum_{i=1}^{l} \alpha_i = \sum_{j=1}^{m} \beta_j = 0$ 이 되고, 교호작용효과에 대해서는

$$\begin{aligned} \sum_{i=1}^{l} (\alpha\beta)_{ij} &= \sum_{i=1}^{l} (\mu_{ij} - (\mu + \alpha_i + \beta_j)) = l\,\mu_{.j} - l(\mu + \beta_j) = 0, \quad j = 1,2,\cdots,m \\ \sum_{j=1}^{m} (\alpha\beta)_{ij} &= \sum_{j=1}^{m} (\mu_{ij} - (\mu + \alpha_i + \beta_j)) = m\,\mu_{i.} - m(\mu + \alpha_i) = 0, \quad i = 1,2,\cdots,l \end{aligned} \tag{3.107}$$

이 만족된다.

13) 실험의 상황에 따른 구체적인 분석방법은 실험계획법을 통해 학습할 수 있다.

[이원분산분석의 모수모형] : 반복이 있는 경우

(1) $Y_{ijk} = \mu_{ij} + \epsilon_{ijk},\ i = 1, 2, \cdots, l,\ j = 1,2,\cdots,m,\ k = 1, 2, \cdots, r$ (모수모형 Ⅰ)

- Y_{ijk} : 인자 A의 i번째 수준과 인자 B의 j번째 수준에서의 r번째 관측값
- μ_{ij} : A의 i번째 수준과 인자 B의 j번째 수준에서의 모평균
- ϵ_{ijk} : 랜덤오차로서 서로 독립이며 정규분포 $N(0,\ \sigma^2)$를 따른다고 가정

(2) $Y_{ijk} = \mu + \alpha_i + \beta_j + (\alpha\beta)_{ij} + \epsilon_{ijk},\ i = 1,\cdots, l,\ j = 1,\cdots,m,\ k = 1,\cdots, r$ (모수모형 Ⅱ)

- μ : 전체 모평균
- α_i : 인자 A의 i번째 처리효과, $\sum_{i=1}^{l}\alpha_i = 0$
- β_j : 인자 B의 j번째 처리효과, $\sum_{j=1}^{m}\beta_j = 0$
- $(\alpha\beta)_{ij}$: 인자 A의 i번째와 인자 B의 j번째 처리에서의 교호작용효과,

$$\sum_{i=1}^{l}(\alpha\beta)_{ij} = 0\,(j = 1, \cdots, m)\ ,\ \sum_{j=1}^{m}(\alpha\beta)_{ij} = 0\,(i = 1, \cdots, l)$$

3.6.2 분산분석을 이용한 처리효과의 유의성 검정

반복이 있는 이원분산분석에서는 두 인자 A와 B의 처리효과에 대한 가설

$$\begin{aligned} &H_0: \alpha_1 = \alpha_2 = \cdots = \alpha_l = 0\ ,\ H_1: \text{적어도 한 개의 } \alpha_i \text{ 는 } 0\text{이 아니다.} \\ &H_0: \beta_1 = \beta_2 = \cdots = \beta_m = 0\ ,\ H_1: \text{적어도 한 개의 } \beta_j \text{ 는 } 0\text{이 아니다.} \end{aligned} \tag{3.108}$$

과 두 인자 사이의 교호작용효과에 대한 가설

$$\begin{aligned} &H_0: \text{모든 } i,\ j \text{ 에 대하여 } (\alpha\beta)_{ij} = 0\ , \\ &H_1: \text{적어도 한 개의 } (\alpha\beta)_{ij} \text{는 } 0\text{이 아니다.} \end{aligned} \tag{3.108}$$

에 대하여 검정을 시행할 수 있다.

반복측정이 있는 경우 편차 $Y_{ijk} - \overline{Y}_{...}$는

$$\begin{aligned} \left(Y_{ijj} - \overline{Y}_{...}\right) = &\left(\overline{Y}_{i..} - \overline{Y}_{...}\right) + \left(\overline{Y}_{.j.} - \overline{Y}_{...}\right) \\ &+ \left(Y_{ij.} - \overline{Y}_{i..} - \overline{Y}_{.j.} + \overline{Y}_{...}\right) + \left(Y_{ijk} - \overline{Y}_{ij.}\right) \end{aligned} \tag{3.110}$$

와 같이 4개의 성분합으로 나타낼 수 있다. 그리고 식 (3.110)에서 양변을 제곱한 후 모든 관측값에 대하여 더하면

$$\begin{aligned}\sum_{i=1}^{l}\sum_{j=1}^{m}\sum_{k=1}^{r}\left(Y_{ijk}-\overline{Y}_{...}\right)^2 &= mr\sum_{i=1}^{l}\left(\overline{Y}_{i..}-\overline{Y}_{...}\right)^2+lr\sum_{j=1}^{m}\left(\overline{Y}_{.j.}-\overline{Y}_{...}\right)^2\\ &+r\sum_{i=1}^{l}\sum_{j=1}^{m}\left(Y_{ij.}-\overline{Y}_{i..}-\overline{Y}_{.j.}+\overline{Y}_{...}\right)^2+\sum_{i=1}^{l}\sum_{j=1}^{m}\sum_{k=1}^{r}\left(Y_{ijk}-\overline{Y}_{ij.}\right)^2\\ \underset{(\text{총제곱합})}{TSS} &= \underset{(A\text{의 처리제곱합})}{SSTR_A} + \underset{(B\text{의 처리제곱합})}{SSTR_B}\\ &+ \underset{(\text{교호작용제곱합})}{SSTR_{AB}} + \underset{(\text{오차제곱합})}{SSE}\end{aligned} \tag{3.111}$$

와 같이 전체 변동을 분할 할 수 있다. 이때 각 제곱합의 자유도는

$$\begin{aligned}\underset{(\text{총제곱합})}{lmr-1} &= \underset{(A\text{의 처리제곱합})}{l-1} + \underset{(B\text{의 처리제곱합})}{m-1}\\ &+ \underset{(\text{교호작용 제곱합})}{(l-1)(m-1)} + \underset{(\text{오차제곱합})}{lm(r-1)}\end{aligned} \tag{3.112}$$

와 같으며, 식 (3.111)과 식 (3.112)로부터 <표 3.6>의 처리내에서 반복이 있는 이원분산분석표를 구할 수 있다.

〈표 3.6〉 이원분산분석표

요인	제곱합	자유도	평균제곱합	F_0
인자 A	$SSTR_A$	$l-1$	$MSTR_A=\dfrac{SSTR_A}{l-1}$	$\dfrac{MSTR_A}{MSE}$
인자 B	$SSTR_B$	$m-1$	$MSTR_B=\dfrac{SSTR_B}{m-1}$	$\dfrac{MSTR_B}{MSE}$
교호작용	$SSTR_{AB}$	$(l-1)(m-1)$	$MSTR_{AB}=\dfrac{SSTR_{AB}}{(l-1)(m-1)}$	$\dfrac{MSTR_{AB}}{MSE}$
오차	SSE	$lm(r-1)$	$MSE=\dfrac{SSE}{(l-1)(m-1)}$	
전체	TSS	$lmr-1$		

이원분산분석표를 이용하여 식 (3.108)과 식 (3.109)의 가설을 통계적으로 검정하기 위해서는 검정통계량 F_0 의 확률분포를 알아야 하며, 반복이 없는 이원분산분석과 유사하게 다음과 같이 가설을 검정할 수 있다.

[처리효과에 대한 가설검정] 이원분산분석 : 반복이 있는 경우

모수모형 $Y_{ijK} = \mu + \alpha_i + \beta_j + (\alpha\beta)_{ij} + \epsilon_{ijk},\ i = 1, \cdots, l,\ j = 1, \cdots, m,\ k = 1, \cdots, r$에서

(1) 인자 A의 처리효과에 관한 가설[14)]

$$H_0 : \alpha_1 = \alpha_2 = \cdots = \alpha_l = 0\ ,\ H_1 : \text{적어도 한 개의 } \alpha_i \text{ 는 } 0\text{이 아니다.}$$

에 대하여 검정통계량 $F_0 = \dfrac{MSTR_A}{MSE}$ 를 이용한 기각역과 p-값은 다음과 같다.

- 유의수준 α에서의 기각역 : $f_0 \geq F_\alpha(l-1, lm(r-1))$
- 검정통계량 F_0의 관측값 f_0^* 에 대한 p-값 : $p-\text{값} = P(F_0 \geq f_0^*)$
- 유의수준 α에서의 검정방법 : 표본으로부터 계산된 검정통계량의 관측값 f_0^*가

$f_0^* \geq F_\alpha(l-1, lm(r-1))$ 또는 p-값$= P(F_0 \geq f_0^*) < \alpha$ 이면 H_0를 기각
$f_0^* < F_\alpha(l-1, lm(r-1))$ 또는 p-값$= P(F_0 \geq f_0^*) \geq \alpha$ 이면 H_0를 채택

(2) 두 인자 A, B의 교호작용효과에 관한 가설

$$H_0 : \text{모든 } i, j \text{ 에 대하여 } (\alpha\beta)_{ij} = 0\ ,$$
$$H_1 : \text{적어도 한 개의 } (\alpha\beta)_{ij} \text{는 } 0\text{이 아니다.}$$

에 대하여 검정통계량 $F_0 = \dfrac{MSTR_{AB}}{MSE}$ 를 이용한 기각역과 p-값은 다음과 같다.

- 유의수준 α에서의 기각역 : $f_0 \geq F_\alpha((l-1)(m-l), lm(r-1))$
- 검정통계량 F_0의 관측값 f_0^* 에 대한 p-값 : $p-\text{값} = P(F_0 \geq f_0^*)$
- 유의수준 α에서의 검정방법 : 표본으로부터 계산된 검정통계량의 관측값 f_0^*가

$f_0^* \geq F_\alpha((l-1)(m-1), lm(r-1))$ 또는 p-값$= P(F_0 \geq f_0^*) < \alpha$ 이면 H_0를 기각
$f_0^* < F_\alpha((l-1)(m-1), lm(r-1))$ 또는 p-값$= P(F_0 \geq f_0^*) \geq \alpha$ 이면 H_0를 채택

예제 3.8 어떤 제빵회사에서는 새로운 조리법에 의하여 만든 빵을 각 대리점에 공급하고 있다. 이 빵이 진열대에 놓이는 위치(아래, 중간, 위)와 차지하는 공간의 넓이(보통, 넓음)에 따라 판매량에 차이가 있는지를 조사하기 위하여 환경(대리점의 크기, 인구의 밀집도 등)이 비슷한 12개의 대리점을 랜덤으로 추출하여 각 처리에 2개씩 할당한 후 판매량을 조사한 결과 다음과 같은 자료를 얻었다. 진열대에 놓이는 위치(인자 A)와 공간의 넓이(인자 B)에 따라 빵의 판매량에 차이가 있는지를 유의수준 $\alpha = 0.05$로 검정하여라.

인자 / 인자 A		진열대 공간 넓이	
		보통	넓음
진열대 위치	아래칸	47, 43	45, 51
	중간칸	62, 68	67, 71
	위칸	41, 39	42, 46

풀이

주어진 자료로부터 분산분석표를 작성하면 다음과 같다.

요인	제곱합	자유도	평균제곱	F_0	$P-$값
인자 A	1420.66	2	710.33	68.74	7.31×10^{-5}
인자 B	40.33	1	40.33	3.903	0.0955
교호작용	0.67	2	0.33	0.032	0.9684
오차	62	6	10.33		
전체	1523.66	11			

교호작용효과에 대한 귀무 및 대립가설은

$$H_0 : \text{모든 } i,j \text{에 대하여 } (\alpha\beta)_{ij} = 0 \text{이다}, \quad H_1 : H_0 \text{가 아니다}.$$

이며, 분산분석표에서 p-값은 $P(F_0 \geq 0.032) = 0.9684$로 유의수준 $\alpha = 0.05$보다 크므로 귀무가설 H_0는 채택된다. 즉, "진열대에 놓이는 위치와 공간넓이의 교호작용에 대한 효과는 존재하지 않는다"고 할 수 있다.

14) 교호작용이 존재할 경우에는 인자들의 주효과 이외에 교호작용효과가 포함되어 있기 때문에 일반적으로 모형의 해석이 명백하지 않게 된다. 이러한 경우에는 관측값 Y_{ijk}를 적절히 변환시켜 교호작용을 제거한 후 분석하는 것이 바람직하다. 교호작용이 무시되는 경우에는 교호작용에 의한 제곱합을 오차항에 합쳐(pooling) 새로운 오차항을 사용하기도 한다. 인자 B의 처리효과에 관한 가설도 유사한 방법으로 시행할 수 있다.

인자 A(위치)의 효과에 가설은

$$H_0 : \alpha_1 = \alpha_2 = \alpha_3 = 0, \quad H_1 : \text{적어도 하나의 } \alpha_i\text{는 0이 아니다.}$$

이며, 분산분석표에서 p-값은 $P(F_0 \geq 68.74) = 7.31 \times 10^{-5}$으로 유의수준 $\alpha = 0.05$보다 작으므로 귀무가설 H_0는 기각된다. 즉, "빵의 판매량은 진열대에 놓이는 위치에 따라 차이가 있다"고 할 수 있다. 또한 인자 B(공간 넓이)의 효과에 대한 가설은

$$H_0 : \beta_1 = \beta_2 = 0, \quad H_1 : \text{적어도 하나의 } \beta_j\text{는 0이 아니다.}$$

이며, 분산분석표에서 p-값은 $P(F_0 \geq 3.903) = 0.0955$로 유의수준 $\alpha = 0.05$보다 크므로 귀무가설 H_0는 채택된다. 즉, "빵의 판매량은 진열대의 공간 넓이에 따라 차이가 없다"고 할 수 있다.

R 실습 3.8 R 프로그램을 이용하여 [예제 3.8]의 두 인자의 교호작용효과를 확인하기 위해 각각의 처리평균을 그림으로 나타내고, 인자의 처리효과 및 교호작용효과에 대한 유의성 검정을 시행하여라.

풀이

[R 프로그램 3.8] 이원분산분석 : 반복이 있는 경우

```
sales = c(47, 43, 45, 51, 62, 68, 67, 71, 41, 39, 42, 46)
position = c(rep("under", 4), rep("middle", 4), rep("upper", 4))
size = rep(c("normal", "normal", "wide", "wide"),3)
bread.data = data.frame(sales, position, size)
par(mfrow = c(1,2))
with(bread.data, interaction.plot(position, size, sales))
with(bread.data, interaction.plot(size, position, sales))

result = aov(sales~position+size+position*size, data=bread.data)
summary(result)
```

- 관측된 판매량과 위치 및 공간넓이를 순서에 맞게 각각 $sales$와 $position$, $size$라는 이름으로 저장하고 이를 $bread.data$라는 이름으로 데이터프레임 형식으로 저장하였다.
- 인자가 두 개인 이원분산분석에서 각각의 처리평균에 대한 그림은 with() 함수를 이용하여 출력할 수 있다. 이때 with() 함수에서 분석할 자료명을 입력하고 interaction.plot() 함수를 사용하여 두 인자와 반응변수를 각각 지정해 주면 된다. [그림 3.13]으로부터 두 인자간의 교호작용의 효과가 없는 것을 확인할 수 있다.

• 분산분석을 위해서는 lm() 또는 aov() 함수를 사용할 수 있으며, 여기서는 aov() 함수를 사용하였다. 이때 교호작용효과를 나타내기 위하여 모형을 Y~X1+X2+X1*X2와 같이 입력하면 된다. 여기서 Y는 반응변수를, X1, X2는 인자를 각각 나타낸다. [그림 3.14]의 분산분석표는 예제 3.8의 결과와 동일함을 알 수 있다.

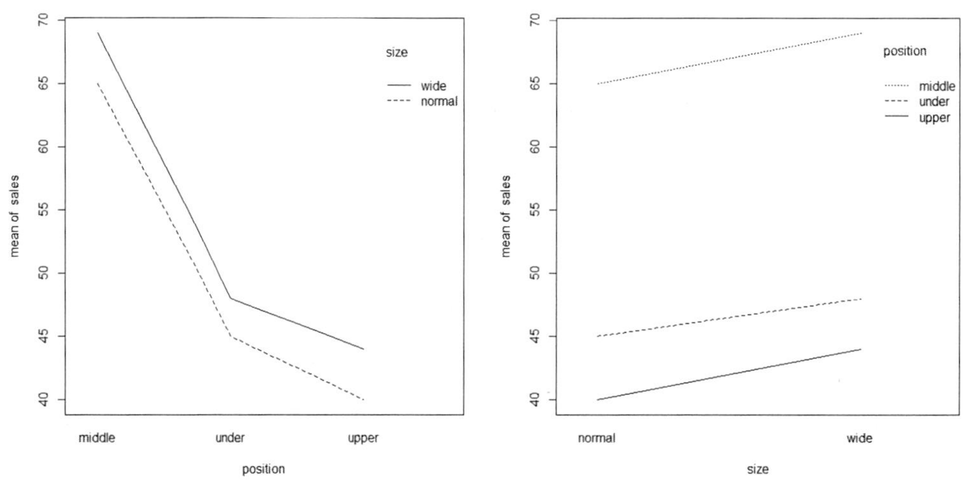

[그림 3.13] 각 수준조합에서의 평균값에 대한 그래프 (R 프로그램 3.8)

```
> result=aov(sales~position+size+position*size, data=bread.data)
> summary(result)
              Df Sum Sq Mean Sq F value   Pr(>F)
position       2 1420.7   710.3  68.742 7.31e-05 ***
size           1   40.3    40.3   3.903   0.0956 .
position:size  2    0.7     0.3   0.032   0.9684
Residuals      6   62.0    10.3
---
Signif. codes:  0 '***' 0.001 '**' 0.01 '*' 0.05 '.' 0.$
> |
```

[그림 3.14] 반복이 있는 이원분산분석의 유의성 검정 결과 (R 프로그램 3.8)

3.6.3 통계적 모형에서 모수의 추정

(1) 점추정

반복이 있는 이원분산분석은 반복이 없는 경우의 확장이므로 거의 동일한 방법으로 모수를 추정할 수 있다. 교호작용이 유의한 경우에는 일반적으로 인자의 각 수준의 모평균, 즉 $\mu_{i.}$ 또는 $\mu_{.j}$ 를 추정하는 것은 의미가 없으며 수준의 조합에서 모평균 μ_{ij} 를 추정하는 것이 실제로 의미가 크다고 하겠다. 이때 μ_{ij} 의 추정은 교호작용의 여부에 따라 추정량을 달리 적용한다. 반복이 있는 이원분산분석의 모수에 대한 점추정량은 다음과 같다.

[이원분산분석의 모수에 대한 점추정] : 반복이 있는 경우

이원분산분석의 모수에 대한 점추정은 다음과 같다.

- $\hat{\mu}=\overline{Y}_{...}$, $\hat{\alpha}_i=\overline{Y}_{i..}-\overline{Y}_{...}$, $\hat{\beta}_j=\overline{Y}_{.j.}-\overline{Y}_{...}$,
  $(\widehat{\alpha\beta})_{ij}=\overline{Y}_{ij.}-\overline{Y}_{i..}-\overline{Y}_{.j.}+\overline{Y}_{...}$
- $\hat{\mu}_{i.}=\overline{Y}_{i..}$, $\hat{\mu}_{.j}=\overline{Y}_{.j.}$
- $\hat{\mu}_{ij}=\overline{Y}_{ij.}$ (교호작용이 유의한 경우)
- $\hat{\mu}_{ij}=\overline{Y}_{i..}+\overline{Y}_{.j.}-\overline{Y}_{...}$ (교호작용이 무시되는 경우)
- $\hat{\sigma}^2=MSE$
- $\hat{\epsilon}_{ijk}=Y_{ijk}-\hat{\mu}_{ij}$

(2) 구간추정

반복이 없는 이원분산분석과 유사하게 반복이 있는 경우 모수에 대한 $100(1-\alpha)\%$ 신뢰구간은 다음과 같이 구해진다.

[이원분산분석의 모수에 대한 구간추정] : 반복이 있는 경우

- 이원분산분석의 모수 $\mu_{i.}$에 대한 $100(1-\alpha)\%$ 신뢰구간은[15)]

$$\left[\overline{Y}_{i..}-t_{\alpha/2}(lm(r-1))\sqrt{\frac{MSE}{mr}},\ \overline{Y}_{i.}+t_{\alpha/2}(lm(r-1))\sqrt{\frac{MSE}{mr}}\right]$$

와 같고, $\mu_{i.}-\mu_{k.}\,(i\neq k)$ 에 대한 $100(1-\alpha)\%$ 신뢰구간은

$$\left[(\overline{Y}_{i..}-\overline{Y}_{k..})-t_{\alpha/2}(lm(r-1))\sqrt{\frac{2MSE}{mr}},\ (\overline{Y}_{i..}-\overline{Y}_{k..})+t_{\alpha/2}(lm(r-1))\sqrt{\frac{2MSE}{mr}}\right]$$

와 같다.

15) 모수 $\mu_{.j}$에 대한 신뢰구간도 유사한 방법으로 구할 수 있다.

- 이원분산분석의 모수 μ_{ij}에 대한 $100(1-\alpha)\%$ 신뢰구간은 교호작용이 유의한 경우

$$\left[\overline{Y}_{ij.} - t_{\alpha/2}(lm(r-1))\sqrt{\frac{MSE}{r}},\ \overline{Y}_{ij.} + t_{\alpha/2}(lm(r-1))\sqrt{\frac{MSE}{r}}\right]$$

와 같으며, 교호작용이 무시되는 경우

$$\left[\left(\overline{Y}_{i..} + \overline{Y}_{.j.} - \overline{Y}_{...}\right) - t_{\alpha/2}(lm(r-1))\sqrt{\frac{MSE}{n_e}},\ \left(\overline{Y}_{i..} + \overline{Y}_{.j.} - \overline{Y}_{...}\right) + t_{\alpha/2}(lm(r-1))\sqrt{\frac{MSE}{n_e}}\right]$$

$$\left[\overline{Y}_{ij.} - t_{\alpha/2}(lm(r-1))\sqrt{\frac{MSE}{r}},\ \overline{Y}_{ij.} + t_{\alpha/2}(lm(r-1))\sqrt{\frac{MSE}{r}}\right]$$

와 같다. 여기서 $n_e = lmr/(l+m-1)$이다.

연습문제

01 서로 다른 4종류의 공정(L1, L2, L3, L4)에서 생산된 철판의 인장강도를 측정하여 다음과 같은 자료를 얻었다.

공정 종류	측정값				
L1	49	55	49	58	54
L2	46	37	50	45	40
L3	49	55	42	50	48
L4	57	56	58	50	52

공정(process)에 따라 인장강도(hardness)의 차이가 존재하는지, 만약 존재한다면 어느 수준 간의 차이에 의한 것인지를 유의수준 $\alpha = 0.05$에서 분석하여라.

02 어느 대학교 전산소에서는 지난 학기 중간시험과 기말시험 기간 중에 컴퓨터 단말기를 교내 4 장소(K, L, M, N)에 설치하여 학생들의 컴퓨터 사용시간(time)을 측정한 결과 다음과 같은 자료를 얻었다. 설치장소(area)와 시험(test)에 따라 컴퓨터 사용시간에 있어서 차이가 있는지를 유의수준 $\alpha = 0.05$에서 검정하여라.

설치장소 \ 시험	중간	기말
K	16.5	21.4
L	11.8	17.3
M	12.3	16.9
N	16.6	21.0

03 다음 자료는 대전 지역의 어느 연구소에서 근무하는 연구원들의 학위와 전공분야에 따른 월급 여액을 조사한 결과이다(단위 : 백만원).

전공분야 \ 학위	학사	석사	박사
인문학	1.7, 1.5 1.9, 1.5	1.8, 1.8 2.1, 1.8	2.5, 2.5 2.7, 2.7
사회학	2.5, 2.6 2.3, 2.4	2.7, 2.4 2.4, 2.5	3.5, 3.6 3.3, 3.4

전공분야 \ 학위	학사	석사	박사
공 학	2.7, 2.5 2.8, 2.5	2.9, 2.8 3.0, 2.7	3.7, 3.8 3.6, 3.9
이 학	2.5, 2.5 2.6, 2.6	2.3, 2.5 2.8, 2.8	3.3, 3.5 3.4, 3.6

(1) 분산분석표를 작성하여라.
(2) 교호작용효과가 존재하는지를 유의수준 $\alpha = 0.05$에서 검정하여라.
(3) 전공과 학위에 따라 월 급여액에 차이가 있는지를 유의수준 $\alpha = 0.05$에서 검정하여라.

04 어떤 도시에 있는 세 자동차학원(#1, #2, #3)에서 수강생이 면허를 취득하는데 소요되는 일수를 남녀별 6명씩 랜덤으로 추출하여 조사한 결과 다음과 같은 자료를 얻었다.

학원 \ 성별	남	여
#1	21, 23, 19, 22, 22, 23	21, 22, 20, 21, 19, 25
#2	30, 29, 26, 28, 27, 27	26, 29, 27, 28, 27, 29
#3	25, 22, 23, 21, 22, 21	23, 19, 20, 21, 20, 20

(1) 분산분석표를 작성하여라.
(2) 자동차 학원과 성별의 교호작용효과가 존재하는 지의 여부를 유의수준 $\alpha = 0.05$에서 검정하여라.
(3) 학원 및 성별의 효과에 대한 검정을 유의수준 $\alpha = 0.05$에서 각각 실시하여라.
(4) 3)의 결과에 따라 유의수준 $\alpha = 0.05$에서 Tukey방법을 사용하여 다중비교를 실시하여라.

05 R 프로그램에 내장되어 있는 $InsectSprays$ 자료는 6개 종류의 살충제를 동일한 조건하에서 각각 뿌리고 살아남은 벌레의 수를 측정한 것으로, 살충제($Sprays$)의 종류 별로 12번씩 반복 실험하여 72개의 관측치로 구성되어 있다. 이 자료를 이용하여 살충제의 종류에 따라 살충효과에 차이가 있는지를 유의수준 $\alpha = 0.05$에서 검정하고자 한다. 다음 물음에 답하여라.

(1) 분산분석을 위한 통계적 모형과 가설을 기술하여라.
(2) 살충제 종류별로 상자그림을 그려라.
(3) 분산분석표를 작성하여라.

(4) (1)의 가설에 대해 유의수준 $\alpha = 0.05$에서 검정하여라.

06 비타민 C의 함량(0.5mg, 1mg, 2mg)과 제공 수단(아스코르브산 혹은 오렌지 주스)을 다르게 하여 60마리의 기니피그들에게 먹인 후 치아의 성장을 측정한 자료는 R 프로그램에 $ToothGrowth$의 이름으로 내장되어 있다. 이 자료는 두 개의 인자(제공 수단($supp$)과 비타민 C 함유량($dose$))와 각각의 수준조합에서 10개의 관측치, 즉 60개의 치아 성장 관측치(len)로 구성되어 있다. $ToothGrowth$ 자료를 이용하여 유의수준 $\alpha = 0.05$에서 제공 수단과 비타민 C의 함유량의 효과에 대한 유의성을 검정하고자 한다. 다음 물음에 답하여라.

(1) 분산분석을 위한 통계적 모형과 가설을 기술하여라.

(2) 분산분석표를 작성하여라.

(3) 교호작용효과에 대한 유의성을 유의수준 $\alpha = 0.05$에서 검정하여라.

(4) 두 인자의 유의성을 유의수준 $\alpha = 0.05$에서 검정하여라.

(5) 치아 성장을 위한 최적의 수준조합과 이때의 모평균의 추정값을 구하여라.

제 4 장

회귀분석

4.1 상관분석
4.2 단순선형 회귀분석
4.3 다중선형 회귀분석
4.4 회귀모형의 진단 및 보정

4.1 상관분석

사회 혹은 자연현상을 규명하는데 있어서 관련된 변수들 간의 상호 관련성을 조사해야 되는 경우가 많이 있다. 예를 들어, 나이와 혈압간의 관계, 키와 몸무게간의 관계, 또는 어떤 물품의 가격 및 소비자들의 소득과 물품의 판매량과의 관계 등을 들 수 있다. 일반적으로 둘 또는 그 이상의 변수들이 서로 관련성을 가지고 변화할 때 그 관계를 분석하는데 사용되는 통계적 기법에는 상관분석(correlation analysis)과 회귀분석(regression analysis)이 있다.

상관분석은 변수들이 서로 얼마나 밀접하게 직선적인 관계를 가지고 있는지를 분석하는 통계적 기법이며, 회귀분석은 한 변수에 대하여 다른 변수들이 어떻게 관련되어 있는가를 수학적인 모형을 이용하여 설명하고 예측하는 통계적 분석기법이다. 변수들 사이의 관련성 정도를 분석하는 상관분석은 회귀분석을 위한 중요한 정보를 제공하므로 먼저, 상관분석에 대해서 알아보고 회귀분석에 대해서는 다음 절에서 설명하도록 하겠다.

4.1.1 산점도

두 변수 X와 Y 사이의 관련성은 그림을 이용하여 시각적으로 파악할 수 있다. 즉, 평면좌표상의 각 축에 변수를 하나씩 설정한 후 관측값들을 좌표상에 표시하면 두 변수간의 관계를 시각적으로 판단할 수 있으며, 이러한 그림을 산점도(scatter plot)라 한다. 산점도는 두 변수가 직선적인 관계 또는 곡선적인 관계를 가지고 있는지, 그리고 그 관련성의 정도가 어떠한지를 개략적으로 판단할 수 있게 해준다.

산점도에서 두 변수가 직선관계를 가지고 있을 경우 관측값들 모두가 정확히 한 직선 위에 놓이게 되는 경우는 거의 없으며, 대부분 직선을 중심으로 흩어져 나타나게 된다. 이때 두 변수의 직선적인 관련성에 대한 정도는 관측값들이 직선을 중심으로 흩어져 있는 상태에 따라 결정된다. 즉 관측값들이 하나의 직선을 중심으로 밀집되어 있다면 '두 변수간의 직선적인 관계는 강하다'는 것을 나타내며, 반면에 직선으로부터 넓게 흩어져 있다면 '두 변수간의 직선적인 관계는 약하다'는 것을 의미하게 된다. 이때 직선의 기울기가 양일 경우 '정비례 관계'를, 반대로 기울기가 음일 경우 '반비례 관계'를 나타낸다.

예제 4.1 적당한 양의 포도주를 마시는 것은 심장마비를 예방하는데 도움이 된다고 알려져 있다. 아래 표는 19개국에서 매년 소비되는 1인당 포도주 섭취량(단위 : l)과 심장질환으로 인한 사망자 수(단위: 10만명)를 조사한 결과이다. 산점도를 작성한 후 포도주 섭취량과 심장질환의 관련성을 설명하여라.

국가	포도주 섭취량	심장질환 사망자 수	국가	포도주 섭취량	심장질환 사망자 수
네덜란드	1.8	167	아이슬란드	0.8	211
노르웨이	0.8	227	아일랜드	0.7	300
뉴질랜드	1.9	266	영국	1.3	285
덴마크	2.9	220	오스트리아	3.9	167
독일	2.7	172	이탈리아	7.9	107
미국	1.2	199	캐나다	2.4	191
벨기에	2.9	131	프랑스	9.1	71
스웨덴	1.6	207	핀란드	0.8	297
스위스	5.8	115	호주	2.5	211
스페인	6.5	86			

풀이

포도주 섭취량을 x축, 심장질환 사망자 수를 y축으로 하여 산점도를 그리면 [그림 4.1]과 같다. [그림 4.1]에서 산점도는 기울기가 음인 직선 형태를 띠고 있다. 따라서 '포도주의 섭취량과 심장질환 사망자 수 사이에는 음의 직선관계가 존재하고 있다'고 할 수 있다. 즉, 포도주의 섭취량이 많으면 많을수록 심장질환으로 인한 사망률은 점점 줄어들게 된다고 할 수 있다. 그러나 포도주의 섭취량과 심장질환으로 인한 사망자 수가 서로 원인관계에 있다는 것을 의미하는 것은 아니다. 그 이유는 포도주의 섭취량이 많다는 것은 그만큼 소

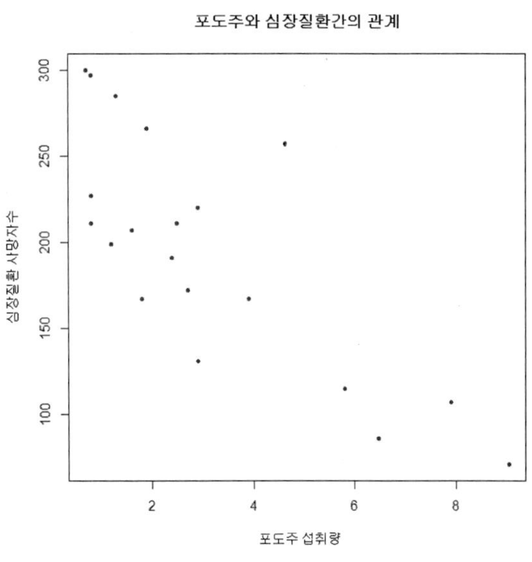

[그림 4.1] 포도주 섭취량과 심장질환의 산점도(R 프로그램 4.1)

득이 높다는 것을 나타내고, 소득이 높으면 그만큼 의학적인 치료를 많이 받게 되므로 이러한 것이 심장질환으로 인한 사망률을 줄이는 하나의 요인이 될 수도 있기 때문이다.

R 실습 4.1 [예제 4.1]의 산점도를 그리기 위한 R 프로그램을 작성하여라.

풀이

[R 프로그램 4.1] 산점도

```
wine = c(1.8,0.8,1.9,2.9,2.7,1.2,2.9,1.6,5.8,6.5,0.8,0.7,1.3,3.9,7.9,2.4,9.1,0.8,2.5)
heart = c(167,227,266,220,172,199,131,207,115,86,211,300,285,167,107,
          191,71,297,211)
plot(wine, heart, main="포도주와 심장질환간의 관계",
        xlab="포도주 섭취량", ylab="심장질환 사망자수", pch=20, col="blue")
```

- 포도주의 섭취량과 심장질환 사망자 수에 대한 자료를 각각 $wine$ 과 $heart$ 라는 이름으로 입력하고, plot() 함수를 사용하면 [그림 4.1]의 산점도 작성할 수 있다.
- plot 함수에서는 기본적으로 두 변수의 이름을 입력하며, 필요에 따라 산점도의 제목이라든지 x축과 y축의 이름 등을 출력시키기 위하여 인수를 추가할 수 있다. 이때 사용할 수 있는 인수들은 <표 4.1]에 정리되어 있으며 보다 세부적인 사항은 "?plot"을 R 실행창에 입력하여 확인하여 보기 바란다.

〈표 4.1〉 그림 그리기에서 사용되는 인수

구분	내용	사용 예제
main	제목 출력	main = "그리기 예제"
xlab	x축의 이름 출력	xlab = "학년"
ylab	y축의 이름 출력	ylab = "키"
xlim	x축 값의 출력 범위 지정	xlim = c(1, 10)
ylim	y축의 값의 출력 범위 지정	ylim = c(100, 200)
cex	출력되는 점들의 크기 결정, 기본적으로 cex=1로 되어 있음.	cex = 0.5
pch	출력되는 점의 형태를 나타냄. 기본적인 형태는 '○' 임.	pch=19 : ●, pch=20 : •, pch=21 : ○, pch=22 : □, pch=23 : ◇, pch=24 : △, pch=25 : ▽

구분	내용	사용 예제
col	출력되는 점 또는 선의 색깔을 지정해주며 기본색은 검정색임 사용법 : col= "색상" 또는 col=숫자	색상으로는 "red", "blue", "green", "yellow" 등이 사용될 수 있으며, 숫자를 입력해도 됨. 예) col = "red" 또는 col = 3
lty	출력되는 선의 형태를 결정, 기본적으로 연속된 선으로 출력	lty = "dashed"는 점선으로 출력함

4.1.2 상관계수

산점도를 이용하면 두 변수간의 직선적인 관계를 개략적으로 파악할 수는 있지만, 두 변수 사이의 관계를 보다 정확히 숫자로 나타낼 수는 없다. 두 변수 X와 Y 사이의 관련성의 정도를 숫자로 표현하기 위한 측도로서 정의 1.15의 상관계수(correlation coefficient)가 사용된다. 상관계수는 그 값이 모집단 전체 자료로부터 계산되었을 경우 모상관계수(population correlation coefficient)라 하며, ρ로 표기한다.

상관계수의 값은 항상 -1과 +1 사이에 있다. 특히 그 값이 -1 또는 +1인 경우, 관측값들은 모두 기울기가 양 또는 음인 하나의 직선 위에 정확히 놓여있게 된다. 그리고 상관계수의 값이 -1 또는 +1에 가까울수록 관측값들은 어떤 직선 주위에 밀집되어 있다는 것을 나타내며, 이것은 두 변수 사이에는 완전하지는 않지만 강한 직선관계를 가지고 있다는 것을 뜻한다. 반면에, 상관계수의 값이 0에 가까울수록 두 변수 사이에는 직선적인 관계가

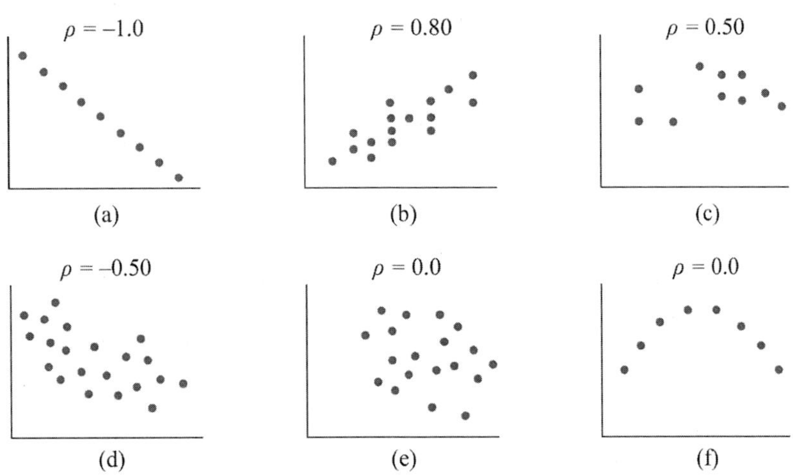

[그림 4.2] 여러 가지 ρ값에 대한 산점도의 예

약함을 의미한다.

[그림 4.2]는 여러 가지 ρ값에 대한 산점도의 예를 보여주고 있다. [그림 4.2]에서 (f)는 특이한 경우로써 두 변수 사이에 곡선관계가 뚜렷함에도 불구하고 상관계수의 값은 0으로 나타나는 경우를 보여주고 있다. 이러한 경우에는 직선적인 관련성의 정도를 표시하는 상관계수만으로 두 변수 간에 관계가 없다고 단정 짓는 것은 잘못된 것이므로 해석을 하는데 있어서 주의를 기울여야 한다. 상관계수의 값이 0에 가깝다는 것은 두 변수 사이에 직선적인 관계가 약하다는 것을 나타내는 것이지, 그것이 반드시 두 변수 사이에 관계가 없다는 것을 뜻하는 것은 아니다.

일반적으로 모집단 전체를 조사한다는 것은 현실적으로 불가능하거나 또는 시간, 경비가 많이 들기 때문에 모집단으로부터 표본을 추출하게 되고, 추출된 표본을 이용하여 모집단의 모수를 추정하게 된다. 이때 모집단의 일부분인 표본으로부터 계산된 상관계수를 표본상관계수(sample correlation coefficient)라 하며, 표본상관계수 R을 모상관계수 ρ의 추정량으로 사용한다.

[표본상관계수]

크기가 n인 이변량 확률표본 $(X_1, Y_1), (X_2, Y_2), \cdots, (X_n, Y_n)$에 대한 표본상관계수는

$$R = \frac{\sum_{i=1}^{n}(X_i - \overline{X})(Y_i - \overline{Y})}{\sqrt{\sum_{i=1}^{n}(X_i - \overline{X})^2}\sqrt{\sum_{i=1}^{n}(Y_i - \overline{Y})^2}}$$

이다.

표본상관계수는 다음과 같은 특징을 가지고 있다.

(1) 두 변수 모두 양적변수이어야 한다.

(2) 측정 단위를 바꾸더라도 r값은 변하지 않는다.

(3) r의 값은 항상 -1과 +1사이에 있으며, 0에 가까울수록 직선적인 관계가 약하다는 것을, -1 또는 +1에 가까울수록 직선적인 관계가 강하다는 것을 나타내고, -1 또는 +1이라는 것은 모든 점들이 하나의 직선위에 놓이게 됨을 의미한다.

(4) r은 두 변수간의 직선적인 관련성에 대한 정도만을 측정한다. 따라서 두 변수가 곡선관계를 가지고 있을 경우에는 r로서 설명할 수 없다.

(5) r은 몇 개의 특이값에 의하여 민감하게 반응한다. 따라서 특이값이 존재할 경우 r을 사용함에 있어 주의를 기울여야 한다.

예제 4.2 H자동차회사에서는 새로 출시된 2,000cc 승용차의 경제적인 속도를 측정하기 위하여 100km를 속도(단위 : km/h)를 달리하여 주행한 후 소모된 연료량(단위 : l/100km)을 측정하였다. 아래에 주어진 자료를 이용하여 소모 연소량과 속도간의 표본상관계수와 산점도를 구하고, 이를 바탕으로 두 변수의 관련성에 대하여 설명하여라.

속도	소모 연료량	속도	소모 연료량	속도	소모 연료량
10	21.00	60	5.90	110	9.03
20	13.00	70	6.30	120	9.87
30	10.00	80	6.95	130	10.79
40	8.00	90	7.57	140	11.77
50	7.00	100	8.27	150	12.83

풀이

주어진 자료를 이용하여 표본상관계수를 계산하면

$$r = \frac{\sum(x_i - \overline{x})(y_i - \overline{y})}{\sqrt{\sum(x_i - \overline{x})^2 \sum(y_i - \overline{y})^2}} = -0.1716$$

이 된다. 따라서 소모되는 연료량과 속도간에는 매우 약한 음의 상관관계를 가지고 있다고 할 수 있다. 그러나 이들에 대한 산점도를 그려보면 [그림 4.3]에서 보는 바와 같이 소모되는 연료량과 속도 간에는 직선이 아니라 곡선의 관계가 있음을 알 수 있다. 즉, 연료 소모량은 속도가 증가하면서 계속 감소하는 것이 아니라 어느 속도까지는 감소하다 그 속도가 넘으면 소모 연료량은 오히려 증가하게 된다고 할 수 있으며, 그 경계점(경제속도)은 약 60km/h 라고 할 수 있다. 여기서 두 변수간에 곡선(포물선)관계를 가지고 있을

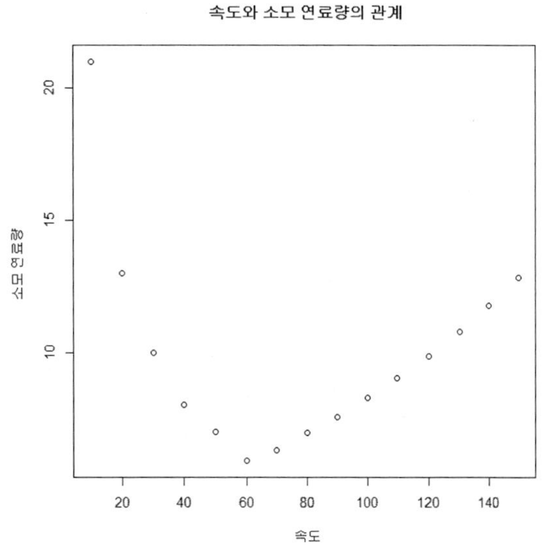

[그림 4.3] 속도와 연료 소모량의 산점도 (R 프로그램 4.2)

때 상관계수의 값은 거의 0에 가까워지며, 상관계수는 곡선관계가 아니라 직선관계를 나타내는 측도가 됨을 확인할 수 있다.

R 실습 4.2 [예제 4.2]의 표본상관계수와 산점도를 R 프로그램을 이용하여 구하여라.

풀이

[R 프로그램 4.2] 표본상관계수

```
x = c(10,20,30,40,50,60,70,80,90,100,110,120,130,140,150)
y = c(21.00 ,13.00, 10.00, 8.00, 7.00, 5.90, 6.30, 6.95, 7.57,
      8.27, 9.03, 9.87, 10.79, 11.77, 12.83)
cor(x, y)  # 표본상관계수를 계산하는 함수
plot(x, y, main="속도와 소모 연료량의 관계", xlab="속도", ylab="소모 연료량  ")
```

- 표본상관계수를 출력하기 위해서 cor() 함수가 사용되며, 그 사용 형식은 cor(변수1, 변수2)이다. cor() 함수를 이용하여 속도와 소모 연료량 사이의 표본상관계수를 구하면 [그림 4.4]와 같은 결과를 구할 수 있다. 이 결과는 예제 4.2에서 직접 구한 결과와 동일함을 알 수 있다.
- 속도와 연료 소모량 간의 산점도는 R 프로그램 4.1과 같은 방법으로 plot() 함수를 이용하여 구하면 [그림 4.3]과 같은 산점도를 구할 수 있다.

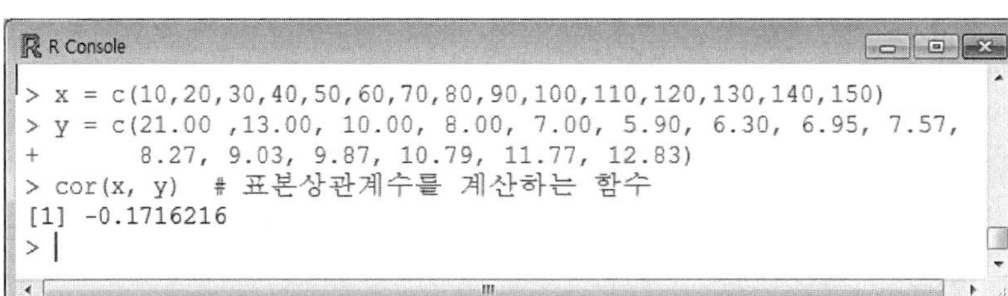

[그림 4.4] 속도와 연료 소모량의 표본상관계수 (R 프로그램 4.2)

4.1.3 상관계수의 검정

두 변수 X와 Y사이에 직선적인 관계가 존재한다고 할 수 있는지의 여부를 통계적으로 판단하기 위해서는 표본상관계수 R을 이용한다. 모집단의 분포가 이변량 정규분포라는 전제하에서 표본상관계수 R과 관련된 통계량

$$T = \frac{R\sqrt{n-1}}{\sqrt{1-R^2}}$$

는 귀무가설 $H_0 : \rho = 0$이 성립한다는 가정하에서 자유도가 $n-2$인 t 분포를 따르는 것으로 알려져 있으며, 이를 이용하여 모상관계수 ρ에 대한 검정이 이루어진다.

정리 4.1

이변량 정규분포 $BVN(u_X, \mu_Y, \sigma_X^2, \sigma_Y^2, \rho)$로부터 크기가 n인 랜덤표본 $(X_1, Y_1), \cdots, (X_n, Y_n)$을 얻었다고 하자. 이때 두 확률변수 X와 Y의 모상관계수 $\rho = 0$이면

$$T = \frac{R\sqrt{n-1}}{\sqrt{1-R^2}} \sim t(n-2)$$

이 성립한다.

정리 4.1의 결과를 이용하면 이용한 모상관계수 ρ에 대한 가설검정을 다음과 같이 할 수 있다.

[모상관계수에 대한 가설검정] 이변량 정규모집단의 경우

두 확률변수 (X, Y)가 이변량 정규분포 $BVN(u_X, \mu_Y, \sigma_X^2, \sigma_Y^2, \rho)$를 따를 때, 모상관계수 ρ에 대한 아래의 가설검정에 사용되는 검정통계량과 그 확률분포는

$$T_0 = \frac{R\sqrt{n-1}}{\sqrt{1-R^2}} \sim t(n-2) \ \ (\text{귀무가설 } H_0 \text{가 참일 때})$$

이며, 유의수준 α에서의 기각역과 검정통계량의 관측값 t_0^*에 대한 p-값은 다음과 같다.

	가설	기각역	p-값
우측검정	$H_0 : \rho = 0$, $H_1 : \rho > 0$	$t_0 > t_\alpha(n-2)$	$P(T_0 > t_0^*)$
좌측검정	$H_0 : \rho = 0$, $H_1 : \rho < 0$	$t_0 < -t_\alpha(n-2)$	$P(T_0 < t_0^*)$
양측검정	$H_0 : \rho = 0$, $H_1 : \rho \neq 0$	$\lvert t_0 \rvert > t_{\alpha/2}(n-2)$	$2P(T_0 > \lvert t_0^* \rvert)$

예제 4.3 어느 대학교에서는 통계학 성적과 미분적분학 성적간의 관련성을 조사하기 위하여 10명의 학생을 랜덤으로 추출하여 아래의 표와 같은 자료를 얻었다. 통계학 성적과 미분적분학 성적 사이에 상관관계가 존재하는지의 여부를 유의수준 $\alpha = 0.05$로 검정하여라.

학생	통계학 점수	미적분학 점수
1	39	65
2	43	78
3	21	52
4	64	82
5	57	92
6	47	89
7	28	73
8	75	98
9	34	56
10	52	75

풀이

주어진 자료로부터 상관계수 r을 계산하면 $r=0.8397$이 된다. 가설 $H_0:\rho=0, H_1:\rho\neq 0$를 검정하기 위한 검정통계량의 값은

$$t_0^*=\frac{r\sqrt{n-2}}{\sqrt{1-r^2}}=\frac{0.8397\sqrt{10-2}}{\sqrt{1-0.8397^2}}=4.375$$

가 된다. 그리고 이때의 p-값은

$$p\text{-값}=P(|T_0^*|\geq 4.375)=0.0023 \quad <\alpha=0.05$$

이므로 귀무가설 $H_0:\rho=0$은 기각된다. 즉, '대학수학능력시험의 수리영역 성적과 대학수학 성적 간에는 비교적 강한 양의 상관관계를 가지고 있다'고 할 수 있다.

R 실습 4.3 [예제 4.3]의 가설을 R 프로그램을 이용하여 검정하여라.

풀이

[R 프로그램 4.3] 모상관계수의 가설검정

```
statistics = c(39, 43, 21, 64, 57, 47, 28, 75, 34, 52)
calculus = c(65, 78, 52, 82, 92, 89, 73, 98, 56, 75)
cor.test(statistics, calculus) # 모상관계수에 대한 가설검정을 위한 함수
```

- 모상관계수 ρ에 대한 가설검정을 위해서는 cor.test() 함수가 사용되며, 그 사용 형식은 cor.test(변수1, 변수2)이다. cor.test() 함수를 이용하면 통계학 성적과 미분적분학 성적간의

모상관계수에 대한 가설검정 결과를 [그림 4.5]와 같이 얻을 수 있으며, 이 결과는 예제 4.3의 결과와 동일하다.

- [그림 4.5]에서 보는바와 같이 cor.test() 함수는 검정통계량의 관측값(t), p-값(p-value), 95% 신뢰구간, 표본상관계수(cor) 등을 함께 출력해 준다. 또한 좌측 또는 우측검정을 위하여 인수 alternative의 값을 지정할 수 있으며, 신뢰수준은 인수 conf.level을 이용하여 지정할 수 있다.

```
> statistics = c(39, 43, 21, 64, 57, 47, 28, 75, 34, 52)
> calculus = c(65, 78, 52, 82, 92, 89, 73, 98, 56, 75)
> cor.test(statistics, calculus) # 모상관계수에 대한 가설검정을 위한 함수

        Pearson's product-moment correlation

data:  statistics and calculus
t = 4.375, df = 8, p-value = 0.002365
alternative hypothesis: true correlation is not equal to 0
95 percent confidence interval:
 0.4459632 0.9611846
sample estimates:
      cor
0.8397859

>
```

[그림 4.5] 두 성적 사이의 상관계수에 대한 가설검정 (R 프로그램 4.3)

4.2 단순선형 회귀분석

회귀분석은 설명변수(또는 독립변수)라고 불리는 한 개 또는 그 이상의 변수들에 대하여 반응변수(또는 종속변수)라고 불리는 다른 한 변수 사이의 관계를 수학적인 모형을 이용하여 규명하고, 이러한 모형을 이용하여 설명변수들의 변화로부터 반응변수의 변화를 예측하고자 하는 경우에 사용되는 통계적 분석기법이다.

일반적으로 회귀분석은 독립변수와 종속변수가 각각 한 개일 때의 관계를 분석하는 단순선형 회귀분석(simple linear regression analysis)과 종속변수는 한 개이면서 독립변수가 두 개 이상일 때의 관계를 분석하는 다중선형 회귀분석(multiple linear regression analysis)으로 나누어진다. 여기서 선형(linear)이란 회귀모형의 알려져 있지 않은 계수에 대해서 직선형태 즉, 일차함수 모형이란 의미이다. 선형 회귀모형은 독립변수의 개수 또는 차수에 따라 <표 4.2>와 같이 구분된다.

〈표 4.2〉 선형 회귀모형의 구분

종류	구분
단순선형 회귀모형	설명변수가 1개이며, 반응변수와의 관계가 직선인 모형 예) $Y = \beta_0 + \beta_1 x + \epsilon$
다중선형 회귀모형	설명변수가 p 개이며, 반응변수와의 관계가 직선인 모형 예) $Y = \beta_0 + \beta_1 x_1 + \cdots + \beta_p x_p + \epsilon$
곡선 회귀모형	설명변수가 1개이며, 반응변수와의 관계가 곡선인 모형 예) $Y = \beta_0 + \beta_1 x + \beta_2 x^2 + \beta_3 x^3 + \epsilon$
다항 회귀모형	설명변수가 p 개이며, 반응변수와의 관계가 일차함수 이상인 모형 예) $Y = \beta_0 + \beta_1 x_1 + \beta_2 x_2 + \beta_3 x_1^2 + \beta_4 x_2^2 + \beta_5 x_1 x_2 + \epsilon$

4.2.1 단순선형 회귀모형

단순선형 회귀분석은 설명변수(explanatory variable)가 한 개이면서 반응변수(response variable)와의 관계를 선형으로 가정하여 이루어지는 분석으로써, 그 수학적 모형은 다음과 같다[1].

$$Y = \beta_0 + \beta_1 x + \epsilon \tag{4.1}$$

여기서 x는 설명변수의 관측값, β_0와 β_1은 회귀모형에 대한 미지의 절편과 기울기, ϵ은 오차항을 나타내는 확률변수, 그리고 확률변수 Y는 설명변수의 값이 x로 주어졌을 때의 반응변수를 각각 나타낸다.

식 (4.1)의 선형모형은 상당히 제한적인 모형이지만 많은 실제 자료의 분석에서 활용되고 있다. 이러한 선형 회귀모형에 대한 타당성을 확인하기 위해 <표 4.3>에 주어진 갈톤(Galton)의 자료를 살펴보기로 하자. 이 자료는 갈톤에 의해 다루어진 부모의 평균 키(X)와 자녀의 키(Y)에 대한 것으로 회귀분석에 있어서 역사적으로 유명한 자료이다. 두 변수의 동일한 값에 중복되어 관측된 값들을 표현하기 위하여 갈톤의 자료를 해바라기 그림

1) 회귀분석에서는 설명변수와 반응변수 사이의 관계를 나타내기 위하여 일차함수를 많이 사용하는데, 그 이유는 일차함수가 수학적으로 간단할 뿐만 아니라 비선형의 함수관계도 변수변환을 통하여 선형의 형태로 바꿀 수 있기 때문이다.

(sunflower plot)과 등고선 그림(contour plot)을 이용하여 표현하면 [그림 4.6]과 같으며, 이로부터 두 변수가 이변량 정규분포를 따른다는 가정을 큰 무리 없이 받아들일 수 있을 것이다.

〈표 4.3〉 갈톤의 자료

	부모의 키(X)											합
자녀의 키(Y)	64.0	64.5	65.5	66.5	67.5	68.5	69.5	70.5	71.5	72.5	73.0	
73.7	0	0	0	0	0	0	5	3	2	4	0	14
73.2	0	0	0	0	0	3	4	3	2	2	3	17
72.2	0	0	1	0	4	4	11	4	9	7	1	41
71.2	0	0	2	0	11	18	20	7	4	2	0	64
70.2	0	0	5	4	19	21	25	14	10	1	0	99
69.2	1	2	7	13	38	48	33	18	5	2	0	167
68.2	1	0	7	14	28	34	20	12	3	1	0	120
67.2	2	5	11	17	38	31	27	3	4	0	0	138
66.2	2	5	11	17	36	25	17	1	3	0	0	117
65.2	1	1	7	2	15	16	4	1	1	0	0	48
64.2	4	4	5	5	14	11	16	0	0	0	0	59
63.2	2	4	9	3	5	7	1	1	0	0	0	32
62.2	0	1	0	3	3	0	0	0	0	0	0	7
61.7	1	1	1	0	0	1	0	1	0	0	0	5
합	14	23	66	78	211	219	183	68	43	19	4	928

출처 : Galton (1886)

두 확률변수 (X, Y)가 이변량 정규분포 $BVN(u_X, \mu_Y, \sigma_X^2, \sigma_Y^2, \rho)$를 따를 때 $X = x$에 대한 Y의 조건부 확률밀도함수 $f(y|x)$는

$$\begin{aligned} f(y|x) &= \frac{f(x,y)}{f(x)} \\ &= \frac{1}{\sqrt{2\pi}\,\sigma_Y\sqrt{1-\rho^2}} \exp\left(-\frac{1}{2\sigma_Y^2(1-\rho^2)}\left[y - \left(\mu_Y + \rho\frac{\sigma_Y}{\sigma_X}(x-\mu_X)\right)\right]^2\right) \end{aligned} \tag{4.2}$$

와 같이 계산되며, 이로부터 조건부 확률변수 $Y|x$는 평균과 분산이 각각

$$E(Y|x) = \mu_Y + \rho \frac{\sigma_Y}{\sigma_X}(x - \mu_X),\ Var(Y|x) = \sigma_Y^2(1-\rho^2) \tag{4.3}$$

인 정규분포를 따르는 것을 알 수 있다. 식 (4.3)에서 $E(Y|x)$는 설명변수 x에 대한 선형의 형태이고 $Var(Y|x)$는 x에 의존하지 않기 때문에 조건부 확률변수 $Y|x$의 확률분포를

$$Y|x \sim N(\beta_0 + \beta_1 x,\ \sigma^2) \tag{4.4}$$

으로 나타낼 수 있다. 여기서 식 (4.1)의 오차항 ϵ의 확률분포를 정규분포 $N(0, \sigma^2)$로 가정하면 식 (4.4)와 동일한 표현임을 알 수 있다.

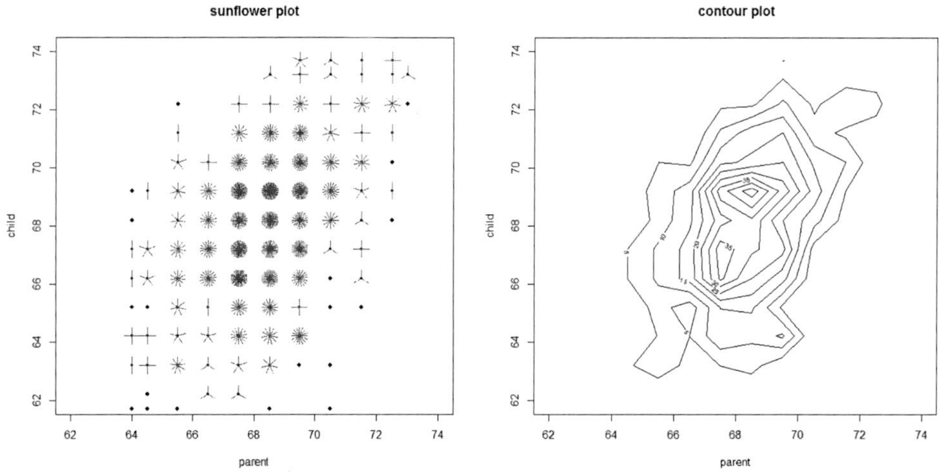

[그림 4.6] 갈톤의 자료에 대한 해바라기 그림과 등고선 그림 (R 프로그램 4.4)

이제 서로 독립인 이변량 자료$(X_1, Y_1), (X_2, Y_2), \cdots, (X_n, Y_n)$에 대하여 단순선형회귀모형(simple linear regression model)은

$$Y_i = \beta_0 + \beta_1 x_i + \epsilon_i,\ i = 1, 2, \cdots, n \tag{4.5}$$

로 표현할 수 있으며, 회귀분석에서는 오차항 ϵ_i에 대하여 다음과 같은 몇 가지 가정을 기본 전제로 하고 있다. 이와 같은 가정은 [그림 4.7]에서 볼 수 있듯이 설명변수의 각 점에 대한 반응변수가 정규분포를 따름을 의미한다.

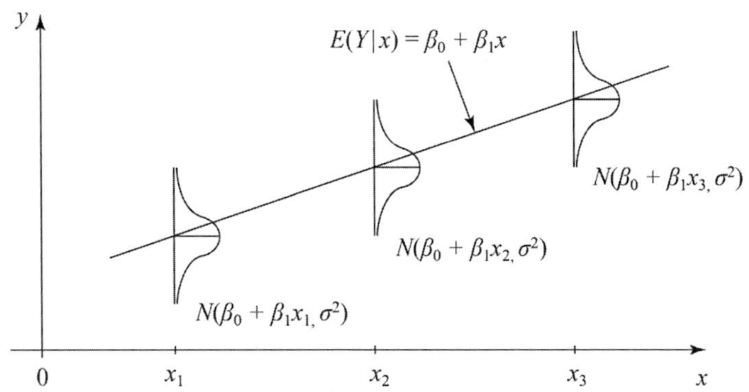

[그림 4.7] 단순선형 회귀모형

[확률오차에 대한 기본 가정]

① 오차 ϵ_i는 고정된 모든 x_i값에서 $N(0,\ \sigma^2)$을 따른다.
② 서로 다른 두 개의 오차 ϵ_i, ϵ_j(단 $i \neq j$)는 서로 독립이다.
③ 오차 ϵ_i는 x_i값과는 독립이다.

단순선형 회귀모형에서는 설명변수의 값에 따른 반응변수의 평균값의 변화를 나타내는 직선인

$$E(Y|x) = \beta_0 + \beta_1 x \tag{4.6}$$

를 회귀직선(regression line)이라 부르고, 그 절편과 기울기인 β_0와 β_1을 회귀계수(regression coefficient)라고 하며 이들의 추정을 통해 회귀직선을 추정하게 된다.

R 실습 4.4 [그림 4.6]의 해바라기 그림과 등고선 그림을 R 프로그램을 이용하여 구하여라.

풀이

[R 프로그램 4.4] 해바라기 그림과 등고선 그림

```
library(HistData)
attach(Galton)
par(mfrow=c(1,2))
sunflowerplot(parent, child, xlim=c(62,74), ylim=c(62,74), main="sunflower plot")
  freq=as.matrix(table(parent, child))
  parent.x=as.numeric(rownames(freq)); child.y=as.numeric(colnames(freq))
```

```
contour(x=parent.x, y=child.y, z=freq, xlab="parent", ylab="child",
        xlim=c(62,74), ylim=c(62,74), main="contour plot")
```

- R 프로그램에서 갈톤의 자료는 HistData 패키지에 $Galton$ 이라는 이름으로 제공되고 있다. 따라서 이 자료를 이용하기 위해서는 HistData 패키지를 먼저 불러와야 하며, 이때 사용되는 함수는 library() 함수로 그 사용 형식은 library(패키지명)이다.
- $Galton$ 이라는 이름으로 저장된 자료에는 $parent$ 와 $child$ 라는 변수명으로 부모의 평균키와 자녀의 키가 각각 제공되고 있으며, 이 변수명들을 그대로 사용하기 위해서는 attach() 함수를 사용할 수 있다.
- 해바라기 그림은 sunflowerplot() 함수를 이용하여 그릴 수 있으며, 그 사용 형식은 sunflowerplot(변수1, 변수2)이다. 이때 각축의 범위는 인수 xlim과 ylim의 값을 지정하여 정할 수 있다.
- 등고선 그림은 contour() 함수를 사용하여 나타낼 수 있으며, 그 사용 형식은 contour(z, y, z, ...)이다. 여기서 인수 x, y에는 각 축의 격자를 벡터 형태로 입력하고, z에는 관측된 빈도수를 행렬 형태로 입력하면 된다. <표 4.3>과 같이 두 변수(parent, child)에 대하여 관측값의 빈도수를 분할표로 나타내기 위하여 table() 함수를 사용하였다.

4.2.2 단순선형 회귀모형의 추정과 적합성 판단

(1) 회귀계수의 추정

두 변수 X 와 Y 의 관계를 단순선형 회귀모형으로 설정한 후에는 주어진 관측값으로부터 회귀식의 계수 β_0 와 β_1 의 값을 추정하여야 하며, 이때 일반적으로 많이 사용되는 방법이 최소제곱추정법(method of least squares estimation)이다. 최소제곱추정법은 오차항의 제곱합

$$S(\beta_0, \beta_1) = \sum_{i=1}^{n} \epsilon_i^2 = \sum_{i=1}^{n} (Y_i - \beta_0 - \beta_1 x_i)^2 \tag{4.7}$$

최소화하는 값을 회귀계수의 추정량으로 사용하는 방법이다. 식 (4.7)의 $S(\beta_0, \beta_1)$ 을 최소화 하는 β_0 와 β_1 의 값을 구하기 위하여 $S(\beta_0, \beta_1)$ 를 β_0 와 β_1 에 대해 각각 편미분하여 얻은 식을 0으로 놓으면

$$\frac{\partial}{\partial \beta_0} S(\beta_0, \beta_1) = -2 \sum_{i=1}^{n} (Y_i - \beta_0 - \beta_1 x_i) = 0$$

$$\frac{\partial}{\partial \beta_1} S(\beta_0, \beta_1) = -2\sum_{i=1}^{n} x_i(Y_i - \beta_0 - \beta_1 x_i) = 0 \tag{4.8}$$

와 같은 연립방정식을 얻고 이 식을 정규방정식(normal equations)이라고 한다. 그리고 이러한 정규방정식을 β_0와 β_1에 대하여 각각 정리하면

$$\begin{aligned}\hat{\beta}_1 &= \frac{n\sum_{i=1}^{n} Y_i x_i - \sum_{i=1}^{n} Y_i \sum_{i=1}^{n} x_i}{n\sum_{i=1}^{n} x_i^2 - \left(\sum_{i=1}^{n} x_i\right)^2} = \frac{\sum_{i=1}^{n} Y_i x_i - n\overline{Y}\,\overline{x}}{\sum_{i=1}^{n} x_i^2 - n(\overline{x})^2} = \frac{\sum_{i=1}^{n}(x_i - \overline{x})(Y_i - \overline{Y})}{\sum_{i=1}^{n}(x_i - \overline{x})^2} \\ &= \frac{S_{xY}}{S_{xx}} \\ \hat{\beta}_0 &= \frac{1}{n}\left(\sum_{i=1}^{n} Y_i - \hat{\beta}_1 - \sum_{i=1}^{n} x_i\right) = \overline{Y} - \hat{\beta}_1 \overline{x}\end{aligned} \tag{4.9}$$

와 같은 최소제곱추정량 $\hat{\beta}_0$과 $\hat{\beta}_1$을 얻을 수 있다. 여기서 $S_{xY} = \sum_{i=1}^{n}(x_i - \overline{x})(Y_i - \overline{Y})$ 이고 $S_{xx} = \sum_{i=1}^{n}(x_i - \overline{x})^2$ 이다.

정리 4.2 최소제곱추정량

단순선형 회귀모형 $Y_i = \beta_0 + \beta_1 x_i + \epsilon_i$, $\epsilon_i \sim iid\ N(0, \sigma^2)$ $(i = 1, 2, \cdots, n)$에서 회귀계수 β_0와 β_1의 최소제곱추정량은

$$\hat{\beta}_1 = \frac{S_{xY}}{S_{xx}} = \frac{\sum_{i=1}^{n}(x_i - \overline{x})(Y_i - \overline{Y})}{\sum_{i=1}^{n}(x_i - \overline{x})^2}, \quad \hat{\beta}_0 = \frac{1}{n}\left(\sum_{i=1}^{n} Y_i - \hat{\beta}_1 - \sum_{i=1}^{n} x_i\right) = \overline{Y} - \hat{\beta}_1 \overline{x}$$

이고, 이때의 회귀직선은

$$\hat{Y} = \hat{E}(Y|x) = \hat{\beta}_0 + \hat{\beta}_1 x$$ [2]

와 같이 추정된다.

---

2) 회귀직선의 추정량은 편의상 $\hat{E}(Y|x)$ 대신 $\hat{Y}$ 으로 표기하며, 이때 $\hat{Y}$ 은 반응변수 Y의 추정량이 아니라 반응변수의 평균인 $E(Y|x)$의 추정량임을 유의하기 바란다.

이제 회귀모형에서 오차항의 분산 σ^2에 대한 추정량을 구해보자. 먼저 오차항 $\epsilon_i = Y_i - \beta_0 - \beta_1 x_i$에 대한 정보는 Y_i와 $\widehat{Y}_i = \hat{\beta}_0 + \hat{\beta}_1 x_i$의 차이인 잔차(residual)

$$e_i = Y_i - \widehat{Y}_i = Y_i - \hat{\beta}_0 - \hat{\beta}_1 x_i \quad , \; i = 1, 2, \cdots, n \tag{4.10}$$

를 통해 살펴볼 수 있을 것이다. 이러한 잔차들은 오차항 ϵ_i의 관측값인 것처럼 생각할 수 있으며, 이들은 오차항의 분산 σ^2의 크기에 따라 크거나 작게 나타난다고 할 수 있다. 따라서 $\sigma^2 = E\left((\epsilon - E(\epsilon))^2\right) = E(\epsilon^2)$임을 고려할 때 오차항의 분산을

$$\hat{\sigma}^2 = \frac{\sum_{i=1}^{n}\left(e_i^2\right)}{n-2} = \frac{\sum_{i=1}^{n}\left(Y_i - \widehat{Y}_i\right)^2}{n-2} = \frac{\sum_{i=1}^{n}\left(Y_i - \hat{\beta}_0 - \hat{\beta}_1 x_i\right)^2}{n-2} = \frac{SSE}{n-2} = MSE \tag{4.11}$$

와 같이 추정할 수 있다. 이때 $SSE = \sum_{i=1}^{n}\left(Y_i - \hat{\beta}_0 - \hat{\beta}_1 x_i\right)^2$를 오차제곱합(sum of squares due to error (or residual): SSE)이라 부르고, 이를 그 자유도 $n-2$로 나눈 $\hat{\sigma}^2$을 평균오차제곱합(mean squares due to error: MSE)라고 부른다.

[오차항의 분산 σ^2의 추정량]

단순선형 회귀모형 $Y_i = \beta_0 + \beta_1 x_i + \epsilon_i$, $\epsilon_i \sim iid\ N(0, \sigma^2)$ $(i = 1, 2, \cdots, n)$에서 오차항의 분산 σ^2의 추정량은

$$\hat{\sigma}^2 = MSE = \frac{SSE}{n-2} = \frac{\sum_{i=1}^{n}\left(Y_i - \hat{\beta}_0 - \hat{\beta}_1 x_i\right)^2}{n-2}$$

이다.

예제 4.4 무작위로 추출한 성인 남성 6명을 대상으로 음주량 X와 반응시간 Y의 관계를 분석하기 위한 실험으로부터 다음과 같은 결과를 얻었다. 음주량을 설명변수로 하고 반응시간을 반응변수로 하는 단순선형회귀모형 $Y_i = \beta_0 + \beta_1 x_i + \epsilon_i$, $\epsilon_i \sim iid\ N(0, \sigma^2)$ $(i = 1, 2, \cdots, 6)$의 회귀계수를 최소제곱추정법으로 추정하여라.

성인 남성	음주량	반응시간
1	4	22
2	8	34
3	12	36
4	16	50
5	20	54
6	24	66

풀이

주어진 자료로부터 회귀계수의 최소제곱추정량을 구하면

$$\hat{\beta}_1 = \frac{S_{xy}}{S_{xx}} = \frac{\sum_{i=1}^{n}(x_i - \bar{x})(y_i - \bar{y})}{\sum_{i=1}^{n}(x_i - \bar{x})^2} = \frac{588}{280} = 2.10,$$

$$\hat{\beta}_0 = \bar{y} - \hat{\beta}_1 \bar{x} = 43.67 - 2.1 \times 14 = 14.27$$

과 같다. 따라서 회귀직선은 $\hat{y} = 14.27 + 2.1x$ 로 추정된다.

(2) 추정량의 성질

단순선형 회귀모형에서 추정된 회귀계수에 대한 통계적 추론을 하기 위해서는 이들 추정량에 대한 확률분포를 알아야 한다. 먼저 정리 4.2의 최소제곱추정량 $\hat{\beta}_1$은

$$\hat{\beta}_1 = \frac{\sum_{i=1}^{n}(x_i - \bar{x})(Y_i - \bar{Y})}{\sum_{i=1}^{n}(x_i - \bar{x})^2} = \frac{\sum_{i=1}^{n}(x_i - \bar{x})Y_i}{\sum_{i=1}^{n}(x_i - \bar{x})^2} = \sum_{i=1}^{n} c_i Y_i, \quad \text{여기서}$$

$$c_i = \frac{(x_i - \bar{x})}{\sum_{i=1}^{n}(x_i - \bar{x})^2} \tag{4.12}$$

와 같이 표현되고, 식 (4.4)와 (4.5)의 단순선형 회귀모형으로부터 $Y_i (i = 1, \cdots, n)$ 들은 서로 독립인 정규분포를 따르는 것을 알 수 있다. 따라서 정규확률변수의 선형결합으로 표현되는 $\hat{\beta}_1$은 정규분포를 따르고 그 평균과 분산은 각각

$$E(\hat{\beta}_1) = \frac{\sum_{i=1}^{n}(x_i - \overline{x})E(Y_i)}{\sum_{i=1}^{n}(x_i - \overline{x})^2} = \frac{\sum_{i=1}^{n}(x_i - \overline{x})(\beta_0 + \beta_1 x_i)}{\sum_{i=1}^{n}(x_i - \overline{x})^2} = \frac{\beta_1 \sum_{i=1}^{n}(x_i - \overline{x})x_i}{\sum_{i=1}^{n}(x_i - \overline{x})^2} = \beta_1$$

$$Var(\hat{\beta}_1) = \frac{\sum_{i=1}^{n}(x_i - \overline{x})^2 Var(Y_i)}{\left[\sum_{i=1}^{n}(x_i - \overline{x})^2\right]^2} = \frac{\sigma^2}{\sum_{i=1}^{n}(x_i - \overline{x})^2} = \frac{\sigma^2}{S_{xx}} \tag{4.13}$$

와 같이 구할 수 있다. 최소제곱추정량 $\hat{\beta}_0$의 확률분포도 유사한 방법으로 구할 수 있으며 그 결과는 정리 4.3과 같다.

정리 4.3 최소제곱추정량의 확률분포

단순선형 회귀모형 $Y_i = \beta_0 + \beta_1 x_i + \epsilon_i,\ \epsilon_i \sim iid\ N(0, \sigma^2)\ (i = 1, 2, \cdots, n)$에서 최소제곱추정량 $\hat{\beta}_1$과 $\hat{\beta}_0$은 각각

$$\hat{\beta}_1 \sim N\left(\beta_1, \frac{\sigma^2}{S_{xx}}\right), \quad \hat{\beta}_0 \sim N\left(\beta_0, \sigma^2\left(\frac{1}{n} + \frac{\overline{x}^2}{S_{xx}}\right)\right)$$

와 같이 정규분포를 따른다.

또한 1장의 정리 1.21과 유사하게 식 (4.11)의 오차항의 분산에 대한 추정량 $\hat{\sigma}^2$과 관련된 성질은 정리 4.4와 같다[3]. 정리 4.4의 결과로부터 $E\left(\frac{SSE}{\sigma^2}\right) = n - 2$ 이므로 $\hat{\sigma}^2$의 기댓값은

$$E(\hat{\sigma}^2) = E(MSE) = E\left(\frac{SSE}{n-2}\right) = \sigma^2 \tag{4.14}$$

와 같이 구해지므로 추정량 $\hat{\sigma}^2$은 σ^2의 불편추정량임을 알 수 있다.

---

3) 정리 4.4에 대한 증명은 이 책의 수준을 벗어나므로 생략하기로 한다.

정리 4.4 오차항의 분산의 추정량 $\hat{\sigma}^2$의 성질

단순선형 회귀모형 $Y_i = \beta_0 + \beta_1 x_i + \epsilon_i,\ \epsilon_i \sim iid\ N(0, \sigma^2)\ (i = 1, 2, \cdots, n)$에서 오차항의 분산의 추정량 $\hat{\sigma}^2$은 다음의 성질을 만족한다.

① $\hat{\beta}_1,\ \overline{Y}$, 그리고 $\hat{\sigma}^2$은 서로 독립이다.

② $\dfrac{(n-2)\hat{\sigma}^2}{\sigma^2} = \dfrac{SSE}{\sigma^2} \sim \chi^2(n-2)$이다.

(3) 회귀모형의 적합성 판단

이제 추정된 회귀직선에 의한 단순선형회귀모형의 적합이 관측 결과를 얼마나 잘 설명하고 있는지에 대하여 생각해 보자. 반응변수 $Y_i\ (i = 1, \cdots, n)$와 이들의 평균 $\overline{Y}$ 간의 차이는 다음과 같이 두 편차의 합으로 분할할 수 있다.

$$(Y_i - \overline{Y}) = (Y_i - \hat{Y}_i) + (\hat{Y}_i - \overline{Y}), \quad i = 1, 2, \cdots, n \tag{4.15}$$

임의의 값 x_i에 대하여 관측값 Y_i와 회귀식에 의하여 추정된 값 $\hat{Y}_i$은 반드시 일치하지 않으며 이때의 차이 $Y_i - \hat{Y}_i$ 즉, 잔차는 관측이 불가능한 오차로서 편차 중에서 회귀직식으로 설명되지 않는 부분을 나타낸다. 반면에 관측값들의 평균 $\overline{Y}$로부터 추정값 $\hat{Y}_i$ 간의 차 $\hat{Y}_i - \overline{Y}$는 편차 중에서 회귀직선에 의하여 설명되는 부분을 나타낸다.

이제 식 (4.15)의 양변을 각각 제곱한 후, 모든 관측값에 대하여 더하면 다음 관계식이 성립함을 알 수 있다.

$$\begin{aligned} \sum_{i=1}^{n}(Y_i - \overline{Y})^2 &= \sum_{i=1}^{n}(Y_i - \hat{Y}_i)^2 + \sum_{i=1}^{n}(\hat{Y}_i - \overline{Y})^2 \\ TSS &= SSE + SSR \\ \text{총제곱합} &= \text{오차제곱합} + \text{회귀제곱합} \end{aligned} \tag{4.16}$$

여기서 식 (4.16)의 좌변을 총변동(total variation) 또는 총제곱합(total sum of squares : TSS)이라 하며, 우변식의 앞부분은 총변동 중에서 회귀직선에 의하여 설명이 되지 않는 변동 즉, 오차에 의하여 발생되는 변동을 가리키며 식 (4.11)에서 설명한 대로 이를 오차제곱합(sum of squares due to error : SSE)이라 한다. 반면에 우변식의 뒷부분은 총변동 중

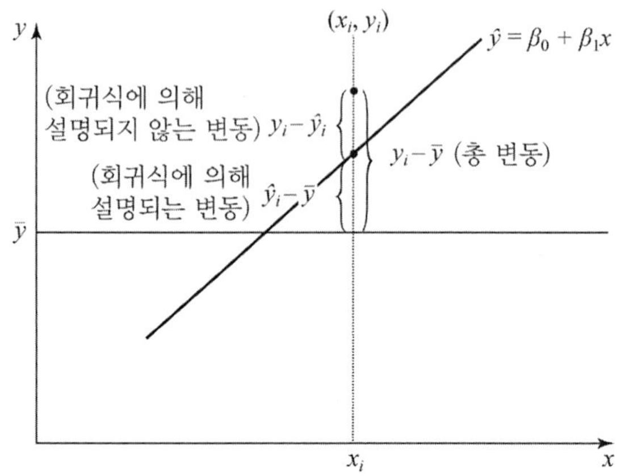

에서 회귀식에 의하여 설명이 되는 변동을 나타내며 회귀제곱합(sum of squares due to regression : SSR)이라 부른다. 그리고 총제곱합은 $n-1$, 오차제곱합은 $n-2$, 그리고 회귀제곱합은 1의 자유도를 각각 가진다.

자료 전체의 흩어진 정도를 나타내는 총제곱합 TSS 중에서 회귀직선에 의해 설명되는 부분인 회귀제곱합 SSR이 상대적으로 크면 회귀모형이 관측결과를 잘 설명하고 있다고 볼 수 있을 것이다. 이러한 의미에서 추정된 회귀직선이 주어진 자료에 얼마나 잘 적합하고 있는지를 측정하기 위한 도구로서 총제곱합 중에서 회귀제곱합이 차지하는 비율인

$$R^2 = \frac{SSR}{TSS} = 1 - \frac{SSE}{TSS} \tag{4.16}$$

를 사용하며, 이를 결정계수(coefficient of determination)라고 한다.

[결정계수]

추정된 회귀식이 주어진 자료에 얼마나 잘 적합하고 있는지는 결정계수

$$R^2 = \frac{SSR}{TSS} = 1 - \frac{SSE}{TSS}$$

를 이용하여 측정할 수 있다.

결정계수 R^2은 Y의 총변동 중에서 추정된 회귀직선에 의해 설명되는 부분이 어느 정도인가를 나타내며, 그 값은 항상 0과 1 사이에 존재한다. 이때 $R^2 = 1$이면 두 변수가 $\hat{Y} = \beta_0 + \beta_1 x$ 라는 직선관계에 의해서 완전하게 설명되고, 모든 관측값은 회귀직선 위에 정확히 놓이게 된다. 따라서 R^2의 값이 1에 가까울수록 관측값들은 회귀직선 가까이에 밀집되어 있으며, 이는 추정된 회귀직선이 관측값에 잘 적합하고 있다는 것을 의미한다. 이와는 반대로 $R^2 = 0$이면 추정된 회귀직선에 의하여 두 변수 X와 Y의 관계가 전혀 설명되지 못한다는 것을 나타낸다. 한편 회귀제곱합과 총제곱합은 각각

$$SSR = \sum_{i=1}^{n}(\widehat{Y}_i - \overline{Y})^2 = \sum_{i=1}^{n}(\hat{\beta}_0 + \hat{\beta}_1 x_i - \overline{Y})^2 = \sum_{i=1}^{n}(\hat{\beta}_1(x_i - \overline{x}))^2 = \frac{(S_{xY})^2}{S_{xx}}$$
$$TSS = \sum_{i=1}^{n}(Y_i - \overline{Y})^2 = S_{YY} \tag{4.17}$$

로 나타낼 수 있으므로, 식 (4.16)의 결정계수는

$$R^2 = \frac{SSR}{TSS} = \frac{(S_{xY})^2}{S_{xx}S_{YY}} = \left[\frac{S_{xY}}{\sqrt{S_{xx}}\sqrt{S_{YY}}}\right]^2 \tag{4.18}$$

으로 표현가능하다. 즉, 결정계수 R^2은 표본상관계수의 제곱과 같다.

예제 4.5 [예제 4.4]의 추정 결과를 이용하여 오차항의 분산에 대한 불편추정량과 결정계수를 각각 구하여라.

풀이

오차항의 분산에 대한 불편추정량을 구하면

$$\hat{\sigma}^2 = MSE = \frac{SSE}{n-2} = \frac{1}{4}\sum_{i=1}^{6}(y_i - 14.27 - 2.1x_i)^2 = 8.133 \text{ 이고}$$

결정계수는 $R^2 = \frac{SSR}{TSS} = \frac{(S_{xy})^2}{S_{xx}S_{yy}} = \frac{(588)^2}{280 \times 1267.33} = 0.9743$ 으로 계산된다.

R 실습 4.5 [예제 4.4]의 회귀계수의 최소제곱추정량과 [예제 4.5]의 오차항의 분산에 대한 불편추정량, 그리고 결정계수를 R 프로그램을 이용하여 구하고, 추정된 회귀직선을 산점도에 그려라.

풀이

[R 프로그램 4.5] 단순선형 회귀모형의 추정

```
alcohol = c(4, 8, 12, 16, 20, 24)
response = c(22, 34, 36, 50, 54, 66)
fitted.model=lm(response~alcohol) # 회귀분석을 위한 함수
```

```
summary(fitted.model) # 회귀분석의 결과를 요약하여 출력하는 함수
plot(alcohol, response, main="음주량과 반응시간의 관계", xlab="음주량", ylab="반응시간")
abline(fitted.model) # 회귀직선을 그리는 함수
```

- 회귀분석을 위해 R 프로그램에서 제공하는 함수는 lm()이며, 그 사용 형식은 lm(Y~X)이다. 여기서 Y는 반응변수를 X는 설명변수를 나타내고 설명변수가 둘 일상일 경우에는 lm(Y~X1+X2+X3)과 같이 사용하면 된다.
- 회귀분석의 결과를 저장하기 위해 $fitted.model$ 이라는 변수명을 사용하였으며, 여기에는 회귀계수의 추정값을 비롯한 다양한 분석결과가 저장되어 있다. 이러한 결과를 요약하여 보기 위해서는 summary() 함수를 이용하면 된다.
- [그림 4.8]은 회귀계수의 추정값(Coefficients), 오차항의 분산에 대한 불편추정량(Residual standard error), 결정계수(Multiple R-squared) 등을 summary() 함수를 이용하여 출력한 것이다. 이때 summary() 함수에서 Residual standard error는 $\sqrt{MSE}$ 의 값을 제공하며, [그림 4.8]의 출력결과는 예제 4.4와 예제 4.5의 결과와 동일함을 알 수 있다. summary() 함수에서 원하는 결과만을 출력하기 위해서는 summary(fitted.model)$coef, summary(fitted.model)$sigma, summary(fitted.model)$r.suqared 등과 같이 입력하면 된다.

```
R Console
> alcohol = c(4, 8, 12, 16, 20, 24)
> response = c(22, 34, 36, 50, 54, 66)
> fitted.model=lm(response~alcohol) # 회귀분석을 위한 함수
> summary(fitted.model) # 회귀분석의 결과를 요약하여 출력하는 함수

Call:
lm(formula = response ~ alcohol)

Residuals:
      1       2       3       4       5       6
-0.6667  2.9333 -3.4667  2.1333 -2.2667  1.3333

Coefficients:
            Estimate Std. Error t value Pr(>|t|)
(Intercept)  14.2667     2.6550   5.374 0.005794 **
alcohol       2.1000     0.1704  12.322 0.000249 ***
---
Signif. codes:  0 '***' 0.001 '**' 0.01 '*' 0.05 '.' 0.1 '$

Residual standard error: 2.852 on 4 degrees of freedom
Multiple R-squared:  0.9743,    Adjusted R-squared:  0.9679
F-statistic: 151.8 on 1 and 4 DF,  p-value: 0.0002493

> |
```

[그림 4.8] 단순선형 회귀모형의 분석결과 (R 프로그램 4.5)

- 추정된 회귀직선을 산점도에 그리기 위해서는 먼저 plot() 함수를 이용하여 산점도를 그린 이후에 abline() 함수를 이용하여 추정된 회귀직선을 추가하여 그리면 된다. abline() 함수

의 사용 형식은 abline(절편, 기울기)이며 회귀직선을 그리고자 할 경우에는 lm()을 이용한 결과를 인자로 사용하면 된다. 즉, abline($fitted.model$)은 회귀분석의 결과가 저장되어 있는 $fitted.model$ 에서 추정된 절편과 기울기를 찾아서 자동적으로 회귀직선을 그려 주며, 이 결과는 [그림 4.9]와 같다.

- 참고로 abline() 함수에서 1장의 <표 4.1>의 인자들을 이용하면 회귀직선을 다양한 형태로 표현할 수 있다.

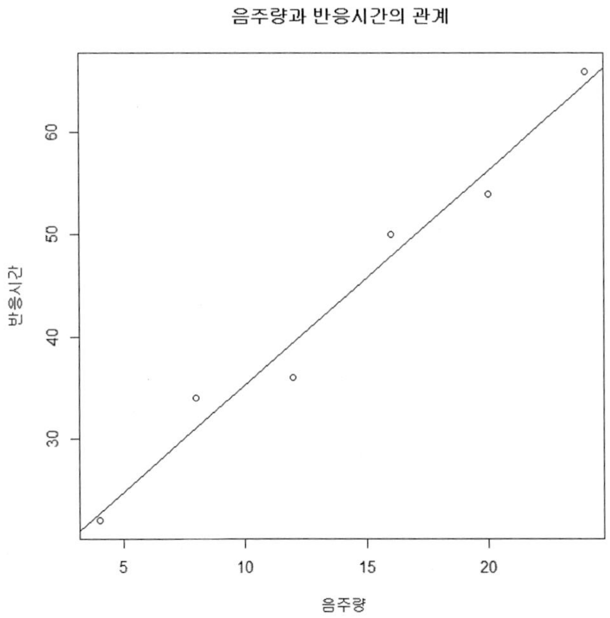

[그림 4.9] 산점도 및 추정된 회귀직선 (R 프로그램 4.5)

4.2.3 단순선형 회귀모형에서의 통계적 추론

회귀모형을 추정한 후에는 그 모형에 통계적 추론 통해 모형의 타당성을 평가해야 한다. 이 절에서는 분산분석을 이용한 회귀모형의 유의성 검정에 대하여 먼저 알아보고, 나아가 회귀계수 및 반응변수의 조건부 기댓값 등에 대한 통계적 추론에 대하여 살펴보기로 한다.

(1) 회귀모형의 유의성 검정

먼저 설명변수 x를 고려한 단순선형 회귀모형이 의미가 있는가를 검정하는 방법에 대

하여 알아보도록 하자. 회귀모형의 유의성 검정을 위해 통계적 가설은

$$\begin{aligned} &H_0: Y=\beta_0+\epsilon, \qquad H_1: Y=\beta_0+\beta_1 x+\epsilon \\ \text{또는 } &H_0: \beta_1=0, \qquad H_1: \beta_1 \neq 0 \end{aligned} \tag{4.19}$$

와 같이 설정할 수 있다. 여기서 회귀모형이 유의하다면 자료의 흩어짐을 나타내는 총제곱합 TSS 중에서 회귀제곱합 SSR이 차지하는 비중이 커지고 오차제곱합 SSE가 차지하는 비중이 작아질 것이다. 즉, SSR/SSE의 값이 커질수록 회귀모형이 유의하다는 증거가 강해지는 것이다.

회귀모형의 유의성 검정은 <표 4.4>의 분산분석표를 이용하여 쉽게 검정할 수 있다. 여기서 회귀제곱합 SSR을 자신의 자유도인 1로 나눈 값을 평균회귀제곱합(mean squares due to regression: MSR)이라 하고, 오차제곱합 SSE를 자신의 자유도인 $n-2$로 나눈 값을 평균오차제곱합(mean squares due to error: MSE)이라 한다. 분산분석표에서 가장 오른쪽에는 평균회귀제곱합 MSR과 평균오차제곱합 MSE의 상대적인 크기를 나타내는 통계량 F_0의 값이 주어지며, 분산분석에서는 이 값을 이용하여 회귀모형의 유의성 여부를 판단하게 된다. 즉 F_0 값의 크기는 회귀제곱합 SSR과 오차제곱합 SSE의 크기에 영향을 받으므로 F_0의 값이 크다는 것은 회귀모형이 유의하다는 것을, 반대로 F_0의 값이 작다는 것은 회귀모형이 유의하지 않다는 것을 나타내게 된다.

〈표 4.4〉 단순선형 회귀분석에서의 분산분석표

요인	제곱합	자유도	평균제곱합	F_0
회귀	SSR	1	$MSR=\dfrac{SSR}{1}$	$F_0=\dfrac{MSR}{MSE}$
오차	SSE	$n-2$	$MSE=\dfrac{SSE}{n-2}$	
전체	TSS	$n-1$		

분산분석표를 이용하여 식 (4.19)의 가설을 통계적으로 검정하기 위해서는 통계량 F_0의 확률분포를 알아야 한다. 먼저 정리 4.4로부터 오차제곱합에 관한 확률변량 SSE/σ^2은 자유도가 $n-2$인 카이제곱분포를 따르는 것을 알 수 있으며, 이와는 서로 독립인 확률변량

SSR/σ^2 의 확률분포는 귀무가설 $H_0 : \beta_1 = 0$ 이 참일 때

$$\frac{SSR}{\sigma^2} \sim \chi^2(1) \tag{4.20}$$

임이 알려져 있다. 따라서 1장의 정의 1.26에 의해 분산분석표의 검정통계량 F_0 의 확률분포를 귀무가설 $H_0 : \beta_1 = 0$ 이 참인 가정 하에서

$$F_0 = \frac{\dfrac{SSR}{\sigma^2}/1}{\dfrac{SSE}{\sigma^2}/(n-2)} = \frac{MSR}{MSE} \sim F(1, n-2) \tag{4.21}$$

와 같이 구할 수 있다.

정리 4.5 검정통계량 F_0의 분포

단순선형 회귀모형 $Y_i = \beta_0 + \beta_1 x_i + \epsilon_i$, $\epsilon_i \sim iid\, N(0, \sigma^2)$ $(i = 1, 2, \cdots, n)$에서 귀무가설 $H_0 : \beta_1 = 0$ 이 참이면

$$F_0 = \frac{MSR}{MSE} \sim F(1, n-2)$$

이 성립한다.

단순선형 회귀모형의 유의성을 분산분석을 통해 검정할 때 F_0 의 값이 크다는 것은 회귀제곱합 SSR 이 오차제곱합 SSE 에 비해 상대적으로 크다는 것을 의미하므로 모형이 유의하다는 것을 나타낸다. 따라서, 유의수준 α 에서 검정통계량 F_0 의 관측값 f_0^*가 $f_0^* \geq F_\alpha(1, n-2)$이거나 $P(F_0 \geq f_0^*) < \alpha$이면 귀무가설 H_0를 기각하고, 그렇지 않으면 H_0 를 채택하게 된다. 이와 같은 검정법을 F-검정(F-test)이라 한다.

[단순선형 회귀모형의 유의성에 대한 가설검정]

단순선형 회귀모형 $Y_i = \beta_0 + \beta_1 x_i + \epsilon_i$, $\epsilon_i \sim iid\, N(0, \sigma^2)$ $(i = 1, 2, \cdots, n)$의 유의성 검정을 위한 가설

$$H_0 : \beta_1 = 0, \quad H_1 : \beta_1 \neq 0$$

에 대하여 검정통계량 $F_0 = \dfrac{MSR}{MSE}$ 를 이용한 기각역과 p-값은 다음과 같다.

- 유의수준 α에서의 기각역 : $f_0 \geq F_\alpha(1, n-2)$
- 검정통계량 F_0의 관측값 f_0^* 에 대한 p-값 : $p-$값 $= P(F_0 \geq f_0^*)$
- 유의수준 α에서의 검정방법 : 표본으로부터 계산된 검정통계량의 관측값 f_0^*가

  $f_0^* \geq F_\alpha(1, n-2)$ 또는 p-값$= P(F_0 \geq f_0^*) < \alpha$ 이면 H_0를 기각

  $f_0^* < F_\alpha(1, n-2)$ 또는 p-값$= P(F_0 \geq f_0^*) \geq \alpha$ 이면 H_0를 채택

예제 4.6 어느 회사에서 광고비용이 판매액에 미치는 영향을 알아보기 위하여 10개의 대리점에 대한 연간 광고비(X)와 판매액(Y)을 조사한 결과 다음과 같은 자료를 얻었다. 회귀직선을 추정한 후 분산분석을 통해 단순선형 회귀모형 $H_1 : Y = \beta_0 + \beta_1 x + \epsilon$ 의 유의성을 검정하여라.

대리점	1	2	3	4	5	6	7	8	9	10
광고비	1.0	1.1	1.2	1.6	2.1	2.7	3.2	4.0	5.2	6.0
판매액	6.5	8.2	8.3	10	12.3	13.1	14.2	14.6	15.3	15.8

풀이

주어진 자료로부터 회귀계수 β_0와 β_1을 추정하면 $\hat{\beta}_0 = 7.006$, $\widehat{\beta_1} = 1.7166$ 이고, 따라서 추정된 회귀식은 $\hat{Y} = 7.006 + 1.7166x$ 가 된다. 그리고 회귀분석의 결과로부터 분산분석표를 작성하면 다음과 같게 된다.

요인	제곱합	자유도	제곱평균	F_0	$P-$값
회귀	83.1797	1	83.1797	38.8218	0.00025
오차	17.1412	8	2.1426		
전체	100.321	9			

분산분석표로부터 p-값은 유의수준 $\alpha = 0.05$보다 작으므로 귀무가설 $H_0 : \beta_1 = 0$은 기각되어 “광고비와 판매액 간의 관계를 설명하는데 있어 추정된 회귀식 $\hat{y} = 7.0064 + 1.7166x$ 는 유의하다”고 할 수 있다.

R 실습 4.6 [예제 4.6]의 분산분석표를 R 프로그램을 이용하여 구하여라.

풀이

[R 프로그램 4.6] 단순선형 회귀모형의 분산분석표

```
ad.cost = c(1.0, 1.1, 1.2, 1.6, 2.1, 2.7, 3.2, 4.0, 5.2, 6.0)
sales = c(6.5, 8.2, 8.3, 10, 12.3, 13.1, 14.2, 14.6, 15.3, 15.8)
fitted.model = lm(sales~ad.cost)
anova(fitted.model)
```

- 회귀분석에서 모형의 유의성을 검정하기 위한 분산분석표는 anova() 함수를 이용하여 출력할 수 있다.
- [그림 4.10]은 anova() 함수를 이용한 분산분석표이며, 이는 예제 4.6의 결과와 동일함을 알 수 있다.

```
R Console
> ad.cost = c(1.0, 1.1, 1.2, 1.6, 2.1, 2.7, 3.2, 4.0, 5.2, 6.0)
> sales = c(6.5, 8.2, 8.3, 10, 12.3, 13.1, 14.2, 14.6, 15.3, 15.8)
> fitted.model = lm(sales~ad.cost)
> anova(fitted.model)
Analysis of Variance Table

Response: sales
          Df Sum Sq Mean Sq F value    Pr(>F)
ad.cost    1 83.180  83.180  38.821 0.0002509 ***
Residuals  8 17.141   2.143
---
Signif. codes:  0 '***' 0.001 '**' 0.01 '*' 0.05 '.' 0.1 ' ' 1
>
```

[그림 4.10] 단순선형 회귀모형의 분산분석표 (R 프로그램 4.6)

(2) 회귀계수에 대한 추론

단순선형 회귀모형에서 주요 관심이 되는 것은 기울기 β_1 이다. 특정하게 주어진 상수 β_{10}에 대하여 가설

$$H_0 : \beta_1 = \beta_{10}, \qquad H_1 : \beta_1 \neq \beta_{10} \tag{4.22}$$

에 대한 검정은 설명변수와 반응변수가 어떠한 형태의 직선적인 관계를 가지고 있는지를 결정하는 검정으로 단순선형 회귀분석에서 중요하게 사용된다. 예를 들어, 회귀모형에서 $\beta_1 = 0$ 이면 추정된 회귀식 $\hat{Y}$은 하나의 상수(β_0)가 됨으로써, 설명변수 x의 값들은 반응변수 Y를 설명하는데 아무런 의미를 갖지 못하게 된다.

β_1에 관한 추론을 위해서는 β_1의 점추정량인 $\hat{\beta}_1$의 확률분포를 알아야 하며, 정리 4.3으로부터

$$\frac{\hat{\beta}_1 - \beta_1}{\sqrt{\sigma^2/S_{xx}}} \sim N(0,1) \tag{4.23}$$

임을 알 수 있다. 또한 1장의 정리 1.25와 정리 4.4의 결과로부터 확률변량 T의 분포가

$$T = \frac{\dfrac{\hat{\beta}_1 - \beta_1}{\sqrt{\sigma^2/S_{xx}}}}{\sqrt{\dfrac{SSE}{\sigma^2}/(n-2)}} = \frac{\hat{\beta}_1 - \beta_1}{\sqrt{MSE/S_{xx}}} \sim t(n-2) \tag{4.24}$$

이 됨을 확인할 수 있다.

정리 4.6 $\hat{\beta}_1$에 관한 확률변량 T의 분포

단순선형 회귀모형 $Y_i = \beta_0 + \beta_1 x_i + \epsilon_i$, $\epsilon_i \sim iid\ N(0, \sigma^2)$ $(i = 1, 2, \cdots, n)$에서

$$T = \frac{\hat{\beta}_1 - \beta_1}{\sqrt{MSE/S_{xx}}} \sim t(n-2)$$

이 성립한다.

정리 4.6의 확률변량 T를 이용하면 회귀계수 β_1에 관한 신뢰구간과 가설 검정법을 각각 다음과 같이 구할 수 있다.

[β_1에 대한 신뢰구간]

단순선형 회귀모형 $Y_i = \beta_0 + \beta_1 x_i + \epsilon_i$, $\epsilon_i \sim iid\ N(0, \sigma^2)$ $(i = 1, 2, \cdots, n)$에서, 회귀계수 β_1에 대한 $100(1-\alpha)\%$ 신뢰구간은 다음과 같다.

$$\left[\hat{\beta}_1 - t_{\alpha/2}(n-2)\sqrt{MSE/S_{xx}},\ \hat{\beta}_1 + t_{\alpha/2}(n-2)\sqrt{MSE/S_{xx}}\right]$$

[β_1에 대한 가설검정]

단순선형 회귀모형 $Y_i = \beta_0 + \beta_1 x_i + \epsilon_i$, $\epsilon_i \sim iid\ N(0, \sigma^2)$ $(i = 1, 2, \cdots, n)$에서, 회귀계수 β_1에 대한 아래의 가설검정에서 사용되는 검정통계량과 그 확률분포는

$$T_0 = \frac{\hat{\beta}_1 - \beta_{10}}{\sqrt{MSE/S_{xx}}} \sim t(n-2) \quad (\text{귀무가설 } H_0 \text{가 참일 때})$$

이며, 유의수준 α에서의 기각역과 검정통계량의 관측값 t_0^*에 대한 p-값은 다음과 같다.

	가설	기각역	p–값
우측검정	$H_0: \beta_1 = \beta_{10}$, $H_1: \beta_1 > \beta_{10}$	$t_0 > t_\alpha(n-2)$	$P(T_0 > t_0^*)$
좌측검정	$H_0: \beta_1 = \beta_{10}$, $H_1: \beta_1 < \beta_{10}$	$t_0 < -t_\alpha(n-2)$	$P(T_0 < t_0^*)$
양측검정	$H_0: \beta_1 = \beta_{10}$, $H_1: \beta_1 \neq \beta_{10}$	$\lvert t_0 \rvert > t_{\alpha/2}(n-2)$	$2P(T_0 > \lvert t_0^* \rvert)$

단순선형 회귀모형의 기울기 β_1에 관한 양측검정에서 $\beta_{10} = 0$인 경우의 가설은 모형의 유의성 검정을 위한 식 (4.19)의 가설과 동일하다. 따라서 분산분석표를 이용한 F-검정으로 분석할 수도 있으며, 실제로 이 경우에

$$T_0^2 = \frac{(\hat{\beta}_1)^2}{MSE/S_{xx}} = \frac{(\hat{\beta}_1)^2 S_{xx}}{MSE} = \frac{\left(\dfrac{S_{xY}}{S_{xx}}\right)^2 S_{xx}}{MSE} = \frac{(S_{xY})^2/S_{xx}}{MSE} = \frac{MSR}{MSE} = F_0 \tag{4.25}$$

이 성립하여 t-검정과 F-검정이 같은 것임을 알 수 있다.

기울기 β_1에 관한 추론에서와 마찬가지로 절편 β_0에 관한 통계적 추론을 위해서는 추정량 $\hat{\beta}_0$에 관한 확률분포를 알아야 한다. 이를 위해 정리 4.3과 정리 4.4의 결과를 이용하면 $\hat{\beta}_0$에 관한 확률변량 T가

$$T = \frac{\dfrac{\hat{\beta}_0 - \beta_0}{\sqrt{\sigma^2\left(\dfrac{1}{n} + \dfrac{\overline{x}^2}{S_{xx}}\right)}}}{\sqrt{\dfrac{SSE}{\sigma^2}/(n-2)}} = \frac{\hat{\beta}_0 - \beta_0}{\sqrt{MSE\left(\dfrac{1}{n} + \dfrac{\overline{x}^2}{S_{xx}}\right)}} \sim t(n-2) \tag{4.26}$$

와 같이 자유도가 $n-2$인 t-분포를 따르는 것을 알 수 있다.

정리 4.7 **$\hat{\beta}_0$에 관한 확률변량 T의 분포**

단순선형 회귀모형 $Y_i = \beta_0 + \beta_1 x_i + \epsilon_i,\ \epsilon_i \sim iid\, N(0, \sigma^2)\ (i = 1, 2, \cdots, n\ )$에서

$$T = \frac{\hat{\beta}_0 - \beta_0}{\sqrt{MSE\left(\frac{1}{n} + \frac{\overline{x}^2}{S_{xx}}\right)}} \sim t(n-2)$$

이 성립한다.

정리 4.7의 확률변량 T를 이용하면 회귀계수 β_0에 관한 신뢰구간과 가설검정법을 각각 다음과 같이 구할 수 있다.

[β_0에 대한 신뢰구간]

단순선형 회귀모형 $Y_i = \beta_0 + \beta_1 x_i + \epsilon_i,\ \epsilon_i \sim iid\, N(0, \sigma^2)\ (i = 1, 2, \cdots, n\ )$에서, 회귀계수 β_0에 대한 $100(1-\alpha)\%$ 신뢰구간은 다음과 같다.

$$\left[\hat{\beta}_0 - t_{\alpha/2}(n-2)\sqrt{MSE\left(\frac{1}{n} + \frac{\overline{x}^2}{S_{xx}}\right)},\ \hat{\beta}_0 + t_{\alpha/2}(n-2)\sqrt{MSE\left(\frac{1}{n} + \frac{\overline{x}^2}{S_{xx}}\right)}\right]$$

[β_0에 대한 가설검정]

단순선형 회귀모형 $Y_i = \beta_0 + \beta_1 x_i + \epsilon_i,\ \epsilon_i \sim iid\, N(0, \sigma^2)\ (i = 1, 2, \cdots, n\ )$에서, 회귀계수 β_0에 대한 아래의 가설검정에서 사용되는 검정통계량과 그 확률분포는

$$T_0 = \frac{\hat{\beta}_0 - \beta_{00}}{\sqrt{MSE\left(\frac{1}{n} + \frac{\overline{x}^2}{S_{xx}}\right)}} \sim t(n-2) \quad \text{(귀무가설 } H_0 \text{가 참일 때)}$$

이며, 유의수준 α에서의 기각역과 검정통계량의 관측값 t_0^*에 대한 p-값은 다음과 같다.

	가설	기각역	p-값
우측검정	$H_0: \beta_0 = \beta_{00}\ ,\ H_1: \beta_0 > \beta_{00}$	$t_0 > t_\alpha(n-2)$	$P(T_0 > t_0^*)$
좌측검정	$H_0: \beta_0 = \beta_{00}\ ,\ H_1: \beta_0 < \beta_{00}$	$t_0 < -t_\alpha(n-2)$	$P(T_0 < t_0^*)$
양측검정	$H_0: \beta_0 = \beta_{00}\ ,\ H_1: \beta_0 \neq \beta_{00}$	$\lvert t_0\rvert > t_{\alpha/2}(n-2)$	$2P(T_0 > \lvert t_0^*\rvert)$

예제 4.7 [예제 4.6]의 회귀모형의 추정 결과를 바탕으로 다음 물음에 답하여라.

(1) 회귀계수 β_1에 대한 95% 신뢰구간을 구하여라.

(2) 회귀모형의 유의성을 검정을 위한 가설 $H_0 : \beta_1 = 0$, $H_1 : \beta_1 \neq 0$ 을 t-검정으로 유의수준 $\alpha = 0.05$에서 검정하고, 분산분석을 통한 F-검정과 비교하여라.

풀이

(1) $\hat{\beta}_1 = 1.7166$, $t_{0.025}(8) = 2.306$, $MSE = 2.1426$, $S_{xx} = \sum(x_i - \overline{x})^2 = 28.229$이므로 회귀계수 β_1의 95% 신뢰구간은

$$\hat{\beta}_1 \pm t_{\alpha/2}(n-2)\sqrt{\frac{MSE}{S_{xx}}} = 1.7166 \pm (2.306)(0.2755) = (1.0812,\ 2.3518)$$

와 같이 계산된다.

(2) 검정통계량의 관측값은

$$t_0^* = \frac{\hat{\beta}_1 - 0}{\sqrt{MSE/S_{xx}}} = \frac{1.7166}{\sqrt{2.1426/28.229}} = \frac{1.7166}{\sqrt{0.0759}} = 6.231$$

이고, 이때의 p-값은 $P(|T_0| \geq 6.231) = 0.00025$가 된다. 따라서 p-값이 유의수준 $\alpha = 0.05$보다 작으므로 귀무가설 $H_0 : \beta_1 = 0$은 기각되어 "광고비와 판매액 간의 관계를 설명하는데 있어 추정된 회귀식 $\hat{y} = 7.0064 + 1.7166x$ 는 유의하다"고 할 수 있다. 이러한 검정결과는 예제 4.6의 분산분석 결과와 일치하며, 분산분석표의 검정통계량 F_0의 관측값은 $(t_0^*)^2 = (6.231)^2 = 38.82$ 와 같은 것을 확인할 수 있다.

R 실습 4.7 [예제 4.7]의 신뢰구간과 t-검정을 이용한 유의성 검정 결과를 R 프로그램을 이용하여 구하여라.

풀이

[R 프로그램 4.7] 회귀계수에 대한 신뢰구간과 t-검정

```
confint(fitted.model)    # 회귀계수에 대한 신뢰구간을 출력
summary(fitted.model) # 회귀계수에 대한 t-검정을 포함한 여러 결과를 출력
```

• lm() 함수를 이용한 회귀분석의 결과가 저장되어 있는 $fitted.model$ 에서 회귀계수에 대한 신뢰구간을 출력하기 위해서는 confint() 함수를 사용하면 된다. 즉, confint($fitted.model$)은 $fitted.model$ 에 저장되어 있는 회귀분석의 결과 중에서 회귀계수에 대한 신뢰구간

을 찾아서 제공해준다.

- 또한 summary() 함수를 이용하면 회귀계수에 대한 t-검정을 포함한 여러 결과들을 출력할 수 있다.
- [그림 4.11]은 confint() 함수와 summary() 함수를 이용한 회귀계수의 신뢰구간과 t-검정의 출력결과를 나타고 있으며, 이는 예제 4.6의 결과와 동일하다.

```
R Console
> confint(fitted.model)    # 회귀계수에 대한 신뢰구간을 출력
                2.5 %   97.5 %
(Intercept) 4.926432 9.086456
ad.cost     1.081254 2.351883
> summary(fitted.model) # 회귀계수에 대한 -검정을 포함한 여러 결과를 출력

Call:
lm(formula = sales ~ ad.cost)

Residuals:
    Min      1Q  Median      3Q     Max 
-2.2230 -0.7484 -0.1928  1.2759  1.7005 

Coefficients:
            Estimate Std. Error t value Pr(>|t|)    
(Intercept)   7.0064     0.9020   7.768  5.4e-05 ***
ad.cost       1.7166     0.2755   6.231 0.000251 ***
---
Signif. codes:  0 '***' 0.001 '**' 0.01 '*' 0.05 '.' 0.1 ' ' 1

Residual standard error: 1.464 on 8 degrees of freedom
Multiple R-squared:  0.8291,    Adjusted R-squared:  0.8078 
F-statistic: 38.82 on 1 and 8 DF,  p-value: 0.0002509

> |
```

[그림 4.11] 회귀계수에 대한 신뢰구간과 t-검정 (R 프로그램 4.7)

(3) 반응변수의 기댓값에 대한 추론

회귀분석의 주요 관심중 하나는 특정한 설명변수 x^*에 대한 반응변수의 기댓값인 $E(Y|x^*) = \beta_0 + \beta_1 x^*$ 에 대한 추론이다. 설명변수의 값이 x^*로 주어졌을 때 $E(Y|x^*)$에 대한 추정량으로 $\hat{E}(Y|x^*) = \hat{\beta}_0 + \hat{\beta}_1 x^*$ 을 고려할 수 있으며, 이는

$$\begin{aligned} \hat{E}(Y|x^*) &= \hat{\beta}_0 + \hat{\beta}_1 x^* = \overline{Y} + \hat{\beta}_1 (x^* - \overline{x}) \\ &= \frac{1}{n}\sum_{i=1}^{n} Y_i + \frac{\sum_{i=1}^{n}(x_i - \overline{x})Y_i}{\sum_{i=1}^{n}(x_i - \overline{x})^2}(x^* - \overline{x}) \end{aligned} \tag{4.27}$$

$$= \sum_{i=1}^{n} \left[\frac{1}{n} + \frac{(x_i - \overline{x})(x^* - \overline{x})}{\sum_{i=1}^{n} (x_i - \overline{x})^2} \right]$$

와 같이 서로 독립인 Y_i 들의 선형결합으로 표현되므로 정규분포를 따른다. 또한 평균반응의 추정량 $\hat{E}(Y \mid x^*)$ 의 기댓값과 분산은 각각

$$\begin{aligned} E\left(\hat{E}(Y \mid x^*)\right) &= E\left(\hat{\beta}_0 + \hat{\beta}_1 x^*\right) = E\left(\hat{\beta}_0\right) + E\left(\hat{\beta}_1\right) x^* = \beta_0 + \beta_1 x^* \\ Var\left(\hat{E}(Y \mid x^*)\right) &= Var\left(\hat{\beta}_0 + \hat{\beta}_1 x^*\right) = Var\left(\overline{Y} + \hat{\beta}_1 (x^* - \overline{x})\right) \\ &= Var(\overline{Y}) + (x^* - \overline{x})^2 \, Var\left(\hat{\beta}_1\right) = \sigma^2 \left(\frac{1}{n} + \frac{(x^* - \overline{x})^2}{S_{xx}} \right) \end{aligned} \tag{4.28}$$

으로 구해진다. 따라서 $\hat{E}(Y \mid x^*)$ 을 표준화 하면

$$\frac{\hat{\beta}_0 + \hat{\beta}_1 x^* - (\beta_0 + \beta_1 x^*)}{\sqrt{\sigma^2 \left(\frac{1}{n} + \frac{(x^* - \overline{x})^2}{S_{xx}} \right)}} \sim N(0,1) \tag{4.29}$$

이고, 1장의 정의 1.25와 정리 4.4의 결과로부터 확률변량 T 의 분포를

$$T = \frac{\dfrac{\hat{\beta}_0 + \hat{\beta}_1 x^* - (\beta_0 + \beta_1 x^*)}{\sqrt{\sigma^2 \left(\frac{1}{n} + \frac{(x^* - \overline{x})^2}{S_{xx}} \right)}}}{\sqrt{\dfrac{SSE}{\sigma^2} / (n-2)}} = \frac{\hat{\beta}_0 + \hat{\beta}_1 x^* - (\beta_0 + \beta_1 x^*)}{\sqrt{MSE \left(\frac{1}{n} + \frac{(x^* - \overline{x})^2}{S_{xx}} \right)}} \sim t(n-2) \tag{4.30}$$

와 같이 구할 수 있다.

정리 4.8 **$\hat{E}(Y \mid x^*)$ 에 관한 확률변량 T 의 분포**

단순선형 회귀모형 $Y_i = \beta_0 + \beta_1 x_i + \epsilon_i$, $\epsilon_i \sim iid\ N(0, \sigma^2)$ $(i = 1, 2, \cdots, n)$에서

$$T = \frac{\hat{\beta}_0 + \hat{\beta}_1 x^* - (\beta_0 + \beta_1 x^*)}{\sqrt{MSE \left(\frac{1}{n} + \frac{(x^* - \overline{x})^2}{S_{xx}} \right)}} \sim t(n-2)$$

이 성립한다.

정리 4.8의 확률변량 T를 이용하면 평균반응 $E(Y\mid x^*)$에 관한 신뢰구간과 가설검정법을 각각 다음과 같이 구할 수 있다.

[$E(Y\mid x^*)$에 대한 신뢰구간]

단순선형 회귀모형 $Y_i=\beta_0+\beta_1x_i+\epsilon_i,\ \epsilon_i\sim iid\ N(0,\sigma^2)\ (i=1,2,\cdots,n\ )$에서, 평균반응 $E(Y\mid x^*)$ 에 대한 $100(1-\alpha)\%$ 신뢰구간은 다음과 같다.

$$\left[\hat\beta_0+\hat\beta_1x^*-t_{\alpha/2}(n-2)\sqrt{MSE\left(\frac{1}{n}+\frac{(x^*-\overline{x})^2}{S_{xx}}\right)},\right.$$

$$\left.\hat\beta_0+\hat\beta_1x^*+t_{\alpha/2}(n-2)\sqrt{MSE\left(\frac{1}{n}+\frac{(x^*-\overline{x})^2}{S_{xx}}\right)}\ \right]$$

[$E(Y\mid x^*)$에 대한 가설검정]

단순선형 회귀모형 $Y_i=\beta_0+\beta_1x_i+\epsilon_i,\ \epsilon_i\sim iid\ N(0,\sigma^2)\ (i=1,2,\cdots,n\ )$에서, 평균반응 $E(Y\mid x^*)$에 대한 아래의 가설검정에서 사용되는 검정통계량과 그 확률분포는

$$T_0=\frac{\hat\beta_0+\hat\beta_1x^*-\mu_0}{\sqrt{MSE\left(\frac{1}{n}+\frac{(x^*-\overline{x})^2}{S_{xx}}\right)}}\sim t(n-2)\qquad(\text{귀무가설 } H_0\text{가 참일 때})$$

이며, 유의수준 α에서의 기각역과 검정통계량의 관측값 t_0^*에 대한 p-값은 다음과 같다.

	가설	기각역	p-값
우측검정	$H_0: E(Y\mid x^*)=\mu_0,\ H_1: E(Y\mid x^*)>\mu_0$	$t_0>t_\alpha(n-2)$	$P(T_0>t_0^*)$
좌측검정	$H_0: E(Y\mid x^*)=\mu_0,\ H_1: E(Y\mid x^*)<\mu_0$	$t_0<-t_\alpha(n-2)$	$P(T_0<t_0^*)$
양측검정	$H_0: E(Y\mid x^*)=\mu_0,\ H_1: E(Y\mid x^*)\neq\mu_0$	$\lvert t_0\rvert>t_{\alpha/2}(n-2)$	$2P(T_0>\lvert t_0^*\rvert)$

여기서 $E(Y\mid x^*)$에 대한 신뢰구간의 폭은 설명변수 x^*의 함수로 표현되는 것을 알 수 있다. 즉, 신뢰구간의 폭은 $x^*=\overline{x}$일 때 최소가 되며 $\lvert x^*-\overline{x}\rvert$의 값이 커질수록 넓어지게 된다. 따라서 설명변수의 관측값들 중에서 평균 $\overline{x}$에서 멀어질수록 그 예측의 정확도는 감소하게 된다.

예제 4.8 [예제 4.6]의 단순선형 회귀모형에서 광고비가 $x = 2.5,\ 3.0,\ 3.5$ 일 때 평균 판매액의 95% 신뢰구간을 각각 구하여라.

풀이

새로운 광고비 $x^* = 2.5$ 에 대한 평균 판매액의 신뢰구간을 구하면

$$\hat{\beta}_0 + \hat{\beta}_1 x^* \pm t_{\alpha/2}(n-2)\sqrt{MSE\left(\frac{1}{n} + \frac{(x^* - \overline{x})^2}{S_{xx}}\right)}$$

$$= 7 + 1.72 \times 2.5 \pm 1.859\sqrt{2.143\left(\frac{1}{10} + \frac{(2.5 - 2.81)^2}{28.23}\right)}$$

$$= 11.3 \pm 2.31\sqrt{0.222} = 11.3 \pm 1.087$$

와 같다. 마찬가지 방법으로 $x^* = 3.0,\ 3.5$ 일 때의 신뢰구간을 구하면 각각

$$12.16 \pm 2.31\sqrt{0.217} = 12.16 \pm 1.076$$

$$13.02 \pm 2.31\sqrt{0.250} = 13.02 \pm 1.156$$

와 같이 계산된다.

R 실습 4.8 R 프로그램을 이용하여 [예제 4.8]의 신뢰구간을 구하고 이를 그래프로 나타내어라.

풀이

[R 프로그램 4.8] 평균반응에 대한 신뢰구간

```
new.cost=data.frame(ad.cost=c(2.5, 3.0, 3.5)) # 데이트프레임 형태로 자료저장
predict.lm(fitted.model, newdata=new.cost, interval="conf", level=0.95)

all.cost=data.frame(ad.cost=seq(min(ad.cost), max(ad.cost), 0.01))
conf.result=predict.lm(fitted.model, newdata=all.cost, interval="conf", level=0.95)
plot(ad.cost, sales, xlab="광고비", ylab="판매량")
  abline(fitted.model)
  lines(all.cost$ad.cost, conf.result[,2], lty=2, col="blue") # 자료를 선으로 연결
  lines(all.cost$ad.cost, conf.result[,3], lty=2, col="blue")
```

- 새로운 설명변수의 값(여기서는 광고비 $x = 2.5,\ 3.0,\ 3.5$)에 대한 평균반응의 추정값 또는 신뢰구간을 구하기 위하여 먼저 자료를 데이터 프레임의 형태로 $new.cost$ 라는 변수명으로 저장하였다. 이때 해당 자료의 열(column)은 회귀분석에서 사용한 변수명과 동일

하게 $ad.cost$ 라는 이름으로 지정한다.

- lm() 함수를 이용한 회귀분석의 결과에서 신뢰구간을 출력하기 위해서는 R에서 제공하는 predict.lm() 함수를 사용할 수 있으며, 그 사용 형식은 predict.lm(object, newdata, interval, level)이다. 여기서 인수 object에는 lm() 함수를 이용한 회귀분석의 결과를 입력하고 newdata에는 새로운 설명변수의 값, interval에는 신뢰구간의 종류, level에는 신뢰수준을 각각 입력하면 된다. [그림 4.12]는 주어진 설명변수의 값에 대응하는 평균반응의 점추정값과 신뢰구간을 나타내고 있으며, 이러한 결과는 예제 4.8의 결과와 동일하다.

```
R Console
> new.cost=data.frame(ad.cost=c(2.5, 3.0, 3.5)) # 데이브프레임 형태로 자료저장
> predict.lm(fitted.model, newdata=new.cost, interval="conf", level=0.95)
       fit      lwr      upr
1 11.29786 10.21242 12.38330
2 12.15615 11.08192 13.23037
3 13.01443 11.86050 14.16836
> |
```

[그림 4.12] 평균반응에 대한 신뢰구간의 계산 (R 프로그램 4.8)

- 설명변수의 값에 대한 평균반응의 신뢰구간을 그리기 위해 주어진 관측 자료의 최소값과 최대값을 각각 min($ad.cost$), max($ad.cost$)으로 구하고, seq() 함수를 이용하여 0.01의 간격으로 자료를 생성하였으며 이를 $all.cost$ 라는 이름으로 저장하였다. 또한 predict.lm() 함수를 이용한 $all.cost$ 자료에 대한 신뢰구간의 결과를 $conf.result$ 라는 이름으로 저장하였다.
- plot() 함수를 이용한 산점도에 abline() 함수를 이용하여 회귀직선을 추가하였으며, 신뢰구간을 나타내기 위해 lines() 함수를 이용하였다. lines() 함수의 사용 형식은 lines(x, y, lty, col)와 같다. 여기서 인수 lty는 선의 종류를 col은 선의 색깔을 나타낸다.
- [그림 4.13]은 설명변수 x^*에 대한 평균반응의 신뢰구간을 lines() 함수를 이용하여 나타낸 결과이다. 이로부터 설명변수의 값이 평균 $\bar{x}$ 에서 멀어질수록 그 신뢰구간의 폭이 넓어지는 것을 알 수 있다.

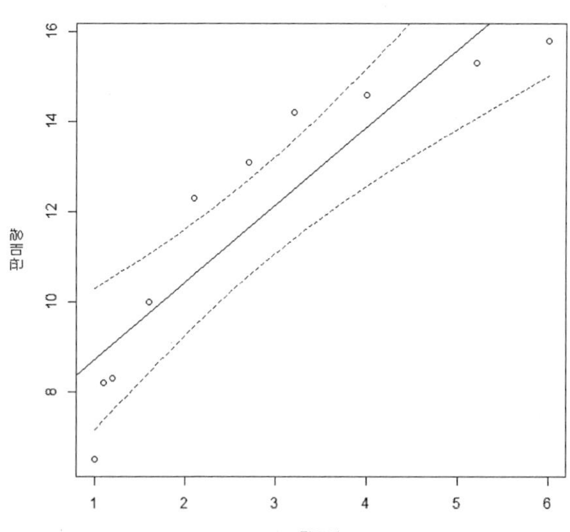

[그림 4.13] 평균반응에 대한 신뢰구간 (R 프로그램 4.8)

4.2.4 단순선형 회귀모형에서의 잔차분석

단순선형 회귀분석에서는 다음과 같은 가정이 성립한다는 조건하에서 회귀모형에 대한 분석이 이루어진다. 즉, 이러한 가정들에 대한 타당성이 인정될 때 4.2.3절의 통계적 추론이 의미가 있는 것이다.

- $E(\epsilon_i) = 0$, 즉 $E(Y_i | x_i) = \beta_0 + \beta_1 x_i$ (회귀모형의 선형성)
- $Var(\epsilon_i) = \sigma^2 (i = 1, 2, \cdots, n)$ (오차항의 등분산성)
- $\epsilon_i (i = 1, 2, \cdots, n)$는 서로 독립 (오차항의 독립성)
- $\epsilon_i \sim N(0, \sigma^2)(i = 1, 2, \cdots, n)$는 서로 독립 (오차항의 정규성)

가정의 타당성에 대한 검토는 오차 $\epsilon_i = Y_i - (\beta_0 + \beta_1 x_i)$를 이용하여야 하나 오차 ϵ_i는 관측할 수 없기 때문에 이의 추정량인 잔차 e_i를 이용하여 분석이 이루어지며, 이를 잔차분석(analysis of residuals)이라 한다. 잔차는 관측값에서 예측값을 뺀

$$e_i = Y_i - \widehat{Y}_i = Y_i - (\hat{\beta}_0 + \hat{\beta}_1 x_i), \quad i = 1,\ 2,\ \cdots,\ n$$

로 정의되며, 이때 e_i는

$$e_i \sim N\left(0, \sigma^2 (1 - h_{ii})\right) \quad , \ i = 1,\ 2,\ \cdots,\ n \tag{4.31}$$

와 같이 평균과 분산이 각각 0과 $\sigma^2(1 - h_{ii})$인 정규분포를 따르게 되며,

$$h_{ii} = \frac{1}{n} + \frac{(x_i - \overline{x})^2}{\sum_{i=1}^{n} (x_i - \overline{x})^2} \quad , \ i = 1,\ 2,\ \cdots,\ n \tag{4.32}$$

이다. 여기서 우리가 알 수 있는 한 가지 중요한 사실은 오차 ϵ_i는 $N(0,\ \sigma^2)$을 따르는 반면에, 잔차 e_i는 $N\left(0, \sigma^2(1 - h_{ii})\right)$를 따른다는 것이다. 즉, 오차 ϵ_i는 i에 관계없이 모두 동일한 분산을 가지게 되지만 잔차 e_i는 i에 따라 서로 다른 분산을 가지게 된다. 따라서 ϵ_i 대신 e_i를 사용할 경우에는 좀 더 정확성을 기하기 위하여 잔차 e_i를 그 표준편차의 추정값으로 나누어 얻게 되는 표준화잔차(standardized residual)[4)]

4) 내표준화잔차(internally standardized residual)라고 불리기도 한다.

$$s_i = \frac{e_i}{\sqrt{\hat{\sigma}^2(1-h_{ii})}} = \frac{e_i}{\sqrt{MSE(1-h_{ii})}} \ , \ i=1,\ 2,\ \cdots,\ n \tag{4.33}$$

를 이용하거나 표준화잔차에서 $\hat{\sigma}^2$ 대신 i번째 관측값 $(x_i,\ y_i)$를 제외한 $(n-1)$개의 관측값으로 회귀모형을 적합 시켰을 때의 추정값 $\hat{\sigma}^2_{(-i)}$를 사용하여 얻어지는 외표준화잔차(externally standardized residual)

$$r_i = \frac{e_i}{\sqrt{(\hat{\sigma}^2_{(-i)}(1-h_{ii})}} = \frac{e_i}{\sqrt{MSE_{(-i)}(1-h_{ii})}} \ , \ i=1,\ 2,\ \cdots,\ n \tag{4.34}$$

를 사용하기도 한다.

(1) 회귀모형의 선형성

분석하고자 하는 자료에 대하여 선형모형이 적합한지 또는 비선형모형이 적합한지에 대한 판단은 관측값에 대한 산점도를 그려보거나 설명변수 또는 반응변수에 대한 잔차의 산점도, 즉 잔차산점도(residual plot)를 그려보아 짐작할 수 있다.

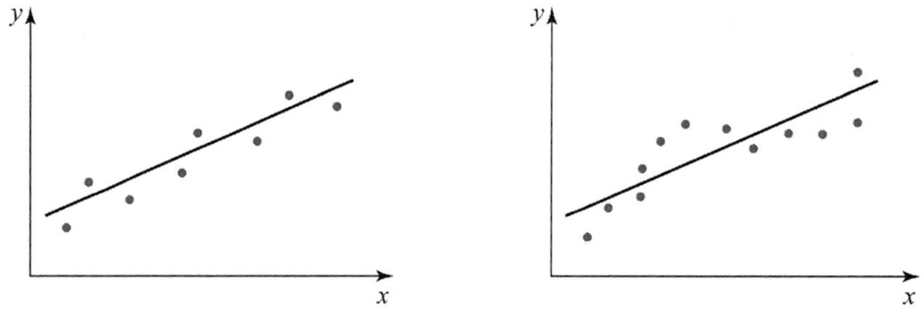

(a) 직선회귀모형이 적합한 경우 (b) 비직선회귀모형이 적합한 경우

[그림 4.14] 관측값에 대한 산점도

[그림 4.14]에서 보는 바와 같이 설명변수를 x 축으로, 반응변수를 y 축으로 한 산점도에서 (a)에서처럼 관측값들이 회귀직선을 중심으로 직선형태를 보인다면 선형의 회귀모형은 타당하다고 할 수 있다. 그러나 (b)와 같이 관측값들이 회귀선을 중심으로 곡선형태를 보일 경우 선형의 회귀모형은 적합하지 않으며, 이러한 경우에는 비선형회귀모형이 더 적합하다고 할 수 있다.

[그림 4.15]는 설명변수를 x 축으로, 잔차를 y 축으로 한 잔차산점도이다. 이때 (a)와 같이 잔차값들이 0을 중심으로 랜덤하게 흩어져 나타나면 선형모형의 가정은 타당한 것으로 판단한다. 그러나 잔차값들이 (b)와 같이 나타나면 직선보다는 이차곡선모형이, (c)와 같이 나타나면 3차곡선모형이 적합하다고 판정한다.

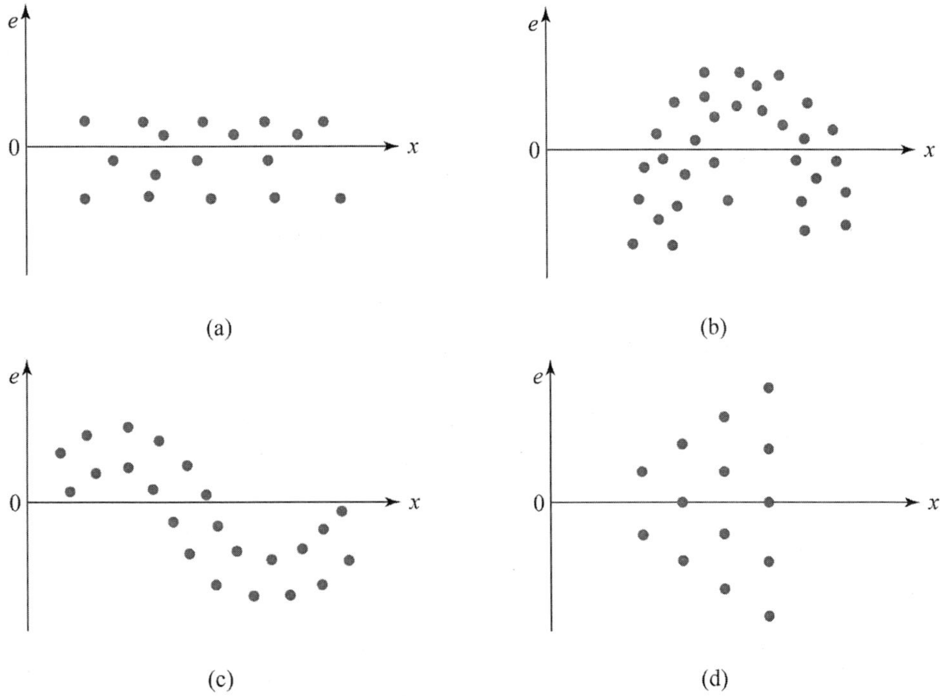

[그림 4.15] 설명변수에 대한 잔차산점도

(2) 오차항의 등분산성

선형 회귀모형이 타당하고 오차항의 등분산성이 성립된다면 설명변수 x 또는 반응변수의 적합값 $\hat{Y}$ 에 대한 잔차산점도는 0을 중심으로 랜덤하게 나타나고, 설명변수 또는 반응변수의 변화에 대하여 어떠한 경향도 나타나지 않아야 한다. [그림 4.15]의 잔차산점도에서 (a)와 같이 잔차값이 0을 중심으로 랜덤하게 나타나면 등분산의 가정은 모순이 없는 것으로 판단한다. 그러나 잔차값들이 (d)와 같이 나타날 경우에는 오차항의 분산이 설명변수의 값이 증가함에 따라 커지고 있다는 것을 나타내므로 오차항의 등분산성 가정이 위배된다고 할 수 있다.

(3) 오차항의 독립성

서로 다른 두 오차 ϵ_i, ϵ_j가 서로 독립인지에 대한 검토도 설명변수를 x축으로, 잔차를 y축으로 한 잔차산점도를 이용한다. 오차가 서로 독립일 경우 잔차값들은 0을 중심으로 랜덤하게 나타나게 되며, 서로 독립이 아닐 경우는 주로 설명변수가 시간을 나타내거나 관측값이 관측 순서에 영향을 받는 경우에서 발생하게 된다. 오차항이 서로 독립이 아니면서 상관관계를 가질 때 '오차들 간에는 자기상관(autocorrelation)이 존재한다'고 한다. 자기상관이 존재하는지의 여부는 더빈-왓슨(Durbin-Waston)의 검정통계량

$$D = \frac{\sum_{i=2}^{n}(e_i - e_{i-1})^2}{\sum_{i=1}^{n} e_i^2} \tag{4.35}$$

을 이용하면 된다. 이때 D의 값이 0에 가까우면 높은 양의 자기상관이, 4에 가까우면 높은 음의 자기상관이 존재한다고 판정한다. 그리고 D의 값이 2에 가까우면 자기상관이 존재하지 않는다고 판정한다.

(4) 오차항의 정규성

회귀분석의 추정과 검정에서 이용되는 t 분포, F 분포는 모두 정규분포로부터 정의되어지기 때문에 오차항 ϵ_i의 확률분포가 정규분포로부터 많이 벗어날 경우에는 분석 결과에 중대한 영향을 미친다. 오차항이 정규분포를 따르는지는 잔차에 대한 산점도, 히스토그램, 상자그림, 정규 Q-Q 그림(normal Q-Q plot) 등을 이용하여 검토할 수 있다. 즉, 산점도 또는 히스토그램에서 잔차값들이 정규분포와 비슷한 형태를 이루고 있을 경우나 상자그림에서 특이값들이 나타나지 않고 대칭성에서 크게 벗어나지 않는다면 정규성은 만족된다고 판단하면 된다.[5] 그리고 잔차들에 대한 정규 Q-Q 그림을 그렸을 때 잔차값들이 45° 기울기의 직선으로부터 크게 벗어나지 않는다면 정규성은 만족된다고 판단하면 된다.

---

5) 특이값(outlier)이란 설명변수의 값 x에서의 실제 관측된 값 y가 기대값 $\beta_0 + \beta_1 x$ 로부터 많이 벗어나 있는 값을 말한다. 잔차분석에서 표준화잔차의 절대값이 2보다 클 경우에는 특이값으로 간주할 수 있다.

R 실습 4.9 화학 오염물질에 대한 특정 물고기의 민감성을 알아보기 위해 오염물질의 양에 대한 생존시간을 측정한 결과 다음과 같은 자료를 얻었다. 오염물질의 양을 설명변수로, 생존시간을 반응변수로 하는 단순선형 회귀모형의 적용이 가능한지를 판단하고자 한다. R 프로그램을 이용하여 잔차분석을 시행하여라.

오염물질의 양	생존시간	오염물질의 양	생존시간	오염물질의 양	생존시간
4.0	3.55	4.4	3.09	4.8	2.68
4.0	3.52	4.4	3.05	4.8	2.74
4.0	3.44	4.4	3.17	4.8	2.62
4.2	3.29	4.6	2.98	5.0	2.43
4.2	3.22	4.6	2.91	5.0	2.57
4.2	3.32	4.6	2.83	5.0	2.51

풀이

[R 프로그램 4.9] 잔차분석

```
pollution=c(rep(4.0,3),rep(4.2,3),rep(4.4,3),rep(4.6,3),rep(4.8,3),rep(5.0,3))
survival.time=c(3.55, 3.52, 3.44, 3.29, 3.22, 3.32, 3.09, 3.05, 3.17, 2.98,
                2.91, 2.83, 2.68, 2.74, 2.62, 2.43, 2.57, 2.51)
fitted.model=lm(survival.time~pollution)

# 잔차분석
par(mfrow=c(2,2)) # 한 페이지에 여러 개의 그림을 동시에 그리는 함수
# 1. 산점도
plot(pollution, survival.time, main="오염물질의 양과 생존시간의 산점도")
  abline(fitted.model)
# 2. 설명변수에 대한 잔차산점도
   e=residuals(fitted.model) # 회귀분석 결과에서 잔차를 출력하는 함수
plot(pollution, e, main="설명변수에 대한 잔차산점도: e 사용")
   r=rstudent(fitted.model) # 회귀분석 결과에서 외표준화잔차를 출력하는 함수
plot(pollution, r, main="설명변수에 대한 잔차산점도: r 사용")
# 3. 정규 Q-Q 그림
qqnorm(e) # 정규 Q-Q 그림을 그리는 함수
  qqline(e) # 정규 Q-Q 그림에서 직선을 그리는 함수
```

- par(mfrow=c(a,b)) 함수는 한 페이지에 여러 개의 그림을 동시에 그리고자 할 경우에 사용된다. 여기서 인수 mfrow는 행과 열을 어떻게 나눌 것인지를 지정하는 것으로 a는 행의 개수를, b는 열의개수를 나타낸다. 예를 들어, c(2,2)는 두 개의 행에 두 개의 열 형태로 총 4개의 그림을 한 페이지에 그리라는 것을 의미한다.
- 산점도는 plot() 함수를 이용하여 그릴 수 있고, abline() 함수를 이용하여 추정된 회귀선을 추가할 수 있다.
- 잔차는 회귀분석의 결과가 저장되어 있는 $fitted.model$로부터 residuals() 함수를 이용하여 출력할 수 있으며, 식 (4.34)의 외표준화잔차는 rstudent() 함수를 이용하여 출력할 수 있다. 또한 이러한 잔차의 잔차산점도는 plot() 함수를 이용하여 그릴 수 있다.
- 오차항의 정규성 검정에 사용되는 정규 Q-Q 그림은 qqnorm() 함수와 qqline() 함수를 이용하여 그릴 수 있다.
- [그림 4. 16]은 산점도, 잔차산점도, 정규 Q-Q 그림을 각각 나타내고 있다. 이로부터 이 자료는 오차항의 가정을 잘 만족한다고 할 수 있으며, 따라서 단순선형 회귀모형을 적용한 분석이 타당함을 알 수 있다.

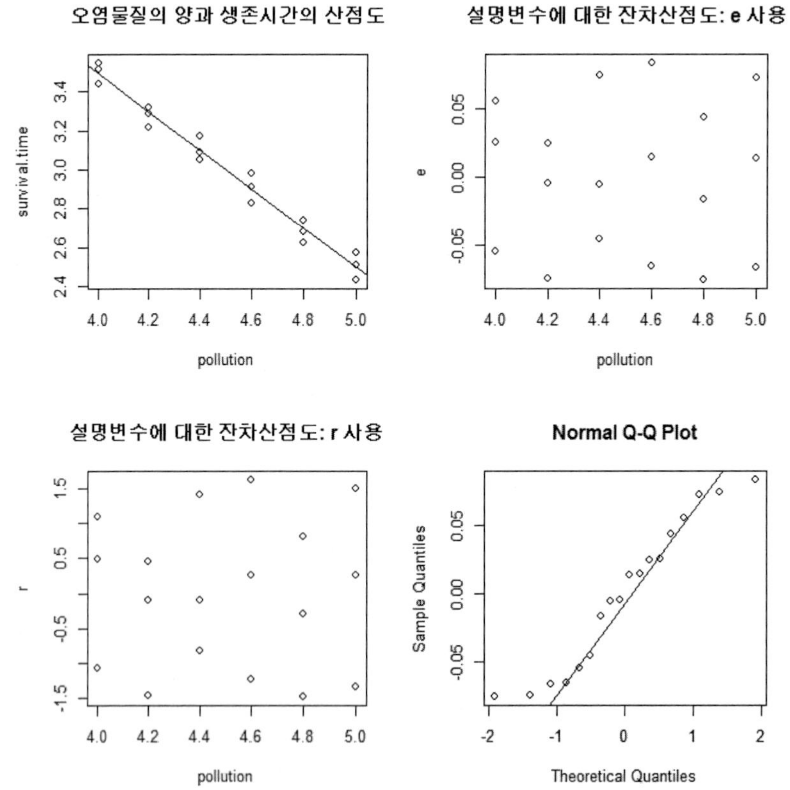

[그림 4.16] 잔차분석 결과 (R 프로그램 4.9)

4.3 다중선형 회귀분석

지금까지는 설명변수가 하나인 단순선형 회귀분석에 대해서 공부하였다. 그러나 자연 또는 사회현상을 설명하는데 있어서 반응변수의 변화는 한 개보다는 두 개 이상의 설명변수에 의하여 설명되는 경우가 대부분이다. 예를 들어, 어떤 공정에서 나오는 제품의 강도는 그 공정의 온도와 압력에 의해서 설명될 수 있을 것이며, 농작물의 수확량은 비료의 사용량, 강우량, 기온 등에 의해서 설명될 수 있을 것이다. 이처럼 반응변수의 변화를 설명하기 위하여 두 개 이상의 설명변수가 사용되는 회귀모형을 다중선형 회귀모형(multiple linear regression model)이라 하고, 다중선형 회귀모형을 이용하여 변수들 간의 관련성을 분석하는 통계기법을 다중선형 회귀분석(multiple linear regression analysis)이라 한다. 다중선형 회귀분석의 기본개념은 단순선형 회귀분석과 같으며, 단지 독립변수의 수가 많기 때문에 보다 복잡한 형태로 나타나게 된다.

4.3.1 다중선형 회귀모형

설명변수(explanatory variable)가 여러 개($p \geq 2$)면서 반응변수와의 관계를 선형으로 가정하는 다중선형 회귀모형(multiple linear regression model)은

$$Y = \beta_0 + \beta_1 x_1 + \cdots + \beta_p x_p + \epsilon \tag{4.36}$$

와 같은 형태로 표현된다. 여기서 β_0, β_1, $\cdots$, β_p는 회귀계수(regression coefficient)라 하며, 오차항 ϵ은 반응변수 Y를 측정할 때 발생되는 오차를 나타낸다.

이제 서로 독립인 n개의 표본 개체에 대하여 다중선형 회귀모형은

$$Y_i = \beta_0 + \beta_1 x_{i1} + \cdots + \beta_p x_{ip} + \epsilon_i \quad , \; i = 1, 2, \cdots, n \tag{4.37}$$

로 표현할 수 있으며, 오차 ϵ_i는 단순선형 회귀모형에서와 마찬가지로 정규분포 $N(0,\ \sigma^2)$을 따르며, 서로 독립적으로 발생된다고 가정한다. 이러한 회귀모형은 행렬과 벡터를 사용하여

$$\begin{bmatrix} Y_1 \\ Y_2 \\ \vdots \\ Y_i \\ \vdots \\ Y_n \end{bmatrix} = \begin{bmatrix} 1 & x_{11} & x_{12} & \cdots & x_{1j} & \cdots & x_{1p} \\ 1 & x_{21} & x_{22} & \cdots & x_{2j} & \cdots & x_{2p} \\ \vdots & \vdots & \vdots & \ddots & \vdots & \ddots & \vdots \\ 1 & x_{i1} & x_{i2} & \cdots & x_{ij} & \cdots & x_{ip} \\ \vdots & \vdots & \vdots & \ddots & \vdots & \ddots & \vdots \\ 1 & x_{n1} & x_{n2} & \cdots & x_{nj} & \cdots & x_{np} \end{bmatrix} \begin{bmatrix} \beta_0 \\ \beta_1 \\ \beta_2 \\ \vdots \\ \beta_j \\ \vdots \\ \beta_p \end{bmatrix} + \begin{bmatrix} \epsilon_1 \\ \epsilon_2 \\ \vdots \\ \epsilon_i \\ \vdots \\ \epsilon_n \end{bmatrix} \Leftrightarrow \boldsymbol{Y} = \boldsymbol{X\beta} + \boldsymbol{\epsilon} \tag{4.38}$$

으로 나타낼 수 있다. 여기서 $\boldsymbol{Y}$와 $\boldsymbol{\epsilon}$은 $n\times 1$벡터이고, $\boldsymbol{\beta}$는 $(p+1)\times 1$벡터, $\boldsymbol{X}$는 $n\times(p+1)$ 행렬이다.

4.3.2 다중선형 회귀모형의 추정과 적합성 판단

(1) 회귀계수의 추정

설명변수가 p개인 다중선형 회귀모형의 경우 $(p+1)$개의 회귀계수를 포함하게 되며, 이러한 회귀계수들의 최소제곱추정량 $\hat{\boldsymbol{\beta}} = (\hat{\beta}_0, \hat{\beta}_1, \cdots, \hat{\beta}_p)^T$은 오차제곱합

$$S(\boldsymbol{\beta}) = \sum_{i=1}^{n} \epsilon_i^2 = \sum_{i=1}^{n} (Y_i - \beta_0 - \beta_1 x_{i1} - \cdots - \beta_p x_{ip})^2 \tag{4.39}$$

을 최소화하는 값으로 구해진다. 회귀계수의 최소제곱추정량을 구하기 위해 오차제곱합을 각각의 회귀계수에 대하여 편미분하여 얻은 식을 0으로 놓으면

$$\begin{aligned} &\frac{\partial}{\partial \beta_0} S(\boldsymbol{\beta}) = -2\sum_{i=1}^{n} (Y_i - \beta_0 - \beta_1 x_{i1} - \cdots - \beta_p x_{ip}) = 0 \\ &\frac{\partial}{\partial \beta_j} S(\boldsymbol{\beta}) = -2\sum_{i=1}^{n} (Y_i - \beta_0 - \beta_1 x_{i1} - \cdots - \beta_p x_{ip}) x_{ij} = 0, \ j = 1, 2, \cdots, p \end{aligned} \tag{4.40}$$

와 같이 $(p+1)$개의 연립방정식으로 이루어진 정규방정식을 구할 수 있다. 정규방정식 (4.40)을 만족하는 값을 $\hat{\boldsymbol{\beta}}$으로 두고 이를 정리하면

$$\begin{bmatrix} n & \sum x_{i1} & \sum x_{i2} & \cdots & \sum x_{ip} \\ \sum x_{i1} & \sum x_{i1}^2 & \sum x_{i1}x_{i2} & \cdots & \sum x_{i1}x_{ip} \\ \vdots & \vdots & \vdots & \ddots & \vdots \\ \sum x_{ip} & \sum x_{ip}x_{i1} & \sum x_{ip}x_{i2} & \cdots & \sum x_{ip}^2 \end{bmatrix} \begin{bmatrix} \hat{\beta}_0 \\ \hat{\beta}_1 \\ \hat{\beta}_2 \\ \vdots \\ \hat{\beta}_p \end{bmatrix} = \begin{bmatrix} \sum Y_i \\ \sum x_{i1} Y_i \\ \vdots \\ \sum x_{ip} Y_i \end{bmatrix} \Leftrightarrow (\boldsymbol{X}^T\boldsymbol{X})\,\hat{\boldsymbol{\beta}} = \boldsymbol{X}^T\boldsymbol{Y} \tag{4.41}$$

와 같으며, 이때 $(\boldsymbol{X}^T\boldsymbol{X})$의 역행렬이 존재할 경우 회귀계수의 최소제곱추정량은

$$\hat{\boldsymbol{\beta}} = (\boldsymbol{X}^T\boldsymbol{X})^{-1}\boldsymbol{X}^T\boldsymbol{Y} \tag{4.42}$$ [6)]

와 같이 구할 수 있다.

정리 4.9 최소제곱추정량

다중선형 회귀모형 $\boldsymbol{Y} = \boldsymbol{X\beta} + \boldsymbol{\epsilon}$, $\epsilon_i \sim iid\ N(0, \sigma^2)$ $(i = 1, 2, \cdots, n)$에서 회귀계수벡터 $\boldsymbol{\beta} = (\beta_0, \beta_1, \cdots, \beta_p)^T$의 최소제곱추정량은

$$\hat{\boldsymbol{\beta}} = (\boldsymbol{X}^T\boldsymbol{X})^{-1}\boldsymbol{X}^T\boldsymbol{Y} \quad (\text{단, } (\boldsymbol{X}^T\boldsymbol{X})\text{의 역행렬이 존재할 경우})$$

이고, 이때의 회귀직선은

$$\hat{Y} = \hat{E}(Y|\boldsymbol{x}) = \hat{\beta}_0 + \hat{\beta}_1 x_1 + \cdots + \hat{\beta}_p x_p = \boldsymbol{x}^T\hat{\boldsymbol{\beta}}$$

와 같이 추정된다. 여기서 $\boldsymbol{x} = (1, x_1, \cdots, x_p)^T$ 이다.

또한 단순선형 회귀모형에서와 마찬가지로 다중선형 회귀모형에서의 오차항의 분산 σ^2은 오차제곱합 $SSE = \sum_{i=1}^{n}\left(Y_i - \hat{\beta}_0 - \hat{\beta}_1 x_{i1} - \cdots - \hat{\beta}_p x_{ip}\right)^2$ 을 그 자유도 $n-(p+1)$으로 나눈 평균오차제곱합(MSE)을 이용하여

$$\hat{\sigma}^2 = MSE = \frac{SSE}{n-(p+1)} = \frac{\sum_{i=1}^{n}\left(Y_i - \hat{\beta}_0 - \hat{\beta}_1 x_{i1} - \cdots - \hat{\beta}_p x_{ip}\right)^2}{n-(p+1)} \tag{4.43}$$

6) 단순선형 회귀모형에 대하여 추정량 (4.42)를 이용하여 회귀계수벡터를 구하면 정리 4.2와 동일한 결과를 얻을 수 있다.

와 같이 추정할 수 있다.

[오차항의 분산 σ^2의 추정량]

다중선형 회귀모형 $\boldsymbol{Y} = \boldsymbol{X}\boldsymbol{\beta} + \boldsymbol{\epsilon}$, $\epsilon_i \sim iid\, N(0, \sigma^2)$ $(i = 1, 2, \cdots, n)$에서 오차항의 분산 σ^2의 추정량은

$$\hat{\sigma}^2 = MSE = \frac{SSE}{n-(p+1)} = \frac{\sum_{i=1}^{n}\left(Y_i - \hat{\beta}_0 - \hat{\beta}_1 x_{i1} - \cdots - \hat{\beta}_p x_{ip}\right)^2}{n-(p+1)}$$

이다.

(2) 추정량의 성질

회귀계수의 최소제곱추정량 $\hat{\boldsymbol{\beta}} = (\boldsymbol{X}^T\boldsymbol{X})^{-1}\boldsymbol{X}^T\boldsymbol{Y}$ 의 기댓값은

$$\begin{aligned} E(\hat{\boldsymbol{\beta}}) &= \left(E(\hat{\beta}_0), E(\hat{\beta}_1), \cdots, E(\hat{\beta}_p)\right)^T \\ &= E\left((\boldsymbol{X}^T\boldsymbol{X})^{-1}\boldsymbol{X}^T\boldsymbol{Y}\right) = E\left((\boldsymbol{X}^T\boldsymbol{X})^{-1}\boldsymbol{X}^T[\boldsymbol{X}\boldsymbol{\beta} + \boldsymbol{\epsilon}]\right) \\ &= (\boldsymbol{X}^T\boldsymbol{X})^{-1}\boldsymbol{X}^T\boldsymbol{X}\boldsymbol{\beta} + (\boldsymbol{X}^T\boldsymbol{X})^{-1}\boldsymbol{X}^T E(\boldsymbol{\epsilon}) \\ &= \boldsymbol{\beta} + (\boldsymbol{X}^T\boldsymbol{X})^{-1}\boldsymbol{X}^T(0, 0, \cdots, 0)^T = \boldsymbol{\beta} \end{aligned} \tag{4.44}$$

이므로 불편추정량임을 알 수 있다. 또한 $\hat{\boldsymbol{\beta}}$의 공분산행렬(covariance matrix)은[7)]

$$Cov(\hat{\boldsymbol{\beta}}) = \begin{bmatrix} Var(\hat{\beta}_0) & Cov(\hat{\beta}_0, \hat{\beta}_1) & \cdots & Cov(\hat{\beta}_0, \hat{\beta}_p) \\ Cov(\hat{\beta}_1, \hat{\beta}_0) & Var(\hat{\beta}_1) & \cdots & Cov(\hat{\beta}_1, \hat{\beta}_p) \\ \vdots & \vdots & \ddots & \vdots \\ Cov(\hat{\beta}_p, \hat{\beta}_0) & Cov(\hat{\beta}_p, \hat{\beta}_1) & \cdots & Var(\hat{\beta}_p) \end{bmatrix} = \sigma^2(\boldsymbol{X}^T\boldsymbol{X})^{-1} \tag{4.45}$$

와 같이 구해진다. 정리 4.9에서 $\boldsymbol{H} = (\boldsymbol{X}^T\boldsymbol{X})^{-1}\boldsymbol{X}^T$ 로 두면 회귀계수의 최소제곱추정량은 정규확률변수 Y_i 들의 선형결합 형태인 $\hat{\boldsymbol{\beta}} = \boldsymbol{H}\boldsymbol{Y}$ 로 표현되므로 각각의 추정량 $\hat{\beta}_j$ 는 정규분포를 따르게 된다. 회귀계수의 최소제곱추정량 $\hat{\beta}_j$ $(j = 0, 1, 2, \cdots, p)$과 오차항의 분산의 추정량 $\hat{\sigma}^2$의 확률분포는 정리 4.10과 같다.

---

7) 공분산행렬의 계산과정은 이 책의 범위를 벗어나므로 생략하기로 한다.

정리 4.10 회귀계수와 오차항의 분산에 대한 추정량의 확률분포

다중선형 회귀모형 $\boldsymbol{Y}=\boldsymbol{X}\beta+\epsilon$, $\epsilon_i \sim iid\, N(0,\sigma^2)$ $(i=1,2,\cdots,n)$에서 회귀계수의 최소제곱추정량과 오차항의 분산에 대한 추정량의 확률분포는 다음과 같다.

① $\hat{\beta}_j \sim N(\beta_j,\, \sigma^2 c_{jj})$ $(j=0,1,2,\cdots,p)$이다.

여기서 c_{jj}는 j번째 회귀계수에 해당하는 $(\boldsymbol{X}^T\boldsymbol{X})^{-1}$의 주대각선의 원소이다.

즉, c_{jj}는 $(\boldsymbol{X}^T\boldsymbol{X})^{-1}$의 $(j+1)$번째 주대각선의 원소를 나타낸다.

② $\dfrac{(n-(p+1))\widehat{\sigma^2}}{\sigma^2}=\dfrac{SSE}{\sigma^2} \sim \chi^2(n-(p+1))$이다.

(3) 회귀모형의 적합성 판단

다중선형 회귀분석에서 추정된 회귀식이 주어진 자료에 얼마나 잘 적합하고 있는 지의 측정은 단순선형 회귀분석의 경우와 마찬가지로 결정계수 R^2을 이용할 수 있다. 관측값 Y_i가 추정된 회귀식의 값 $\widehat{Y}_i$과 일치한다면 $SSE=0$이 되어 $R^2=1$이 된다. 그러나 실제로 $R^2=1$이 되는 경우는 거의 없다. 따라서 R^2이 1에 가까우면 추정된 회귀식이 주어진 자료에 잘 적합하고 있다고 보면 된다. 하지만 다중선형 회귀분석에서는 R^2의 값이 크다고 해서 단순선형 회귀분석의 경우와 같이 가정된 회귀모형이 잘 적합하고 있다고 해석하면 안된다. 왜냐하면, 다중선형 회귀분석에서는 설명변수를 추가할 때마다 그 추가된 변수가 실제로 반응변수 Y에 커다란 영향을 주지 않더라도 결정계수 R^2의 값을 조금이라도 커지도록 만들기 때문이다. 따라서 다중선형 회귀분석에서 많은 변수들을 모형에 추가시켜 무조건 R^2을 크게 만들었다고 해서 그 모형이 바람직한 모형이라고 할 수는 없는 것이다. 이러한 경우에는 모형에 새롭게 추가된 설명변수가 반응변수를 예측하는데 있어 기여를 하는 경우에만 결정계수의 값이 증가하도록 하는 수정된 결정계수(adjusted R^2)를 이용한다든지 또는 각 회귀계수에 대한 부분 $t-$검정을 통해 특정한 독립변수를 포함할 것인지의 여부를 판단하여야 한다.

[수정된 결정계수]

$$R^2_{adj}=1-\frac{n-1}{n-(p+1)}\frac{SSE}{SST}$$

수정된 결정계수 R_{adj}^2 은 모형 속에 포함되는 설명변수의 수가 증가한다고 해서 반드시 그 값이 증가하는 것은 아니다. 수정된 결정계수의 값이 증가되기 위해서는 SSE 가 감소되어야 한다. 새로운 설명변수를 모형에 추가해도 SSE 가 감소되지 않는다면 수정된 결정계수의 값은 증가하지 않게 된다. 따라서 변수를 모형 속에 하나씩 추가함에도 불구하고 수정된 결정계수 R_{adj}^2 의 값이 오히려 감소하면 그 변수는 모형 속에 포함시키지 않는 것이 바람직하다.

4.3.3 다중선형 회귀모형에서의 통계적 추론

이제 단순선형 회귀모형에서와 마찬가지로 분산분석을 이용한 다중선형 회귀모형의 유의성 검정에 대하여 먼저 알아보고, 나아가 회귀계수 및 반응변수의 조건부 기댓값 등에 대한 통계적 추론에 대하여 살펴보기로 하자.

(1) 회귀모형의 유의성 검정

다중선형 회귀모형이 의미가 있는가를 검정하는 유의성 검정의 통계적 가설은

$$H_0 : Y = \beta_0 + \epsilon, \qquad H_1 : Y = \beta_0 + \beta_1 x + \cdots + \beta_p x_p + \epsilon$$
$$\text{또는 } H_0 : \beta_1 = \beta_2 = \cdots = \beta_p = 0, \quad H_1 : \text{적어도 하나의 } j\text{에 대하여 } \beta_j \neq 0 \qquad (4.46)$$

와 같이 설정할 수 있다. 다중선형 회귀분석에서의 유의성 검정도 단순선형 회귀분석에서와 마찬가지로 분산분석을 통해 쉽게 검정할 수 있으며, 이때의 분산분석표는 <표 4.5>와 같다.

〈표 4.5〉 단중선형 회귀분석에서의 분산분석표

요인	제곱합	자유도	평균제곱합	F_0
회귀	SSR	p	$MSR = \dfrac{SSR}{p}$	$F_0 = \dfrac{MSR}{MSE}$
오차	SSE	$n-(p+1)$	$MSE = \dfrac{SSE}{n-(p+1)}$	
전체	SST	$n-1$		

총제곱합 SST와 오차제곱합 SSE를 행렬을 이용하여 표현하면

$$\begin{aligned} SST &= \sum_{i=1}^{n}(Y_i - \overline{Y})^2 = \sum_{i=1}^{n} Y_i^2 - n(\overline{Y})^2 = \boldsymbol{Y}^T\boldsymbol{Y} - n(\overline{Y})^2 \\ SSE &= \sum_{i=1}^{n}(Y_i - \hat{Y}_i)^2 = (\boldsymbol{Y} - \hat{\boldsymbol{Y}})^T(\boldsymbol{Y} - \hat{\boldsymbol{Y}}) = (\boldsymbol{Y} - \boldsymbol{X}\hat{\boldsymbol{\beta}})^T(\boldsymbol{Y} - \boldsymbol{X}\hat{\boldsymbol{\beta}}) \\ &= \boldsymbol{Y}^T\boldsymbol{Y} - \boldsymbol{Y}^T\boldsymbol{X}\hat{\boldsymbol{\beta}} - \hat{\boldsymbol{\beta}}^T\boldsymbol{X}^T\boldsymbol{Y} + \hat{\boldsymbol{\beta}}^T\boldsymbol{X}^T\boldsymbol{X}\hat{\boldsymbol{\beta}} = \boldsymbol{Y}^T\boldsymbol{Y} - \hat{\boldsymbol{\beta}}^T\boldsymbol{X}^T\boldsymbol{Y} \end{aligned} \tag{4.47}$$

와 같이 표현되고, 회귀제곱합 SSR은 관계식 $SSR = SST - SSE$ 로부터

$$SSR = \hat{\boldsymbol{\beta}}^T\boldsymbol{X}^T\boldsymbol{Y} - n(\overline{Y})^2 \tag{4.48}$$

와 같이 구할 수 있다.

분산분석표를 이용하여 식 (4.46)의 가설을 통계적으로 검정하기 위해서는 통계량 F_0 의 확률분포를 알아야 한다. 먼저 정리 4.10으로부터 오차제곱합에 관한 확률변량 SSE/σ^2 은 자유도가 $n-(p+1)$ 인 카이제곱분포를 따르는 것을 알 수 있으며, 이와는 서로 독립인 확률변량 SSR/σ^2 의 확률분포는 귀무가설 $H_0 : \beta_1 = \beta_2 = \cdots = \beta_p = 0$이 참일 때

$$\frac{SSR}{\sigma^2} \sim \chi^2(p) \tag{4.49}$$

임이 알려져 있다. 따라서 1장의 정의 1.26에 의해 분산분석표의 검정통계량 F_0 의 확률분포를 귀무가설이 참인 가정 하에서

$$F_0 = \frac{\frac{SSR}{\sigma^2}/p}{\frac{SSE}{\sigma^2}/(n-(p+1))} = \frac{MSR}{MSE} \sim F(p, n-(p+1)) \tag{4.50}$$

와 같이 구할 수 있다.

정리 4.11 검정통계량 F_0의 분포

다중선형 회귀모형 $\boldsymbol{Y} = \boldsymbol{X\beta} + \boldsymbol{\epsilon}$, $\epsilon_i \sim iid\, N(0, \sigma^2)$ $(i = 1, 2, \cdots, n)$에서 귀무가설 $H_0 : \beta_1 = \beta_2 = \cdots = \beta_p = 0$이 참이면

$$F_0 = \frac{MSR}{MSE} \sim F(p, n-(p+1))$$

이 성립한다.

단순선형 회귀모형에서와 마찬가지로 F_0의 값이 크다는 것은 회귀제곱합 SSR이 오차제곱합 SSE에 비해 상대적으로 크다는 것을 의미하므로 모형이 유의하다는 것을 나타낸다. 따라서, 유의수준 α에서 검정통계량 F_0의 관측값 f_0^*가 $f_0^* \ge F_\alpha(p, n-(p+1))$이거나 $P(F_0 \ge f_0^*) < \alpha$이면 귀무가설 H_0를 기각하고, 그렇지 않으면 H_0를 채택하게 된다.

[다중선형 회귀모형의 유의성에 대한 가설검정]

다중선형 회귀모형 $\boldsymbol{Y} = \boldsymbol{X\beta} + \boldsymbol{\epsilon}$, $\epsilon_i \sim iid\ N(0, \sigma^2)$ $(i = 1, 2, \cdots, n)$의 유의성 검정을 위한 가설

$$H_0 : \beta_1 = \beta_2 = \cdots = \beta_p = 0,\ H_1 : \text{적어도 하나의 } j\text{에 대하여 } \beta_j \ne 0$$

에 대하여 검정통계량 $F_0 = \frac{MSR}{MSE}$를 이용한 기각역과 p-값은 다음과 같다.

- 유의수준 α에서의 기각역 : $f_0 \ge F_\alpha(p, n-(p+1))$
- 검정통계량 F_0의 관측값 f_0^*에 대한 p-값 : $p-$값 $= P(F_0 \ge f_0^*)$
- 유의수준 α에서의 검정방법 : 표본으로부터 계산된 검정통계량의 관측값 f_0^*가

$f_0^* \ge F_\alpha(p, n-(p+1))$ 또는 p-값 $= P(F_0 \ge f_0^*) < \alpha$ 이면 H_0를 기각

$f_0^* < F_\alpha(p, n-(p+1))$ 또는 p-값 $= P(F_0 \ge f_0^*) \ge \alpha$ 이면 H_0를 채택

예제 4.9 어느 화장품의 기호도(Y)와 수분의 함유량 (X_1), 향료의 함유량 (X_2)의 관계를 분석하기 위하여 6명의 소비자를 랜덤으로 추출하여 다음과 같은 자료를 얻었다. 다음 물음에 답하여라.

	1	2	3	4	5	6
X_1	4	4	6	6	8	8
X_2	2	6	2	6	2	6
Y	64	81	72	91	83	96

(1) 주어진 자료에 적합한 다중선형 회귀식을 추정하여라.

(2) 추정된 회귀식에 대한 결정계수를 구하고 회귀모형의 적합성을 판단하여라.
(3) 다중선형 회귀모형의 유의성 여부를 유의수준 $\alpha = 0.05$ 로 검정하여라.

풀이

(1) 주어진 자료를 설명변수가 2개인 다중선형 회귀모형 $Y_i = \beta_0 + \beta_1 x_{i1} + \beta_2 x_{i2} + \epsilon_i$에 적합시켰을 때 행렬 $\boldsymbol{X}$와 반응변수 벡터 $\boldsymbol{Y}$는 각각

$$\boldsymbol{X} = \begin{bmatrix} 1 & 4 & 2 \\ 1 & 4 & 6 \\ 1 & 6 & 2 \\ 1 & 6 & 6 \\ 1 & 8 & 2 \\ 1 & 8 & 6 \end{bmatrix}, \qquad \boldsymbol{Y} = \begin{bmatrix} 64 \\ 81 \\ 72 \\ 91 \\ 83 \\ 96 \end{bmatrix}$$

이고, 이들을 이용하여 회귀계수를 추정하면

$$\hat{\beta} = (\boldsymbol{X}^T\boldsymbol{X})^{-1}\boldsymbol{X}^T\boldsymbol{Y} = \begin{bmatrix} 39.333 \\ 4.250 \\ 4.083 \end{bmatrix}$$

가 된다. 여기서 $\hat{\beta}_0 = 39.333$, $\hat{\beta}_1 = 4.250$, $\hat{\beta}_2 = 4.083$이므로 회귀식은 $\hat{y} = 39.333 + 4.250\,x_1 + 4.083\,x_2$ 와 같이 추정된다.

(2) 결정계수 R^2을 계산하면 $R^2 = \dfrac{SSR}{SST} = \dfrac{689.1667}{698.833} = 0.9861$로 매우 높은 값으로 구해진다. 즉, 추정된 회귀식은 전체 변동량의 대부분인 약 98.6%를 설명하고 있다고 할 수 있다. 수정된 결정계수의 값 또한 $R^2_{adj} = 1 - \dfrac{n-1}{n-(p+1)}\dfrac{SSE}{SST} = 1 - \dfrac{5}{3}\dfrac{9.666}{698.833}$ $= 0.9769$으로 높은 값을 나타내고 있다.

(3) 추정된 회귀식의 유의성 여부를 검정하기 위한 가설은

$H_0 : \beta_1 = \beta_2 = 0$, H_1 : 적어도 β_1, β_2 둘 중 어느 하나는 0이 아니다.

와 같으며, 이를 검정하기 위한 분산분석표는

요인	제곱합	자유도	평균제곱합	F_0	$P-$값
회귀	689.1667	2	344.5833	106.9397	0.0016
오차	9.6666	3	3.2222		
계	698.833	5			

와 같이 구해진다. 분산분석표로부터 검정통계량 F_0의 값은 106.9397이고, 이때의 p-값은 0.0016으로 유의수준 $\alpha = 0.05$ 보다 작기 때문에 귀무가설 H_0는 기각된다. 즉, "추정된 회귀식은 유의하다"고 할 수 있다.

R 실습 4.10 R 프로그램을 이용하여 [예제 4.9]의 회귀식을 추정하고 회귀모형에 대한 결정계수와 유의성 검정의 결과를 구하여라.

풀이 ▶

[R 프로그램 4.10] 다중선형 회귀모형의 추정 및 유의성 검정(분산분석표)

```
# 다중회귀모형의 추정
x1=c(4, 4, 6, 6, 8, 8); x2=c(2, 6, 2, 6, 2, 6); y=c(64, 81, 72, 91, 83, 96)
fitted.model=lm(y~x1+x2)
summary(fitted.model)

# 분산분석표
reduced.model=lm(y~1); full.model=lm(y~x1+x2)
anova(reduced.model, full.model)
```

- 설명변수가 둘 이상일 경우에 lm() 함수의 사용 형식은 lm(Y~X1+X2)와 같다. lm() 함수를 이용한 다중선형 회귀분석의 결과를 $fitted.model$ 이라는 변수명에 저장하였으며, 이러한 결과들을 요약하여 출력하기 위해 summary() 함수를 사용하였다.

```
R Console
> # 다중회귀모형의 추정
> x1=c(4, 4, 6, 6, 8, 8); x2=c(2, 6, 2, 6, 2, 6); y=c(64, 81, 72, 91, 83, 96)
> fitted.model=lm(y~x1+x2) ;
> summary(fitted.model)

Call:
lm(formula = y ~ x1 + x2)

Residuals:
      1       2       3       4       5       6 
-0.5000  0.1667 -1.0000  1.6667  1.5000 -1.8333 

Coefficients:
            Estimate Std. Error t value Pr(>|t|)   
(Intercept)  39.3333     3.1520   12.48  0.00111 **
x1            4.2500     0.4488    9.47  0.00250 **
x2            4.0833     0.3664   11.14  0.00155 **
---
Signif. codes:  0 '***' 0.001 '**' 0.01 '*' 0.05 '.' 0.1 ' ' 1

Residual standard error: 1.795 on 3 degrees of freedom
Multiple R-squared:  0.9862,	Adjusted R-squared:  0.9769 
F-statistic: 106.9 on 2 and 3 DF,  p-value: 0.001627

> # 분산분석표
> reduced.model=lm(y~1); full.model=lm(y~x1+x2)
> anova(reduced.model, full.model)
Analysis of Variance Table

Model 1: y ~ 1
Model 2: y ~ x1 + x2
  Res.Df    RSS Df Sum of Sq      F   Pr(>F)   
1      5 698.83                                
2      3   9.67  2    689.17 106.94 0.001627 **
---
Signif. codes:  0 '***' 0.001 '**' 0.01 '*' 0.05 '.' 0.1 ' ' 1
> |
```

[그림 4.17] 다중선형 회귀모형의 추정과 유의성 검정결과 (R 프로그램 4.10)

- [그림 4.17]의 summary()함수의 출력결과를 보면 회귀계수의 추정값(Estimate), R^2(Multiple R-squared), 유의성 검정의 결과(F-statistic, p-value) 등이 예제 4.9의 결과와 동일함을 알 수 있다.
- 분산분석표의 제곱합들을 구하기 위해서는 anova() 함수를 사용할 수 있다. 단순선형 회귀분석과는 달리 다중선형 회귀분석에서는 귀무가설 하에서의 모형[8]과 모든 설명변수를 포함한 모형을 각각 $reduced.model$, $full.model$ 이라는 변수명으로 저장한 후에 두 모형을 anova() 함수를 이용하여 비교하면 된다.
- [그림 4.17]의 anova() 함수의 출력결과는 예제 4.9의 분산분석표와 동일함을 알 수 있다.

(2) 회귀계수에 대한 추론

다중선형 회귀모형에서 어떤 특정한 설명변수 x_j를 포함시키거나 또는 제외시키는 것은 회귀분석의 결과에 중대한 영향을 미치므로 신중히 결정해야만 한다. 다중선형 회귀분석에서 개별 회귀계수 β_j에 대한 검정을 위해 정리 4.10의 결과를 이용하면 서로 독립인 두 확률변량의 분포가

$$\frac{\hat{\beta}_j - \beta_j}{\sqrt{\sigma^2 c_{jj}}} \sim N(0,1)\,,\quad \frac{SSE}{\sigma^2} \sim \chi^2(n-(p+1)) \tag{4.51}$$

임을 알 수 있고, 1장의 정의 1.25로부터 확률변량 T의 분포를

$$T = \frac{\dfrac{\hat{\beta}_j - \beta_j}{\sqrt{\sigma^2 c_{jj}}}}{\sqrt{\dfrac{SSE}{\sigma^2}/(n-(p+1))}} = \frac{\hat{\beta}_j - \beta_j}{\sqrt{MSE\ c_{jj}}} \sim t(n-(p+1)) \tag{4.52}$$

와 같이 구할 수 있다.

정리 4.12 $\hat{\beta}_j$에 관한 확률변량 T의 분포

다중선형 회귀모형 $\boldsymbol{Y} = \boldsymbol{X\beta} + \boldsymbol{\epsilon}$, $\epsilon_i \sim iid\ N(0, \sigma^2)$ $(i = 1, 2, \cdots, n)$에서

$$T = \frac{\hat{\beta}_j - \beta_j}{\sqrt{MSE\ c_{jj}}} \sim t(n-(p+1))$$

이 성립한다.

---

8) 회귀계수의 부분집합에 대한 가설검정도 이와 같은 형태로 할 수 있다.

정리 4.12의 확률변량 T를 이용하면 회귀계수 β_j에 관한 신뢰구간과 가설 검정법을 각각 다음과 같이 구할 수 있다. 이때 회귀계수 β_j에 대한 개별적인 가설검정은 모형에 다른 설명변수들이 포함되어 있다는 조건 하에서 특정한 설명변수 x_j의 적합 기여도에 대한 검정으로 부분 또는 주변검정(partial or marginal test)이라고 할 수 있다.

[β_j에 대한 신뢰구간]

다중선형 회귀모형 $\boldsymbol{Y} = \boldsymbol{X\beta} + \boldsymbol{\epsilon}$, $\epsilon_i \sim iid\, N(0, \sigma^2)$ $(i = 1, 2, \cdots, n)$에서, 회귀계수 β_j에 대한 $100(1-\alpha)\%$ 신뢰구간은 다음과 같다.

$$\left[\hat{\beta}_j - t_{\alpha/2}(n-(p+1))\sqrt{MSE\, c_{jj}},\ \hat{\beta}_j + t_{\alpha/2}(n-(p+1))\sqrt{MSE\, c_{jj}}\right]$$

[β_j에 대한 가설검정]

다중선형 회귀모형 $\boldsymbol{Y} = \boldsymbol{X\beta} + \boldsymbol{\epsilon}$, $\epsilon_i \sim iid\, N(0, \sigma^2)$ $(i = 1, 2, \cdots, n)$에서, 회귀계수 β_j에 대한 아래의 가설검정에서 사용되는 검정통계량과 그 확률분포는

$$T_0 = \frac{\hat{\beta}_j - \beta_{j0}}{\sqrt{MSE\, c_{jj}}} \sim t(n-(p+1))\ (\text{귀무가설 } H_0 \text{가 참일 때})$$

이며, 유의수준 α에서의 기각역과 검정통계량의 관측값 t_0^*에 대한 p-값은 다음과 같다.

	가설	기각역	p-값
우측검정	$H_0: \beta_j = \beta_{j0}$, $H_1: \beta_j > \beta_{j0}$	$t_0 > t_\alpha(n-(p+1))$	$P(T_0 > t_0^*)$
좌측검정	$H_0: \beta_j = \beta_{j0}$, $H_1: \beta_j < \beta_{j0}$	$t_0 < -t_\alpha(n-(p+1))$	$P(T_0 < t_0^*)$
양측검정	$H_0: \beta_j = \beta_{j0}$, $H_1: \beta_j \neq \beta_{j0}$	$\lvert t_0 \rvert > t_{\alpha/2}(n-(p+1))$	$2P(T_0 > \lvert t_0^* \rvert)$

예제 4.10 철강의 강도(Y)와 온도(X_1), 그리고 압력(X_2)간의 관련성을 분석하기 위한 실험으로부터 다음과 같은 자료를 얻었다. 압력(X_2)이 회귀모형에 포함되어 있을 때 온도(X_1)을 회귀모형에 포함하는 것이 적절한지에 대한 여부를 유의수준 $\alpha = 0.05$로 검정하여라.

강도(kg/㎠)	온도(℃)	압력(psi)
81.4	195	57
122.2	179	61

강도(kg/㎠)	온도(℃)	압력(psi)
101.7	205	60
175.6	204	62
150.3	201	61
64.8	184	54
92.1	210	58
113.8	209	61

풀이

주어진 자료를 다중선형 회귀모형 $Y=\beta_0+\beta_1 x_1+\beta_2 x_2+\epsilon$에 적합시킬 때

$$\boldsymbol{X}=\begin{bmatrix} 1 & 195 & 57 \\ 1 & 179 & 61 \\ 1 & 205 & 60 \\ 1 & 204 & 62 \\ 1 & 201 & 61 \\ 1 & 184 & 54 \\ 1 & 210 & 58 \\ 1 & 209 & 61 \end{bmatrix}, \qquad \boldsymbol{Y}=\begin{bmatrix} 81.4 \\ 122.2 \\ 101.7 \\ 175.6 \\ 150.3 \\ 64.8 \\ 92.1 \\ 113.8 \end{bmatrix}$$

이고, 이들 행렬을 이용하여 회귀계수를 추정하면

$$\hat{\beta}=(\boldsymbol{X}^T\boldsymbol{X})^{-1}\boldsymbol{X}^T\boldsymbol{Y}=\begin{bmatrix} -554.311 \\ -0.179 \\ 11.859 \end{bmatrix}$$

가 되어 회귀식은 $\hat{y}=-554.311-0.179x_1+11.859x_2$와 같이 추정된다. 추정된 회귀식의 적합성 검정을 위한 귀무 및 대립가설은

$H_0: \beta_1=\beta_2=0$, H_1 : 적어도 β_1, β_2 둘 중 어느 하나는 0이 아니다.

와 같으며 회귀분석 결과로부터 작성된 분산분석표는 다음과 같다.

요인	제곱합	자유도	평균제곱합	F_0	P-값
회귀	6940.195	2	3470.097	7.4119	0.0319
오차	2340.884	5	468.176		
계	9281.079	7			

분산분석표로부터 검정통계량 F_0의 값은 7.4119이고, 이때의 p-값은 0.0319로 유의수준 $\alpha=0.05$ 보다 작기 때문에 귀무가설 H_0는 기각된다. 즉, "추정된 회귀식은 유의하다"고 할 수 있다.

설명변수 X_2가 모형에 포함되어 있다는 조건 하에서 설명변수 X_1를 회귀모형에 포함하는 것이 적절한지를 검정하기 위한 귀무 및 대립가설은 다음과 같이 설정되며,

$$H_0 : \beta_1 = 0, \qquad H_1 : \beta_1 \neq 0$$

이때 검정통계량으로는 $T_0 = \dfrac{\hat{\beta}_1 - 0}{\sqrt{MSE\, c_{11}}}$가 사용된다. 여기서 c_{11}은 행렬

$$(\boldsymbol{X}^T\boldsymbol{X})^{-1} = \begin{bmatrix} 82.874 & -0.1345 & -0.9459 \\ -0.1345 & 0.0012 & -0.0018 \\ -0.9459 & -0.0018 & 0.0222 \end{bmatrix}$$

로부터 구할 수 있으며 즉, $c_{11} = 0.0012$이고, 분산분석표로부터 $MSE = 468.176$이므로 검정통계량 T_0의 값은 다음과 같이 계산된다.

$$t_0^* = \frac{\widehat{\beta_1} - 0}{\sqrt{MSE\, c_{11}}} = \frac{-0.179}{\sqrt{468.176 \times 0.0012}} = -0.2356$$

p-값을 계산하면, $P(|T_0| \geq 0.2356) = 0.8230$으로 유의수준 $\alpha = 0.05$보다 크므로 귀무가설 H_0는 기각되지 않는다. 즉, "설명변수 X_1을 모형 속에 포함시키지 않는 것이 바람직하다"고 할 수 있다.

R 실습 4.11 R 프로그램을 이용하여 [예제 4.10]의 회귀식을 추정하고 설명변수 X_2가 회귀모형에 포함되어 있을 때 설명변수 X_1를 회귀모형에 포함하는 것이 적절한지에 대하여 검정하여라.

풀이

[R 프로그램 4.11] 개별 회귀계수에 대한 t-검정[9)]

```
x1 = c(195, 179, 205, 204, 201, 184, 210, 209)
x2 = c(57, 61, 60, 62, 61, 54, 58, 61)
y = c(81.4, 122.2, 101.7, 175.6, 150.3, 64.8, 92.1, 113.8)
fitted.model=lm(y~x1+x2)
summary(fitted.model)
```

9) 회귀계수의 부분집합에 대한 가설로 볼 수 있으므로 anova() 함수를 이용하여 다음과 같이 구할 수 도 있다. reduced.model=lm(y~x2); full.model=lm(y~x1+x2); anova(reduced.model, full.model)

- lm() 함수를 이용하여 다중선형 회귀분석의 결과를 $fitted.model$ 이라는 변수명에 저장하고 이를 summary() 함수를 이용하여 출력하면 [그림 4.18]의 결과를 얻을 수 있으며, 이로부터 t-검정의 결과가 예제 4.10의 결과와 동일함을 알 수 있다.

```
R Console
> x1 = c(195, 179, 205, 204, 201, 184, 210, 209)
> x2 = c(57, 61, 60, 62, 61, 54, 58, 61)
> y = c(81.4, 122.2, 101.7, 175.6, 150.3, 64.8, 92.1, 113.8)
> fitted.model=lm(y~x1+x2)
> summary(fitted.model)

Call:
lm(formula = y ~ x1 + x2)

Residuals:
      1       2       3       4       5       6       7       8
 -5.259 -14.775 -18.742  31.259  17.279  11.744  -3.723 -17.783

Coefficients:
             Estimate Std. Error t value Pr(>|t|)
(Intercept) -554.3112   196.9775  -2.814   0.0374 *
x1            -0.1797     0.7626  -0.236   0.8230
x2            11.8600     3.2301   3.672   0.0144 *
---
Signif. codes:  0 '***' 0.001 '**' 0.01 '*' 0.05 '.' 0.1 ' ' 1

Residual standard error: 21.64 on 5 degrees of freedom
Multiple R-squared:  0.7478,    Adjusted R-squared:  0.6469
F-statistic: 7.412 on 2 and 5 DF,  p-value: 0.03195

> |
```

[그림 4.18] 다중선형 회귀모형의 추정과 t-검정의 결과 (R 프로그램 4.11)

(3) 반응변수의 기댓값에 대한 추론

이제 설명변수의 값이 $\boldsymbol{x}^* = (1, x_1^*, x_2^*, \cdots, x_p^*)^T$로 주어졌을 때 반응변수의 기댓값인 평균반응 $E(Y \mid \boldsymbol{x}^*) = \boldsymbol{x}^{*T}\boldsymbol{\beta} = \beta_0 + \beta_1 x_1^* + \cdots + \beta_p x_p^*$ 의 추론에 대하여 살펴보자. 단순선형 회귀모형에서와 마찬가지로 $E(Y \mid \boldsymbol{x}^*)$에 대한 추정량으로 $\hat{E}(Y \mid \boldsymbol{x}^*) = \boldsymbol{x}^{*T}\hat{\boldsymbol{\beta}}$ 을 고려할 수 있으며, 그 확률분포를

$$\frac{\boldsymbol{x}^{*T}\hat{\boldsymbol{\beta}} - \boldsymbol{x}^{*T}\boldsymbol{\beta}}{\sqrt{\sigma^2\, \boldsymbol{x}^{*T}(\boldsymbol{X}^T\boldsymbol{X})^{-1}\boldsymbol{x}^*}} \sim N(0,1) \tag{4.53}$$

와 같이 구할 수 있다. 정의 1.25와 정리 4.10의 결과로부터 확률변량 T의 분포를

$$T = \frac{\dfrac{\boldsymbol{x}^{*T}\hat{\boldsymbol{\beta}} - \boldsymbol{x}^{*T}\boldsymbol{\beta}}{\sqrt{\sigma^2\, \boldsymbol{x}^{*T}(\boldsymbol{X}^T\boldsymbol{X})^{-1}\boldsymbol{x}^*}}}{\sqrt{\dfrac{SSE}{\sigma^2}/(n-(p+1)}} = \frac{\boldsymbol{x}^{*T}\hat{\boldsymbol{\beta}} - \boldsymbol{x}^{*T}\boldsymbol{\beta}}{\sqrt{MSE\; \boldsymbol{x}^{*T}(\boldsymbol{X}^T\boldsymbol{X})^{-1}\boldsymbol{x}^*}} \sim t(n-(p+1)) \tag{4.54}$$

와 같이 구할 수 있다.

정리 4.13 $\widehat{E}(Y|x^*)$ **에 관한 확률변량** T **의 분포**

다중선형 회귀모형 $\boldsymbol{Y}=\boldsymbol{X}\boldsymbol{\beta}+\boldsymbol{\epsilon}$, $\epsilon_i \sim iid\ N(0,\sigma^2)$ $(i=1,2,\cdots,n)$에서

$$T=\frac{\boldsymbol{x}^{*T}\hat{\boldsymbol{\beta}}-\boldsymbol{x}^{*T}\boldsymbol{\beta}}{\sqrt{MSE\ \boldsymbol{x}^{*T}(\boldsymbol{X}^T\boldsymbol{X})^{-1}\boldsymbol{x}^*}} \sim t(n-(p+1))$$

이 성립한다.

정리 4.13의 확률변량 T를 이용하면 평균반응 $E(Y\,|\,\boldsymbol{x}^*)$에 관한 신뢰구간과 가설검정법을 각각 다음과 같이 구할 수 있다.

[$E(Y\,|\,\boldsymbol{x}^*)$에 대한 신뢰구간]

다중선형 회귀모형 $\boldsymbol{Y}=\boldsymbol{X}\boldsymbol{\beta}+\boldsymbol{\epsilon}$, $\epsilon_i \sim iid\ N(0,\sigma^2)$ $(i=1,2,\cdots,n)$에서, 평균반응 $E(Y\,|\,\boldsymbol{x}^*)$에 대한 $100(1-\alpha)\%$ 신뢰구간은 다음과 같다.

$$\Big[\boldsymbol{x}^{*T}\hat{\boldsymbol{\beta}}-t_{\alpha/2}(n-(p+1))\sqrt{MSE\ \boldsymbol{x}^{*T}(\boldsymbol{X}^T\boldsymbol{X})^{-1}\boldsymbol{x}^*}\ ,$$

$$\boldsymbol{x}^{*T}\hat{\boldsymbol{\beta}}+t_{\alpha/2}(n-(p+1))\sqrt{MSE\ \boldsymbol{x}^{*T}(\boldsymbol{X}^T\boldsymbol{X})^{-1}\boldsymbol{x}^*}\ \Big]$$

[$E(Y|\boldsymbol{x}^*)$에 대한 가설검정]

다중선형 회귀모형 $\boldsymbol{Y}=\boldsymbol{X}\boldsymbol{\beta}+\boldsymbol{\epsilon}$, $\epsilon_i \sim iid\ N(0,\sigma^2)$ $(i=1,2,\cdots,n)$에서, 평균반응 $E(Y\,|\,\boldsymbol{x}^*)$에 대한 아래의 가설검정에서 사용되는 검정통계량과 그 확률분포는

$$T_0=\frac{\boldsymbol{x}^{*T}\hat{\boldsymbol{\beta}}-\mu_0}{\sqrt{MSE\ \boldsymbol{x}^{*T}(\boldsymbol{X}^T\boldsymbol{X})^{-1}\boldsymbol{x}^*}} \sim t(n-(p+1))\ \text{(귀무가설 } H_0 \text{가 참일 때)}$$

이며, 유의수준 α에서의 기각역과 검정통계량의 관측값 t_0^*에 대한 p-값은 다음과 같다.

	가설	기각역	p-값
우측검정	$H_0: E(Y\|\boldsymbol{x}^*)=\mu_0$, $H_1: E(Y\|\boldsymbol{x}^*)>\mu_0$	$t_0>t_\alpha(n-(p+1))$	$P(T_0>t_0^*)$
좌측검정	$H_0: E(Y\|\boldsymbol{x}^*)=\mu_0$, $H_1: E(Y\|\boldsymbol{x}^*)<\mu_0$	$t_0<-t_\alpha(n-(p+1))$	$P(T_0<t_0^*)$
양측검정	$H_0: E(Y\|\boldsymbol{x}^*)=\mu_0$, $H_1: E(Y\|\boldsymbol{x}^*)\neq\mu_0$	$\|t_0\|>t_{\alpha/2}(n-(p+1))$	$2P(T_0>\|t_0^*\|)$

예제 4.11 [예제 4.9]의 다중선형 회귀모형에서 수분의 함유량이 $x_1 = 4.5,\ 5.5,\ 6.5$ 이고 향료의 함류량이 $x_2 = 3.0,\ 3.5,\ 4.0$ 일 때 평균 기호도의 95% 신뢰구간을 각각 구하여라.

풀이

$\boldsymbol{x}^* = [1, 4.5, 3.0]^T$ 일 때 평균 기호도의 신뢰구간은

$$\boldsymbol{x}^{*T}\hat{\boldsymbol{\beta}} \pm t_{\alpha/2}(n-(p+1))\sqrt{MSE\ \boldsymbol{x}^{*T}(\boldsymbol{X}^T\boldsymbol{X})^{-1}\boldsymbol{x}^*}$$

$$= [1, 4.5, 3.0]\begin{bmatrix} 39.33 \\ 4.25 \\ 4.08 \end{bmatrix} \pm 3.182\sqrt{3.222 \times 0.349} \ = 70.708 \pm 3.374$$

와 같이 구할 수 있다. 동일한 방법으로 나머지 관측개체 $\boldsymbol{x}^* = [1, 5.5, 3.5]^T$와 $\boldsymbol{x}^* = [1, 6.5, 4.0]^T$에 대한 신뢰구간은 각각 77.000 ± 2.507, 83.292 ± 2.439으로 구할 수 있다.

R 실습 4.12 R 프로그램을 이용하여 [예제 4.11]의 신뢰구간을 구하여라.

풀이

[R 프로그램 4.12] 평균반응에 대한 신뢰구간

```
x1=c(4, 4, 6, 6, 8, 8); x2=c(2, 6, 2, 6, 2, 6); y=c(64, 81, 72, 91, 83, 96)
fitted.model=lm(y~x1+x2)
new.x=data.frame(x1=c(4.5, 5.5, 6.5), x2=c(3.0, 3.5, 4.0))
predict.lm(fitted.model, newdata=new.x, interval="conf", level=0.95)
```

- 새로운 설명변수의 값을 먼저 데이터 프레임의 형태로 $new.x$ 라는 변수명으로 저장하였다. 이때 해당 자료의 열(column)은 회귀분석에서 사용한 변수명과 동일하게 x_1과 x_2라 이름으로 각각 지정하였다.
- 단순선형 회귀분석에서와 마찬가지로 predict.lm() 함수를 사용하여 주어진 설명변수이 값에 대한 평균반응의 신뢰구간을 구하면 [그림 4.19]와 같은 결과를 얻을 수 있으며, 이는 예제 4.11의 결과와 동일함을 알 수 있다.

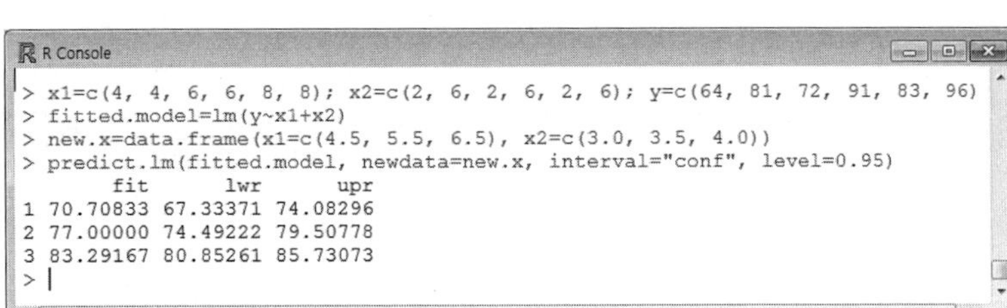

[그림 4.19] 평균반응에 대한 신뢰구간의 계산 (R 프로그램 4.12)

4.4 회귀모형의 진단 및 보정

선형 회귀모형을 적합한 후에는 모형과 가정에 대한 점검이 필요하며, 이러한 과정을 회귀진단(regression diagnostics)이라고 한다. 여기서는 다중공선성의 진단, 잔차분석, 영향력 분석에 대하여 살펴보기로 한다.

4.4.1 다중공선성

설명변수가 두 개 이상인 다중선형 회귀분석에서 설명변수들 간에 어느 정도 관련성이 있을 것이라는 것은 누구나 쉽게 예상할 수 있다. 하지만 그 관련성의 정도가 클 경우 회귀분석 결과를 해석함에 있어서 심각한 문제를 야기한다. 통계학에서는 설명변수들 사이에 직선적인 관계가 존재할 경우 '다중공선성(multicollinearity)이 존재한다'고 말한다.

일반적으로 다중공선성이 존재할 때 변수를 추가한다던지 또는 제외시킬 경우 추정되는 회귀계수의 값이 크게 변하거나 부호가 상반되게 나타나는 현상이 발생하며, 심지어 모형의 적합성에 대한 $F-$검정에서 검정의 결과가 유의함에도 불구하고 추정된 회귀계수 각각에 대한 검정에서는 유의하지 않게 나타나는 경우가 발생하기도 한다.[10] 따라서 다중공선성이 존재하게 되면 회귀분석 결과에 대한 정확한 해석이 불가능하게 될 뿐만 아니라 추정된 회귀식을 예측에 사용할 수 없게 된다.

다중공선성을 진단하는 가장 간단한 방법은 설명변수들간의 상관관계를 조사하는 것이다. 일반적으로 설명변수들간의 상관계수가 대략 0.8이상으로 높을 경우 다중공선성이 존재한다고 판단한다. 그러나 상관계수에 의해서 판단되지 않으면서도 심각한 다중공선성이 존재하는 경우도 있다. 이러한 경우에는 공차한계 또는 분산팽창인자를 계산하여 다중공선성을 진단한다.

(1) 공차한계

공차한계(tolerance : T로 표기)는 다중공선성을 점검하기 위해 가장 많이 사용되는 지표로서 j번째 설명변수의 공차한계는 $1-R_j^2$으로 정의된다. 여기서 R_j^2은 j번째 설명변

10) 결정계수 R^2의 값이 큰 반면에 추정된 대부분의 회귀계수가 유의하지 않는 경우가 다중공선성 발생의 대표적인 경우가 된다.

수를 반응변수로 하고 나머지 설명변수들을 독립변수로 한 회귀분석을 실시하였을 경우의 결정계수를 의미한다. 따라서 공차한계는 한 설명변수가 다른 설명변수에 의해서 설명되지 않는 부분을 나타내게 되고, 결과적으로 R_j^2의 값이 클수록 공차한계의 값은 작아진다. 공차한계의 값이 작다는 것은 j 번째 변수가 다른 설명변수에 의하여 설명되는 정도가 크다는 것을 의미하기 때문에 다중공선성이 높다고 이야기하게 되는 것이다. 공차한계의 최대값은 1이며, 일반적으로 0.10이하이면 다중공선성이 존재한다고 판단한다.

(2) 분산팽창인자

분산팽창인자(variance inflation factor : VIF 로 표기)는 공차한계의 역수로 정의되며 VIF 의 값이 클수록 설명변수들 간의 다중공선성이 높음을 의미한다. 분산팽창인자가 10 이상이면 다중공선성이 존재한다고 판정한다.[11)]

[공차한계(T)와 분산팽창인자(VIF)]

R_j^2을 j 번째 설명변수를 반응변수로, 나머지 변수들을 설명변수로 한 회귀분석에서 얻어지는 결정계수라 할 때 공차한계와 분산팽창인자는 각각

$$\text{공차한계 : } T_j = 1 - R_j^2 \quad \text{분산팽창인자 : } VIF_j = \frac{1}{1 - R_j^2}$$

와 같다.

(3) 행렬 $\boldsymbol{X}^T\boldsymbol{X}$의 구조 분석

다중공선성의 정도는 행렬 $\boldsymbol{X}^T\boldsymbol{X}$ 의 고유값 $\lambda_1, \lambda_2, \cdots, \lambda_p$을 이용하여 진단할 수 있다.[12)] 즉, 행렬 $\boldsymbol{X}^T\boldsymbol{X}$ 의 고유값들 중 최대값을 각 고유값으로 나눈 후의 제곱근 $\sqrt{\lambda_{\max}/\lambda_j}$ 을 조건지수(condition number)라 하는데 이 값이 클수록 다중공선성의 정도가 크다는 것을 뜻한다. 명확한 기준은 없으나 조건지수의 최대값이 10을 넘으면 일단 다중공선성을 의심해 볼 필요가 있으며, 100을 넘어서면 심각한 다중공선성이 존재하는 증거로 받아들

---

11) 분산팽창인자는 설명변수들이 상관관계를 가지고 있지 않을 때에 비하여 추정된 회귀계수의 분산들이 얼마만큼 팽창되는가의 정도를 나타내는 측도이다.

12) $\lambda_1, \lambda_2, \cdots, \lambda_k$ 의 합은 항상 p가 되며, 다중공선성이 존재할 경우 고유값 중에는 0에 가까운 값이 적어도 하나 존재하게 된다.

이게 된다.

설명변수들 간에 심각한 다중공선성이 존재하면 회귀분석 결과에 대한 올바른 해석이 불가능할 뿐만 아니라, 추정된 회귀식을 이용한 예측은 왜곡된 결과를 가져오게 한다. 다중공선성이 존재할 경우에는 상관관계가 높은 설명변수들 중에서 한 변수를 제거하고 다시 모형을 추정하거나 능형회귀(ridge regression) 또는 주성분회귀(principal components regression) 등의 방법을 사용하여 해결할 수 있다. 실질적으로 많이 사용되는 방법은 변수의 제거법이지만 이때 반응변수에 영향을 미치는 회귀변수가 제거되므로 모형의 예측에 좋지 않은 영향을 미칠 수도 있음에 유의하여야 한다.

예제 4.12 사람 몸의 지방량(fat) Y와 삼두근의 두께(triceps) X_1, 허벅다리의 둘레(thigh) X_2, 그리고 팔목의 둘레(wrist) X_3 간의 관계를 분석하기 위해 25세에서 34세 사이의 건강한 여자 20명을 랜덤으로 추출하여 다음과 같은 자료를 얻었다. 이 자료에서 설명변수들 간에 다중공선성이 존재하는지를 검토하여라.

Y	X_1	X_2	X_3	Y	X_1	X_2	X_3
11.9	19.5	43.1	29.1	25.4	31.1	56.6	30.0
22.8	24.7	49.8	28.2	27.2	30.4	56.7	28.3
18.7	30.7	51.9	37.0	11.7	18.7	46.5	23.0
20.1	29.8	54.3	31.1	17.8	19.7	44.2	28.6
12.9	19.1	42.2	30.9	12.8	14.6	42.7	21.3
21.7	25.6	53.9	23.7	23.9	29.5	54.4	30.1
27.1	31.4	58.5	27.6	22.6	27.7	55.3	25.7
25.4	27.9	52.1	30.6	25.4	30.2	58.6	24.6
21.3	22.1	49.9	23.2	14.8	22.7	48.2	27.1
19.3	25.5	53.5	24.8	21.1	25.2	51.0	27.5

풀이

세 설명변수 X_1, X_2, X_3간의 상관계수를 계산한 결과는 다음 표와 같다.

	X_1	X_2	X_3
X_1	1.0000	0.9238	0.4577
X_2		1.0000	0.0846
X_3			1.0000

X_1과 X_2간의 상관계수는 0.9238로 매우 높은 상관관계를, X_1과 X_3간의 상관계수는

0.4577로 높지는 않지만 어느 정도 상관관계가 존재하고 있음을, 그리고 X_2와 X_3간의 상관계수는 0.0846으로 상관관계가 거의 존재하지 않는 것으로 나타났다. 따라서 설명변수 X_1과 X_2간에는 다중공선성이 존재할 것으로 판단할 수 있다. 각 설명변수에 대한 공차한계와 분산팽창인자를 계산한 결과는 다음 표에 요약되어 있다.

	X_1	X_2	X_3
공차한계	0.0014	0.0017	0.0095
분산팽창인자	708.84	564.34	104.60

각 변수에 대한 공차한계값은 모두 0.10이하이고, 분산팽창인자값들도 10을 훨씬 크게 넘어 설명변수들 간에는 다중공선성이 존재하고 있다고 할 수 있다.

R 실습 4.13 R 프로그램을 이용하여 [예제 4.12]의 다중공선성을 진단하여라.

풀이

[R 프로그램 4.13] 다중공선성의 진단

```
library(usdm) #vif() 함수를 제공하는 패키지
fat=c(11.9, 22.8, 18.7, 20.1, 12.9, 21.7, 27.1, 25.4, 21.3, 19.3, 25.4, 27.2,
      11.7, 17.8, 12.8, 23.9, 22.6, 25.4, 14.8, 21.1)
triceps=c(19.5, 24.7, 30.7, 29.8, 19.1, 25.6, 31.4, 27.9, 22.1, 25.5, 31.1,
          30.4, 18.7, 19.7, 14.6, 29.5, 27.7, 30.2, 22.7, 25.2)
thigh=c(43.1, 49.8, 51.9, 54.3, 42.2, 53.9, 58.5, 52.1, 49.9, 53.5, 56.6, 56.7,
        46.5, 44.2, 42.7, 54.4, 55.3, 58.6, 48.2, 51.0)
wirst=c(29.1, 28.2, 37.0, 31.1, 30.9, 23.7, 27.6, 30.6, 23.2, 24.8, 30.0, 28.3,
        23.0, 28.6, 21.3, 30.1, 25.7, 24.6, 27.1, 27.5)
X=data.frame(triceps, thigh, wirst)
cor(X)    # 변수들 간의 상관계수를 출력하는 함수
vif(X)    # 분산팽창인자를 출력하는 함수
pairs(X)  # 변수들 간의 산점도를 그리는 함수
fit=lm(fat~triceps+thigh+wirst) # 모든 설명변수를 포함한 다중선형 회귀분석
summary(fit)
```

- 설명변수들 간의 상관계수를 계산하기 위하여 cor() 함수를 사용하였으며 그 결과는 [그림 4.20]에 나타나 있다.
- vif() 함수는 분산팽창인자를 계산해주는 함수로 usdm 패키지에 내장되어 있다. 따라서

vif() 함수를 사용하기 위해서는 library() 함수를 이용하여 usdm 패키지를 먼저 불러와야 하며 그 사용 형식은 library(패키지명)과 같다. vif() 함수를 이용한 분산팽창인자의 계산 결과는 [그림 4.20]에 주어져 있으며, 예제 4.12의 결과와 동일함을 알 수 있다.

- 설명변수들 간의 산점도를 동시에 그리기 위하여 pairs() 함수가 사용되었으며 그 결과는 [그림 4.21]과 같다. 이들 산점도로부터 설명변수들 간의 관계를 개략적으로 파악할 수 있다.
- [그림 4.22]는 모든 설명변수들을 포함한 선형 회귀분석의 결과이다. 검정통계량 F_0의 값은 21.52이고, 이때의 p-값은 7.343×10^{-6}으로 매우 작아 적합된 회귀모형은 유의한 것으로 나타났다. 하지만 각 회귀계수에 대한 $t-$검정의 결과는 모두 유의하지 않는 것으로 나타나고 있다. 이러한 현상은 바로 다중공선성 때문에 발생한다. 즉, 설명변수 triceps과 tigth의 상관관계($r_{12}=0.9238$)가 너무 커서 다른 변수의 영향력을 제거하기 때문에 바로 이러한 현상이 나타나게 되는 것이다. 이러한 경우에는 상관관계가 높은 변수를 제거 또는 분리하여 회귀분석을 실시하는 것이 바람직하다.

```
R Console

> library(usdm) #vif() 함수를 제공하는 패키지
> fat=c(11.9, 22.8, 18.7, 20.1, 12.9, 21.7, 27.1, 25.4, 21.3, 19.3, 25.4, 27.2,
+       11.7, 17.8, 12.8, 23.9, 22.6, 25.4, 14.8, 21.1)
> triceps=c(19.5, 24.7, 30.7, 29.8, 19.1, 25.6, 31.4, 27.9, 22.1, 25.5, 31.1,
+           30.4, 18.7, 19.7, 14.6, 29.5, 27.7, 30.2, 22.7, 25.2)
> thigh=c(43.1, 49.8, 51.9, 54.3, 42.2, 53.9, 58.5, 52.1, 49.9, 53.5, 56.6, 56.7,
+         46.5, 44.2, 42.7, 54.4, 55.3, 58.6, 48.2, 51.0)
> wirst=c(29.1, 28.2, 37.0, 31.1, 30.9, 23.7, 27.6, 30.6, 23.2, 24.8, 30.0, 28.3,
+         23.0, 28.6, 21.3, 30.1, 25.7, 24.6, 27.1, 27.5)
> X=data.frame(triceps, thigh, wirst)
> cor(X)   # 변수들 간의 상관계수를 출력하는 함수
          triceps     thigh     wirst
triceps 1.0000000 0.9238425 0.4577772
thigh   0.9238425 1.0000000 0.0846675
wirst   0.4577772 0.0846675 1.0000000
> vif(X)   # 분산팽창인자를 출력하는 함수
  Variables      VIF
1   triceps 708.8429
2     thigh 564.3434
3     wirst 104.6060
> |
```

[그림 4.20] 다중공선성 진단을 위한 통계량 계산 (R 프로그램 4.13)

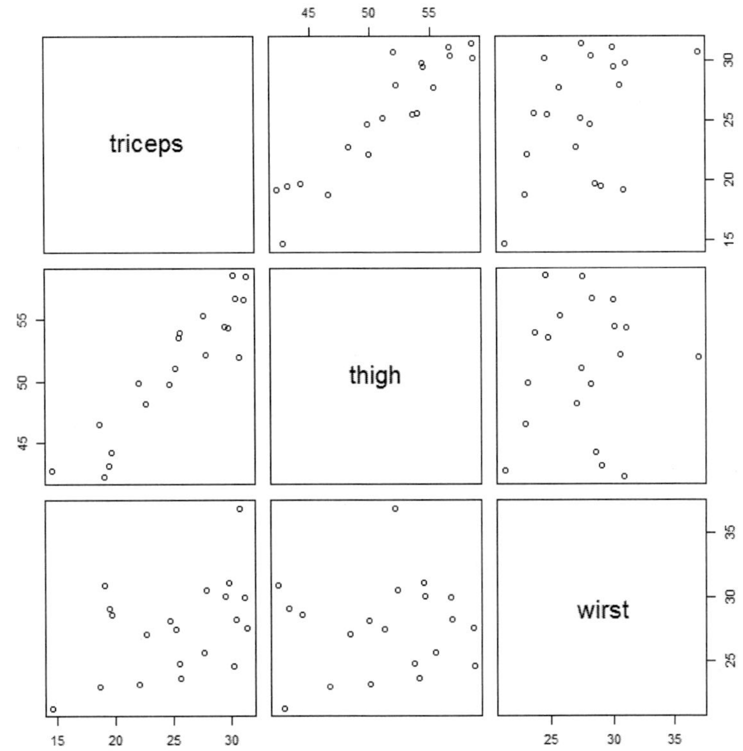

[그림 4.21] 설명변수들 간의 산점도 (R 프로그램 4.13)

```
R Console
> fit=lm(fat~triceps+thigh+wirst) # 모든 설명변수를 포함한 다중선형 회귀분석
> summary(fit)

Call:
lm(formula = fat ~ triceps + thigh + wirst)

Residuals:
    Min      1Q  Median      3Q     Max
-3.7263 -1.6111  0.3923  1.4656  4.1277

Coefficients:
            Estimate Std. Error t value Pr(>|t|)
(Intercept)  117.085     99.782   1.173    0.258
triceps        4.334      3.016   1.437    0.170
thigh         -2.857      2.582  -1.106    0.285
wirst         -2.186      1.595  -1.370    0.190

Residual standard error: 2.48 on 16 degrees of freedom
Multiple R-squared:  0.8014,    Adjusted R-squared:  0.7641
F-statistic: 21.52 on 3 and 16 DF,  p-value: 7.343e-06

> |
```

[그림 4.22] 모든 설명변수들을 포함한 다중선형 회귀분석 (R 프로그램 4.13)

4.4.2 잔차분석

잔차는 회귀모형에 대한 여러 가정들이 타당한지를 판단하는 데 있어 유용한 정보를 제공한다. 따라서 다중선형 회귀분석에서도 단순선형 회귀분석의 경우와 마찬가지로 잔차분석을 통하여 적합된 회귀모형의 적절성, 오차항의 등분산성, 독립성, 정규성 등을 검토할 수 있다. 다중선형 회귀모형에서 잔차를 행렬로 나타내면

$$e = \boldsymbol{Y} - \hat{\boldsymbol{Y}} = \boldsymbol{Y} - \boldsymbol{X}\hat{\beta} = \boldsymbol{Y} - \boldsymbol{X}(\boldsymbol{X}^T\boldsymbol{X})^{-1}\boldsymbol{X}^T\boldsymbol{Y} = (\boldsymbol{I} - \boldsymbol{H})\boldsymbol{Y} \tag{4.55}$$

와 같고, 이때 행렬 $\boldsymbol{H} = (h_{ij})$, $i, j = 1, 2, \cdots, n$을 해트행렬(hat matrix)이라고 부른다.[13)]

단순선형 회귀분석에서는 반응변수와 설명변수간의 산점도로부터 선형 회귀모형이 적절한지의 여부를 쉽게 검토할 수 있다. 하지만 다중선형 회귀분석의 경우 설명변수의 개수가 여러 개이므로 단순선형 회귀분석의 경우와는 달리 반응변수와 설명변수간의 관계를 하나의 산점도를 이용하여 나타낼 수 없다. 따라서 다중선형 회귀분석에서 반응변수와 설명변수간의 선형관계를 확인하기 위해서는 각각의 설명변수와 반응변수간의 산점도를 그려야 한다. 그러나 다중선형 회귀분석에서는 다중공선성의 존재 가능성으로 인하여 반응변수와 설명변수간의 산점도는 크게 도움이 되는 정보를 제공하지 못한다. 이러한 경우에는 다른 변수들과의 의존성이 배제된 반응변수와 설명변수간의 산점도인 편회귀 잔차도(partial regression residual plot)를 이용하여 선형회귀선 적합에 기여하는 설명변수를 식별할 수 있다. 즉, 회귀선 적합에 도움이 되는 설명변수의 경우 편회귀 잔차도는 대체로 직선 형태로 나타나게 되고, 잔차도가 곡선 형태를 띠게 된다면 이것은 해당 설명변수의 변환이 필요함을 의미하게 되는 것이다. 그리고 편회귀 잔차도를 이용하게 되면 다른 관측값들로부터 크게 벗어나는 특이값들도 식별할 수 있다.

등분산성의 가정은 예측값을 x축에, 표준화잔차(또는 외표준화잔차)를 y축으로 한 산점도를 이용하여 검토할 수 있으며, 독립성의 가정은 단순선형 회귀분석의 경우와 같이 더빈-와트슨 검정으로 검토되어질 수 있다. 정규성의 가정도 단순선형 회귀분석의 경우와 마찬가지로 잔차의 산점도 또는 정규 Q-Q 그림 등을 이용하여 검토할 수 있다.

---

13) 해트행렬이라 부르는 이유는 $\boldsymbol{Y}$의 앞에 $\boldsymbol{H}$를 곱하면 $\boldsymbol{HY}(=\hat{\boldsymbol{Y}})$가 되고, 이때 행렬 $\boldsymbol{H}$가 $\boldsymbol{Y}$를 $\hat{\boldsymbol{Y}}$로 만들어 주기 때문이다.

4.4.3 영향력 분석

관측값들 중에서 다른 값에 비하여 매우 크거나 작으면서 멀리 떨어져 있는 값을 특이값(outlier)이라고 한다. 회귀분석을 할 때 관측값들 속에 특이값이 있다면, 회귀선을 추정하는데 큰 영향을 받을 수 있으므로 이러한 특이값을 분석에 포함할 것인지 또는 제외할 것인지를 결정하는 일은 매우 중요하다. [그림 4.23]에는 일반적으로 나타날 수 있는 특이값들의 유형이 주어져 있다. 여기서 관측값 ①은 x 에 대하여 특이값은 아니나 y 에 대하여 특이값이 된다. 그리고 관측값 ②와 ③은 x 에 대하여 특이값이나 y 에 대하여 추정된 회귀선의 연장선상에 있으므로 특이값이 아니다. 하지만 관측값 ②와 ③ 둘 중 어느 하나가 제거될 경우에는 회귀분석에 미치는 영향력이 작으나 두 관측값 모두 제거되었을 경우에는 회귀분석에 커다란 영향을 미치게 된다. 관측값 ④는 x 와 y 모두에 대하여 특이값이 된다.[14)]

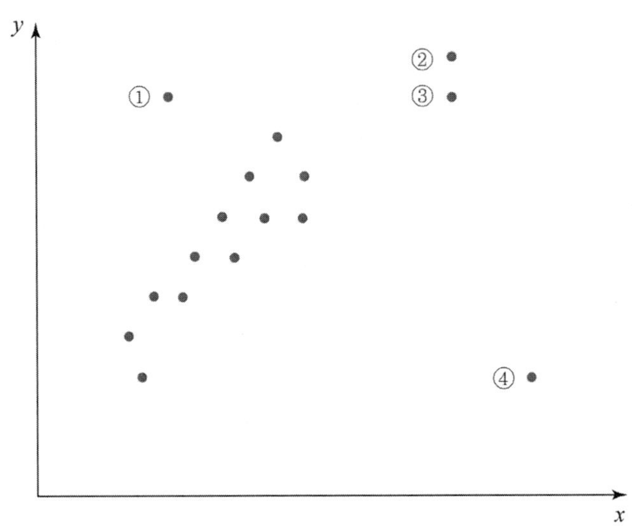

[그림 4.23] 특이값의 유형

설명변수가 하나인 단순선형 회귀모형에서는 산점도를 이용하여 특이값을 파악할 수 있다. 그러나 설명변수가 두 개 이상일 경우 산점도를 그리기 어려우므로 다른 측도를 이용하여 특이값을 식별하게 된다. 즉 y에 대한 특이값은 표준화잔차 또는 외표준화잔차를 이

14) 회귀분석에서 대개 설명변수 x 는 통제할 수 있는 변수이므로 x에 대한 특이값 보다는 y 에 대한 특이값에 대하여 주로 관심을 갖게 된다.

용하여 판별할 수 있으며, 이때 두 잔차값의 절대값이 2보다 클 경우 특이값으로 간주하여 회귀선을 추정하는데 영향을 준다고 판단한다. 그리고 y에 대한 특이값은 해트행렬의 대각원소 h_{ii}의 크기로 판별할 수 있으며, 구체적인 사항에 대해서는 아래에서 설명되는 레버리지를 참고하기 바란다.

관측값이 특이값으로 판별되면 그 값이 회귀선을 적합시키는데 영향을 미치는지의 여부를 검토하여야 한다. 일반적으로 어떤 관측값을 제외시켜 얻은 회귀분석 결과와 포함시켜 얻은 분석 결과가 커다란 차이를 보일 때, 이 관측값을 영향력이 큰 관측값이라 한다. 영향력을 식별하는 측도로 레버리지, Cook의 D, 코브 레이쇼(COV RATIO), 디핏츠(DFFITS), 디프베타즈(DFBETAS) 등을 사용되며, 여기서는 레버리지와 Cook의 D에 관해서 살펴보기로 한다.

(1) 레버리지

해트행렬에서 대각원소 h_{ii}는 레버리지(leverage)라고 불리우며, 단순선형 회귀분석의 경우에는 식 (4.32)에서 보는 바와 같이

$$h_{ii} = \frac{1}{n} + \frac{(x_i - \overline{x})^2}{\sum_{i=1}^{n}(x_i - \overline{x})^2},\ i = 1,\ 2,\ \cdots,\ n$$

로 주어져 관측값 x_i가 중심 $\overline{x}$로부터 멀리 떨어져 있을수록 레버리지 h_{ii}의 값은 커지게 됨을 알 수 있다. h_{ii} 값의 범위는 $1/n \le h_{ii} \le 1$이며, h_{ii}의 값이 대체로 $2(p+1)/n$보다 큰 관측값은 영향이 큰 관측값이라고 한다. 하지만 h_{ii}의 값이 크다고 해서 그 값이 반드시 회귀모형의 적합에 부정적인 영향을 끼친다고 볼 수는 없다.

(2) 쿡의 거리

Cook은 관측값들의 영향력를 측정하기 위하여 i 번째 관측값을 제외한 나머지 자료로 추정된 회귀계수의 벡터 $\hat{\beta}_{(i)}$와 $\hat{\beta}$의 제곱거리(Cook's distance)

$$D_i = \frac{\left(\hat{\beta}_{(i)} - \hat{\beta}\right) \boldsymbol{X}^T \boldsymbol{X} \left(\hat{\beta}_{(i)} - \hat{\beta}\right)}{(p+1)MSE} \tag{4.56}$$

를 사용하였다. 쿡의 거리는 관측값 하나가 제외되었을 때 추정된 회귀계수 벡터의 변화를 표준화한 측도라고 할 수 있다. D값이 매우 큰 관측값들은 회귀계수의 추정에 영향을 크게 미친다고 간주하며, 보통 D값이 1이상이면 해당 관측값의 영향력이 크다고 본다.

R 실습 4.14 R 프로그램을 이용하여 예제 4.12의 자료를 다중선형 회귀모형으로 적합할 때 영향력 분석을 위한 통계량의 값을 출력하여라.

풀이

[R 프로그램 4.14] 영향력 분석

```
fit=lm(fat~triceps+thigh+wirst)          # 모든 설명변수를 포함한 다중선형 회귀분석
leverage=influence(fit)$hat              # 레버리지를 출력하는 함수
cook.d=cooks.distance(fit)               # 쿡의 거리를 출력하는 함수
round(cbind(leverage, cook.d),3)         # 소수점에서 반올림하는 함수
```

- 회귀분석의 결과를 fit 이라는 이름으로 저장한 후 레버리지와 쿡의 거리를 출력하기 위해서는 influence()와 cooks.distance() 함수를 각각 사용하면 된다.

```
R Console
> fit=lm(fat~triceps+thigh+wirst)     # 모든 설명변수를 포함한 다중선형 회귀분석
> leverage=influence(fit)$hat         # 레버리지를 출력하는 함수
> cook.d=cooks.distance(fit)          # 쿡의 거리를 출력하는 함수
> round(cbind(leverage, cook.d),3)    # 소수점에서 반올림하는 함수
   leverage cook.d
1     0.341  0.279
2     0.157  0.060
3     0.440  0.299
4     0.112  0.053
5     0.361  0.047
6     0.132  0.002
7     0.194  0.023
8     0.164  0.094
9     0.193  0.035
10    0.241  0.026
11    0.139  0.005
12    0.109  0.027
13    0.214  0.154
14    0.188  0.198
15    0.348  0.033
16    0.114  0.000
17    0.125  0.001
18    0.228  0.030
19    0.132  0.099
20    0.066  0.001
> |
```

[그림 4.24] 레버리지와 Cook의 D를 이용한 영향력 분석 (R 프로그램 4.14)

- 출력의 편의를 위해 round() 함수를 이용하여 소수점 넷째 자리에서 반올림 하여 셋째 자리까지 출력하도록 하였다.
- [그림 4.24]에서 모든 개체의 쿡 거리값이 1보다 작은 것을 확인할 수 있으며, 세 번째 관측개체의 레버리지 값이 $2(p+1)/n = 0.4$ 보다 크므로 이 개체의 영향력이 다소 크다고 할 수 있겠다.
- 레버리지 및 쿡의 거리 이외에도 다른 통계량의 값을 확인하기 위해서는 influence.measures() 함수를 사용하면 된다.

4.4.4 회귀진단 후 보정방법

회귀진단 결과 회귀모형에 대한 가정들이 성립하지 않을 경우 이에 대한 기본적인 해결책으로 자료에 대한 보정을 고려할 수 있다. 여기서는 변수변환 등을 통한 보정방법에 대하여 살펴보기로 한다.

(1) 선형모형이 적적하지 않을 경우

오차항의 정규성과 등분산성은 만족하면서 선형모형에 대한 가정만 성립하지 않을 경우에는 설명변수 x 를 변환시키면 된다. [그림 4.25]에는 관측값에 대한 산점도를 그렸을 때 나타나는 몇 가지 유형의 비선형 형태와 이들에 대한 적절한 변환방법이 주어져 있다.

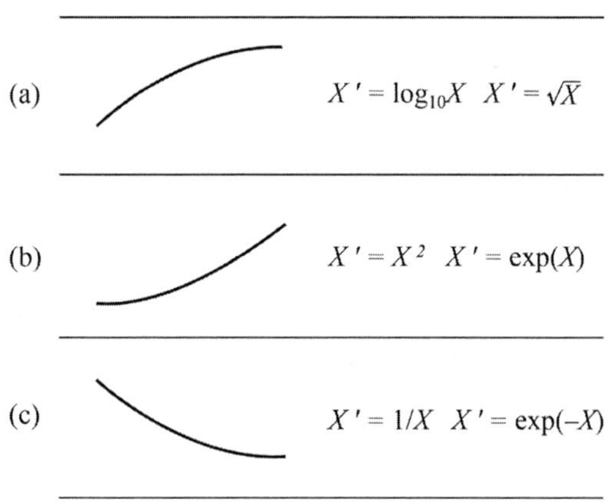

[그림 4.25] 비선형 형태일 경우의 변수변환

(2) 정규성과 등분산의 가정이 동시에 만족되지 않을 경우

오차항에 대한 등분산성의 가정이 만족되지 않을 때 정규성의 가정도 동시에 만족되지 않을 경우가 많다. 이러한 경우에는 반응변수 Y 에 대한 변환을 하면 된다. [그림 4.26]에는 등분산성과 정규성의 가정이 성립하지 않을 때 산점도에서 나타나는 유형과 이에 대한 변환방법이 주어져 있다.

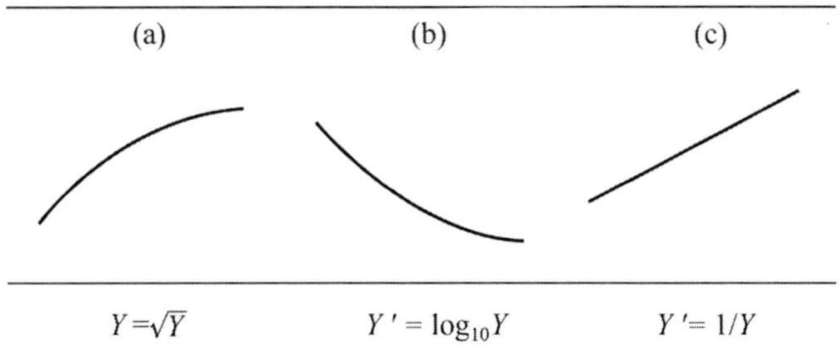

[그림 4.26] 정규성과 등분산성의 가정이 성립하지 않을 경우의 변수변환

R 실습 4.15 랜덤으로 추출된 25명의 아기들의 혈장수준(Y)과 나이(X)를 조사한 결과 다음과 같은 자료를 얻었다. 나이와 혈장수준간의 관계를 나타내는 회귀식을 두 반응변수를 이용하여 각각 추정하여라.

X	Y	$Y' = \log_{10} Y$	X	Y	$Y' = \log_{10} Y$
0 (신생아)	13.44	1.1284	2	7.85	0.8949
0 (신생아)	12.84	1.1086	2	8.88	0.9484
0 (신생아)	11.91	1.0759	3	7.94	0.8998
0 (신생아)	20.09	1.3030	3	6.01	0.7789
0 (신생아)	15.60	1.1931	3	5.14	0.7110
1	10.11	1.0048	3	6.90	0.8388
1	11.38	1.0561	3	6.77	0.8306
1	10.28	1.0120	4	4.86	0.6866
1	8.96	0.9523	4	5.10	0.7076
1	8.59	0.9340	4	5.67	0.7536
2	9.83	0.9926	4	5.75	0.7597
2	9.00	0.9542	4	6.23	0.7945
2	8.65	0.9370			

풀이

[R 프로그램 4.15] 변수변환을 이용한 보정

```
x = c(0,0,0,0,0,1,1,1,1,1,2,2,2,2,2,3,3,3,3,3,4,4,4,4,4)
y = c(13.44,12.84,11.91,20.09,15.60,10.11,11.38,10.28,8.96,8.59,9.83,9.00,
      8.65,7.85,8.88,7.94,6.01,5.14,6.90,6.77,4.86,5.10,5.67,5.75,6.23)
par(mfrow=c(2,2))
plot(x, y, main="(a) 변환전 산점도", xlab="신생아 나이", ylab="혈장수준")
plot(x, log(y), main="(b) 변환후 산점도", xlab="신생아 나이", ylab="log(혈장수준)")
```

```
fit=lm(log(y)~x); abline(fit); e=residuals(fit)
plot(x, e, main="(c) 변환후 잔차도",xlab="신생아 나이", ylab="잔차")
qqnorm(e,  main="(d) 변환후 정규 Q-Q 그림")
  qqline(e)
```

- [그림 4.27]의 산점도 (a)에서 원자료에 적합한 회귀모형은 직선보다는 곡선형태가 더 적절해 보임을 알 수 있으며, 각 x 값에서 관측값들은 나이가 많을 때보다도 나이가 적을 때가 더 변화가 심한 경향을 나타내고 있어 직선모형에 대한 가정과 오차의 등분산성에 대한 가정이 의문시되고 있다.
- 원자료를 $Y' = \log_{10} Y$ 로 변환한 후의 산점도 즉, [그림 2.27]의 (b)로부터 log 변환을 통해 선형모형과 등분산성에 대한 가정이 어느 정도 개선되었음을 알 수 있다. 또한 [그림 2.27]의 잔차도 (c)와 정규 Q-Q 그림 (d)로부터 등분산성과 정규성의 가정이 대체로 만족됨을 알 수 있다. 자료를 변환시켰을 때와 변환시키지 않았을 때의 회귀모형에 대한 적합 정도를 비교하여 본 결과, 결정계수값은 0.7532에서 0.8535로 향상되어 자료의 변환이 바람직했음을 알 수 있다.

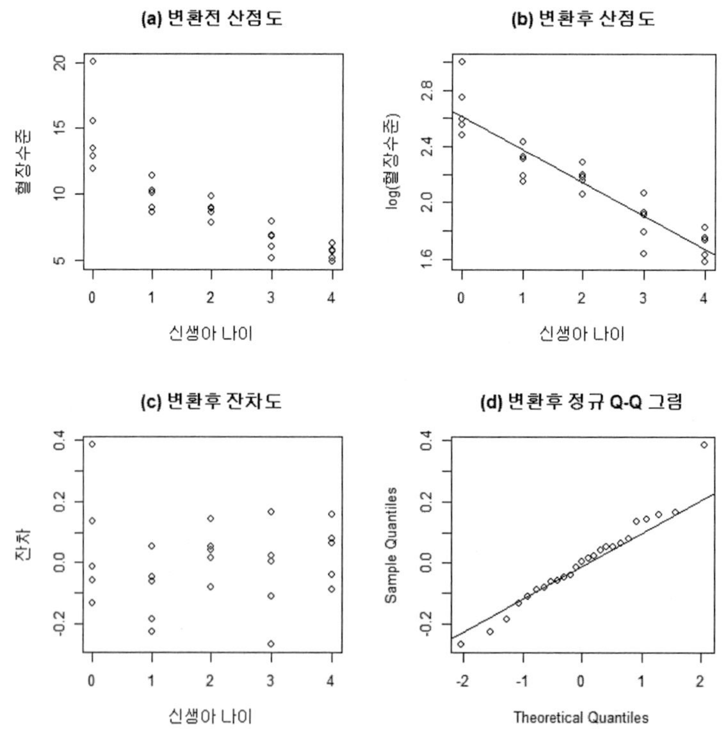

[그림 4.27] 산점도, 잔차도, 정규 Q-Q 그림 (R 프로그램 4.15)

연습문제

01 농작물 실험에서 생산량이 수확 시기에 따라 어떻게 변화하는지에 대한 연구에서 아래와 같은 결과를 얻었다고 한다. 이때 산점도를 그리고, 상관계수를 구하여라. 여기서 x는 꽃이 피어 수확할 때까지의 기간(단위 : 일), y는 쌀의 수확량(단위 : 헥타르당 kg)을 각각 나타낸다.

x	y	x	y	x	y	x	y
16	2508	24	3057	32	3823	40	3517
18	2518	26	3190	34	3646	42	3214
20	3304	28	3500	36	3708	44	3103
22	3423	30	3883	38	3333	46	2776

02 각성제의 사용량과 각성제를 투여 받은 실험자가 청각신호에 반응하는데 걸리는 시간 사이의 관계를 연구하는 실험에서 다음과 같은 자료를 얻었다. 각성제의 사용량과 반응시간 사이에 직선적인 관계가 있는지 없는지를 유의수준 $\alpha = 0.10$로 검정하여라.

사용량(mg)	1	3	4	7	9	12	13	14
반응시간(초)	2.5	2.4	2.1	2.3	1.2	2.2	2.6	4.2

03 S대학교에서는 대학입학 성적(고교내신 + 수학능력시험 + 논술고사의 점수)이 입학 후의 성적과는 어떠한 관계를 가지고 있는지를 분석하기 위하여 4학년 학생 중에서 8명을 랜덤으로 추출하여 다음과 같은 자료를 얻었다(여기서 입학 후의 성적은 대학 3년 동안 학생들이 수강한 과목들의 GPA 평균을 나타낸다). 자료에 적합한 회귀직선식을 추정하고, 결정계수를 구하여라.

입학시의 성적	480	490	510	510	530	550	610	640
입학후의 성적	2.7	2.9	3.3	2.9	3.1	3.0	3.2	3.7

04 어떤 회사에서는 광고비와 판매액 사이의 관계를 분석하기 위하여 5개 대리점으로부터 다음과 같은 결과를 얻었다(단위 : 만원). 광고비를 설명변수(X), 판매액을 반응변수(Y)로 하여 다음 물음에 답하여라.

광고비	600	400	800	200	500
판매액	5000	4000	7000	3000	6000

(1) 최소제곱법을 사용하여 적합된 회귀식을 추정하여라.

(2) 결정계수 R^2 을 구하고, 그 의미를 설명하여라.

(3) 광고비를 70만원으로 할 경우 예상되는 판매액은 얼마인가?

(4) 가설 $H_0: \beta_1 = 0$, $H_1: \beta_1 \neq 0$ 에 대한 검정을 유의수준 $\alpha = 0.05$ 에서 하여라.

05 S백화점의 영업부에서는 백화점을 방문하는 고객 수와 매출액 사이의 관계를 분석하기 위하여 10일 동안 조사한 결과 다음과 같은 자료를 얻었다. 고객 수를 설명변수(X), 매출액을 반응변수(Y)로 하여 다음 물음에 답하여라.

고객수(백명)	71	82	111	85	89	110	111	121	129	132
매출액(십만원)	250	280	301	325	328	390	410	420	450	475

(1) 적합된 직선회귀식을 추정하여라.

(2) 추정된 직선회귀식이 유의한지를 유의수준 $\alpha = 0.10$ 에서 검정하여라.

06 어떤 공장에서 매달 물소비량(Y), 평균온도(X_1), 작업일수(X_2), 작업량(X_3)에 대하여 조사한 결과가 아래와 같다. 다음 물음에 답하여라.

물소비량(1,000톤)	평균온도(℃)	작일일수(일)	작업량(1,000톤)
2.8	10	27	64
3.9	24	26	72
3.9	25	28	80
4.4	28	26	88
3.1	15	30	81
3.1	18	24	45
3.5	22	27	46
3.6	22	25	69
3.0	12	27	54
3.3	15	25	39

(1) 회귀모형을 $Y = \beta_0 + \beta_1 x_1 + \beta_2 x_2 + \beta_3 x_3 + \epsilon$ 로 가정하여 적합된 회귀식을 추정하여라.

(2) 분산분석표를 작성하고, 이로부터 가정된 회귀모형이 적절한지의 여부를 유의수준 $\alpha = 0.05$ 에서 검정하여라.

(3) 결정계수 R^2 을 구하여라.

(4) 평균온도가 20℃ 이고 작업일수가 30일, 작업량이 70톤일 때 월 평균 물소비량이 얼마일지를 예측하여라.

07 어느 의료센터에서는 마취제 투여량과 마취가 풀리는데 걸리는 시간 사이의 관계를 알아보기 위하여 남자와 여자 각 10명씩을 랜덤으로 추출하여 실험한 결과, 다음과 같은 자료를 얻었다. 마취제 투여량을 설명변수 X_1으로, 성별을 X_2로, 그리고 마취가 풀리는 시간을 반응변수 Y로 하여 다음 물음에 답하여라.

남 자		여 자	
투여량(mg)	시간(분)	투여량(mg)	시간(분)
1.0	8.0	1.0	6.0
1.5	8.0	1.5	6.5
2.0	8.5	2.0	5.5
2.5	8.0	2.5	7.0
3.0	8.0	3.0	6.5
3.5	10.5	3.5	8.0
4.0	10.0	4.0	8.5
4.5	12.5	4.5	8.5
5.0	15.5	5.0	10.0
5.5	16.0	5.5	10.5

(1) 중선형 회귀모형

$$Y = \beta_0 + \beta_1 x_1 + \beta_2 x_2 + \epsilon, \quad \text{여기서 } X_2 = \begin{cases} 0 : \text{여자} \\ 1 : \text{남자} \end{cases}$$

을 적합시켜 회귀식을 추정하여라.

(2) 남자 및 여자에 대한 회귀식을 각각 추정하여라.

(3) 중선형 회귀모형 $Y = \beta_0 + \beta_1 x_1 + \beta_2 x_2 + \beta_3 x_1 x_2 + \epsilon$을 적합시키고 교호작용 항 $(x_1 x_2)$을 포함하는 것이 바람직한지의 여부를 유의수준 $\alpha = 0.05$에서 판단하여라.

08 다음은 어느 자동차 회사에서 지역별로 자회사 대리점에 한달 동안 방문하는 고객 수, 경쟁 대리점의 수, 영업 직원 수에 따라 월간 매출액을 조사한 결과이다.

매출액(Y)	고객수(X_1)	대리점수(X_2)	직원수(X_3)
58	29	7	10
179	53	5	8
142	65	9	11
179	48	4	18
125	36	5	17

매출액(Y)	고객수(X_1)	대리점수(X_2)	직원수(X_3)
157	69	9	19
100	28	9	10
271	54	2	12
139	40	5	6
318	71	2	18
148	58	8	9
65	42	9	14
217	48	3	8
86	37	7	6
134	53	7	6

(1) 고객수, 대리점수, 직원수들 간의 상관계수를 구하여라.

(2) 중선형 회귀모형 $Y = \beta_0 + \beta_1 x_1 + \beta_2 x_2 + \beta_3 x_3 + \epsilon$ 을 적합시켜 회귀식을 추정하고, 모형의 적절성 여부에 대하여 유의수준 $\alpha = 0.05$ 로 검정하여라.

(3) 각 회귀계수에 대한 검정을 통하여 가장 적합한 중선형 회귀식을 추정하고, 이때의 결정계수값을 계산하여 축소되기 이전의 결정계수값과 비교하여 보아라.

09 R 프로그램의 HistData 패키지에 $Galton$ 이라는 이름으로 내장되어 있는 갈톤의 자료를 이용하여 부모의 키(X)로부터 자식의 키(Y)를 예측하는 회귀직선을 추정하고, 적합된 회귀식의 의미를 설명하여라.

10 R 프로그램의 $cats$ 자료는 집 고양이의 몸무게와 심장 무게를 측정한 것으로 R에서는 MASS 패키지에 $cats$ 라는 이름으로 제공되고 있다. 설명변수를 고양이의 몸무게(X: Bwt)로, 반응변수를 심장의 무게(Y: Hwt)로 하여 다음 물음에 답하여라.

(1) 단순선형 회귀모형 $Y = \beta_0 + \beta_1 x + \epsilon$ 을 적합시켜 회귀식을 추정하고, 산점도 상에 회귀식을 그려라.

(2) 가설 $H_0 : \beta_1 = 0$, $H_1 : \beta_1 \neq 0$ 에 대한 검정을 유의수준 $\alpha = 0.05$ 에서 하여라.

(3) 잔차분석을 통하여 오차항에 대한 가정을 검토하여라.

11 Motor Trend Car Road Tests 자료는 1974년 미국의 자동차 잡지 Motor Trend에서 차량에 대한 정보를 수집한 것으로 R프로그램에서는 $mtcars$ 라는 이름으로 내장되어 있다. $mtcars$ 자료의 11개의 변수 중에서 실린더 개수(X_1 : cyl), 배기량(X_2 : disp), 마력(X_3: hp), 무게(X_4 : wt), 1/4mile을 주파하는 속도(X_5 : qsec)를 설명변수로 하고 연비(Y: mpg)를 반응변

수로 하는 다중선형 회귀모형을 적합 시키고자 한다. 다음 물음에 답하여라.

(1) 다중선형 회귀모형 $Y = \beta_0 + \beta_1 x + \cdots + \beta_5 x_5 + \epsilon$ 을 적합시켜 회귀식을 추정하고, 모형의 유의성을 유의수준 $\alpha = 0.05$ 에서 검정 하여라.

(2) 가설 $H_0 : \beta_4 = 0$, $H_1 : \beta_4 \neq 0$ 에 대한 검정을 유의수준 $\alpha = 0.05$ 에서 하여라.

(3) 설명변수들 간의 상관계수와 분산팽창인자를 조사하여 다중공선성의 존재를 판단 하여라.

제 5 장

범주형 자료 분석

어떤 현상에 대한 조사나 또는 실험을 통하여 얻은 관측값들을 그 범주에 따라 분류시켜 도수화한 자료를 범주형 자료(categorical data)라고 한다. 범주형 자료의 대표적인 예로는 관측값들을 성별 또는 학력에 따라 분류한 것이라든지, 학교 내 행사에서 학생들의 참여도를 학년별 또는 과별로 분류하여 얻은 것들을 들 수 있다.

범주형 자료의 분석은 일반적으로 관측된 결과가 가정된 확률모형을 따르고 있는지를 확인하는 적합도 검정(goodness of fit test)과 서로 다른 두 속성이 서로 연관성이 있는지를 분석하는 독립성 검정(test of independence), 그리고 관측값들이 정해진 범주내에서 서로 비슷하게 나타나고 있는지를 판단하는 동질성 검정(test of homogeneity) 등으로 구분되어진다. 여기서는 범주형 자료의 분석에서 기초가 되는 다항분포에 대하여 먼저 알아본 후 세 가지 검정법에 대하여 살펴보기로 한다.

5.1 다항분포

1장에서 이항 확률변수는 성공 또는 실패와 같이 오직 두 가지의 결과만을 가지는 베르누이시행을 독립적으로 반복할 때 나타나는 성공의 횟수로 표현되었다. 여기서 베르누이 시행은 한 번의 시행에서 나타날 수 있는 결과가 k 개 중에서 하나인 다항시행(multinomial trial)으로 일반화될 수 있으며, 같은 맥락에서 이항분포는 다항분포(multinomial distribution)로 확장될 수 있다.

한 번의 다항시행에서 k 개의 서로 배반인 사건 $A_i(i=1,\cdots,k)$중에서 i 번째 사건 A_i가 일어날 확률을 $P(A_i)=p_i$ 라고 하자. 이제 n 번의 서로 독립인 다항시행을 반복할 때 사건 A_i 가 일어날 횟수를 X_i 라고 하면, 확률변수 $X_1, X_2, \cdots, X_k$ 의 결합확률질량함수는

$$
\begin{aligned}
f(x_1, x_2, \cdots, x_k) &= P(X_1 = x_1, X_2 = x_2, \cdots, X_k = x_k) \\
&= \frac{n!}{x_1! x_2! \cdots\ x_k!} p_1^{x_1} p_2^{x_2} \cdots\ p_k^{x_k}
\end{aligned}
\tag{5.1}
$$

이 된다.

정의 5.1 다항분포(multinomial distribution)

사건 A_i가 일어날 확률이 $P(A_i) = p_i$인 다항시행을 n번 독립적으로 반복 시행할 때, i번째 사건 A_i가 일어나는 횟수를 $X_i(i = 1, 2, \cdots, k)$라고 하면, 확률벡터 $(X_1, X_2, \cdots, X_k)^T$의 결합확률질량함수는 다음과 같다.

$$f(x_1, x_2, \cdots, x_k) = P(X_1 = x_1, X_2 = x_2, \cdots, X_k = x_k) = \frac{n!}{x_1!\, x_2! \cdots\ x_k!} p_1^{x_1} p_2^{x_2} \cdots\ p_k^{x_k}$$

(단, $\sum_{i=1}^{k} p_i = 1$ 이며, x_i는 $0 \le x_i \le n$, $\sum_{i=1}^{k} x_i = n$을 만족하는 정수임)

이때 확률벡터 $(X_1, X_2, \cdots, X_k)^T$는 '모수가 $(n, p_1, \cdots, p_k)$인 다항분포를 따른다'라고 하며, $(X_1, X_2, \cdots, X_k)^T \sim M(n, p_1, p_2, \cdots, p_k)$로 표기한다.

서로 독립인 n번의 다항시행에서 i번째 사건 A_i가 일어나면 성공으로 보고 그 외의 사건이 일어나면 모두 실패로 간주하면, 확률변수 X_i는 이항분포 $B(n, p_i)$를 따르게 된다. 즉, $(X_1, X_2, \cdots, X_k)^T \sim M(n, p_1, p_2, \cdots, p_k)$일 때 X_i의 주변확률질량함수는 이항분포 $B(n, p_i)$가 된다. 따라서 1장의 정리 1.9로 부터

$$E(X_i) = np_i,\ \ Var(X_i) = np_i(1 - p_i) \tag{5.2}$$

임을 알 수 있다.

정리 5.1 다항분포의 평균과 분산

확률벡터 $(X_1, X_2, \cdots, X_k)^T$가 모수가 $(n, p_1, \cdots, p_k)$인 다항분포를 따를 때, $E(X_i) = np_i$이고 $Var(X_i) = np_i(1 - p_i)$, $Cov(X_i, X_j) = -np_i p_j\, (i \ne j)$이다.

또한 중심극한정리를 이용하여 정리 5.2와 같은 다항분포의 성질을 유도할 수 있으며, 이는 다항분포에 근거한 범주형 자료의 분석에서 가장 중요하게 사용된다.

정리 5.2 다항분포의 성질

확률벡터 $(X_1, X_2, \cdots, X_k)^T$ 가 모수가 $(n, p_1, \cdots, p_k)$ 인 다항분포를 따를 때, n 이 충분히 크면 확률변량

$$\sum_{i=1}^{k} \frac{(X_i - np_i)^2}{np_i}$$

은 자유도가 $(k-1)$ 인 카이제곱분포를 근사적으로 따른다[1]. 즉,

$$\sum_{i=1}^{k} \frac{(X_i - np_i)^2}{np_i} \ \dot{\sim}\ \chi^2(k-1) \text{이다.}$$

5.2 적합도 검정

적합도 검정은 k 개의 범주를 가지는 다항분포로부터 관측된 결과가 이론적으로 기대할 수 있는 결과와 일치하는지의 여부를 판단하는 검정법이다. 즉 적합도 검정이란 각 범주가 일어날 확률을 p_1, p_2, $\cdots$, p_k 라고 가정할 때, 실제 관측도수 $X_1, X_2, \cdots, X_k$ 와 기대되는 도수 $E(X_1), E(X_2), \cdots, E(X_k)$ 의 차이를 비교하여 가정된 확률모형이 적합한지의 여부를 판단하는 검정방법을 말한다. 따라서 적합도 검정의 자료구조는 <표 5.1>과 같이 주어진다.

〈표 5.1〉 적합도 검정의 자료구조

범주	A_1	A_2	$\cdots$	A_k	계
관측도수	X_1	X_2	$\cdots$	X_k	n
미지의 확률	p_1	p_2	$\cdots$	p_k	1

적합도 검정을 위한 귀무 및 대립가설은

1) 정리 5.2의 근사분포는 일반적으로 $np_i > 5(i = 1, 2, \cdots, k)$ 일 때 적용하는 것이 좋은 것으로 알려져 있다.

$$H_0 : p_1 = p_{10},\ p_2 = p_{20},\ \cdots,\ p_k = p_{k0}$$
$$H_1 : \text{적어도 하나의 } p_i \text{는 가정된 값 } p_{i0} \text{와 다르다} \tag{5.3}$$

와 같으며, 검정통계량으로는

$$X_0^2 = \sum_{i=1}^{k} \frac{(X_i - np_{i0})^2}{np_{i0}} = \sum_{i=1}^{k} \frac{(O_i - E_i)^2}{E_i} \tag{5.4}$$

가 사용된다. 여기서 $O_i = X_i$ 및 $E_i = np_{i0}$는 각각 관측도수와 기대도수를 의미한다. 정리 5.2로부터 검정통계량 X_0^2은 귀무가설 H_0이 참이라는 가정하에 근사적으로 자유도가 $k-1$인 카이제곱분포를 따르는 것을 알 수 있다. 관측된 자료로부터 계산된 검정통계량 X_0^2의 값을 χ_0^{2*}라고 할 때 관측도수와 기대도수가 완전히 일치하게 된다면 χ_0^{2*}의 값은 0이 될 것이며, 관측도수와 기대도수의 차이가 클수록 χ_0^{2*}의 값은 크게 될 것이다. 따라서 유의수준 α에서 검정통계량 X_0^2의 관측값 χ_0^{2*}가 $\chi_0^{2*} \geq \chi_\alpha^2(k-1)$이거나 p-값 $= P(X_0^2 \geq \chi_0^{2*}) < \alpha$이면 귀무가설 H_0를 기각하고, 그렇지 않으면 H_0를 채택하게 된다.

[적합도 검정]

k개의 범주를 가지는 다항분포에 대한 귀무가설과 대립가설이 각각

$$H_0 : p_1 = p_{10},\ p_2 = p_{20},\ \cdots,\ p_k = p_{k0},\quad H_1 : H_0 \text{가 아니다.}$$

로 주어질 때, 검정통계량

$$X_0^2 = \sum_{i=1}^{k} \frac{(X_i - np_{i0})^2}{np_{i0}} = \sum_{i=1}^{k} \frac{(O_i - E_i)^2}{E_i} \ \dot{\sim}\ \chi^2(k-1)$$

을 이용한 기각역과 p-값은 다음과 같다.

- 유의수준 α에서의 기각역 : $\chi_0^2 \geq \chi_\alpha^2(k-1)$
- 검정통계량 X_0^2의 관측값 χ_0^{2*}에 대한 p-값 : $p-$값 $= P(X_0^2 \geq \chi_0^{2*})$
- 유의수준 α에서의 검정방법 : 표본으로부터 계산된 검정통계량의 관측값 χ_0^{2*}가

$\chi_0^{2*} \geq \chi_\alpha^2(k-1)$ 또는 $p-$값 $= P(X_0^2 \geq \chi_0^{2*}) < \alpha$이면 H_0를 기각

$\chi_0^{2*} < \chi_\alpha^2(k-1)$ 또는 $p-$값 $= P(X_0^2 \geq \chi_0^{2*}) \geq \alpha$이면 H_0를 채택

위의 적합도 검정에 사용되는 검정통계량 X_0^2은 n이 충분히 클 때 카이제곱분포에 근사하기 때문에 가능한 각 범주의 관측도수가 5이상인 경우에 사용하는 것이 바람직하다. 따라서 관측도수가 5미만인 범주가 있을 경우에는 5이상이 되도록 인접한 범주와 합한 후에 검정을 실시해야 한다.

예제 5.1 L유전학자는 어떤 식물의 교배에 대한 유전의 이론적 모형으로서 잡종비율을 $A:B:C=1:2:3$이라고 주장하였다. 이를 확인하기 위하여 두 식물의 교배로 나타난 90그루의 식물을 조사하였더니 A형 18그루, B형 44그루, C형 28이었다. 이러한 결과는 L유전학자의 주장이 옳다고 할 수 있는 근거가 될 수 있는지를 유의수준 $\alpha=0.05$에서 검정하여라.

풀이

귀무 및 대립가설은 다음과 같이 설정된다.

$$H_0: p_1=\frac{1}{6},\ p_2=\frac{2}{6},\ p_3=\frac{3}{6},\quad H_1: H_0\text{가 아니다.}$$

먼저 귀무가설 H_0이 참일 때 기대도수를 계산하면

$$E_1=90\times\frac{1}{6}=15,\ E_2=90\times\frac{2}{6}=30,\ E_3=90\times\frac{3}{6}=45\text{이다.}$$

따라서 검정통계량의 관측값은 다음과 같이 계산된다.

$$\chi_0^{2*}=\sum_{i=1}^{3}\frac{(O_i-E_i)^2}{E_i}=\frac{(18-15)^2}{15}+\frac{(44-30)^2}{30}+\frac{(28-45)^2}{45}$$
$$=13.555$$

검정통계량의 관측값 $\chi_0^{2*}=13.555>\chi_{0.05}^2(2)=5.99$(이때의 $p-$값은 $P(X_0^2\geq 13.555)=0.0011$)으로 기각역에 포함되므로 귀무가설 H_0는 기각된다. 따라서 "L유전학자의 주장은 옳다"고 할 수 없다.

R 실습 5.1 [예제 5.1]의 적합도 검정을 R 프로그램을 이용하여 시행하여라.

풀이

[R 프로그램 5.1] 적합도 검정

```
obs=c(18, 44, 28)
null.p=c(1/6, 2/6, 3/6)
chisq.test(x=obs, p=null.p)
```

- 전체 90그루의 식물에 대한 각 범주별 관측값을 obs라는 변수명으로 저장하고, 귀무가설에 대한 각 범주별 확률을 $null.p$라는 변수명으로 저장하였다.
- 적합도 검정을 위해서 R에서 제공하는 chisq.test() 함수를 이용할 수 있으며, 그 사용형식은 chisq.test(x, p)와 같다. 여기서 x에는 실제 관찰도수를, p에는 각 범주별 확률을 벡터형태로 입력하면 된다.
- 적합도 검정의 결과는 [그림 5.1]에 주어져 있으며, 이러한 결과는 예제 5.1과 동일함을 알 수 있다.

```
R Console
> obs=c(18, 44, 28)
> null.p=c(1/6, 2/6, 3/6)
> chisq.test(x=obs, p=null.p)

        Chi-squared test for given probabilities

data:  obs
X-squared = 13.5556, df = 2, p-value = 0.001139

> |
```

[그림 5.1] 적합도 검정 결과 (R 프로그램 5.1)

5.3 독립성 검정

적합도 검정에서는 하나의 변수로부터 관측된 자료를 k개의 범주로 분류한 후 관측값들이 가정된 확률모형을 따른다고 할 수 있는지를 판단한다. 여기에서는 두 개의 변수(변수 Ⅰ과 변수 Ⅱ)를 고려하여 자료를 분류한 후, 두 분류변수가 서로 연관성이 있는지에 대한 가설검정을 살펴보기로 하겠다. 예를 들어, 어떤 대학생들의 일일 공부시간을 세 범주(2시간 미만, 2시간 이상~4시간 미만, 4시간 이상)로 구분하여 조사한 후 이를 다시 학년을 고려하여 자료를 분류할 수 있을 것이다. 그리고 이렇게 분류된 자료를 이용하여 두 분류변수 즉, 공부시간과 학년 사이에 서로 관련성이 있는지를 조사할 수 있는 것이다.

n개의 서로 독립인 실험대상을 분류하는 변수 Ⅰ은 r개, 변수 Ⅱ는 c개의 범주를 가진다고 하자. 이때 확률변수 $X_{ij}\,(i=1,2,\cdots,r;\, j=1,2,\cdots,c)$를 변수 Ⅰ의 i번째와 변수 Ⅱ의 j번째 범주에 해당하는 도수(발생횟수)라고 하면, 독립성 검정을 위한 자료구조는 <표 5.2>와 같은 $r \times c$ 분할표(contingency table)로 정리할 수 있다. 여기서 $X_{i.} = \sum_{j=1}^{c} X_{ij}$,

$X_{.j} = \sum_{i=1}^{r} X_{ij}$, $n = \sum_{i=1}^{r}\sum_{j=1}^{c} X_{ij}$ 이다.

〈표 5.2〉 독립성 검정의 자료구조($r \times c$분할표)

변수 Ⅱ / 변수 Ⅰ	B_1	B_2	$\cdots$	B_c	계
A_1	X_{11}	X_{12}	$\cdots$	X_{1c}	$X_{1.}$
A_2	X_{21}	X_{22}	$\cdots$	X_{2c}	$X_{2.}$
$\vdots$	$\vdots$	$\vdots$	$\vdots$	$\vdots$	$\vdots$
A_r	X_{r1}	X_{r2}	$\cdots$	X_{rc}	$X_{r.}$
계	$X_{.1}$	$X_{.2}$	$\cdots$	$X_{.c}$	n

이제 한 실험대상이 변수 Ⅰ의 i번째와 변수 Ⅱ의 j번째 범주에 속할 확률을

$$p_{ij} = P\ (\text{한 실험대상이 범주}\ A_i \text{와}\ B_j \text{에 동시에 속할 확률}) \tag{5.5}$$

라고 하면, 확률벡터 $(X_{11}, \cdots, X_{1c}, X_{21}, \cdots, X_{rc})^T$는 모수가 $(n, p_{11}, \cdots, p_{1c}, p_{21}, \cdots, p_{rc})$인 다항분포를 따르게 되므로, 정리 5.2에 의해 확률변량

$$\sum_{i=1}^{r}\sum_{j=1}^{c} \frac{(X_{ij} - np_{ij})^2}{np_{ij}} \tag{5.6}$$

는 자유도가 $(rc-1)$인 카이제곱분포를 근사적으로 따른다. 여기서 한 실험대상이 각 범주에 속할 확률을

$$\begin{aligned} p_{i.} &= \sum_{j=1}^{c} p_{ij} = P(\text{한 실험대상이 범주}\ A_i\text{에 속할 확률}) \\ p_{.j} &= \sum_{i=1}^{r} p_{ij} = P(\text{한 실험대상이 범주}\ B_j\text{에 속할 확률}) \end{aligned} \tag{5.7}$$

라고 표기하면, 두 분류변수의 독립성 여부는 통계적 가설

$$H_0 : p_{ij} = p_{i.}\, p_{.j} \quad (i = 1, \cdots, r; j = 1, \cdots, c), \qquad H_1 : H_0 \text{가 아니다.} \tag{5.8}$$

로 표현할 수 있다. 따라서 귀무가설 하에서 식 (5.6)의 확률변량은

$$\sum_{i=1}^{r}\sum_{j=1}^{c}\frac{(X_{ij}-np_{i.}p_{.j})^2}{np_{i.}p_{.j}} \tag{5.9}$$

으로 나타낼 수 있다. 이때 $p_{i.}$과 $p_{.j}$의 추정량으로 각각

$$\hat{p}_{i.}=\frac{\sum_{j=1}^{c}X_{ij}}{n}=\frac{X_{i.}}{n},\ \hat{p}_{.j}=\frac{\sum_{i=1}^{r}X_{ij}}{n}=\frac{X_{.j}}{n} \tag{5.10}$$

을 이용하면, 독립성 검정에서

$$X_0^2=\sum_{i=1}^{r}\sum_{j=1}^{c}\frac{(X_{ij}-n\hat{p}_{i.}\hat{p}_{.j})^2}{n\hat{p}_{i.}\hat{p}_{.j}}=\sum_{i=1}^{r}\sum_{j=1}^{c}\frac{(O_{ij}-\hat{E}_{ij})^2}{\hat{E}_{ij}},\ \text{여기서 } \hat{E}_{ij}=n\hat{p}_{i.}\hat{p}_{.j} \tag{5.11}$$

을 검정통계량으로 사용할 수 있다. 여기서

$$\sum_{i=1}^{r}\hat{p}_{i.}=1,\ \sum_{j=1}^{r}\hat{p}_{.j}=1 \tag{5.12}$$

의 제한조건으로 $(r-1)+(c-1)$개의 모수 추정이 필요하므로 검정통계량 (5.11)은 자유도가

$$(rc-1)-\{(r-1)+(c-1)\}=(r-1)(c-1) \tag{5.13}$$

인 카이제곱분포를 근사적으로 따른다. 이상을 요약하면 독립성 검정은 다음과 같다.

[독립성 검정]

두 변수의 독립성 검정에 대한 귀무가설과 대립가설이 각각

$$H_0:\ p_{ij}=p_{i.}\,p_{.j}\ \ (i=1,\cdots,r;\, j=1,\cdots,c),\quad H_1:\ H_0\text{가 아니다.}$$

로 주어질 때, 검정통계량

$$X_0^2=\sum_{i=1}^{r}\sum_{j=1}^{c}\frac{(X_{ij}-n\hat{p}_{i.}\hat{p}_{.j})^2}{n\hat{p}_{i.}\hat{p}_{.j}}=\sum_{i=1}^{r}\sum_{j=1}^{c}\frac{(O_{ij}-\hat{E}_{ij})^2}{\hat{E}_{ij}}\ \dot{\sim}\ \chi^2((r-1)(c-1))$$

을 이용한 기각역과 p-값은 다음과 같다.

- 유의수준 α에서의 기각역 : $\chi_0^2 \geq \chi_\alpha^2((r-1)(c-1))$
- 검정통계량 X_0^2의 관측값 χ_0^{2*}에 대한 p-값 : $p-$값 $= P(X_0^2 \geq \chi_0^{2*})$
- 유의수준 α에서의 검정방법 : 표본으로부터 계산된 검정통계량의 관측값 χ_0^{2*}가

  $\chi_0^{2*} \geq \chi_\alpha^2((r-1)(c-1))$ 또는 $p-$값 $= P(X_0^2 \geq \chi_0^{2*}) < \alpha$이면 H_0를 기각

  $\chi_0^{2*} < \chi_\alpha^2((r-1)(c-1))$ 또는 $p-$값 $= P(X_0^2 \geq \chi_0^{2*}) \geq \alpha$이면 H_0를 채택

예제 5.2 혈압은 심장질환의 원인이 되는 것으로 알려져 있다. 이에 S의대의 K교수는 아버지의 혈압과 자녀의 혈압 간에 유전적인 관련성이 있는지를 조사하여 심장질환 예방과 관련된 방안을 연구하고자 한다. 이를 위해 K교수는 100명의 초등학생을 랜덤으로 추출하여 이들의 아버지의 혈압과 함께 측정하여 아래와 같은 분할표를 얻었다. 아버지 혈압과 자녀의 혈압 간에 관련성이 있는지를 유의수준 $\alpha = 0.05$에서 검정하여라.

자녀 \ 아버지	저혈압	정상	고혈압	계
저혈압	14	11	8	33
정상	11	12	11	34
고혈압	10	11	12	33
계	35	34	31	100

풀이

귀무 및 대립가설은 각각

H_0 : 아버지 혈압과 자녀의 혈압은 서로 독립이다.

H_1 : 아버지 혈압과 자녀의 혈압간에는 서로 관련이 있다.

와 같이 설정된다. 각 범주에서의 기대도수를 추정하면

$$\widehat{E_{11}} = \frac{33 \times 35}{100} = 11.55,\ \widehat{E_{12}} = \frac{33 \times 34}{100} = 11.22,\ \cdots,\ \widehat{E_{33}} = \frac{33 \times 31}{100} = 10.23$$

으로 구해진다. 따라서 검정통계량의 관측값은

$$\chi_0^{2*} = \frac{(14-11.55)^2}{11.55} + \frac{(11-11.22)^2}{11.22} + \cdots + \frac{(12-10.23)^2}{10.23} = 1.6336$$

으로 계산되고, 이때의 $p-$값은 $P(X_0^2 \geq 1.6336) = 0.8027 > \alpha = 0.05$이므로 귀무가설

H_0를 기각할 수 없다. 즉, “아버지 혈압과 자녀의 혈압간에는 서로 관련이 없다”고 할 수 있다.

R 실습 5.2 [예제 5.2]의 독립성 검정을 R 프로그램을 이용하여 시행하여라.

풀이

[R 프로그램 5.2] 독립성 검정

```
bp.table=rbind(c(14, 11, 8), c(11, 12, 11), c(10, 11, 12))
chisq.test(x=bp.table)
```

- 혈압에 대한 분할표를 *bp.table* 이라는 변수명으로 저장하였다.
- 독립성 검정을 위해서 chisq.test() 함수를 이용할 수 있으며, 그 사용형식은 chisq.test(x)와 같다. 여기서 x에는 관측된 분할표를 행렬형태로 입력하면 된다.
- 독립성 검정의 결과는 [그림 5.2]에 주어져 있으며, 이러한 결과는 예제 5.2와 동일함을 알 수 있다.

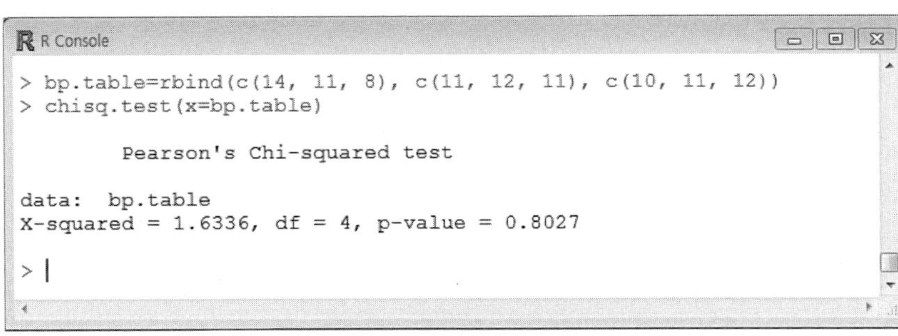

[그림 5.2] 독립성 검정 결과 (R 프로그램 5.2)

5.4 동질성 검정

여기서는 c개의 범주를 가진 하나의 분류변수에 대한 r개의 모집단의 동질성에 대한 가설검정을 살펴보기로 한다. 독립성 검정과 동질성 검정은 검정하고자 하는 내용과 가설의 설정에 있어서 다소 차이가 있다. 즉, 독립성 검정은 두 변수가 서로 독립인지 아닌지에 관심이 있지만 동질성 검정은 r개의 행들이 c개의 열분포에서 균일한 값을 가지는지

즉, 각 열에서 행들의 동질성(homogeneity)을 검정하는 것이다. 그러나 두 검정법의 이러한 차이점은 개념상의 차이일 뿐이며 검정을 하는 방법에 있어서는 동일하다.

독립성의 검정과 동질성의 검정은 표본추출의 방법에 있어서도 차이가 있다. 독립성 검정의 경우 하나의 모집단으로부터 표본을 랜덤하게 추출한 후 추출된 표본을 두 가지 속성(변수)에 따라 분류한다. 반면에 동질성 검정에서는 부(副)모집단(subpopulation)을 먼저 설정한 후, 각각의 부(副)모집단으로부터 일정한 크기의 표본을 랜덤하게 추출하고, 그런 후에 다른 하나의 속성(변수)에 대하여 분류하는 것이다. 예를 들어, 연령층에 따라 어떤 국가정책에 대한 지지도가 동일한지를 검정할 경우 먼저 연령층을 부(副)모집단으로 설정하고, 각 연령층에서 일정한 크기의 표본을 추출하면 되는 것이다. 동질성 검정의 자료구조는 <표 5.3>과 같이 주어진다.

〈표 5.3〉 동질성 검정의 자료구조

부(副)모집단 \ 범주	B_1	B_2	$\cdots$	B_c	표본의 크기
A_1	X_{11}	X_{12}	$\cdots$	X_{1c}	n_1
A_2	X_{21}	X_{22}	$\cdots$	X_{2c}	n_2
$\vdots$	$\vdots$	$\vdots$	$\vdots$	$\vdots$	$\vdots$
A_r	X_{r1}	X_{r2}	$\cdots$	X_{rc}	n_r
계	$X_{.1}$	$X_{.2}$	$\cdots$	$X_{.c}$	n

이제 i 번째 부(副)모집단 A_i에 속하는 한 실험대상이 j 번째 범주 B_j에 속할 확률을

$$p_{ij} = P(\text{부모집단 } A_i \text{에 속하는 한 실험대상이 범주 } B_j \text{에 속할 확률}) \tag{5.14}$$

라고 하면, 확률벡터 $(X_{i1}, \cdots, X_{ic})^T (i = 1, \cdots, r)$는

$$\begin{aligned} (X_{11}, X_{12}, \cdots, X_{1c})^T &\overset{\cdot}{\sim} M(n_1, p_{11}, p_{12}, \cdots, p_{1c}) \\ &\vdots \\ (X_{i1}, X_{i2}, \cdots, X_{ic})^T &\overset{\cdot}{\sim} M(n_i, p_{i1}, p_{i2}, \cdots, p_{ic}) \\ &\vdots \\ (X_{r1}, X_{r2}, \cdots, X_{rc})^T &\overset{\cdot}{\sim} M(n_r, p_{r1}, p_{r2}, \cdots, p_{rc}) \end{aligned} \tag{5.15}$$

와 같이 다항분포를 따르고, 각 부(副)모집단으로부터의 표본이 서로 독립이므로, 정리 5.2

에 의해 확률변량

$$\sum_{i=1}^{r}\sum_{j=1}^{c}\frac{(X_{ij}-n_i\,p_{ij})^2}{n_i\,p_{ij}} \tag{5.16}$$

은 자유도가 $r(c-1)$인 카이제곱분포를 근사적으로 따른다. 동질성 검정은 열분포에서 행들의 동질성을 검정하는 것이므로 동질성 검정을 위한 귀무 및 대립가설은

$$H_0:\ p_{1j}=p_{2j}=\cdots=p_{rj}=p_j,\ j=1,\cdots,c,\ H_1:\ H_0\text{가 아니다.} \tag{5.17}$$

와 같이 표현할 수 있다. 따라서 귀무가설 하에서 식 (5.16)의 확률변량은

$$\sum_{i=1}^{r}\sum_{j=1}^{c}\frac{(X_{ij}-n_i\,p_j)^2}{n_i\,p_j} \tag{5.18}$$

으로 나타낼 수 있다. 이때 p_j의 추정량으로

$$\hat{p}_j=\frac{\sum_{i=1}^{r}X_{ij}}{n}=\frac{X_{\cdot j}}{n} \tag{5.19}$$

을 이용하면, 동질성 검정에서

$$X_0^2=\sum_{i=1}^{r}\sum_{j=1}^{c}\frac{(X_{ij}-n_i\hat{p}_j)^2}{n_i\hat{p}_j}=\sum_{i=1}^{r}\sum_{j=1}^{c}\frac{(O_{ij}-\hat{E}_{ij})^2}{\hat{E}_{ij}},\ \text{여기서}\ \hat{E}_{ij}=n_i\hat{p}_j \tag{5.20}$$

을 검정통계량으로 사용할 수 있다. 여기서

$$\sum_{j=1}^{c}\hat{p}_j=1 \tag{5.12}$$

의 제한조건으로 $(c-1)$개의 모수 추정이 필요하므로 검정통계량 (5.20)은 자유도가

$$r(c-1)-(c-1)=(r-1)(c-1) \tag{5.12}$$

인 카이제곱분포를 근사적으로 따른다. 이상을 요약하면 동질성 검정은 다음과 같다.

[동질성 검정]

c개의 범주를 가진 하나의 분류변수에 대한 r개의 부모집단의 동질성 검정을 위한 귀무가설과 대립가설이 각각

$$H_0: \ p_{1j} = p_{2j} = \cdots = p_{rj} = p_j, \ j = 1, \cdots, c, \ H_1: \ H_0\text{가 아니다.}$$

로 주어질 때, 검정통계량

$$X_0^2 = \sum_{i=1}^{r}\sum_{j=1}^{c} \frac{(X_{ij} - n_i \hat{p}_j)^2}{n\hat{p}_j} = \sum_{i=1}^{r}\sum_{j=1}^{c} \frac{(O_{ij} - \hat{E}_{ij})^2}{\hat{E}_{ij}} \overset{\cdot}{\sim} \chi^2((r-1)(c-1))$$

을 이용한 기각역과 p-값은 다음과 같다.

- 유의수준 α에서의 기각역 : $\chi_0^2 \ge \chi_\alpha^2((r-1)(c-1))$
- 검정통계량 X_0^2의 관측값 χ_0^{2*}에 대한 p-값 : $p-$값 $= P(X_0^2 \ge \chi_0^{2*})$
- 유의수준 α에서의 검정방법 : 표본으로부터 계산된 검정통계량의 관측값 χ_0^{2*}가

  $\chi_0^{2*} \ge \chi_\alpha^2((r-1)(c-1))$ 또는 $p-$값 $= P(X_0^2 \ge \chi_0^{2*}) < \alpha$이면 H_0를 기각

  $\chi_0^{2*} < \chi_\alpha^2((r-1)(c-1))$ 또는 $p-$값 $= P(X_0^2 \ge \chi_0^{2*}) \ge \alpha$이면 H_0를 채택

예제 5.3 연령대별로 3 종류의 TV 프로그램 즉, A(오락), B(드라마), C(뉴스)에 대한 선호도를 조사한 결과가 아래와 같다. 연령대별 TV 프로그램의 선호도가 동일한지를 유의수준 $\alpha = 0.05$에서 검정하여라.

연령	TV 프로그램			계
	A	B	C	
20대	120	30	50	200
30대	10	75	15	100
40대	10	30	60	100
계	140	135	125	400

풀이

귀무 및 대립가설은 다음과 같이 설정된다.

H_0 : 연령대별로 TV 선호도는 동일하다. 또는 $H_0 : p_{1j} = p_{2j} = p_{3j}, \ j = A, B, C$

H_1 : H_0가 아니다.

검정통계량을 계산하면 다음과 같다.

$$\chi_0^{2*} = \sum_{i=1}^{3}\sum_{j=A}^{C}\frac{(O_{ij}-\hat{E}_{ij})^2}{\hat{E}_{ij}} = \frac{\left(120-\frac{200\times 140}{400}\right)^2}{\frac{200\times 140}{400}} + \cdots + \frac{\left(60-\frac{100\times 125}{400}\right)^2}{\frac{100\times 125}{400}}$$

$$= 180.495$$

이때의 $p-$값은 $P(X_0^2 \geq 180.495) = 5.8375\times 10^{-38}$로 유의수준 $\alpha = 0.05$보다 훨씬 작으므로 귀무가설 H_0는 기각된다. 즉 연령대에 따라 TV 프로그램의 선호도는 동일하다고 할 수 없다.

R 실습 5.3 [예제 5.3]의 동질성 검정을 R 프로그램을 이용하여 시행하여라.

풀이

[R 프로그램 5.3] 동질성 검정

```
tv.table=rbind(c(120, 30, 50), c(10, 75, 15), c(10, 30, 60))
chisq.test(x=tv.table)
```

- 동질성 검정을 위한 chisq.test() 함수의 사용법은 R 프로그램 5.2의 독립성 검정과 동일하다.
- 동질성 검정의 결과는 [그림 5.3]에 주어져 있으며, 이러한 결과는 예제 5.3과 동일함을 알 수 있다.

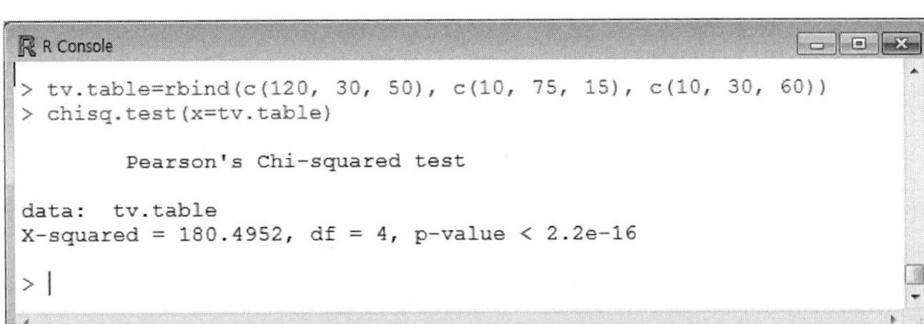

[그림 5.3] 독립성 검정 결과 (R 프로그램 5.3)

연습문제

01 어떤 화초재배 실험에서 초록색 암술머리를 가진 분홍꽃 120개, 빨강색 암술머리를 가진 분홍꽃 48개, 초록색 암술머리를 가진 빨강꽃 36개, 빨강색 암술머리를 가진 빨강꽃 13개를 얻었다고 한다. 멘델의 유전법칙에 의하면 이 비율은 9:3:3:1이다. 이 실험 결과는 멘델의 이론에 맞는다고 할 수 있는 지 유의수준 $\alpha = 0.05$에서 검정하여라.

02 가정용 세탁기를 생산하는 회사에서 세탁기를 5가지 색상으로 판매하고 있다. 세탁기의 판매량이 색깔에 따라 차이가 있는지를 조사하기 위하여 최근에 팔린 세탁기 중에서 임의로 300대를 조사하여 다음과 같은 자료를 얻었다.

빨강	노랑	검정	파랑	하양	계
88	65	52	40	55	300

이때 판매량이 색깔에 따라 차이가 있는 지를 유의수준 $\alpha = 0.05$에서로 검정하여라.

03 직업과 혈압간의 관계를 연구하기 위하여 30대 남성 100명을 랜덤으로 추출하여 다음과 같은 자료를 얻었다.

직업 \ 혈압	낮다	정상	높다	계
농 업	3	5	2	10
근로자	5	45	10	60
기 타	2	20	8	30
계	10	70	20	100

직업과 혈압간에는 서로 관련성이 있는 지를 유의수준 $\alpha = 0.05$에서 검정하여라.

04 교육수준과 결혼생활 만족도간의 관련성을 조사하기 위해 40대 200명을 랜덤으로 추출하여 설문한 결과 다음과 같은 자료를 얻었다.

교육수준 \ 만족도	만 족	불만족
대졸	12	28
고졸	45	25
중졸	28	15
초졸 이하	35	12

이때 교육수준과 결혼생활 만족도간의 관련성이 있는 지를 유의수준 $\alpha = 0.05$에서 검정하여라.

05 흙에서 사는 네 종류의 벌레에 대한 생태를 조사하기 위하여, 세 종류의 흙(모래, 찰흙, 진흙)에서 각각 100마리의 벌레를 채취한 결과가 아래 표와 같다.

흙 종류 \ 벌레 종류	1	2	3	4	계
모래	27	24	23	26	100
찰흙	20	32	18	30	100
진흙	13	37	16	34	100
계	60	93	57	90	300

흙의 종류에 따라 벌레의 분포가 동일한 지를 유의수준 $\alpha = 0.05$에서 검정하여라.

06 어떤 의료센타에서는 혈액형과 질병과의 관계를 연구하고자 질병을 병명에 따라 세 집단으로 나눈 후 각 집단에서 랜덤으로 표본을 추출하여 혈액형을 조사한 결과 다음과 같은 자료를 얻었다.

혈액형 \ 질병	위궤양	위암	간암	계
O	687	500	305	1,492
A	679	416	625	1,720
B	134	584	570	1,288
계	1,500	1,500	1,500	4,500

이때 세 질병집단에서 혈액형의 분포는 동일한 지를 유의수준 $\alpha = 0.05$에서 검정하여라.

제 6 장

로지스틱 회귀분석

로지스틱 회귀분석(logistic regression)은 반응변수가 "성공 또는 실패", "흡연 또는 비흡연", "생존 또는 사망" 등과 같이 두 가지 범주로 되어있을 때 반응변수와 설명변수간의 관계식을 이용하여 두 집단을 분류하고자 하는 경우에 사용되는 통계적 분석기법이라고 할 수 있다. 두 가지 범주, 즉 0(실패)과 1(성공)의 값으로 관측되는 이항 범주형 반응변수 Y를

Y	확률
1(성공)	$P(Y=1)=\pi$
0(실패)	$P(Y=0)=1-\pi$

와 같은 확률분포를 따르는 베르누이 확률변수라고 하면 반응변수 Y의 평균과 분산은 각각 $E(Y)=P(Y=1)=\pi$, $Var(Y)=E(Y^2)-(E(Y))^2=\pi(1-\pi)$이다. 여기서는 설명변수 $\boldsymbol{x}=(x_1, x_2, \cdots, x_p)^T$의 관측값에 대한 조건부 분포를 고려하여

$$\begin{aligned} &E(Y|\boldsymbol{x})=P(Y=1|\boldsymbol{x})=\pi(\boldsymbol{x}), \\ &Var(Y|\boldsymbol{x})=\pi(\boldsymbol{x})[1-\pi(\boldsymbol{x})] \end{aligned} \tag{6.1}$$

와 같이 표기하기로 하고, 먼저 설명변수가 하나인 단순회귀모형으로 로지스틱 회귀분석을 설명하고자 한다.

6.1 이항 반응변수를 선형회귀모형에 적용할 때의 문제점

단순선형회귀는 반응변수가 연속형인 경우 한 개의 설명변수에 의하여 반응변수가 어떻게 설명되고 예측되는지를 알아보기 위하여 두 변수의 관련성을 하나의 직선모형으로 가정하여 분석하는 통계적 기법이다. 하지만 반응변수가 연속형이 아니라 "성공 또는 실패"와 같이 두 가지 유형만을 나타내는 이항 범주형 변수일 경우 단순선형회귀의 적용은 바람직하지 않다. 그렇다면 이항 범주형 자료의 분석에 단순선형 회귀모형을 사용할 경우 어떠한 문제들이 발생될까? 이 절에서는 그러한 문제점들에 대하여 알아보도록 할 것이다.

단순선형회귀에서는 설명변수(X)와 반응변수(Y)간의 관계를 식 (6.2)와 같은 직선모형

으로 가정하게 되며, 이때 설명변수 X와 반응변수 Y는 모두 연속형 변수가 된다.

$$Y_i = \beta_0 + \beta_1 x_i + \epsilon_i, \quad i = 1,\ 2,\ \cdots,\ n \tag{6.2}$$

식 (6.2)의 회귀모형은 두 부분 즉, $X_i = x_i$에서 관측값들의 기댓값인 $E(Y_i | X_i = x_i) = \beta_0 + \beta_1 x_i$와 관심 이외의 여러 요인에 의하여 발생되는 오차 ϵ_i로 구분된다. 여기서 기댓값 $E(Y_i | X_i = x_i)$는 설명변수 X의 1차식으로 가정되고 있으며(선형성), 오차 ϵ_i는 평균 0을 중심으로 분산이 σ^2인 정규분포를 따르는 것으로 가정하고 있다(정규성). 그리고 분산 σ^2은 [그림 4.7]에서 보는 바와 같이 x_i의 값에 관계없이 항상 일정하며(등분산성), 오차 ϵ_i와 $\epsilon_j (i \neq j)$는 서로 독립적으로 발생된다고 가정한다(독립성).

성공이면 1, 실패이면 0이고 성공률이 $P(Y_i = 1 | X_i = x_i) = \pi(x_i)$인 이항 반응변수 Y_i에 단순선형회귀를 적용하여 조건부 평균(conditional mean)을 계산하면

$$\begin{aligned} E(Y_i | X_i = x_i) &= \pi(x_i) \\ &= \beta_0 + \beta_1 x_i \end{aligned} \tag{6.3}$$

의 관계가 성립하게 된다. 따라서 이항 범주형 자료에 단순선형 회귀모형을 적합시킬 경우 발생되는 첫 번째 문제점은 반응변수의 조건부 기댓값이 성공확률 $\pi(x_i)$를 나타내므로 항상 0과 1 사이의 값이 되어야 하지만 단순선형회귀에서의 기댓값 $\beta_0 + \beta_1 x_i$는 임의의 실수 즉, -∞에서 ∞사이의 값이 된다는 것이다.

이항 범주형 자료에 단순선형 회귀모형을 적합시키는 경우 발생되는 또 다른 문제점은 기존의 선형회귀에서 가정하는 정규성 즉, 오차항이 정규분포를 따른다는 가정이 만족되지 않는다는 것이다. Y_i가 이항 반응변수일 경우 오차 $\epsilon_i = Y_i - (\beta_0 + \beta_1 x_i)$는 두 가지 값 즉,

$$\begin{aligned} &Y_i = 1\text{일 경우} \quad \epsilon_i = 1 - (\beta_0 + \beta_1 x_i) \\ &Y_i = 0\text{일 경우} \quad \epsilon_i = -(\beta_0 + \beta_1 x_i) \end{aligned} \tag{6.4}$$

를 가지게 되어 랜덤오차 ϵ_i는 정규분포를 따르지 않게 된다.

마지막으로 발생되는 문제점은 등분산성의 가정과 관련되어 있다. 즉, 이항 반응변수 Y_i의 분산을 계산해 보면

$$\begin{aligned} Var(Y_i|X_i = x_i) &= \pi(x_i)[1-\pi(x_i)] \\ &= (\beta_0 + \beta_1 x_i)[(1-(\beta_0+\beta_1 x_i)] \end{aligned} \tag{6.5}$$

가 되고, 식 (6.5)로부터 분산 $Var(Y_i|X_i = x_i)$은 설명변수 x_i의 값에 관계없이 일정한 것이 아니라 x_i의 값에 따라 변하게 된다는 사실을 알 수 있다. 이상에서 살펴본 이러한 문제점들은 이항 범주형 자료에 단순선형 회귀모형을 적합시키는 것이 바람직하지 못하다는 사실을 이야기해주고 있다.

R 실습 6.1 인간은 유전자에 의하여 성별이 결정되지만 거북이는 부화온도에 따라 암수가 결정되어진다고 알려져 있다. 온도를 달리하면서 거북이의 알을 부화시킨 결과 다음과 같은 자료를 얻었다. 온도를 설명변수(x)로, 수컷의 비율($\pi(x)$)을 반응변수로 하여 단순선형 회귀식을 추정하고, 추정된 회귀식으로부터 $x_i^* = (25.5,\ 27.5,\ 28.5,\ 30.5)$에서의 예측 확률값 $\hat{\pi}(x_i^*)$을 구하여라.

온도 (temp)	수컷 수 (male)	암컷 수 (female)	전체 (total)
27.2	2	25	27
27.7	17	7	24
28.3	26	4	30
28.4	19	8	27
29.9	27	1	28

출처 : Duckworth and Stephensen (2000)

풀이

[R 프로그램 6.1] 단순선형 회귀분석

```
temp=c(27.2, 27.7, 28.3, 28.4, 29.9)
male=c(2, 17, 26, 19, 27); female=c(25, 7, 4, 8, 1); prop=male/(male+female)
linear.fit=lm(prop~temp)
summary(linear.fit)
new.temp=data.frame(temp=c(25.5, 27.5, 28.5, 30.5))
predict.lm(linear.fit, newdata=new.temp)
```

- 전체에서 수컷의 비율을 $prop$ 라는 이름으로 저장하고, lm() 함수를 이용한 단순선형 회귀분석의 결과를 $linear.fit$ 이라는 변수명으로 저장하였다.

- summary() 함수를 사용하여 회귀분석의 결과를 출력하고, predict.lm() 함수를 사용하여 새로운 설명변수의 값($new.data$)에서 예측 확률을 계산하면 [그림 6.1]과 같다.
- [그림 6.1]로부터 선형 회귀분석을 통하여 계산된 예측 확률의 값 중에는 0보다 작은 값과 1보다 큰 값이 존재하는 것을 확인할 수 있으며, 이로부터 선형 회귀모형이 이항 범주형 자료의 분석에는 적합하지 않은 것을 알 수 있다.

```
> temp=c(27.2, 27.7, 28.3, 28.4, 29.9)
> male=c(2, 17, 26, 19, 27); female=c(25, 7, 4, 8, 1); prop=male/(male+female)
> linear.fit=lm(prop~temp)
> summary(linear.fit)

Call:
lm(formula = prop ~ temp)

Residuals:
       1        2        3        4        5 
-0.29528  0.20532  0.20325  0.01356 -0.12685 

Coefficients:
            Estimate Std. Error t value Pr(>|t|)
(Intercept)  -6.9020     3.4737  -1.987    0.141
temp          0.2673     0.1227   2.179    0.117

Residual standard error: 0.2496 on 3 degrees of freedom
Multiple R-squared:  0.6128,    Adjusted R-squared:  0.4838 
F-statistic: 4.748 on 1 and 3 DF,  p-value: 0.1175

> new.temp=data.frame(temp=c(25.5, 27.5, 28.5, 30.5))
> predict.lm(linear.fit, newdata=new.temp)
          1           2           3           4 
-0.08511119  0.44954873  0.71687869  1.25153861 
> |
```

[그림 6.1] 수컷의 비율에 대한 단순선형 회귀분석 (R 프로그램 6.1)

6.2 로지스틱 회귀모형

반응변수가 두 가지 범주를 나타내는 이항변수일 경우 조건부 평균 $E(Y|X=x)$는 성공확률 $\pi(x)$를 의미하므로 0과 1 사이의 값이 되어야만 한다. 따라서 이항 범주형 반응변수의 경우에는 기대값 $E(Y|X=x)$를 -∞에서 ∞ 사이의 값을 가지는 직선모형 $\beta_0+\beta_1 x$로 가정하기보다는 0과 1사이의 값을 가지는 곡선형태의 모형으로 가정하는 것이 보다 바람직하다고 할 수 있다. 그러한 곡선모형 중에서 일반적으로 많이 사용되는 모형중의 하나가 바로 식 (6.6)과 같은 로지스틱 회귀모형(logistic regression model)이며, 이러한 로지스틱 회귀모형을 주어진 자료에 적합시키는 분석을 로지스틱 회귀분석(logistic regression analysis)이라 한다.

$$E(Y|X=x)=\pi(x)=\frac{\exp(\beta_0+\beta_1 x)}{1+\exp(\beta_0+\beta_1 x)}$$
$$\text{또는 } E(Y|X=x)=\pi(x)=\frac{1}{1+\exp(-(\beta_0+\beta_1 x))} \tag{6.6}$$

로지스틱 회귀모형은 [그림 6.2]에서 보는 바와 같이 $\beta_1>0$일 경우에는 증가함수 형태를, $\beta_1<0$일 경우에는 감소함수 형태를 띠게 된다.

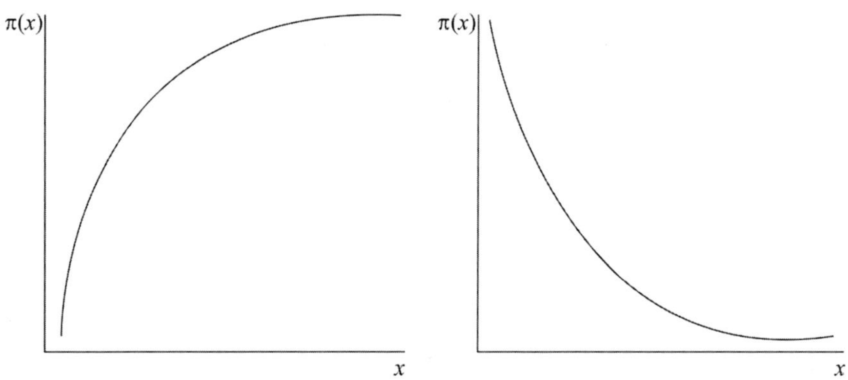

(a) $\beta_1>0$일 경우 (b) $\beta_1<0$일 경우

[그림 6.2] 로지스틱 회귀함수

[로지스틱 회귀모형] 설명변수가 한 개인 경우

한 개의 설명변수 X를 포함하는 로지스틱 회귀모형(logistic regression model)은 다음과 같이 표현되어지며,

$$E(Y|X=x)=\pi(x)=\frac{\exp(\beta_0+\beta_1 x)}{1+\exp(\beta_0+\beta_1 x)}$$

이를 로지스틱 반응함수(logistic response function)라고도 한다.

로지스틱 회귀모형은 적절한 변환을 통하여 곡선을 직선형태로 바꾸어 표현할 수 있다. 식 (6.6)을 어떤 사건이 일어날 확률과 일어나지 않을 확률의 비, 즉 오즈(odds) $\pi(x)/(1-\pi(x))$에 대하여 정리하면

$$\frac{\pi(x)}{1-\pi(x)} = \exp(\beta_0 + \beta_1 x) \tag{6.7}$$

와 같고 로그-오즈(log odds)는 다음과 같이 선형모형의 형태로 표현된다.

$$\log\left(\frac{\pi(x)}{1-\pi(x)}\right) = \beta_0 + \beta_1 x \tag{6.8}$$

이처럼 로지스틱 회귀모형을 설명변수 X에 대한 하나의 선형모형으로 바꾸어 주는 변환을 로짓변환(logit transformation)이라고 한다.

R 실습 6.2 [R 실습 6.1]의 이항 범주형 자료를 로짓변환된 값 $\log\left(\frac{\pi(x_i)}{1-\pi(x_i)}\right)$을 반응변수로 하여 단순선형 회귀식을 추정하고, 추정된 회귀식으로부터 $x_i^* = (25.5,\ 27.5,\ 28.5, 30.5)$에서의 예측 확률값 $\hat{\pi}(x_i^*)$을 구하여라.

풀이

[R 프로그램 6.2] 로지스틱 회귀분석[1]

```
logit.prop=log(prop/(1-prop)) # prop : 수컷의 비율(R 프로그램 6.1 참조)
logistic.fit=lm(logit.prop~temp)
summary(logistic.fit)
logit.hat=predict.lm(logistic.fit, newdata=new.temp)
prop.hat=exp(logit.hat)/(1+exp(logit.hat))
prop.hat
```

- 로짓변환된 값을 $logit.prop$라는 변수명으로 저장하고, 이를 반응변수로 하여 회귀식을 추정하면 [그림 6.3]의 결과를 얻을 수 있다. 이로부터 추정된 회귀식은

$$\log\left(\frac{\hat{\pi}(x)}{1-\hat{\pi}(x)}\right) = \hat{\beta_0} + \hat{\beta_1} x = -51.112 + 1.837x$$

1) 여기서는 로짓변환된 값을 반응변수로, 온도를 설명변수로 하여 최소제곱추정법으로 회귀식을 추정하였다. 하지만 로지스틱 회귀식의 추정에서 최소제곱법을 이용할 경우 추정된 회귀계수의 값들은 일반적으로 불안정한 것으로 알려져 있다. 이러한 이유로 로지스틱 회귀분석에서는 주로 최대우도추정법을 사용하여 회귀식을 추정하며, 이에 대해서는 6.3절에서 다루기로 한다.

와 같다.

- predict.lm() 함수를 사용하여 새로운 설명변수의 값($new.data$)에 대한 로짓의 추정값을 계산하고, 이를 이용하여 예측 확률값을 $\widehat{prop}$ 이라는 변수명에 저장하였다. [그림 6.3]의 결과로부터 예측 확률이 0과 1 사이의 값으로 추정됨을 알 수 있다.

```
R Console
> logit.prop=log(prop/(1-prop)) # prop : 수컷의 비율(R 프로그램 6.1 참조)
> logistic.fit=lm(logit.prop~temp)
> summary(logistic.fit)

Call:
lm(formula = logit.prop ~ temp)

Residuals:
      1       2       3       4       5
-1.3837  1.1107  0.9930 -0.1976 -0.5224

Coefficients:
            Estimate Std. Error t value Pr(>|t|)
(Intercept) -51.1122    16.9415  -3.017   0.0569 .
temp          1.8371     0.5983   3.070   0.0545 .
---
Signif. codes:  0 '***' 0.001 '**' 0.01 '*' 0.05 '.' 0.1 ' ' 1

Residual standard error: 1.217 on 3 degrees of freedom
Multiple R-squared:  0.7586,	Adjusted R-squared:  0.6781
F-statistic: 9.428 on 1 and 3 DF,  p-value: 0.05454

> logit.hat=predict.lm(logistic.fit, newdata=new.temp)
> prop.hat=exp(logit.hat)/(1+exp(logit.hat))
> prop.hat
         1          2          3          4
0.01385511 0.35643536 0.77665354 0.99275771
> |
```

[그림 6.3] 수컷의 비율에 대한 로지스틱 회귀분석 (R 프로그램 6.2)

[R 프로그램 6.3] 로지스틱 회귀함수

```
new.x=data.frame(temp=seq(27, 30, 0.1))
logit.hat=predict.lm(logistic.fit, newdata=new.x) # logistic.fit : R 프로그램 6.2 참조
prop.hat=exp(logit.hat)/(1+exp(logit.hat))
plot(temp, prop, xlab="온도", ylab="수컷의 비율", main="부화온도에 따른 수컷의 비율")
lines(new.x$temp, prop.hat)
```

- 온도의 값을 27부터 30까지 0.1 단위로 생성하기 위하여 seq() 함수를 사용하였으며 이를 데이터 프레임의 형식으로 $new.x$ 에 입력하고, 각각의 값에 대한 예측확률을 계산하였다.
- line() 함수는 산점도(plot)에 로지스틱 회귀곡선 [그림 6.4]를 그리기 위하여 사용되었으며, 그 형식은 lines(x, y)와 같다. 여기서 첫 번째 인수 x는 x축의 값을, 두 번째 인수 y는 y축의 값을 각각 나타낸다.

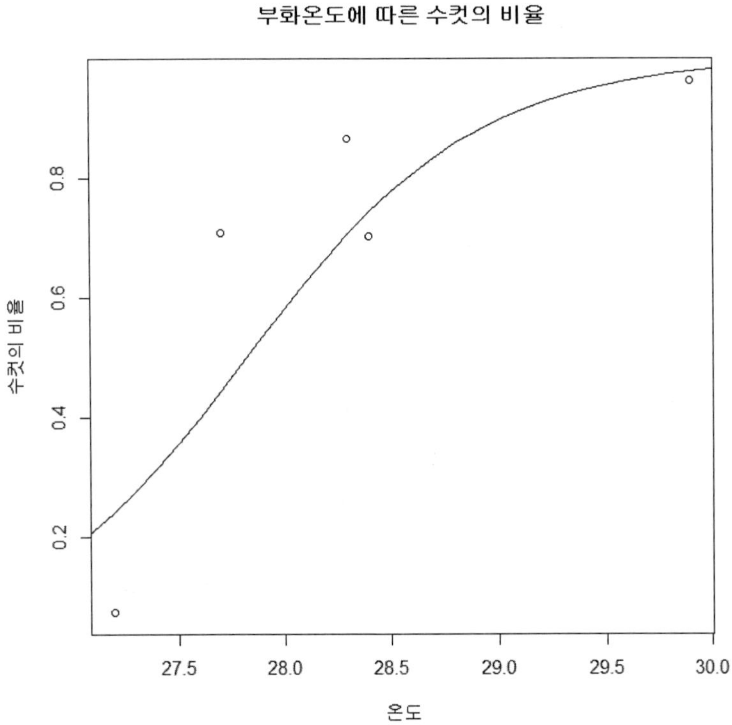

[그림 6.4] 적합된 로지스틱 회귀곡선 (R 프로그램 6.3)

6.3 로지스틱 회귀식의 추정

로지스틱 회귀분석에서는 이항 범주형 반응변수 Y에 대하여 베르누이 분포를 고려하며, 최소제곱추정법(least squares estimation)보다는 최대우도추정법(maximum likelihood estimation)으로 회귀계수를 추정하게 된다. 단순선형 회귀모형에서처럼 오차항이 등분산성을 만족하는 정규분포를 따르는 경우 최소제곱추정과 최대우도추정은 회귀계수를 동일한 값으로 추정한다. 그러나 이항 범주형 반응변수의 경우에는 이러한 가정이 만족하지 않으며 최소제곱추정법보다는 최대우도추정법이 더 효율적인 것으로 알려져 있다.

최대우도추정법은 우도함수(likelihood function)를 최대화시키는 값들에 의해 모수를 추정하는 방법으로서 우도함수는 표본과 모수의 함수로서 표현된다. Y_1, Y_2, $\cdots$, Y_n을 성공률이 $\pi(x_i)$인 베르누이 분포[2]로부터 추출된 크기가 n인 확률표본이라고 하면 우도함수는 이들 n개 확률변수들의 결합확률질량함수로서 다음과 같게 된다.

$$\begin{aligned} L(\beta_0, \beta_1; y_1, y_2, \cdots, y_n) &= \prod_{i=1}^{n} f_i(y_i) \\ &= \prod_{i=1}^{n} (\pi(x_i))^{y_i} (1-\pi(x_i))^{1-y_i} \end{aligned} \tag{6.9}$$

계산의 편의를 위해 식 (6.9)의 양변에 로그를 취하여 로그 우도함수(log-likelihood)를 정리하면

$$\begin{aligned} \log L(\beta_0, \beta_1; y_1, y_2, \cdots, y_n) &= \sum_{i=1}^{n} \log f_i(y_i) \\ &= \sum_{i=1}^{n} y_i \log(\pi(x_i)) + \sum_{i=1}^{n} (1-y_i) \log(1-\pi(x_i)) \\ &= \sum_{i=1}^{n} y_i \log\left(\frac{\pi(x_i)}{1-\pi(x_i)}\right) + \sum_{i=1}^{n} \log(1-\pi(x_i)) \end{aligned} \tag{6.10}$$

와 같고, $\log(\pi(x_i)/(1-\pi(x_i))) = \beta_0 + \beta_1 x_i$이고 $1-\pi(x_i) = [1+\exp(\beta_0+\beta_1 x_i)]^{-1}$이므로 로그 우도함수는

$$\log L(\beta_0, \beta_1; y_1, y_2, \cdots, y_n) = \sum_{i=1}^{n} y_i(\beta_0 + \beta_1 x_i) - \sum_{i=1}^{n} \log(1+\exp(\beta_0+\beta_1 x_i)) \tag{6.11}$$

와 같이 표현된다.[3]

---

2) 확률변수 Y가 모수가 p인 베르누이 분포를 따른다고 할 때 Y의 확률질량함수는 다음과 같이 정의된다.

$$f(y) = P(Y=y) = \begin{cases} p^{y}(1-p^{1-y}), & y=0,\ 1 \\ 0, & \text{기타} \end{cases}$$

3) 로지스틱 회귀모형에서는 종종 설명변수의 특정값에 대하여 반복 관측 또는 반복 실험을 시행하게 되며, 이때 Y_i를 n_i번의 독립적인 베르누이 시행에서의 성공횟수라고 하면 로그 우도함수는 다음과 같다.

$$\begin{aligned} \log L(\beta_0, \beta_1; y_1, y_2, \cdots, y_n) &= \sum_{i=1}^{n} y_i \log(\pi(x_i)) - \sum_{i=1}^{n} y_i \log(1-\pi(x_i)) + \sum_{i=1}^{n} n_i \log(1-\pi(x_i)) + \sum_{i=1}^{n} \log\binom{n_i}{y_i} \\ &= \sum_{i=1}^{n} y_i(\beta_0+\beta_1 x_i) - \sum_{i=1}^{n} n_i \log(1+\exp(\beta_0+\beta_1 x_i)) + \sum_{i=1}^{n} \log\binom{n_i}{y_i} \end{aligned}$$

이제 식 (6.11)을 β_0와 β_1에 대하여 각각 편미분하면

$$\frac{\partial \log L(\beta_0, \beta_1)}{\partial \beta_0} = \sum_{i=1}^{n} y_i - \sum_{i=1}^{n} \frac{\exp(\beta_0 + \beta_1 x_i)}{[1 + \exp(\beta_0 + \beta_1 x_i)]}$$

$$\frac{\partial \log L(\beta_0, \beta_1)}{\partial \beta_1} = \sum_{i=1}^{n} x_i y_i - \sum_{i=1}^{n} x_i \frac{\exp(\beta_0 + \beta_1 x_i)}{[1 + \exp(\beta_0 + \beta_1 x_i)]}$$

와 같고, 위의 두 식을 0으로 놓으면 다음과 같은 정규방정식을 얻게 된다.

$$\begin{aligned} \sum_{i=1}^{n} y_i &= \sum_{i=1}^{n} \frac{\exp(\beta_0 + \beta_1 x_i)}{[1 + \exp(\beta_0 + \beta_1 x_i)]} = \sum_{i=1}^{n} \pi(x_i) \\ \sum_{i=1}^{n} x_i y_i &= \sum_{i=1}^{n} x_i \frac{\exp(\beta_0 + \beta_1 x_i)}{[1 + \exp(\beta_0 + \beta_1 x_i)]} = \sum_{i=1}^{n} x_i \pi(x_i) \end{aligned} \tag{6.12}$$

식 (6.12)의 두 정규방정식으로부터 β_0와 β_1의 추정값을 구하면 되나 여기서 β_0와 β_1의 추정값은 반복 계산과정 즉, 초기값으로부터 시작하여 β_0와 β_1의 값을 계속적으로 변화시켜가면서 로그 우도값이 수렴하게 될 때까지 반복하는 과정을 통하여 구하게 된다.[4] 이와 같이 추정된 회귀계수를 $\hat{\beta}_0$, $\hat{\beta}_1$이라고 할 경우 로지스틱 회귀식은

$$\hat{\pi}(x) = \frac{\exp(\hat{\beta}_0 + \hat{\beta}_1 x)}{1 + \exp(\hat{\beta}_0 + \hat{\beta}_1 x)} \quad \text{또는} \quad \hat{\pi}(x) = \frac{1}{1 + \exp\left(-(\hat{\beta}_0 + \hat{\beta}_1 x)\right)} \tag{6.13}$$

와 같이 추정된다.

R 실습 6.3 [R 실습 6.1]에서 주어진 이항 범주형 자료로부터 최대우도추정법을 사용하여 로지스틱 회귀식을 추정하고, 추정된 회귀식으로부터 $x_i^* = (25.5,\ 27.5,\ 28.5,\ 30.5)$에서의 예측 확률값 $\hat{\pi}(x_i^*)$을 구하여라.

풀이

[R 프로그램 6.4] 로지스틱 회귀분석 : 최대우도추정법

```
Y=cbind(male, female) # male, female : R 프로그램 6.1 참조
logistic.glmfit=glm(Y ~ temp, family=binomial)
summary(logistic.glmfit)
predict(logistic.glmfit, newdata=new.temp, type="response")
```

4) 일반적으로 뉴톤-라프슨(Newton-Raphson) 알고리즘을 이용하여 추정된다.

- 최대우도추정법을 이용한 로지스틱 회귀계수의 추정을 위해서 R에서는 glm() 함수를 제공하고 있으며, glm() 함수의 사용 형식은 glm(모형, family=분포모양, data=자료명)과 같다.
- glm() 함수에서 모형은 Y~X1+X2(설명변수가 두 개인 경우)와 같이 lm() 함수에서와 유사하게 입력하면 되나, Y의 값을 벡터 또는 행렬의 형태로 다음과 같이 입력할 수 있다.
  ① 반복 관측이 없는 경우 벡터 형태 : 각각의 관측개체에 대한 성공 또는 실패를 나타내기 위하여 숫자 1과 0을 사용하거나 "성공"과 "실패"를 나타내는 인자를 사용[5)]
  ② 반복 관측이 있는 경우 행렬 형태 : 설명변수의 특정값에 대하여 반복 관측 또는 반복 실험이 진행된 경우 성공 횟수를 첫 번째 열에, 실패 횟수를 두 번째 열에 입력
  ③ 반복 관측이 있는 경우 벡터 형태 : 설명변수의 특정값에 대한 성공 비율을 벡터 형태로 입력

  여기서는 특정온도에서 암수의 결과를 반복 관측하였으므로 cbind() 함수를 사용하여 Y의 값을 행렬의 형태로 나타내었다. 반복관측이 있는 경우 Y의 값을 성공 비율로 입력하는 경우에는 인수 weight에 전체 시행횟수를 벡터 형태로 입력하여야 한다. 즉,

  logistic.glmfit=glm(prop~temp, family=binomial, weights=(male+female))

  와 같이 입력할 수도 있다.

```
R Console
> Y=cbind(male, female) # male, female : R 프로그램 6.1 참조
> logistic.glmfit=glm(Y ~ temp, family=binomial)
> summary(logistic.glmfit)

Call:
glm(formula = Y ~ temp, family = binomial)

Deviance Residuals:
     1       2       3       4       5
-2.224   2.248   1.239  -1.382  -1.191

Coefficients:
            Estimate Std. Error z value Pr(>|z|)
(Intercept) -61.3183    12.0224  -5.100 3.39e-07 ***
temp          2.2110     0.4309   5.132 2.87e-07 ***
---
Signif. codes:  0 '***' 0.001 '**' 0.01 '*' 0.05 '.' 0.1 ' $

(Dispersion parameter for binomial family taken to be 1)

    Null deviance: 64.429  on 4  degrees of freedom
Residual deviance: 14.863  on 3  degrees of freedom
AIC: 33.542

Number of Fisher Scoring iterations: 5

> predict(logistic.glmfit, newdata=new.temp, type="response")
          1           2           3           4
0.007124822 0.374032047 0.845021219 0.997802283
> |
```

[그림 6.5] 수컷의 비율에 대한 로지스틱 회귀분석 (R 프로그램 6.4)

5) [R 실습 6.4] 참조

- glm() 함수는 반응변수의 분포와 관련하여 인수 family에 binomial, gaussian, poisson 등을 지정할 수 있으며, 여기서는 반응변수가 이항변수이므로 family=binomial과 같이 인수를 지정하였다.[6)]
- 예측 확률을 직접적으로 출력하기 위하여 predict() 함수의 인수 type="response"를 지정하였다. [그림 6.5]의 결과에서 예측 확률값이 0에서 1사이의 값을 가지며 [그림 6.3]의 결과와 유사한 것을 확인할 수 있다.

6.4 로지스틱 회귀계수의 해석

로지스틱 회귀분석에서 추정된 회귀계수를 해석하는 것은 쉽지 않다. 그 이유는 회귀모형이 비선형이기 때문에 설명변수 X를 한 단위 증가시킬 때 마다 예측값이 일정하게 변하는 것이 아니라 X값의 위치에 따라 서로 다르게 변하기 때문이다.

로지스틱 회귀모형에서 회귀계수의 의미를 알기 위해서는 식 (6.7)에서 소개된 오즈(odds)의 개념을 이해하는 것이 필요하다. 성공을 1로, 실패를 0으로 표현한 이항 범주형 자료에서 성공확률을 $\pi(x)$ 라고 하면, 성공확률과 실패확률의 비, 즉 오즈는 다음과 같이 정의된다.

$$odds(x) = \frac{\pi(x)}{1-\pi(x)} \tag{6.14}$$

오즈는 음이 아닌 실수값으로서 성공이 일어날 가능성이 높을 경우에는 1보다 큰 값을, 반대로 실패가 일어날 가능성이 높을 경우에는 1보다 작은 값을 가지게 된다. 예를 들어, 성공률이 0.75이고 실패율이 0.25이면 오즈는 0.75/0.25=3.0이 되는데 이때의 3.0은 성공할 확률이 실패할 확률의 3배가 된다는 것을 의미한다. 반대로 성공률이 0.25이고 실패율이 0.75이면 오즈는 0.25/0.75=1/3이 되어 이때는 실패할 확률이 성공할 확률의 3배가 된다는

6) $0 \le E(Y|X=x) \le 1$을 만족시켜주는 S자형 곡선형태 중에서 일반적으로 로짓 모형(logit model)과 프로빗 모형(probit model)이 많이 사용된다. 프로빗 모형은 표준정규분포의 누적분포함수의 역함수를 사용하여 $\Phi^{-1}(\pi(x)) = \beta_0 + \beta_1 x$ 와 같이 $\pi(x)$와 x사이의 관계를 표현해준다. 두 방법을 비교하면 $\pi(x)$값이 1에 가까울 경우에는 프로빗 모형이 로짓 모형보다 $\pi(x)$값을 높게 예측해 주며, 0에 가까울 경우에는 로짓 모형이 프로빗 모형보다 $\pi(x)$값을 높게 예측해준다. 즉 로짓 모형이 프로빗 모형보다 더 완만한 S자형 곡선을 그린다고 할 수 있다. 프로빗 모형을 사용하고자 할 경우에는 family=binomial (link=probit)이라고 입력해주면 된다.

것을 의미한다.

설명변수의 특정값 x에서의 오즈와 설명변수의 값이 한 단위 증가한 $x+1$에서의 오즈를 로지스틱 회귀모형(식 6.7)에서 각각 표현하면

$$\begin{aligned} odds(x) &= \frac{\pi(x)}{1-\pi(x)} = \exp(\beta_0+\beta_1 x) = e^{\beta_0+\beta_1 x}, \\ odds(x+1) &= \frac{\pi(x+1)}{1-\pi(x+1)} = \exp(\beta_0+\beta_1(x+1)) = e^{\beta_0+\beta_1 x}e^{\beta_1} \end{aligned} \tag{6.15}$$

와 같고, 이 식으로부터 두 오즈의 비, 즉 오즈비(odds ratio)는

$$OR = \frac{odds(x+1)}{odds(x)} = e^{\beta_1} \tag{6.16}$$

와 같이 구해진다. 따라서 오즈비는 설명변수 x가 한 단위 증가할 때 성공확률과 실패확률의 비, 즉 오즈의 증가율을 나타낸다. 식 (6.16)으로부터 우리는 설명변수 x를 한 단위 증가시키게 되면 $odds(x+1)=e^{\beta_1}odds(x)$이므로 오즈의 값은 e^{β_1} 만큼 곱해지게 되고, 일반적으로 설명변수 x를 k 단위 증가시키면 오즈의 증가율은 $e^{k\beta_1}$ 이 된다.

예제 6.1 [R 실습 6.3]에서 로지스틱 회귀모형은

$$\frac{\hat{\pi}(x)}{1-\hat{\pi}(x)} = \exp(-61.3183+2.211x)$$

으로 추정된다. 이로부터 추정된 회귀계수의 의미를 설명하여라.

풀이

$x=27$℃ 에서의 오즈 예측값은 $\widehat{odds}(27) = \frac{\hat{\pi}(27)}{1-\hat{\pi}(27)} = \exp(-61.3183+2.211\times 27)$ $=0.1978$로 계산된다. 이는 27℃ 에서 알을 부화시킬 경우 수컷보다 암컷으로 부화될 가능성이 약 5배나 더 높다는 것을 의미한다. 반면 $x=28$℃ 에서의 오즈 예측값은 $\widehat{odds}(28) = \frac{\hat{\pi}(28)}{1-\hat{\pi}(28)} = 1.805$로 계산되며, 이는 28℃ 에서 알을 부화시킬 경우 암컷보다 수컷으로 부화될 가능성이 약 1.8배 더 높다는 것을 의미한다. 또한 오즈비의 추정값은 $\widehat{OR} = e^{\hat{\beta}_1} = e^{2.211} = 9.125$ 이므로 온도가 1℃ 증가하면 암컷으로 부화될 확률에 대한 수컷으로 부화될 확률의 비, 즉 오즈가 약 9배 증가하는 것으로 해석할 수 있다.

6.5 다중 로지스틱 회귀

설명변수가 하나인 로지스틱 회귀모형은 설명변수가 둘 또는 그 이상인 다중 로지스틱 회귀모형으로 쉽게 확장할 수 있다. 즉, p 개의 설명변수 $X_1,\ X_2,\ \cdots,\ X_p$ 를 포함하는 다중 로지스틱 회귀모형은 설명변수가 하나인 회귀모형에서 $\beta_0+\beta_1 x$ 대신 설명변수가 p 개인 회귀모형 $\beta_0+\beta_1 x_1+\cdots+\beta_p x_p$ 로 대체하면 되는 것이다. 따라서 다중 로지스틱 회귀모형은

$$\pi(\boldsymbol{x})=\frac{\exp(\beta_0+\beta_1 x_1+\cdots+\beta_p x_p)}{1+\exp(\beta_0+\beta_1 x_1+\cdots+\beta_p x_p)}$$

$$\text{또는}\quad \pi(\boldsymbol{x})=\frac{1}{1+\exp(-(\beta_0+\beta_1 x_1+\cdots+\beta_p x_p))} \tag{6.17}$$

와 같고, 이는 로짓변환을 통해

$$\log\left(\frac{\pi(\boldsymbol{x})}{1-\pi(\boldsymbol{x})}\right)=\beta_0+\beta_1 x_1+\cdots+\beta_p x_p \tag{6.18}$$

으로 표현된다.

[다중 로지스틱 회귀모형] 설명변수가 두개 이상인 경우

p개의 설명변수 $\boldsymbol{X}=(X_1,\ X_2,\ \cdots,\ X_p)^T$ 를 포함하는 다중 로지스틱 회귀모형(multiple logistic regression model)은

$$E(Y\,|\boldsymbol{X}=\boldsymbol{x})=\pi(\boldsymbol{x})=\frac{\exp(\boldsymbol{x}^T\boldsymbol{\beta})}{1+\exp(\boldsymbol{x}^T\boldsymbol{\beta})}=\frac{\exp(\beta_0+\beta_1 x_1+\cdots+\beta_p x_p)}{1+\exp(\beta_0+\beta_1 x_1+\cdots+\beta_p x_p)}$$

와 같이 표현되어진다. 여기서 $\boldsymbol{x}=(1,x_1,\cdots,\ x_p)^T$ 이고 $\boldsymbol{\beta}=(\beta_0,\beta_1,\cdots,\ \beta_p)^T$ 이다.

다중 로지스틱 회귀모형에서 모수 $\boldsymbol{\beta}=(\beta_0,\beta_1,\cdots,\ \beta_p)^T$의 추정 역시 최대우도추정법을 이용하여 이루어진다. 이때 로그 우도함수는

$$\log L(\boldsymbol{\beta};\boldsymbol{y}) = \sum_{i=1}^{n} y_i \left(\boldsymbol{x}_i^T \beta\right) - \sum_{i=1}^{n} \log(1+\exp(\boldsymbol{x}_i^T),\ \text{여기서}\ \boldsymbol{y} = (y_1, \cdots, y_p)^T \tag{6.19}$$

와 같으며, 이를 최대화하는 모수 $\boldsymbol{\beta} = (\beta_{0,}\beta_1, \cdots, \beta_p)^T$의 추정은 설명변수가 한 개인 로지스틱 회귀의 경우와 동일한 요령으로 반복 계산과정에 의하여 구해지게 된다. $\boldsymbol{\beta} = (\beta_{0,}\beta_1, \cdots, \beta_p)^T$의 최대우도추정량을 $\hat{\boldsymbol{\beta}} = (\hat{\beta}_{0,}\hat{\beta}_1, \cdots, \hat{\beta}_p)^T$라고 할 경우 다중 로지스틱 회귀식은

$$\hat{\pi}(\boldsymbol{x}) = \frac{\exp(\boldsymbol{x}^T\hat{\boldsymbol{\beta}})}{1+\exp(\boldsymbol{x}^T\hat{\boldsymbol{\beta}})}\ \text{또는}\ \hat{\pi}(\boldsymbol{x}) = \frac{1}{1+\exp\{(-\boldsymbol{x}^T\hat{\boldsymbol{\beta}})} \tag{6.20}$$

와 같이 추정된다.

R 실습 6.4 흡연 여부에 영향을 미치는 요인(X_1: 가족 수, X_2: 수입)을 분석하기 위한 연구에서 아래와 같은 자료를 얻었다고 할 때, 다중 로지스틱 회귀식을 추정하여라. 이때 흡연 여부에서 1은 흡연자를, 0은 비흡연자를 나타낸다.

흡연여부 (smoking)	가족 수 (fam.num)	수입 (income)	흡연여부 (smoking)	가족 수 (fam.num)	수입 (income)	흡연여부 (smoking)	가족 수 (fam.num)	수입 (income)
1	1	1.5	1	3	2.0	1	4	1.0
1	4	1.2	1	4	1.5	0	3	1.6
0	2	2.2	0	1	2.4	0	2	2.0
0	2	1.5	0	1	2.2	1	3	1.2
1	1	2.0	0	2	1.6	1	2	1.8
1	3	1.7	1	3	1.4	0	1	1.0
0	2	2.0	1	3	1.5	0	2	1.8
1	2	1.3	0	3	1.8	1	4	1.5
0	3	2.0	1	4	1.8	0	1	1.5
1	4	1.5	1	2	1.2	1	4	0.8
1	4	1.2	1	3	1.6	1	4	1.0
0	3	2.2	1	4	1.0			

풀이 ▶

[R 프로그램 6.5] 다중 로지스틱 회귀분석 : 최대우도추정법

```
smoking=c(1,1,0,0,1,1,0,1,0,1,1,0,1,1,0,0,0,1,1,0,1,1,1,1,1,0,0,1,1,0,0,1,0,1,1)
fam.num=c(1,4,2,2,1,3,2,2,3,4,4,3,3,4,1,1,2,3,3,3,4,2,3,4,4,3,2,3,2,1,2,4,1,4,4)
income=c(1.5,1.2,2.2,1.5,2.0,1.7,2.0,1.3,2.0,1.5,1.2,2.2,2.0,1.5,2.4,2.2,1.6,1.4,
         1.5,1.8,1.8,1.2,1.6,1.0,1.0,1.6,2.0,1.2,1.8,1.0,1.8,1.5,1.5,0.8,1.0)
logistic.full=glm(smoking~fam.num+income, family=binomial)
summary(logistic.full)
```

- 설명변수가 두 개이므로 glm() 함수에서 모형을 $smoking \sim fam.num + income$ 으로 입력하였다.
- 흡연여부에 대한 로지스틱 회귀분석의 결과는 [그림 6.6]에 주어져 있으며, 이로부터 다중 로지스틱 회귀식을

$$\log\left(\frac{\hat{\pi}(\boldsymbol{x})}{1-\hat{\pi}(\boldsymbol{x})}\right) = \hat{\beta}_0 + \hat{\beta}_1 x_1 + \hat{\beta}_2 x_2 = 2.6373 + 1.1179(fam.num) - 3.1034(income)$$

와 같이 추정할 수 있다.

```
R Console
> smoking=c(1,1,0,0,1,1,0,1,0,1,1,0,1,1,0,0,0,1,1,0,1,1,1,1,1,0,0,1,1,0,0,1,0,1,1)
> fam.num=c(1,4,2,2,1,3,2,2,3,4,4,3,3,4,1,1,2,3,3,3,4,2,3,4,4,3,2,3,2,1,2,4,1,4,4)
> income=c(1.5,1.2,2.2,1.5,2.0,1.7,2.0,1.3,2.0,1.5,1.2,2.2,2.0,1.5,2.4,2.2,1.6,1.4,
+          1.5,1.8,1.8,1.2,1.6,1.0,1.0,1.6,2.0,1.2,1.8,1.0,1.8,1.5,1.5,0.8,1.0)
> logistic.full=glm(smoking~fam.num+income, family=binomial)
> summary(logistic.full)

Call:
glm(formula = smoking ~ fam.num + income, family = binomial)

Deviance Residuals:
    Min       1Q   Median       3Q      Max
-1.6321  -0.7550   0.1900   0.6558   2.2513

Coefficients:
            Estimate Std. Error z value Pr(>|z|)
(Intercept)   2.6373     2.5625   1.029   0.3034
fam.num       1.1179     0.5208   2.147   0.0318 *
income       -3.1034     1.4235  -2.180   0.0293 *
---
Signif. codes:  0 '***' 0.001 '**' 0.01 '*' 0.05 '.' 0.1 ' ' 1

(Dispersion parameter for binomial family taken to be 1)

    Null deviance: 47.111  on 34  degrees of freedom
Residual deviance: 30.507  on 32  degrees of freedom
AIC: 36.507

Number of Fisher Scoring iterations: 5
```

[그림 6.6] 흡연여부에 대한 로지스틱 회귀분석 (R 프로그램 6.5)

• 가족 수($fam.num$)에 대한 오즈비는 $OR(x_1) = e^{1.1179} = 3.058$로 가족 수가 1명 증가하면 비흡연률에 대한 흡연률의 비, 즉 오즈가 약 3배 증가하며, 이로부터 가족 수가 많을수록 흡연을 하는 경향이 높다고 할 수 있다. 반면, 소득($inocme$)에 대한 오즈비는 $OR(x_2) = e^{-3.1034} = 0.045$으로 소득이 많을수록 흡연의 경향이 낮아짐을 알 수 있다.

6.6 로지스틱 회귀모형의 통계적 추론

이제 우도비 검정을 이용한 로지스틱 회귀모형의 적합성 검정에 대하여 먼저 알아보고, 나아가 개별 회귀계수에 대한 통계적 추론에 대하여 살펴보기로 하자.

6.6.1 로지스틱 회귀모형의 적합성 검정

로지스틱 회귀모형이 주어진 자료에 적합한지를 검정하기 위해

$$\begin{aligned} &H_0 : \text{가정된 로지스틱 회귀모형 } \pi(\boldsymbol{x}_i) = \frac{\exp(\boldsymbol{x}_i^T\boldsymbol{\beta})}{1+\exp(\boldsymbol{x}_i^T\boldsymbol{\beta})} \quad (i = 1,2,\cdots,n)\text{은} \\ &\qquad \text{주어진 자료에 적합하다.} \\ &H_1 : H_0\text{가 아니다.} \end{aligned} \tag{6.21}$$

와 같이 가설을 설정하고, 이에 대한 검정을 시행하기로 하자. 로지스틱 회귀분석에서 가설검정은 주로 우도비 검정법(likelihood ratio tests)을 이용하므로, 일반적인 상황에서의 우도비 검정법과 검정통계량의 점근적 성질에 대하여 먼저 간략하게 살펴보기로 한다.

정의 6.1 일반화 우도비 검정법(generalized likelihood ratio test)

• 확률표본 $Y_1, \cdots, Y_n$의 우도함수가 $L(\theta; y_1, \cdots, y_n)$라고 할 때, 가설 $H_0 : \theta \in \Omega_0$, $H_1 : \theta \in \Omega - \Omega_0$에 대한 일반화 우도비는

$$\lambda(\theta) = \frac{\max_{\theta \in \Omega_0} L(\theta; y_1, \cdots, y_n)}{\max_{\theta \in \Omega} L(\theta; y_1, \cdots, y_n)} = \frac{L(\hat{\theta}_0; y_1, \cdots, y_n)}{L(\hat{\theta}; y_1, \cdots, y_n)}$$

으로 정의된다. 여기서 $\hat{\theta}$은 모수 θ의 전체 모수공간 Ω에서의 최대우도추정량이며 $\hat{\theta}_0$는 귀무가설이 참일 때의 모수공간 Ω_0에서 θ의 최대우도추정량이다.

- 유의수준이 α인 일반화 우도비 검정법은 $0 < \lambda(\theta) \leq c < 1$인 경우 H_0를 기각한다. 단, c는 $\max P(0 < \lambda(\theta) \leq c \mid H_0) = \alpha$를 만족하는 상수이다.

일반화 우도비 $\lambda(\theta)$는 언제나 양(> 0)이지만 귀무가설이 참일 때의 모수공간 Ω_0이 전체 모수공간 Ω의 부분집합이므로 1보다 클 수는 없다. 또한 $\lambda(\theta)$의 값이 1에 가까우면 이는 주어진 관측값들이 귀무가설 H_0에 부합된다는 것을 의미하며, 반대로 0에 가까우면 가까울수록 귀무가설 H_0을 기각하는 증거가 충분하게 되므로 $0 < \lambda(\theta) \leq c < 1$인 경우 귀무가설을 기각하게 된다. 일반화 우도비 $\lambda(\theta)$를 적절히 변환시킴으로써 필요한 검정통계량의 분포를 구할 수 도 있으나, 언제나 이러한 변환이 가능한 것은 아니다. 이런 경우 표본의 크기가 충분히 크다면 다음의 정리 6.1에 근거하여 일반화 우도비의 근사분포를 구할 수 있다.

정리 6.1 일반화 우도비의 근사분포

귀무가설 H_0가 참일 때 $-2\log\lambda(\theta)$는 자유도가 k인 카이제곱분포를 근사적으로 따른다. 여기서 자유도 k는 전체 모수공간 Ω와 귀무가설 하에서의 모수공간 Ω_0에서 독립인 모수 개수들의 차이이다.

정리 6.1에서 일반화 우도비 $\lambda(\theta)$는 0과 1 사이에 있으므로 $\log\lambda(\theta)$는 잘 정의되며, $\lambda(\theta)$의 값이 충분히 작을 때 귀무가설 H_0를 기각하는 것은 검정통계량 $-2\log\lambda(\theta)$가 충분히 클 때 귀무가설을 기각하는 것과 동일하다.

이제 로지스틱 회귀모형의 적합성을 검정하는 우도비 검정법에 대하여 알아보도록 하자. 로지스틱 회귀모형에서 우도비 검정은 두 모형 즉, 적합모형(fitted model)과 포화모형(saturated model)의 로그 우도비를 비교하는 이탈도(deviance)에 근거하여 이루어진다. 다중 로지스틱 회귀모형에서의 우도함수는 식 (6.9)에서처럼 주어진 자료의 관측값 개수만큼 모수 $\pi(\boldsymbol{x}_i)(i = 1, 2, \cdots, n)$를 가지고 있으며, 이러한 모수들에 대한 아무런 제약이 없는 모형을 포화모형이라고 한다. 따라서 포화모형에서의 로그 우도함수 $\log L_S(\boldsymbol{\pi}; \boldsymbol{y})$는 관측값

y_i가 0 또는 1의 값을 가지므로 $\hat{\pi}(\boldsymbol{x}_i)=y_i$일 때7)

$$\log L_S(\hat{\boldsymbol{\pi}};\boldsymbol{y})=\log\left(\prod_{i=1}^{n} y_i^{y_i}(1-y_i)^{1-y_i}\right)=0,\ \text{여기서}\ \hat{\boldsymbol{\pi}}=\left(\hat{\pi}(\boldsymbol{x}_1),\cdots,\hat{\pi}(\boldsymbol{x}_n)\right)^T \tag{6.22}$$

와 같이 최댓값을 갖는다.

반면, 모수 $\pi(\boldsymbol{x}_i)(i=1,2,\cdots,n)$에 대하여 귀무가설에서 가정한 적합모형 (6.21)이 참이라면 적합모형의 로그 우도함수 $\log L_F(\hat{\boldsymbol{\beta}};\boldsymbol{y})$는 식 (6.19)에 주어져 있으며, 여기에 최대우도추정량 $\hat{\boldsymbol{\beta}}=(\hat{\beta}_0,\hat{\beta}_1,\cdots,\hat{\beta}_p)^T$을 대입하면

$$\log L_F(\hat{\boldsymbol{\beta}};\boldsymbol{y})=\sum_{i=1}^{n} y_i\left(\boldsymbol{x}_i^T\hat{\boldsymbol{\beta}}\right)-\sum_{i=1}^{n}\log(1+\exp(\boldsymbol{x}_i^T\hat{\boldsymbol{\beta}})) \tag{6.23}$$

와 같이 로그 우도함수의 최댓값을 얻을 수 있다.

식 (6.22)와 (6.23)을 이용하여 두 모형의 우도비를 로그 변환시키면 적합성 검정의 검정통계량으로 사용되는 이탈도를

$$D_0(\boldsymbol{\beta})=-2\left\{\log L_F(\hat{\boldsymbol{\beta}};\boldsymbol{y})-\log L_S(\hat{\boldsymbol{\pi}};\boldsymbol{y})\right\} \tag{6.24}$$

와 같이 구할 수 있다. 정리 6.1에서처럼 이탈도는 귀무가설이 참이고 표본의 크기 n이 커짐에 따라 근사적으로 카이제곱분포를 따르며, 이때 자유도는 전체 관측값의 개수(n)에서 모형속에 포함된 모수의 개수($p+1$)를 뺀 값인 $n-(p+1)$이 된다.

이탈도는 그 값이 작으면 작을수록 가정된 모형이 포화모형에 가깝다는 것을 의미하여, 결과적으로 가정된 로지스틱 회귀모형이 주어진 자료에 잘 적합하고 있음을 나타내게 된다. 반면에 이탈도의 값이 크다는 것은 가정된 회귀모형이 적합하지 않다는 것을 나타내게 된다. 따라서 로지스틱 회귀모형의 적합성을 검정하기 위한 우도비 검정법은 다음과 같다.

---

7) 반복 관측 또는 반복 실험을 시행하게 되는 경우 Y_i를 n_i번의 독립적인 베르누이 시행에서의 성공 횟수라고 하면 포화모형에서의 로그 우도함수는 다음과 같으며, $\hat{\pi}(\boldsymbol{x}_i)=y_i/n_i$일 때 최대가 된다.

$$\log L_S(\boldsymbol{\pi};\boldsymbol{y})=\sum_{i=1}^{n} y_i\log(\pi(\boldsymbol{x}_i))-\sum_{i=1}^{n} y_i\log(1-\pi(\boldsymbol{x}_i))+\sum_{i=1}^{n} n_i\log(1-\pi(\boldsymbol{x}_i))+\sum_{i=1}^{n}\log\binom{n_i}{y_i}$$

[로지스틱 회귀모형의 적합성에 대한 가설검정][8)]

- 가설 H_0 : 가정된 로지스틱 회귀모형은 주어진 자료에 적합하다.
  H_1 : H_0가 아니다.
- 검정통계량 $D_0(\boldsymbol{\beta}) = -2\{\log L_F(\hat{\boldsymbol{\beta}};\boldsymbol{y}) - \log L_S(\hat{\boldsymbol{\pi}};\boldsymbol{y})\}$
- 유의수준 α에서의 기각역 : $d_0(\boldsymbol{\beta}) \ge \chi^2_\alpha(n-(p+1))$
- 검정통계량 $D_0(\boldsymbol{\beta})$의 관측값 $d_0^*(\boldsymbol{\beta})$에 대한 p-값 : $p-$값 $= P(D_0(\boldsymbol{\beta}) \ge d_0^*(\boldsymbol{\beta}))$
- 유의수준 α에서의 검정방법 : 표본으로부터 계산된 검정통계량의 관측값 $d_0^*(\boldsymbol{\beta})$가

  $d_0^*(\boldsymbol{\beta}) \ge \chi^2_\alpha(n-(p+1))$ 또는 p-값$= P(D_0(\boldsymbol{\beta}) \ge d_0^*(\boldsymbol{\beta})) < \alpha$ 이면 H_0를 기각

  $d_0^*(\boldsymbol{\beta}) < \chi^2_\alpha(n-(p+1))$ 또는 p-값$= P(D_0(\boldsymbol{\beta}) \ge d_0^*(\boldsymbol{\beta})) \ge \alpha$ 이면 H_0를 채택

예제 6.2 [R 실습 6.4]에서 가정한 로지스틱 회귀모형

$$\pi(\boldsymbol{x}) = \frac{\exp(\beta_0 + \beta_1 x_1 + \beta_2 x_2)}{1 + \exp(\beta_0 + \beta_1 x_1 + \beta_2 x_2)}$$

이 주어진 자료에 적합하다고 할 수 있는지를 유의수준 $\alpha = 0.05$에서 검정하여라.

풀이

[그림 6.6]에 주어진 로지스틱 회귀분석의 결과로부터 이탈도(Residual deviance)의 관측값은 $d_0^*(\boldsymbol{\beta}) = 30.507$로 구해진다. 또한 회귀모형이 3개의 모수 $\boldsymbol{\beta} = (\beta_{0,}\beta_1,\beta_2)^T$를 포함하고 있고 자료의 관측수는 $n = 35$이므로 자유도는 $35-3=32$이다. 따라서 카이제곱분포표로부터 $\chi^2_{0.05}(32) = 46.19$이고 $d_0^*(\boldsymbol{\beta}) = 30.507 < \chi^2_{0.05}(32) = 46.19$이므로 "가정된 로지스틱 모형이 주어진 자료에 적합하다"는 귀무가설은 채택할 수 있다. 참고적으로 p-값을 계산하면 $p-$값 $= P(D_0(\boldsymbol{\beta}) \ge 30.507)) = 0.543$[9)]으로 $\alpha = 0.05$보다 크므로 동일한 검정결과를 얻게 된다.

R 실습 6.5 [R 실습 6.3]과 [R 실습 6.4]에서의 이탈도를 R 프로그램을 이용하여 계산하여라.

---

8) 로지스틱 회귀계수의 부분집합에 대한 가설도 부분 이탈도(partial deviance)를 이용하여 검정할 수 있다.
9) p-값의 출력을 위한 R 프로그램은 다음과 같다: 1-pchisq(30.507, 32)

풀이 ▶

[R 프로그램 6.6] 이탈도의 계산

```
# [R 실습 6.3] : 반복 관측 또는 반복 시행의 경우
X=cbind(1,temp); beta.hat=logistic.glmfit$coef; y=male; n=male+female
L1=c() ; L2=c()
for (i in 1:length(y)){
L1[i]=y[i]*X[i,]%*%beta.hat - n[i]*log(1+exp(X[i,]%*%beta.hat))
     L2[i]=y[i]*log(y[i]/n[i])+(n[i]-y[i])*log(1-y[i]/n[i])}
log.LF=sum(L1); log.LS=sum(L2);
-2*(log.LF-log.LS)

# [R 실습 6.4] : 반복 관측이 없는 경우
X=cbind(1, fam.num, income); beta.hat=logistic.full$coef; y=smoking
L=c()
for (i in 1:length(y)){
   L[i]=y[i]*X[i,]%*%beta.hat - log(1+exp(X[i,]%*%beta.hat))}
log.LF=sum(L);
-2*log.LF
```

• 반복 관측이 있는 경우 적합모형 및 포화모형의 로그 우도함수의 최댓값은 $\log.LF$와 $\log.LS$에 각각 저장하였으며, 이로부터 직접 계산한 이탈도의 값[그림 6.7]이 glm() 함수에서 제공하는 이탈도의 값[그림 6.5]과 같은 것을 확인할 수 있다.

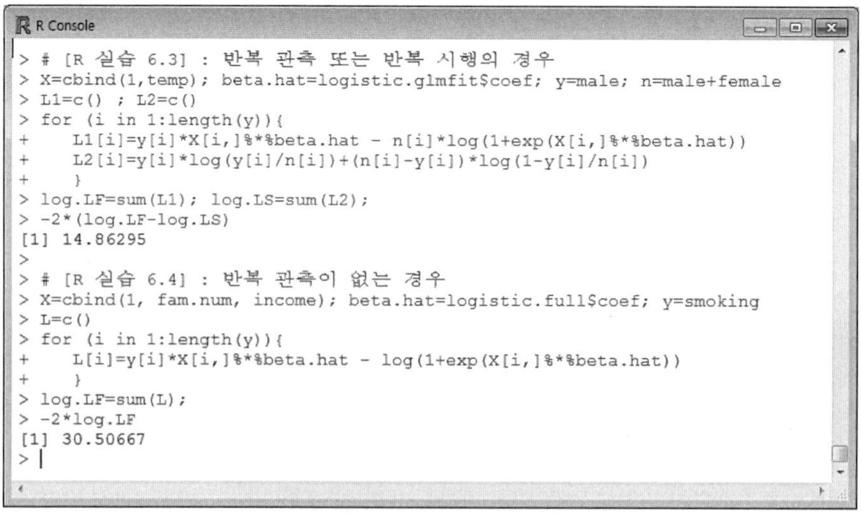

[그림 6.7] 이탈도의 계산 (R 프로그램 6.6)

- 반복 관측이 없는 경우에는 포화모형의 로그 우도함수의 최댓값이 0이 되므로 적합모형의 로그 우도함수의 최댓값만을 구하였으며, 마찬가지로 직접 계산한 이탈도의 값[그림 6.7]이 glm() 함수에서 제공하는 이탈도의 값[그림 6.6]과 같은 것을 알 수 있다.

6.6.2 특정 회귀계수에 대한 검정

다중 로지스틱 회귀분석에서 어떤 특정한 설명변수 x_j 를 모형속에 포함할 것인지 아닌지에 대한 검정 즉, 특정 회귀계수 β_j 가 0인지 아닌지에 대한 검정은 일반적으로 Z-통계량을 이용하여 이루어진다. Z-통계량은 다음과 같이 정의되며

$$Z = \frac{\hat{\beta}_j - \beta_j}{\sqrt{Var(\hat{\beta}_j)}} \quad (j = 1, 2, \cdots, p) \tag{6.25}$$

최대우도추정량의 점근적 정규성에 의해 표본의 크기가 커짐에 따라 z-통계량은 근사적으로 표준정규분포 $N(0,\ 1)$을 따르게 된다.[10] 따라서 로지스틱 회귀모형의 특정 회귀계수에 대한 검정법은 다음과 같다.

[특정 회귀계수 β_j에 대한 가설검정]

회귀계수 β_j 에 대한 아래의 가설검정에서 사용되는 검정통계량과 그 확률분포는

$$Z_0 = \frac{\hat{\beta}_j - \beta_{j0}}{\sqrt{Var(\hat{\beta}_j)}} \ \dot{\sim}\ N(0,\ 1) \ \ (n\text{이 크고 귀무가설 } H_0 \text{가 참일 때})$$

이며, 유의수준 α 에서의 기각역과 검정통계량의 관측값 z_0^* 에 대한 p-값은 다음과 같다.

	가설	기각역	p-값
우측검정	$H_0: \beta_j = \beta_{j0}$, $H_1: \beta_j > \beta_{j0}$	$z_0 > z_\alpha$	$P(Z_0 > z_0^*)$
좌측검정	$H_0: \beta_j = \beta_{j0}$, $H_1: \beta_j < \beta_{j0}$	$z_0 < -z_\alpha$	$P(Z_0 < z_0^*)$
양측검정	$H_0: \beta_j = \beta_{j0}$, $H_1: \beta_j \neq \beta_{j0}$	$\lvert z_0 \rvert > z_{\alpha/2}$	$2P(Z_0 > \lvert z_0^* \rvert)$

10) SAS, SPSS 등의 통계패키지에서는 Wald의 카이제곱 통계량을 사용하여 회귀계수 각각에 대한 검정 결과를 제공하고 있다. Wald 카이제곱 통계량은 Z 통계량을 제곱한 값과 동일하다. 즉 "Wald의 카이제곱 통계량 = Z^2"으로 두 검정방법은 서로 동일한 검정법이라고 할 수 있다.

R 실습 6.6 탄소 이산화황가스(carbon disulphide)(X)를 딱정벌레에 노출시켰을 때 죽는 딱정벌레의 수를 5개 수준의 가스량에 따라 조사한 결과 아래와 같은 자료를 얻었다고 하자. R 프로그램을 이용하여 다음 물음에 답하여라.

(1) 로지스틱 회귀식 $\log\left(\frac{\pi(x)}{1-\pi(x)}\right)=\beta_0+\beta_1 x$ 을 추정한 후, 그 적합성 여부를 유의수준 $\alpha=0.05$에서 검정하여라.

(2) 탄소 이산화황가스에 대한 오즈비를 구하고 그 의미를 설명하여라.

(3) 가설 $H_0: \beta_1=0$, $H_1: \beta_1 \neq 0$을 유의수준 $\alpha=0.05$에서 검정하여라.

carbon	0	1	2	3	4
사망 수	2	8	15	23	27
생존 수	28	22	15	7	3

출처 : Bliss (1935)

풀이

[R 프로그램 6.7] 로지스틱 회귀식의 추정

```
carbon=c(0, 1, 2, 3, 4); dead=c(2, 8, 15, 23, 27); alive=c(28, 22, 15, 7, 3)
Y=cbind(dead, alive)
logistic.glmfit=glm(Y~carbon, family=binomial)
summary(logistic.glmfit)
```

(1) 로지스틱 회귀모형의 적합성 검정

- 탄소 이산화황가스 자료의 로지스틱 회귀분석의 결과는 [그림 6.8]에 주어져 있으며, 이로부터 로지스틱 회귀식은

$$\log\left(\frac{\hat{\pi}(x)}{1-\hat{\pi}(x)}\right)=\hat{\beta}_0+\hat{\beta}_1 x=-2.3238+1.1619(carbon)$$

 와 같이 추정된다.

- [그림 6.8]의 결과로부터 이탈도는 $d_0^*(\beta)=0.37875$로 구해지고 자유도는 3이므로 $d_0^*(\beta)=0.37875<\chi^2_{0.05}(3)=7.81$이다. 따라서 "가정된 로지스틱모형이 주어진 자료에 적합하다"는 귀무가설은 채택할 수 있다. 또한 $p-$값 $=P(D_0(\beta)\geq 0.37875))$ $=0.9445$로 $\alpha=0.05$보다 크므로 동일한 검정결과를 얻게 된다.

(2) 오즈비의 계산

- 탄소 이산화황가스에 대한 오즈비는 $OR = e^{1.1619} = 3.196$으로 가스량이 한 단위 증가하면 딱정벌레가 생존할 확률에 대한 죽을 확률의 비, 즉 오즈가 약 3배 증가하며, 이로부터 탄소 이산화황가스의 노출량이 많을수록 사망하게 되는 경향이 높다고 할 수 있다.

(3) 특정 회귀계수에 대한 가설검정

- 회귀계수에 대한 유의성 여부는 z-통계량의 값(z value)과 이에 대한 $p-$값(Pr(>|z|))을 이용하여 알 수 있다.
- [그림 6.8]의 출력 결과에서 보는 바와 같이 탄소 이산화황가스는 유의수준 $\alpha = 0.05$에서 유의한 것을 알 수 있다.

R Console

```
> carbon=c(0, 1, 2, 3, 4); dead=c(2, 8, 15, 23, 27); alive=c(28, 22, 15, 7, 3)
> Y=cbind(dead, alive)
> logistic.glmfit=glm(Y~carbon, family=binomial)
> summary(logistic.glmfit)

Call:
glm(formula = Y ~ carbon, family = binomial)

Deviance Residuals:
      1        2        3        4        5
-0.4510   0.3597   0.0000   0.0643  -0.2045

Coefficients:
            Estimate Std. Error z value Pr(>|z|)
(Intercept)  -2.3238     0.4179  -5.561 2.69e-08 ***
carbon        1.1619     0.1814   6.405 1.51e-10 ***
---
Signif. codes:  0 '***' 0.001 '**' 0.01 '*' 0.05 '.' 0.1 ' ' 1

(Dispersion parameter for binomial family taken to be 1)

    Null deviance: 64.76327  on 4  degrees of freedom
Residual deviance:  0.37875  on 3  degrees of freedom
AIC: 20.854

Number of Fisher Scoring iterations: 4
```

[그림 6.8] 탄소 이산화황가스 자료의 로지스틱 회귀분석 결과 (R 프로그램 6.7)

연습문제

01 방문고객 20명에 대한 나이(X)와 상품 구매여부(Y)를 조사한 결과가 아래와 같다. 다음 물음에 답하여라. 이때 상품 구매여부에서 1은 구매를, 0은 비구매를 나타낸다.

나이	상품 구매여부	나이	상품 구매여부
25	1	37	1
34	0	24	0
27	0	33	0
28	1	30	1
21	0	38	1
31	0	32	0
36	1	28	0
20	0	22	0
29	0	39	1
32	1	26	0

(1) 상품 구매여부를 반응변수로, 나이를 설명변수로 하는 로지스틱 회귀식을 추정하여라.

(2) $\exp(\widehat{\beta_1})$의 값을 구하고 그 의미를 해석하여라.

(3) 나이가 20세 일 때 상품을 구매할 확률을 구하여라.

02 새로 개발된 방향 살충제의 효과를 검증하기 위한 실험에서 1,500 마리의 곤충을 6개 집단(각 집단에 250마리씩)으로 랜덤하게 나누어, 각 집단의 곤충들을 벽에 부착된 방향 살충제에 노출시켰다. 하루가 지난 후 곤충들의 생존여부를 조사한 결과는 아래 표와 같다. 다음 물음에 답하여라.

살충제 농도	사망한 곤충의 수	생존한 곤충의 수	전체
1	28	222	250
2	53	197	250
3	93	157	250
4	126	124	250
5	172	78	250
6	197	53	250

(1) 로지스틱 회귀식을 추정하여라.

(2) $\exp(\hat{\beta}_1)$의 값을 구하고 그 의미를 해석하여라.

(3) 살충제의 농도가 3.5인 수준에서 곤충이 사망할 확률은 얼마인가?

(4) 실험 곤충이 죽을 확률이 50%가 되는 방향 살충제의 농도는?

03 4종류의 Wechster Adult Intelligence Scale-Revised Test(Full Scale IQ: FSIQ, Verbal IQ: VIQ, Performance IQ: PIQ, Magnetic Resonance Imaging: MRI)와 몸무게(weight), 키(height) 등을 이용하여 성별을 구분하기 위한 실험으로부터 다음과 같은 자료를 얻었다. 로지스틱 회귀모형을 적합 시킨다고 할 때 주어진 자료에 적합한 회귀식을 추정하여라.

성별	FSIQ	VIQ	PIQ	weight	height	MRI
남자	149	150	124	166	72.5	100121
남자	139	123	150	143	73.3	1038437
남자	133	129	128	172	68.8	965353
남자	89	93	84	134	66.3	904858
남자	133	114	147	172	68.8	955466
남자	141	150	128	151	70.0	1079549
남자	135	129	124	155	69.1	924059
남자	100	96	102	178	73.5	945088
남자	80	77	86	180	70.0	889083
남자	83	83	86	166	71.4	892420
남자	97	107	84	186	76.5	905940
남자	139	145	128	132	68.0	955003
남자	141	145	131	171	72.0	935494
남자	103	96	110	187	77.0	1062462
남자	144	145	137	191	67.0	949589
남자	103	96	110	192	75.5	997925
남자	90	96	86	181	69.0	679987
남자	140	150	124	144	70.5	949395
남자	81	90	74	148	74.0	930016
남자	89	91	89	179	75.5	935863
여자	133	132	124	118	64.5	816932
여자	137	132	134	147	65.0	951545
여자	99	90	110	146	69.0	928799
여자	138	136	131	138	64.5	991305

성별	FSIQ	VIQ	PIQ	weight	height	MRI
여자	92	90	98	175	66.0	854258
여자	132	129	124	118	64.5	833868
여자	140	120	147	155	70.5	856472
여자	96	100	90	146	66.0	878897
여자	83	71	96	135	68.0	865363
여자	132	132	120	127	68.5	852244
여자	101	112	84	136	66.3	808020
여자	135	129	134	122	62.0	790619
여자	91	86	102	114	63.0	831772
여자	85	90	84	140	68.0	798612
여자	77	83	72	106	63.0	793549
여자	130	126	124	159	66.5	866662
여자	133	126	132	127	62.5	857782
여자	83	90	81	143	66.5	834344
여자	133	129	128	153	66.5	948066
여자	88	86	94	139	64.5	893983

출처 : Willerman et al. (1991)

04 어느 대학 입시의 합격자 10명과 불합격자 10명의 고등학교 내신성적(X_1)과 논술성적(X_2)의 자료가 아래와 같다. 다음 물음에 답하여라.

합격자		불합격자	
내신성적	논술성적	내신성적	논술성적
96	95	76	70
86	83	82	70
76	88	80	80
73	89	70	85
85	80	65	75
83	81	71	72
92	80	72	80
93	95	70	65
87	90	64	70
92	90	73	80

(1) 로지스틱 회귀식을 추정하여라.

(2) 내신성적이 80점이고 논술성적이 75점인 학생의 합격여부를 예측하여라.

(3) 두 설명변수(내신성적과 논술성적)를 이용한 로지스틱 회귀모형이 주어진 자료에 적합하다고 할 수 있는지 유의수준 $\alpha = 0.05$ 에서 적합성 검정을 하여라.

05 Motor Trend Car Road Tests 자료는 1974년 미국의 자동차 잡지 Motor Trend에서 차량에 대한 정보를 수집한 것으로 R 프로그램에서는 $mtcars$ 라는 이름으로 내장되어 있다. $mtcars$ 자료의 11개의 변수 중에서 실린더 개수(X_1 : cyl), 연비(X_2 : mpg)를 이용해서 변속기의 종류(Y: am)를 설명 및 예측하는 로지스틱 회귀모형을 적합하고자 한다. 다음 물음에 답하여라.

(1) 로지스틱 회귀식을 추정하여라.

(2) 로지스틱 회귀모형이 주어진 자료에 적합하다고 할 수 있는지 유의수준 $\alpha = 0.05$ 에서 적합성 검정을 하여라.

제 7 장

판별분석

판별분석(discriminant analysis)은 여러 집단에서 추출된 표본으로부터 집단을 잘 구별해 줄 수 있는 분류함수 또는 판별규칙을 도출한 후, 이를 이용하여 새로운 관측대상이 어느 집단에 속하는지를 판별하고자 할 때 사용되는 다변량 통계분석기법이다. 판별분석은 집단의 수가 여러 개인 경우에도 적용 가능하나, 여기서는 집단이 두 개인 경우의 판별분석에 대하여 살펴보도록 할 것이다. 먼저 판별분석에서 최적인 분류규칙을 도출하기 위해서 어떠한 사항들이 고려되어져야 하는지에 대하여 알아본 후, 이어서 모집단이 특정분포를 따르는 경우의 분류규칙에 대하여 알아보도록 하겠다.

7.1 최적의 분류가 되기 위한 분류규칙

판별분석에서 좋은 분류방법이란 관측대상들의 오분류(misclassification)를 최소로 하는 분류규칙을 말한다. 오분류를 최소로 만들기 위해서는 먼저 사전확률(prior probability)이 고려되어져야 한다. 사전확률이란 임의의 한 관측값이 특정 집단에 속할 확률을 말한다. 예를 들어 우리나라 전체 기업 중에서 도산하는 기업은 우량기업에 비하여 그 수가 적을 것은 자명하므로 전체 기업 중에서 어떤 한 기업이 도산할 확률은 0.5보다 훨씬 적어야 할 것이다. 따라서 임의로 한 기업을 선택하여 그 기업이 도산할 확률을 이야기할 때 그 기업이 도산할 것이라는 확실한 근거가 없는 한 우리는 그 기업이 도산할 확률을 0.5라고 이야기해서는 안 될 것이다. 따라서 최적인 분류규칙을 설정하기 위해서는 바로 이러한 사전확률이 고려되어져야만 한다.

최적인 분류를 위한 또 다른 고려 요소는 오분류에 대한 손실비용이다. 예를 들어 은행이 실제로 도산할 기업을 도산하지 않을 것이라고 잘못 판단하여 대출을 해줄 때 발생하는 손실비용은 실제로 도산할 가능성이 없는 기업을 도산할 기업으로 판단하여 대출을 해주지 않는 경우보다 그 손실비용이 훨씬 클 것이다. 따라서 최적인 분류방법이 되기 위해서는 가능하다면 오분류와 관련된 손실비용도 고려되어져야만 한다. 이 절에서는 사전확률과 오분류 비용을 고려할 때 최적인 분류규칙이 어떻게 설정되는지 알아보도록 할 것이다.

서로 다른 두 모집단 G_1과 G_2가 있고, 각 모집단에 대한 p개의 확률변수 X_1, X_2, $\cdots$, X_p로 이루어진 확률벡터 $\boldsymbol{X}=(X_1, X_2, \cdots, X_p)^T$의 결합확률밀도함수를 각각 $f_1(\boldsymbol{x})$와 $f_2(\boldsymbol{x})$라 하자. 그리고 S를 표본공간, 즉 가능한 모든 관측값 $\boldsymbol{x}$들의 집합이라고 하고,

R_1을 모집단 G_1으로 분류하게 되는 $\boldsymbol{x}$ 값들의 집합, R_2를 모집단 G_2로 분류하게 되는 $\boldsymbol{x}$ 값들의 집합이라 하자. 이때 모든 관측값들은 모집단 G_1 또는 G_2 중 어느 하나에 반드시 속하게 되므로 R_1과 R_2는 상호배반이 되며, 따라서 표본공간 $S = R_1 \cup R_2$가 된다.

임의의 관측값 $\boldsymbol{x}$가 실제로는 모집단 G_1에 속하지만 모집단 G_2에 속한다고 잘못 판단할 조건부 확률을 계산하면

$$P(2|1) = P(\boldsymbol{X} \in R_2 | G_1) = \int_{R_2} f_1(\boldsymbol{x}) d\boldsymbol{x} \tag{7.1}$$

가 되고, 이와는 반대로 실제로는 모집단 G_2에 속하지만 모집단 G_1에 속한다고 잘못 판단할 조건부확률은

$$P(1|2) = P(\boldsymbol{X} \in R_1 | G_2) = \int_{R_1} f_2(\boldsymbol{x}) d\boldsymbol{x} \tag{7.2}$$

가 된다. 식 (7.1)은 영역 R_2에 대한 확률밀도함수 $f_1(\boldsymbol{x})$ 아래의 체적을 나타내고, 식 (7.2)는 영역 R_1에 대한 확률밀도함수 $f_2(\boldsymbol{x})$ 아래의 체적으로 나타낸다. 두 식을 일변량의 경우에서 살펴보면 [그림 7.1]과 같다.

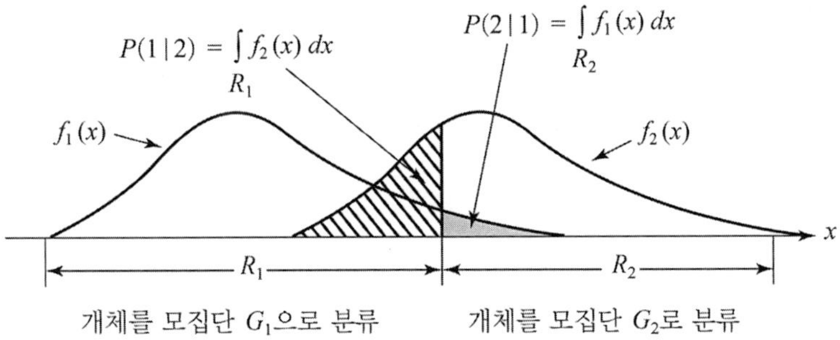

[그림 7.1] 분류영역에 대한 오분류율

관측값 $\boldsymbol{x}$가 모집단 G_1에 속할 사전확률 $P(G_1)$을 p_1, 모집단 G_2에 속할 사전확률 $P(G_2)$을 p_2라 하자. 이때 관측값을 올바르게 판별(정분류)할 확률과 잘못 판별(오분류)할 확률은 사전확률과 조건부확률의 곱으로 나타낼 수 있다. 즉,

$$
\begin{aligned}
&P(G_1\text{으로 정분류}) = P(G_1 \cap \boldsymbol{X} \in R_1) = P(G_1)P(\boldsymbol{X} \in R_1 | G_1) = p_1 P(1|1) \\
&P(G_1\text{으로 오분류}) = P(G_2 \cap \boldsymbol{X} \in R_1) = P(G_2)P(\boldsymbol{X} \in R_1 | G_2) = p_2 P(1|2) \\
&P(G_2\text{로 정분류}) = P(G_2 \cap \boldsymbol{X} \in R_2) = P(G_2)P(\boldsymbol{X} \in R_2 | G_2) = p_2 P(2|2) \\
&P(G_2\text{로 오분류}) = P(G_1 \cap \boldsymbol{X} \in R_2) = P(G_1)P(\boldsymbol{X} \in R_2 | G_1) = p_1 P(2|1)
\end{aligned}
\tag{7.3}
$$

오분류 비용(cost of misclassification)이란 판별을 잘못함으로써 발생하게 되는 손실비용을 말한다. <표 7.1>에서와 같이 실제로는 G_1에 속함에도 불구하고 G_2로 분류함에 따른 오분류 비용을 $c(2|1)$, 이와는 반대로 실제로는 G_2에 속하지만 G_1으로 분류함에 따른 오분류 비용을 $c(1|2)$라 하자.

〈표 7.1〉 오분류 비용

실제 모집단 \ 분류 결과	G_1	G_2
G_1	0	$c(2\|1)$
G_2	$c(1\|2)$	0

이때 오분류 기대비용 ECM(expected cost of misclassification)은 오분류 비용과 해당 오분류 확률을 곱하여 모두 더한 값 즉,

$$ECM = c(2|1)\{p_1 P(2|1)\} + c(1|2)\{p_2 P(1|2)\} \tag{7.4}$$

로 정의된다. 따라서 식 (7.1)과 (7.2)로부터

$$ECM = c(2|1)p_1 \int_{R_2} f_1(\boldsymbol{x})d\boldsymbol{x} + c(1|2)p_2 \int_{R_1} f_2(\boldsymbol{x})d\boldsymbol{x} \tag{7.5}$$

가 되고, 여기서 표본공간 $S = R_1 \cup R_2$임을 이용하면

$$1 = \int_S f_1(\boldsymbol{x})d\boldsymbol{x} = \int_{R_1} f_1(\boldsymbol{x})d\boldsymbol{x} + \int_{R_2} f_1(\boldsymbol{x})d\boldsymbol{x} \tag{7.6}$$

가 성립하므로 오분류 기대비용 ECM은

$$ECM = c(2|1)p_1\left[1 - \int_{R_1} f_1(\boldsymbol{x})d\boldsymbol{x}\right] + c(1|2)p_2\int_{R_1} f_2(\boldsymbol{x})d\boldsymbol{x}$$
$$= \int_{R_1}\left[c(1|2)p_2 f_2(\boldsymbol{x}) - c(2|1)p_1 f_1(\boldsymbol{x})\right]d\boldsymbol{x} + c(2|1)p_1 \tag{7.7}$$

이 된다. 식 (7.7)에서 사전확률 p_1과 p_2, 오분류 비용 $c(1|2)$과 $c(2|1)$, 확률밀도함수 $f_1(\boldsymbol{x})$와 $f_2(\boldsymbol{x})$는 모두 음이 아니다. 따라서 오분류 기대비용 ECM이 최소화되기 위해서는 영역 R_1이 부등식

$$\left[c(1|2)p_2 f_2(\boldsymbol{x}) - c(2|1)p_1 f_1(\boldsymbol{x})\right] \le 0 \tag{7.8}$$

을 만족하는 $\boldsymbol{x}$값들을 포함해야만 한다. 즉, 영역 R_1이 부등식

$$\frac{f_1(\boldsymbol{x})}{f_2(\boldsymbol{x})} \ge \left[\frac{c(1|2)}{c(2|1)}\right]\left[\frac{p_2}{p_1}\right] \tag{7.9}$$

(확률밀도함수 비) ≥ (비용 비)(사전확률 비)

를 만족하는 $\boldsymbol{x}$값들의 집합일 때 오분류 기대비용이 최소화되어지는 것이다. 마찬가지로 R_2는 R_1의 여집합이므로 R_2는 부등식

$$\frac{f_1(\boldsymbol{x})}{f_2(\boldsymbol{x})} < \left[\frac{c(1|2)}{c(2|1)}\right]\left[\frac{p_2}{p_1}\right] \tag{7.10}$$

(확률밀도함수 비) < (비용 비)(사전확률 비)

을 만족하는 $\boldsymbol{x}$값들의 집합일 때 오분류 기대비용이 최소화되어지게 된다.

식 (7.9)와 (7.10)으로부터 오분류 기대비용은 확률밀도함수의 비, 오분류 비용의 비, 사전확률의 비에 의하여 최소화되어짐을 알 수 있으며, 이로부터 다음과 같은 분류규칙이 만들어지게 된다.[1)]

---

1) 사전확률이 동일할 경우에는 확률밀도함수의 비와 오분류 비용의 비에 의해서, 오분류 비용이 동일할 경우에는 확률밀도함수의 비와 사전확률의 비에 의해서, 사전확률의 비와 오분류 비용의 비가 모두 동일할 경우에는 두 확률밀도함수의 비에 의하여 최적인 분류가 결정되어진다.

[오분류 기대비용(ECM)을 최소로 하는 분류규칙]

관측값 $\boldsymbol{x}_0$에 대하여

- 사전확률이 동일한 경우 즉, $\dfrac{p_2}{p_1} = 1$일 때

$\dfrac{f_1(\boldsymbol{x}_0)}{f_2(\boldsymbol{x}_0)} \geq \dfrac{c(1|2)}{c(2|1)}$이면 $\boldsymbol{x}_0$를 G_1으로 분류, $\dfrac{f_1(\boldsymbol{x}_0)}{f_2(\boldsymbol{x}_0)} < \dfrac{c(1|2)}{c(2|1)}$이면 $\boldsymbol{x}_0$를 G_2로 분류

- 오분류 비용이 동일한 경우 즉, $\dfrac{c(1|2)}{c(2|1)} = 1$일 때

$\dfrac{f_1(\boldsymbol{x}_0)}{f_2(\boldsymbol{x}_0)} \geq \dfrac{p_2}{p_1}$이면 $\boldsymbol{x}_0$를 G_1으로 분류, $\dfrac{f_1(\boldsymbol{x}_0)}{f_2(\boldsymbol{x}_0)} < \dfrac{p_2}{p_1}$이면 $\boldsymbol{x}_0$를 G_2로 분류

- 사전확률과 오분류 비용이 동일한 경우

$\dfrac{f_1(\boldsymbol{x}_0)}{f_2(\boldsymbol{x}_0)} \geq 1$이면 $\boldsymbol{x}_0$를 G_1으로 분류, $\dfrac{f_1(\boldsymbol{x}_0)}{f_2(\boldsymbol{x}_0)} < 1$이면 $\boldsymbol{x}_0$를 G_2로 분류

예제 7.1 두 모집단 G_1과 G_2에서 확률벡터 $\boldsymbol{X} = (X_1, X_2)^T$의 확률밀도함수를 각각 $f_1(\boldsymbol{x})$, $f_2(\boldsymbol{x})$, 오분류 비용을 $c(2|1) = 5$, $c(1|2) = 10$, 사전확률을 $p_1 = 0.8$, $p_2 = 0.2$라고 할 때, 다음 물음에 답하여라.

(1) 오분류 기대비용을 최소로 하는 분류기준을 설정하여라.

(2) $f_1(\boldsymbol{x}_0) = 0.3$, $f_2(\boldsymbol{x}_0) = 0.4$일 때 $\boldsymbol{x}_0$를 어느 집단으로 분류할 것인지를 판단하여라.

풀이

(1) 임의의 관측값 $\boldsymbol{x}_0$에 대하여

$$\frac{f_1(\boldsymbol{x}_0)}{f_2(\boldsymbol{x}_0)} \geq \left[\frac{10}{5}\right]\left[\frac{0.2}{0.8}\right] = 0.5\text{이면 } \boldsymbol{x}_0\text{를 집단 } G_1\text{으로 분류하고}$$

$$\frac{f_1(\boldsymbol{x}_0)}{f_2(\boldsymbol{x}_0)} < \left[\frac{10}{5}\right]\left[\frac{0.2}{0.8}\right] = 0.5\text{이면 } \boldsymbol{x}_0\text{를 집단 } G_2\text{로 분류한다.}$$

(2) $\dfrac{f_1(\boldsymbol{x}_0)}{f_2(\boldsymbol{x}_0)} = \dfrac{0.3}{0.4} = 0.75 > 0.5$이므로 $\boldsymbol{x}_0$를 집단 G_1으로 분류한다. ■

오분류 비용이 동일할 경우의 판별기준은 사후확률 $P(G_i|\boldsymbol{x}_0)$이 큰 집단으로 관측값

$\boldsymbol{x}_0$를 분류하는 것과 동일하다. 즉, 베이즈 정리에 의하면 사후확률은

$$P(G_1|\boldsymbol{x}_0) = \frac{P(G_1)P(\boldsymbol{x}_0|G_1)}{P(G_1)P(\boldsymbol{x}_0|G_1) + P(G_2)P(\boldsymbol{x}_0|G_2)} = \frac{p_1 f_1(\boldsymbol{x}_0)}{p_1 f_1(\boldsymbol{x}_0) + p_2 f_2(\boldsymbol{x}_0)}$$
$$P(G_2|\boldsymbol{x}_0) = 1 - P(G_1|\boldsymbol{x}_0) = \frac{p_2 f_2(\boldsymbol{x}_0)}{p_1 f_1(\boldsymbol{x}_0) + p_2 f_2(\boldsymbol{x}_0)} \tag{7.11}$$

와 같고, 위 두 식에서 분모는 서로 동일하다. 따라서 관측값 $\boldsymbol{x}_0$가 주어졌을 때 집단 G_1에 속할 사후확률 $P(G_1|\boldsymbol{x}_0)$가 집단 G_2에 속할 사후확률 $P(G_2|\boldsymbol{x}_0)$보다 크거나 같을 때 관계식 $p_1 f_1(\boldsymbol{x}_0) \geq p_2 f_2(\boldsymbol{x}_0)$가 성립하며, 이 식은 $\dfrac{f_1(\boldsymbol{x}_0)}{f_2(\boldsymbol{x}_0)} \geq \dfrac{p_2}{p_1}$와 동일하다. 따라서 오분류 비용이 동일할 경우에는 사후확률을 이용하여 관측값을 분류해도 마찬가지의 결과를 얻을 수 있게 된다.

7.2 두 모집단이 다변량 정규분포를 따르는 경우의 분류규칙

분류규칙을 설정하기에 앞서 다변량 정규분포에 대하여 살펴보기로 하자. p개의 확률변수 $X_1, X_2, \cdots, X_p$로 이루어진 확률벡터 $\boldsymbol{X} = (X_1, X_2, \cdots, X_p)^T$에서 j번째 확률변수 X_j의 평균을 μ_j로 표기할 때 기댓값 $E(\boldsymbol{X})$는 모든 확률변수들의 평균 μ_1, μ_2, $\cdots$, μ_p를 원소로 갖는 벡터로 정의되며, 이를 평균벡터(mean vector)라고 한다. 즉,

$$\boldsymbol{\mu} = E(\boldsymbol{X}) = \begin{bmatrix} E(X_1) \\ E(X_2) \\ \vdots \\ E(X_p) \end{bmatrix} = \begin{bmatrix} \mu_1 \\ \mu_2 \\ \vdots \\ \mu_p \end{bmatrix} \tag{7.12}$$

이다. 그리고 두 개의 확률변수 X_j와 X_k의 공분산을 $Cov(X_j,\ X_k) = \sigma_{jk}$라 할 때 p개의 확률변수들 사이에는 $p(p+1)/2$개의 공분산이 존재하게 되며, 이때 $j=k$인 경우 공분산은 확률변수 X_j의 분산 즉, $Var(X_j) = \sigma_{jj}$가 된다. 이러한 공분산과 분산을 모아 행렬형태로 표현한 것을 공분산 행렬(covariance matrix)이라 하며 Σ로 표기한다.

$$\Sigma = E\left[(\boldsymbol{X}-\boldsymbol{\mu})(\boldsymbol{X}-\boldsymbol{\mu})^T\right] = \begin{bmatrix} \sigma_{11} & \sigma_{12} & \cdots & \sigma_{1p} \\ \sigma_{21} & \sigma_{22} & \cdots & \sigma_{2p} \\ \vdots & \vdots & \vdots & \vdots \\ \sigma_{p1} & \sigma_{p2} & \cdots & \sigma_{pp} \end{bmatrix} \tag{7.13}$$

p차원 확률벡터 $\boldsymbol{X}=(X_1, X_2, \cdots, X_p)^T$가 다변량 정규분포를 따를 때 확률벡터 $\boldsymbol{X}$의 결합확률밀도함수는 다음과 같다.

정의 7.1 다변량 정규분포(multivariate normal distribution)

p차원 확률벡터 $\boldsymbol{X}=(X_1, X_2, \cdots, X_p)^T$의 결합확률밀도함수가

$$f(\boldsymbol{x}) = \frac{1}{(2\pi)^{p/2}|\Sigma|^{1/2}} exp\left[-\frac{1}{2}(\boldsymbol{x}-\boldsymbol{\mu})'\Sigma^{-1}(\boldsymbol{x}-\boldsymbol{\mu})\right],\ -\infty < x_j < \infty, j=1,\cdots,p$$

와 같을 때, 확률벡터 $\boldsymbol{X}$는 '모수가 $\boldsymbol{\mu}$, Σ인 다변량 정규분포를 따른다'라고 하며, $\boldsymbol{X}=(X_1, X_2, \cdots, X_p)^T \sim N_p(\boldsymbol{\mu}, \Sigma)$으로 표기한다.

$p=2$일 때 다변량 정규분포의 결합확률밀도함수는 정의 1.20의 이변량 정규분포의 결합확률밀도함수와 같다.

7.2.1 두 모집단의 공분산 행렬이 동일한 경우의 분류규칙

두 모집단 G_1과 G_2에서 확률벡터 $\boldsymbol{X}=(X_1, X_2, \cdots, X_p)^T$가 각각 공분산 행렬이 동일한 다변량 정규분포 $N_p(\boldsymbol{\mu}_i, \Sigma)$, $i=1,\ 2$를 따를 때 결합확률밀도함수 $f_i(\boldsymbol{x})$는 다음과 같게 된다.

$$f_i(\boldsymbol{x}) = \frac{1}{(2\pi)^{p/2}|\Sigma|^{1/2}} exp\left[-\frac{1}{2}(\boldsymbol{x}-\boldsymbol{\mu}_i)^T\Sigma^{-1}(\boldsymbol{x}-\boldsymbol{\mu}_i)\right],\ i=1,\ 2 \tag{7.14}$$

이때 두 확률밀도함수 $f_1(\boldsymbol{x})$와 $f_2(\boldsymbol{x})$의 비는

$$\frac{f_1(\boldsymbol{x})}{f_2(\boldsymbol{x})} = \frac{\frac{1}{(2\pi)^{p/2}|\Sigma|^{1/2}} exp\left[-\frac{1}{2}(\boldsymbol{x}-\mu_1)'\Sigma^{-1}(\boldsymbol{x}-\mu_1)\right]}{\frac{1}{(2\pi)^{p/2}|\Sigma|^{1/2}} exp\left[-\frac{1}{2}(\boldsymbol{x}-\mu_2)'\Sigma^{-1}(\boldsymbol{x}-\mu_2)\right]}$$
$$= exp\left[-\frac{1}{2}(\boldsymbol{x}-\boldsymbol{\mu}_1)^T\Sigma^{-1}(\boldsymbol{x}-\boldsymbol{\mu}_1) + \frac{1}{2}(\boldsymbol{x}-\boldsymbol{\mu}_2)^T\Sigma^{-1}(\boldsymbol{x}-\boldsymbol{\mu}_2)\right] \tag{7.15}$$

가 되고, 이것을 식 (7.9)와 (7.10)에 대입한 후 양변에 자연로그를 취하면

$$(\boldsymbol{\mu}_1-\boldsymbol{\mu}_2)^T\Sigma^{-1}\boldsymbol{x} - \frac{1}{2}(\boldsymbol{\mu}_1-\boldsymbol{\mu}_2)^T\Sigma^{-1}(\boldsymbol{\mu}_1+\boldsymbol{\mu}_2) \geq \ln\left[\left(\frac{c(1|2)}{c(2|1)}\right)\left(\frac{p_2}{p_1}\right)\right]$$
$$(\boldsymbol{\mu}_1-\boldsymbol{\mu}_2)^T\Sigma^{-1}\boldsymbol{x} - \frac{1}{2}(\boldsymbol{\mu}_1-\boldsymbol{\mu}_2)^T\Sigma^{-1}(\boldsymbol{\mu}_1+\boldsymbol{\mu}_2) < \ln\left[\left(\frac{c(1|2)}{c(2|1)}\right)\left(\frac{p_2}{p_1}\right)\right] \tag{7.16}$$

와 같은 분류규칙을 구할 수 있다.

일반적으로 식 (7.16)의 모수 μ_1과 μ_2, 그리고 Σ는 알려져 있지 않은 경우가 대부분이다. 이러한 경우에는 표본으로부터 추정되는 통계량을 사용하여 분류규칙을 설정하게 된다. 확률벡터 $\boldsymbol{X} = (X_1, X_2, \cdots, X_p)^T$에 대하여 두 모집단 G_1과 G_2로부터 각각 크기가 n_1개와 n_2개인 표본을 랜덤으로 추출하여

$$\boldsymbol{X}_1 = \begin{bmatrix} \boldsymbol{x}_{11}^T \\ \boldsymbol{x}_{12}^T \\ \vdots \\ \boldsymbol{x}_{1n_1}^T \end{bmatrix} = \begin{bmatrix} x_{111} & x_{112} & \cdots & x_{11p} \\ x_{121} & x_{122} & \cdots & x_{12p} \\ \vdots & \vdots & \ddots & \vdots \\ x_{1n_11} & x_{1n_12} & \cdots & x_{1n_1p} \end{bmatrix}, \quad \boldsymbol{X}_2 = \begin{bmatrix} \boldsymbol{x}_{21}^T \\ \boldsymbol{x}_{22}^T \\ \vdots \\ \boldsymbol{x}_{2n_1}^T \end{bmatrix} = \begin{bmatrix} x_{211} & x_{212} & \cdots & x_{21p} \\ x_{221} & x_{222} & \cdots & x_{22p} \\ \vdots & \vdots & \ddots & \vdots \\ x_{2n_11} & x_{2n_12} & \cdots & x_{2n_1p} \end{bmatrix} \tag{7.17}$$

와 같은 자료행렬을 얻었다고 하면, 각 집단에 대한 표본평균 벡터(sample mean vector)와 표본공분산 행렬(sample covariance matrix)은 다음과 같이 계산된다.

$$\overline{\boldsymbol{x}}_1 = \frac{1}{n_1}\sum_{i=1}^{n_1}\boldsymbol{x}_{1i}, \quad \boldsymbol{S}_1 = \frac{1}{n_1-1}\sum_{i=1}^{n_1}(\boldsymbol{x}_{1i}-\overline{\boldsymbol{x}}_1)(\boldsymbol{x}_{1i}-\overline{\boldsymbol{x}}_1)^T$$
$$\overline{\boldsymbol{x}}_2 = \frac{1}{n_2}\sum_{i=1}^{n_2}\boldsymbol{x}_{2i}, \quad \boldsymbol{S}_2 = \frac{1}{n_2-1}\sum_{i=1}^{n_2}(\boldsymbol{x}_{2i}-\overline{\boldsymbol{x}}_2)(\boldsymbol{x}_{2i}-\overline{\boldsymbol{x}}_2)^T \tag{7.18}$$

또한 두 모집단의 공분산 행렬은 Σ로 동일하므로 Σ의 추정량인 합동 공분산 행렬 $\boldsymbol{S}_{pooled}$

는 두 표본공분산 행렬 $\boldsymbol{S}_1$과 $\boldsymbol{S}_2$로부터 다음과 같이 구할 수 있다.

$$\boldsymbol{S}_{pooled} = \frac{(n_1-1)\boldsymbol{S}_1 + (n_2-1)\boldsymbol{S}_2}{n_1+n_2-2} \tag{7.19}$$

따라서 모수 μ_1, μ_2, Σ 를 모를 경우 이들 각각의 추정량인 $\overline{\boldsymbol{x}}_1$, $\overline{\boldsymbol{x}}_2$, 그리고 $\boldsymbol{S}_{pooled}$를 사용하면 분류규칙은 다음과 같이 설정된다.

[다변량 정규분포를 따르면서 공분산 행렬이 동일한 경우의 분류규칙]

관측값 $\boldsymbol{x}_0$에 대하여

- $(\overline{\boldsymbol{x}}_1 - \overline{\boldsymbol{x}}_2)^T \boldsymbol{S}_{pooled}^{-1} \boldsymbol{x}_0 \geq \frac{1}{2}(\overline{\boldsymbol{x}}_1 - \overline{\boldsymbol{x}}_2)^T \boldsymbol{S}_{pooled}^{-1}(\overline{\boldsymbol{x}}_1 + \overline{\boldsymbol{x}}_2) + \log\left[\left(\frac{c(1|2)}{c(2|1)}\right)\left(\frac{p_2}{p_1}\right)\right]$
  이면 $\boldsymbol{x}_0$를 G_1으로 분류하고
- 그렇지 않으면 $\boldsymbol{x}_0$를 G_2로 분류한다.

위의 분류규칙에서 좌변은 선형 결합식

$$\hat{y} = (\overline{\boldsymbol{x}}_1 - \overline{\boldsymbol{x}}_2)^T \boldsymbol{S}_{pooled}^{-1} \boldsymbol{x} = \hat{\boldsymbol{a}}^T \boldsymbol{x} \tag{7.20}$$

로 표현할 수 있으며, 이것을 선형 판별함수(linear discriminant function)라고 부른다. 그리고 분류규칙의 우변에서 오분류 비용과 사전확률이 각각 동일할 경우 즉, $c(1|2) = c(2|1)$, $p_1 = p_2$일 경우 $\left[\left(\frac{c(1|2)}{c(2|1)}\right)\left(\frac{p_2}{p_1}\right)\right] = 1$이므로 $\log(1) = 0$이 되어

$$\begin{aligned} \overline{y}_1 &= (\overline{\boldsymbol{x}}_1 - \overline{\boldsymbol{x}}_2)^T \boldsymbol{S}_{pooled}^{-1} \overline{\boldsymbol{x}}_1 = \hat{\boldsymbol{a}}^T \overline{\boldsymbol{x}}_1, \\ \overline{y}_2 &= (\overline{\boldsymbol{x}}_1 - \overline{\boldsymbol{x}}_2)^T \boldsymbol{S}_{pooled}^{-1} \overline{\boldsymbol{x}}_2 = \hat{\boldsymbol{a}}^T \overline{\boldsymbol{x}}_2 \end{aligned} \tag{7.21}$$

라면, 우변은

$$\hat{m} = \frac{1}{2}(\overline{\boldsymbol{x}}_1 - \overline{\boldsymbol{x}}_2)^T \boldsymbol{S}_{pooled}^{-1}(\overline{\boldsymbol{x}}_1 + \overline{\boldsymbol{x}}_2) = \frac{1}{2}(\overline{y}_1 + \overline{y}_2) \tag{7.22}$$

와 같이 두 집단의 판별함수값의 평균 $\overline{y}_1$과 $\overline{y}_2$의 중간값을 의미하게 된다. 따라서 오분류

비용과 사전확률이 동일할 경우 분류규칙은 관측값 $\boldsymbol{x}_0$로부터 계산되는 선형판별함수의 값 $\hat{y}_0 = \hat{\boldsymbol{a}}^T \boldsymbol{x}_0$를 $\hat{m} = (\bar{y}_1 + \bar{y}_2)/2$ 와 비교하여 이 값보다 크면 $\boldsymbol{x}_0$를 G_1으로, 그렇지 않으면 $\boldsymbol{x}_0$를 G_2로 분류하는 것과 동일한 것이 된다.[2)]

예제 7.2 우리나라 20대 성인의 키(X_1)와 몸무게(X_2)는 남자의 경우 $\boldsymbol{X} = (X_1, X_2)^T$는 다변량 정규분포 $N(\boldsymbol{\mu}_1, \Sigma)$를 따르고, 여자의 경우 $\boldsymbol{X} = (X_1, X_2)^T$는 다변량 정규분포 $N(\boldsymbol{\mu}_2, \Sigma)$를 따른다고 한다. 두 집단에서 크기가 각각 $n_1 = n_2 = 20$인 표본을 측정한 결과가 아래와 같다고 할 때, 다음 물음에 답하여라.

번호	남자		여자	
	키	체중	키	체중
1	166	72.5	118	64.5
2	143	73.3	147	65.0
3	172	68.8	146	69.0
4	134	66.3	138	64.5
5	172	68.8	175	66.0
6	151	70.0	118	64.5
7	155	69.1	155	70.5
8	178	73.5	146	66.0
9	180	70.0	135	68.0
10	166	71.4	127	68.5
11	186	76.5	136	66.3
12	132	68.0	122	62.0
13	171	72.0	114	63.0
14	187	77.0	140	68.0
15	191	67.0	106	63.0
16	192	75.5	159	66.5
17	181	69.0	127	62.5
18	144	70.5	143	66.5
19	148	74.0	153	66.5
20	179	75.5	139	64.5

(1) 남자와 여자의 모평균 $\boldsymbol{\mu}_1$과 $\boldsymbol{\mu}_2$, 공통 공분산 행렬 Σ의 추정값을 각각 구하여라.

(2) 선형판별함수 $\hat{y}$을 구하여라.

(3) 분류규칙을 설정하여라.

2) $\hat{m} = (\bar{y}_1 + \bar{y}_2)/2$를 분류점(cutting point)이라고 한다.

풀이

(1) 남자와 여자의 모평균 μ_1과 μ_2의 추정량인 표본평균 벡터는 각각

$$\overline{\boldsymbol{x}_1} = \begin{bmatrix} 166.400 \\ 71.435 \end{bmatrix},\ \overline{\boldsymbol{x}_2} = \begin{bmatrix} 137.200 \\ 65.765 \end{bmatrix}$$

이고 표본공분산 행렬은 각각 $\boldsymbol{S}_1 = \begin{bmatrix} 359.6210 & 24.4747 \\ 24.4747 & 10.1866 \end{bmatrix}$, $\boldsymbol{S}_2 = \begin{bmatrix} 287.4315 & 21.4284 \\ 21.4284 & 5.2360 \end{bmatrix}$ 으로 계산된다. 따라서 공통공분산 행렬 Σ의 추정량인 합동공분산 행렬은

$$\boldsymbol{S}_{pooled} = \frac{(20-1)\boldsymbol{S}_1 + (20-1)\boldsymbol{S}_2}{20+20-2} = \begin{bmatrix} 323.5263 & 22.9515 \\ 22.9515 & 7.7113 \end{bmatrix}$$

으로 계산된다.

(2) 선형 판별함수는 다음과 같이 구해진다.

$$\begin{aligned} \hat{y} = (\overline{\boldsymbol{x}}_1 - \overline{\boldsymbol{x}}_2)^T \boldsymbol{S}_{pooled}^{-1} \boldsymbol{x} &= [29.20 \quad 5.67] \begin{bmatrix} 0.0039 & -0.0116 \\ -0.0116 & 0.1643 \end{bmatrix} \begin{bmatrix} x_1 \\ x_2 \end{bmatrix} \\ &= 0.0482\,x_1 + 0.5915\,x_2 \end{aligned}$$

(3) 분류점을 구하면 $\hat{m} = \frac{1}{2}(\overline{\boldsymbol{x}}_1 - \overline{\boldsymbol{x}}_2)^T \boldsymbol{S}_{pooled}^{-1} (\overline{\boldsymbol{x}}_1 + \overline{\boldsymbol{x}}_2) = 47.911$ 이므로 분류규칙은 관측값 $\boldsymbol{x}_0$에 대한 판별함수의 값이

$\hat{y} = 0.0482\,x_1 + 0.5915\,x_2 \geq 47.911 + \log\left[\left(\frac{c(1|2)}{c(2|1)}\right)\left(\frac{p_2}{p_1}\right)\right]$ 이면 $\boldsymbol{x}_0$를 집단 G_1(남자)으로, 그렇지 않으면 $\boldsymbol{x}_0$를 G_2(여자)로 분류하면 된다. ■

R 실습 7.1 R 프로그램을 이용하여 [예제 7.2]의 모수 μ_1, μ_2, Σ의 추정값과 선형 판별함수의 계수, 그리고 분류 결과를 출력하기 위한 사용자 함수를 만들어라. 단 오분류 비용은 동일하다고 가정한다.

풀이

[R 프로그램 7.1] 선형 판별함수의 추정을 위한 사용자 함수

```
my.lda=function(X1, X2, Prior=c(0.5,0.5)){
  x1=as.matrix(X1); x2=as.matrix(X2); n1=nrow(x1); n2=nrow(x2)
  if(sum(Prior)==1){prior=Prior
    } else{prior=c(n1/(n1+n2), n2/(n1+n2))}
  s1.result=cov.wt(x1); s2.result=cov.wt(x2)
  xbar1=s1.result$center; xbar2=s2.result$center
```

```
 s.pooled=((n1-1)*s1.result$cov+(n2-1)*s2.result$cov)/(n1+n2-2)
 a.hat=t(xbar1-xbar2)%*%solve(s.pooled); y.hat=rbind(x1,x2)%*%t(a.hat);
 m.hat=(1/2)*t(xbar1-xbar2)%*%solve(s.pooled)%*%(xbar1+xbar2)+
            log(prior[2]/prior[1])
 g.hat=ifelse(y.hat>=as.numeric(m.hat), "Group1", "Group2");
   g.hat=as.vector(g.hat)
 result=list(coef=a.hat, m=m.hat, group=g.hat, x1.bar=xbar1, x2.bar=xbar2,
               S.pooled=s.pooled)
 return(result)
}
```

- 사용자 함수 my.lda()는 두 집단의 분류규칙을 추정하고 관측개체들의 집단을 예측하는 함수로서 두 집단에 대한 설명변수의 관측값은 X1, X2에 각각 입력하도록 설정되어 있다.
- 사전확률은 벡터형태로 입력토록 되어 있으며, 입력하지 않으면 $p_1 = p_2 = 0.5$가 입력되도록 되어 있다. 또한 사전확률이 잘못 입력되는 경우에는 두 집단의 관측수의 비율에 따라 계산되어지도록 설정하였다. 이를 위해 if-else() 함수를 이용하였으며, 그 사용형식은 if(조건문) 명령어 1 else 명령어 2으로 조건문이 참이면 명령어 1이, 거짓이면 명령어 2가 실행된다. 따라서 my.lda()의 인수 $Prior$에 벡터형태로 사전확률을 입력하면 입력된 값이 이용되고, 아무런 값도 입력하지 않으면 $p_1 = p_2 = 0.5$의 값이 제공되며, 잘못 입력하면 관측개체의 비율에 따라 사전확률이 계산되어 제공된다.
- 두 집단의 평균벡터와 공분산 행렬을 추정하기 위하여 함수 cov.wt()를 사용하여 표본공분산 행렬($cov)과 각 집단의 표본평균 벡터($center)을 계산하였으며, 이를 이용하여 공통공분산 행렬의 추정량을 계산하였다.
- 선형 판별함수의 계수, 관측값에 대한 선형판별함수의 값, 분류점, 관측개체에 대한 집단의 추정값은 각각 $a.hat$, $y.hat$, $m.hat$, $g.hat$에 저장하였으며, 이러한 추정값들은 list() 함수를 이용하여 출력하도록 하였다.
- 관측개체에 대한 집단의 추정값 $g.hat$은 ifelse() 함수를 이용하여 계산하였으며, 그 사용형식은 ifelse(test, yes, no)으로 test가 참이면 yes의 값을, 거짓이면 no의 값을 제공하게 된다.

[R 프로그램 7.2] my.lda() 함수를 이용한 선형 판별함수의 추정

```
height.m=c(166,143,172,134,172,151,155,178,180,166,186,132,171,187,191,
              192,181,144,148,179)
weight.m=c(72.5,73.3,68.8,66.3,68.8,70.0,69.1,73.5,70.0,71.4,76.5,68.0,72.0,
              77.0,67.0,75.5,69.0,70.5,74.0,75.5)
height.f=c(118,147,146,138,175,118,155,146,135,127,136,122,114,140,106,
```

```
                159,127,143,153,139)
weight.f=c(64.5,65.0,69.0,64.5,66.0,64.5,70.5,66.0,68.0,68.5,66.3,62.0,63.0,
                68.0,63.0,66.5,62.5,66.5,66.5,64.5)
male=cbind(height.m, weight.m); colnames(male)=c("height", "weight")
female=cbind(height.f, weight.f); colnames(female)=c("height","weight")
my.lda(X1=male, X2=female) # my.lda() : R 프로그램 7.1 참조
```

- 남자(집단 1)의 키와 몸무게는 각각 $height.m$ 과 $weight.m$ 에 저장하였으며, cbind() 함수를 이용하여 20×2 행렬을 $male$ 이라는 변수명에 저장하였다. 마찬가지 방법으로 여자(집단 2)의 키와 몸무게에 대한 20×2 행렬은 $female$ 이라는 변수명에 저장하였다.
- R 프로그램 7.1의 my.lda() 함수를 이용한 선형 판별함수의 추정결과는 [그림 7.2]에 나타나 있으며, 예제 7.1의 결과와 동일함을 알 수 있다.

```
R Console
> height.m=c(166,143,172,134,172,151,155,178,180,166,186,132,171,187,191,
+            192,181,144,148,179)
> weight.m=c(72.5,73.3,68.8,66.3,68.8,70.0,69.1,73.5,70.0,71.4,76.5,68.0,72.0,
+             77.0,67.0,75.5,69.0,70.5,74.0,75.5)
> height.f=c(118,147,146,138,175,118,155,146,135,127,136,122,114,140,106,
+            159,127,143,153,139)
> weight.f=c(64.5,65.0,69.0,64.5,66.0,64.5,70.5,66.0,68.0,68.5,66.3,62.0,63.0,
+            68.0,63.0,66.5,62.5,66.5,66.5,64.5)
> male=cbind(height.m, weight.m); colnames(male)=c("height", "weight")
> female=cbind(height.f, weight.f); colnames(female)=c("height","weight")
> my.lda(X1=male, X2=female) # my.lda() : R 프로그램 7.1 참조
$coef
         height   weight
[1,] 0.04828936 0.591555

$m
       [,1]
[1,] 47.911

$group
 [1] "Group1" "Group1" "Group1" "Group2" "Group1" "Group1" "Group1" "Group1"
 [9] "Group1" "Group1" "Group1" "Group2" "Group1" "Group1" "Group1" "Group1"
[17] "Group1" "Group1" "Group1" "Group1" "Group2" "Group2" "Group2" "Group2"
[25] "Group2" "Group2" "Group1" "Group2" "Group2" "Group2" "Group2" "Group2"
[33] "Group2" "Group2" "Group2" "Group2" "Group2" "Group2" "Group2" "Group2"

$x1.bar
 height  weight
166.400  71.435

$x2.bar
 height  weight
137.200  65.765

$S.pooled
          height    weight
height 323.52632 22.951579
weight  22.95158  7.711342
```

[그림 7.2] 선형 판별함수를 이용한 집단의 추정결과 (R 프로그램 7.1, 7.2)

R 실습 7.2 R 프로그램의 MASS 패키지에서 제공하는 lda() 함수를 이용하여 [예제 7.2]의 선형 판별함수를 추정하여라.

풀이

[R 프로그램 7.3] MASS 패키지의 lda() 함수를 이용한 선형 판별함수의 추정

```
library(MASS)
exp.var=rbind(male, female) # R 프로그램 7.2 참조
group=factor(c(rep("남자", nrow(male)), rep("여자", nrow(female))))
result=lda(x=exp.var, grouping=group, prior=c(0.5,0.5))
result
predict(result)
```

- 선형 판별함수의 추정을 위하여 R에서 제공되는 함수는 MASS 패키지의 lda() 함수이다.[3] 필요한 패키지를 불러오기 위해서는 library(패키지명)과 같이 실행하면 된다.
- lda() 함수의 사용형식은 lda(group~x1 + x2+⋯, data)와 같이 모형을 이용하거나 lda(x, grouping, prior)와 같이 설명변수(x)를 행렬이나 데이터 프레임의 형태, 집단(grouping)을 인자의 형태로 입력할 수 있다. 여기서는 설명변수를 행렬의 형태로 $exp.var$ 이라는 변수명으로 저장하였으며, 집단은 factor() 함수를 이용하여 인자의 형태로 $group$ 이라는 변수명으로 저장하였다.
- 관측개체의 집단을 추정하기 위하여 predict() 함수를 사용하였으며, 그 결과는 [그림 7.3]에 나타나 있다. [그림 7.2]에서 식 $(\overline{\boldsymbol{x}}_1 - \overline{\boldsymbol{x}}_2)^T \boldsymbol{S}_{pooled}^{-1}$ 에 의하여 구한 선형 판별함수의 계수값 (0.048289, 0.591555)와 R에서 제공하는 lda() 함수에 의하여 구해진 계수값 (-0.022123, -0.271020)은 정확히 일치하지 않는다. 이는 척도화(scaling)에 의한 것으로 두 판별함수의 계수값은 $(0.048289, 0.591555) = k(-0.022123, -0.271020)$의 관계가 성립한다. 따라서 아래 출력 결과에서 보는 바와 같이 분류 결과는 동일하다는 것을 알 수 있다.

---

3) 패키지 MASS 설치를 위해서는 메뉴 표시줄에서 "패키지－패키지 인스톨－CRAN mirror에서 korea"를 차례로 선택한 후 "ok" 버튼을 누른다.

```
R Console
> library(MASS)
> exp.var=rbind(male, female) # R 프로그램 7.2 참조
> group=factor(c(rep("남자", nrow(male)), rep("여자", nrow(female))))
> result=lda(x=exp.var, grouping=group, prior=c(0.5,0.5))
> result
Call:
lda(exp.var, grouping = group, prior = c(0.5, 0.5))

Prior probabilities of groups:
남자 여자
 0.5  0.5

Group means:
     height weight
남자  166.4 71.435
여자  137.2 65.765

Coefficients of linear discriminants:
              LD1
height -0.02212371
weight -0.27102021
> predict(result)
$class
 [1] 남자 남자 남자 여자 남자 남자 남자 남자 남자 남자 남자 여자 남자 남자 남자
[16] 남자 남자 남자 남자 남자 여자 여자 여자 여자 여자 여자 남자 여자 여자 여자
[31] 여자 여자 여자 여자 여자 여자 여자 여자 여자 여자
Levels: 남자 여자

$posterior
          남자        여자
 [1,] 0.952246583 0.047753417
 [2,] 0.913359493 0.086640507
```

[그림 7.3] 선형 판별함수를 이용한 집단의 추정결과 (R 프로그램 7.3)

7.2.2 Fisher의 분류규칙

Fisher는 모집단의 정규성 가정 없이 전혀 다른 접근방법으로 식 (7.20)의 선형 결합식을 도출하였다. Fisher는 p개의 확률변수를 가진 다변량 관측값 $\boldsymbol{x}=(x_1, x_2, \cdots, x_p)^T$을 두 모집단 사이를 최대한 멀리 떨어지도록 만들어주는 일변량 관측값 y로 변환한다는 기본 개념 아래 확률변수 $X_1, X_2, \cdots, X_p$의 선형 결합식인 Y의 분산에 비하여 두 모집단의 중심인 μ_{1Y}와 μ_{2Y} 간의 거리 제곱합이 최대가 되는 $X_1, X_2, \cdots, X_p$의 선형 함수식을 구하고자 하였다. 이를 위하여 Fisher는 다변량 확률변수 $\boldsymbol{X}=(X_1, X_2, \cdots, X_p)^T$의 분포와는 무관하게 두 모집단 G_1과 G_2가 서로 동일한 공분산행렬 $\boldsymbol{\Sigma}$를 가진다고 가정하였다.

확률벡터 $\boldsymbol{X}$의 선형 결합식 Y를

$$\underset{(1\times 1)}{Y} = \underset{(1\times p)}{\boldsymbol{a}^T}\ \underset{(p\times 1)}{\boldsymbol{X}} \tag{7.23}$$

로 표현할 때 모집단 G_1과 G_2에 대한 Y의 기댓값과 분산은 각각

$$\begin{aligned} \mu_{1Y} &= E(Y|G_1) = E(\boldsymbol{a}^T\boldsymbol{X}\,|G_1) = \boldsymbol{a}^T\boldsymbol{\mu}_1 \\ \mu_{2Y} &= E(Y|G_2) = E(\boldsymbol{a}^T\boldsymbol{X}\,|G_2) = \boldsymbol{a}^T\boldsymbol{\mu}_2 \\ \sigma_Y^2 &= Var(\boldsymbol{a}^T\boldsymbol{X}) = \boldsymbol{a}^T Cov(\boldsymbol{X})\boldsymbol{a} = \boldsymbol{a}^T\Sigma\,\boldsymbol{a} \end{aligned} \tag{7.24}$$

가 되고, 이때 Fisher의 선형 결합식 Y는 Y값 전체 변화량에 대한 집단간 변화량의 비 즉,

$$\begin{aligned} \frac{(Y\text{의 집단간 평균차의 제곱})}{(Y\text{의 분산})} &= \frac{(\mu_{1Y}-\mu_{2Y})^2}{\sigma_Y^2} = \frac{\left(\boldsymbol{a}^T\boldsymbol{\mu}_1-\boldsymbol{a}^T\boldsymbol{\mu}_2\right)^2}{\boldsymbol{a}^T\Sigma\boldsymbol{a}} \\ &= \frac{\left(\boldsymbol{a}^T(\boldsymbol{\mu}_1-\boldsymbol{\mu}_2)\right)^2}{\boldsymbol{a}^T\Sigma\boldsymbol{a}} = \frac{\boldsymbol{a}^T(\boldsymbol{\mu}_1-\boldsymbol{\mu}_2)(\boldsymbol{\mu}_1-\boldsymbol{\mu}_2)^T\boldsymbol{a}}{\boldsymbol{a}^T\Sigma\boldsymbol{a}} \end{aligned} \tag{7.25}$$

를 최대로 하는 $\boldsymbol{a}$에 의하여 결정되며, 이를 만족하는 $\boldsymbol{a}$는 최대화 보조정리4)에 의하여 다음과 같이 구해지게 된다.

$$\boldsymbol{a} = c\Sigma^{-1}(\boldsymbol{\mu}_1-\boldsymbol{\mu}_2),\quad \text{단, } c \neq 0 \tag{7.26}$$

위 식에서 $c=1$로 놓을 경우 Fisher의 선형 판별함수(linear discriminant function)를

$$Y = \boldsymbol{a}^T\boldsymbol{X} = (\boldsymbol{\mu}_1-\boldsymbol{\mu}_2)^T\Sigma^{-1}\boldsymbol{X} \tag{7.27}$$

와 같이 얻을 수 있으며, 이때의 선형판별함수 Y는 두 모집단 G_1과 G_2의 선형 판별함수의 평균이 최대한 멀리 떨어지도록 만들어주게 된다. Fisher의 선형판별함수 Y는 두 집단간의 거리를 최대로 만들어주는 새로운 축이라고 할 수 있다. 예를 들어 두 집단에 속해 있는 모든 관측대상들이 두 개의 설명변수 X_1과 X_2로부터 측정된다고 하자. 이때 [그림 7.4]에서 보는 바와 같이 각 대상들을 X_1축 하나만으로 분류할 경우 두 집단은 C_1만큼의 중복부분이 생기고, X_2축만으로 분류할 경우에는 C_2 만큼의 중복부분이 생긴다. 그러나 X_1과 X_2의 선형결합으로 이루어진 새로운 축 Y를 이용하여 두 집단을 분류하게 되면

4) 최대화 보조정리에 대한 증명은 이 책의 수준을 벗어나므로 생략하기로 한다. 세부적인 내용은 Johnson and Wichern (2007)을 참고하기 바란다.

C_3 만큼의 중복부분 밖에 생기지 않는다. 즉, 설명변수 X_1과 X_2의 선형결합으로 만들어진 판별함수 Y가 두 집단을 분류하는데 있어 최적의 판별식이 되는 것이다.

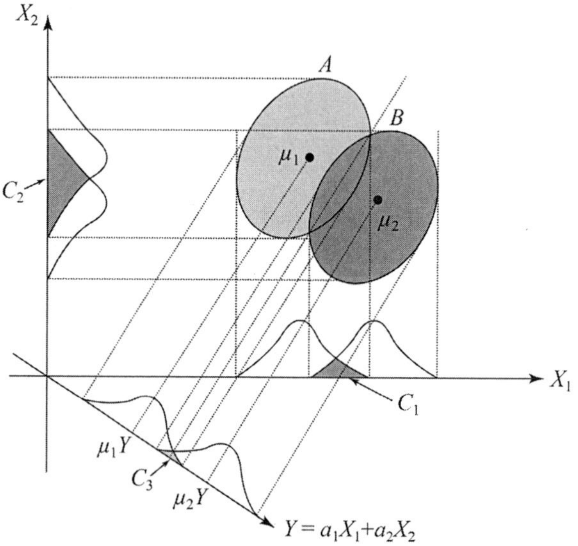

[그림 7.4] Fisher의 선형 판별함수의 기본 원리

선형 판별함수 Y를 이용하여 새로운 관측값이 주어졌을 때 이를 두 모집단 중 어느 하나로 판별할 수 있는 분류규칙을 만들어낼 수 있다. 즉, 새로운 값 $\boldsymbol{X} = \boldsymbol{x}_0$에 대한 판별함수 Y의 값[5]을 $y_0 = (\boldsymbol{\mu}_1 - \boldsymbol{\mu}_2)\Sigma^{-1}\boldsymbol{x}_0$라 하고, 모집단 G_1과 G_2에서의 평균 μ_{1Y}와 μ_{2Y}의 중간값을

$$m = \frac{1}{2}(\mu_{1Y} + \mu_{2Y}) = \frac{1}{2}(\boldsymbol{a}^T\boldsymbol{\mu}_1 + \boldsymbol{a}^T\boldsymbol{\mu}_2) = \frac{1}{2}(\boldsymbol{\mu}_1 - \boldsymbol{\mu}_2)^T\Sigma^{-1}(\boldsymbol{\mu}_1 + \boldsymbol{\mu}_2) \tag{7.28}$$

라고 하면, 새로운 관측벡터 $\boldsymbol{x}_0$가 모집단 G_1으로부터 나왔다면 y_0는 m보다 클 것이고, $\boldsymbol{x}_0$가 모집단 G_2로부터 나왔다면 y_0는 m보다 작을 것이다. 또한 모수 $\boldsymbol{\mu}_1$, $\boldsymbol{\mu}_2$, 그리고 Σ는 알려져 있지 않는 경우가 대부분이므로 이들의 추정량 $\overline{\boldsymbol{x}}_1$, $\overline{\boldsymbol{x}}_2$, 그리고 $\boldsymbol{S}_{pooled}$를 사용하면 표본에 대한 Fisher의 선형 판별함수는

5) 이를 판별점수(discriminant score)라고 한다.

$$\hat{y} = \hat{a}^T x = (\bar{x}_1 - \bar{x}_2)^T S_{pooled}^{-1} x \tag{7.29}$$

와 같고, 두 모집단을 구분짓는 분류점인 표본평균 $\bar{y}_1 = \hat{a}^T \bar{x}_1$와 $\bar{y}_2 = \hat{a}^T \bar{x}_2$의 중간값은

$$\hat{m} = \frac{1}{2}(\bar{y}_1 + \bar{y}_2) = \frac{1}{2}(\bar{x}_1 - \bar{x}_2)^T S_{pooled}^{-1}(\bar{x}_1 + \bar{x}_2) \tag{7.30}$$

가 된다. 따라서 새로운 관측값 $X = x_0$에 대하여 판별함수의 값 $\hat{y}_0 = (\bar{x}_1 - \bar{x}_2)^T S_{pooled}^{-1} x_0$가 $\hat{y_0} \ge \hat{m}$이면 x_0를 G_1으로 분류하고, 그렇지 않으면 x_0를 G_2로 분류하면 된다.

[Fisher의 분류규칙]

관측값 x_0에 대하여

- $\hat{y}_0 = (\bar{x}_1 - \bar{x}_2)^T S_{pooled}^{-1} x_0 \ge \frac{1}{2}(\bar{x}_1 - \bar{x}_2)^T S_{pooled}^{-1}(\bar{x}_1 + \bar{x}_2)$이면 x_0를 G_1으로 분류하고
- 그렇지 않으면 x_0를 G_2로 분류한다.

확률벡터 X가 다변량 정규분포를 따르는 경우의 분류규칙에서 $\left[\left(\frac{c(1|2)}{c(2|1)}\right)\left(\frac{p_2}{p_1}\right)\right] = 1$ 즉, 오분류 비용과 사전확률이 동일하면 정규분포를 가정하는 분류기준과 특정분포를 가정하지 않는 Fisher의 판별규칙은 서로 일치하게 됨을 알 수 있다.

예제 7.3 새로 개발된 농기구 판매의 성공여부를 알아보기를 위하여 A 회사에서는 농촌 주민들을 대상으로 잠재적인 구매 여부를 소득(X_1)과 농지면적(X_2)에 따라 조사를 시행하였으며, 그 결과 아래와 같은 결과를 얻었다고 하자. 다음 물음에 답하여라.

관측 대상	구매 집단		비구매 집단	
	X_1(소득)	X_2(면적)	X_1(소득)	X_2(면적)
1	20.0	9.2	25.0	9.8
2	28.5	8.4	17.6	10.4
3	21.6	10.8	21.6	8.6
4	20.5	10.4	14.4	10.2
5	29.0	11.8	28.0	8.8
6	36.7	9.6	16.4	8.8

관측 대상	구매 집단		비구매 집단	
	X_1(소득)	X_2(면적)	X_1(소득)	X_2(면적)
7	36.0	8.8	19.8	8.0
8	27.6	11.2	22.0	9.2
9	23.0	10.0	15.8	8.2
10	31.0	10.4	11.0	9.4
11	17.0	11.0	17.0	7.0
12	27.0	10.0	21.0	7.4
평균	26.49	10.13	19.13	8.82

출처 : Johnson and Wichern (2007)

(1) 집단 전체 소득(X_1)의 평균을 분류점으로 하여 관측대상을 구매집단과 비구매집단으로 분류하여라.

(2) 전체 농지면적(X_2)의 평균을 분류점으로 하여 관측대상을 구매집단과 비구매집단으로 분류하여라.

(3) 소득과 농지면적에 대한 Fisher의 선형 결합식을 구하면 $\hat{y} = 0.3007\,x_1 + 1.5704\,x_2$ 와 같으며, 이로부터 각 집단의 관측개체에 대한 판별점수의 평균값은 $\overline{y}_{(구매)} = 23.88$, $\overline{y}_{(비구매)} = 19.60$ 으로 구해진다. $\dfrac{\overline{y}_{(구매)} + \overline{y}_{(비구매)}}{2} = \dfrac{23.88 + 19.60}{2} = 21.74$를 분류점으로 하여 관측대상을 구매집단과 비구매집단으로 분류하여라.

풀이

(1) 구매집단과 비구매집단의 소득 평균은 각각 26.49와 19.13이므로 두 집단 전체 소득의 평균은 다음과 같이 계산된다.

$$\frac{\overline{x}_{1(구매)} + \overline{x}_{1(비구매)}}{2} = \frac{26.49 + 19.13}{2} = 22.81$$

따라서 22.81을 기준으로 이 값보다 크면 구매집단으로, 이 값보다 작으면 비구매집단으로 분류하면 아래 표와 같은 결과를 얻을 수 있으며, 구매집단에서는 12명중 4명이, 비구매집단에서는 12명중 2명이 잘못 분류되어 전체적으로 24명 중 6명이 잘못 분류되고 있음을 알 수 있다.

실제집단 \ 예측집단	구매	비구매	계
구매	8	4	12
비구매	2	10	12
계	10	14	

(2) 전체 농지면적의 평균은

$$\frac{\bar{x}_{2(\text{구매})}+\bar{x}_{2(\text{비구매})}}{2}=\frac{10.13+8.82}{2}=9.475$$

가 되며, 9.475를 기준으로 이 값보다 크면 구매집단으로, 작으면 비구매집단으로 분류하게 되면 아래 표와 같은 결과를 얻을 수 있다. 이로부터 구매집단에서는 12명중 3명이, 비구매집단에서도 12명중 3명이 잘못 분류되어 전체적으로 24명 중 6명이 잘못 분류되고 있음을 알 수 있다.

실제집단 \ 예측집단	구매	비구매	계
구매	9	3	12
비구매	3	9	12
계	12	12	

(3) 21.74를 기준으로 이 값보다 크면 구매집단으로, 이 값보다 작으면 비구매집단으로 분류한 결과는 아래 표와 같으며, 구매집단에서는 12명중 1명이, 비구매집단에서는 12명중 2명이 잘못 분류되어 전체적으로 24명 중 3명이 잘못 분류되고 있음을 알 수 있다.

실제집단 \ 예측집단	구매	비구매	계
구매	10	1	11
비구매	2	11	13
계	12	12	

이상의 결과를 종합해 볼 때 X_1 또는 X_2 하나만을 사용하여 집단을 분류하는 것보다 두 변수 X_1과 X_2를 결합한 선형 판별식을 이용하여 분류하는 것이 집단을 더 잘 분류해주고 있음을 알 수 있다. ■

R 실습 7.3 R 프로그램 7.1의 my.lda() 함수를 이용하여 Fisher의 선형 판별함수를 추정하고, 추정된 선형 판별함수를 산점도상에 나타내어라.

풀이

[R 프로그램 7.4] Fisher의 선형 판별함수의 추정

```
income1=c(20.0, 28.5, 21.6, 20.5, 29.0, 36.7, 36.0, 27.6, 23.0, 31.0, 17.0, 27.0)
income2=c(25.0, 17.6, 21.6, 14.4, 28.0, 16.4, 19.8, 22.0, 15.8, 11.0, 17.0, 21.0)
area1=c(9.2, 8.4, 10.8, 10.4, 11.8, 9.6, 8.8, 11.2, 10.0, 10.4, 11.0, 10.0)
area2=c(9.8, 10.4, 8.6, 10.2, 8.8, 8.8, 8.0, 9.2, 8.2, 9.4, 7.0, 7.4)
purchase=cbind(income1, area1); colnames(purchase)=c("income", "area")
```

```
nonpurchase=cbind(income2, area2); colnames(nonpurchase)=c("income", "area")
result=my.lda(X1=purchase, X2=nonpurchase)
result
```

- my.lda() 함수는 집단간 오분류 비용을 동일하게 설정하고 있으므로, 사전확률만 동일하게 입력하면 Fisher의 선형 판별함수와 동일한 결과를 제공하게 된다. 또한 my.lda() 함수에는 사전확률의 기본값으로 Prior=c(0.5, 0.5)로 동일하게 지정되어 있으므로 여기서는 별도로 지정하지 않았다.
- 선형 판별함수의 추정결과는 [그림 7.5]에 주어져 있으며, 예제 7.3에서 주어진 Fisher의 선형 판별식과 동일한 결과를 제공하는 것을 알 수 있다.

```
R Console
> income1=c(20.0, 28.5, 21.6, 20.5, 29.0, 36.7, 36.0, 27.6, 23.0, 31.0, 17.0, 27.0)
> income2=c(25.0, 17.6, 21.6, 14.4, 28.0, 16.4, 19.8, 22.0, 15.8, 11.0, 17.0, 21.0)
> area1=c(9.2, 8.4, 10.8, 10.4, 11.8, 9.6, 8.8, 11.2, 10.0, 10.4, 11.0, 10.0)
> area2=c(9.8, 10.4, 8.6, 10.2, 8.8, 8.8, 8.0, 9.2, 8.2, 9.4, 7.0, 7.4)
> purchase=cbind(income1, area1); colnames(purchase)=c("income", "area")
> nonpurchase=cbind(income2, area2); colnames(nonpurchase)=c("income", "area")
> result=my.lda(X1=purchase, X2=nonpurchase)
> result
$coef
        income     area
[1,] 0.3006909 1.570369

$m
         [,1]
[1,] 21.73876

$group
 [1] "Group2" "Group1" "Group1" "Group1" "Group1" "Group1" "Group1" "Group1"
 [9] "Group1" "Group1" "Group1" "Group1" "Group1" "Group2" "Group2" "Group2"
[17] "Group1" "Group2" "Group2" "Group2" "Group2" "Group2" "Group2" "Group2"

$x1.bar
  income     area
26.49167 10.13333

$x2.bar
   income      area
19.133333  8.816667

$S.pooled
          income      area
income 30.741629 -1.200606
area   -1.200606  1.068333
```

[그림 7.5] 선형 판별함수를 이용한 집단의 추정결과 (R 프로그램 7.4)

[R 프로그램 7.5] 산점도상에 선형 판별함수의 도식

```
exp.var=rbind(purchase, nonpurchase) # R 프로그램 7.4 참조
     colnames(exp.var)=c("소득", "면적")
group=factor(c(rep("구매", nrow(purchase)), rep("비구매", nrow(nonpurchase))))
plot(exp.var, col=as.numeric(group), pch=as.numeric(group))
Coef=result$coef; M=result$m # R 프로그램 7.4 참조
   abline(a=M/Coef[2], b=-Coef[1]/Coef[2], lwd=2, lty=2, col="blue")
```

- 산점도에서 집단별 색깔과 형태를 다르게 하기 위하여 plot() 함수의 인수 col과 pch의 값을 지정하였다. 이때 인자(factor) 형태로 저장된 집단의 정보를 수(numeric)의 형태로 전환하기 위하여 as.numeric() 함수를 사용하였다.
- 산점도에 선형 판별식를 추가하기 위하여 abline() 함수를 사용하였으며, 그 사용형식은 abline(a=절편, b=기울기)와 같다. 이때 판별식의 두께, 형태, 색깔은 각각 인수 lwd, lty, col에 지정하였다.
- 산점도상에 Fisher의 선형 판별함수를 그리면 [그림 7.6]과 같으며, 구매집단에서는 1명이, 비구매집단에서는 2명이 잘못 분류되는 것을 확인할 수 있다.

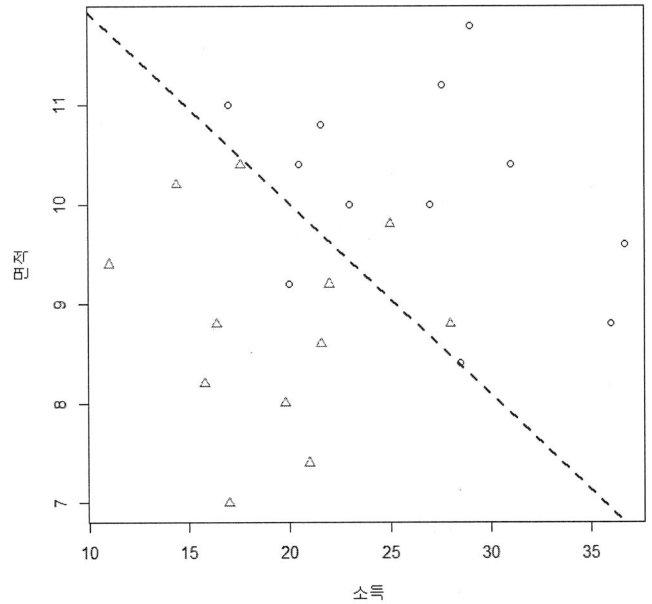

[그림 7.6] 산점도상의 선형 판별함수 (R 프로그램 7.5)

7.2.3 두 모집단의 공분산 행렬이 서로 다른 경우의 분류규칙

두 모집단이 다변량 정규분포를 따르면서 공분산 행렬이 서로 다를 경우 즉, $\Sigma_1 \neq \Sigma_2$일 경우 분류규칙은 다소 복잡해진다. 왜냐하면 두 정규확률밀도함수의 비

$$\frac{f_1(x)}{f_2(x)} = \frac{|\Sigma_2|^{1/2}}{|\Sigma_1|^{1/2}} exp\left[-\frac{1}{2}(x-\mu_1)^T \Sigma^{-1}(x-\mu_1) + \frac{1}{2}(x-\mu_2)^T \Sigma^{-1}(x-\mu_2)\right] \quad (7.31)$$

에서 $|\Sigma_i|^{1/2}\,(i=1,2)$ 항은 소거되지가 않으며, 또한 지수부분의 이차식도 단순한 형태로

정리되지 않기 때문이다. 식 (7.31)의 양변에 자연로그를 취하면

$$\ln\frac{f_1(\boldsymbol{x})}{f_2(\boldsymbol{x})} = -\frac{1}{2}\boldsymbol{x}^T(\Sigma_1^{-1}-\Sigma_2^{-1})\boldsymbol{x} + (\boldsymbol{\mu}_1^T\Sigma_1^{-1}-\boldsymbol{\mu}_2^T\Sigma_2^{-1})\boldsymbol{x} - k,$$
$$\text{여기서 } k = \frac{1}{2}ln\left(\frac{|\Sigma_1|}{|\Sigma_2|}\right) + \frac{1}{2}(\mu_1{}'\Sigma_1^{-1}\mu_1 - \mu_2{}'\Sigma_2^{-1}\mu_2) \tag{7.32}$$

가 되고, 이때 $\boldsymbol{x}^T(\Sigma_1^{-1}-\Sigma_2^{-1})\boldsymbol{x}$ 는 $\boldsymbol{x}$에 대한 이차식이 되므로 식 (7.32)를 이차 판별함수(quadratic discriminant function)라고 한다.

일반적으로 모수 $\boldsymbol{\mu}_1$, $\boldsymbol{\mu}_2$, Σ_1, Σ_2는 알려져 있지 않기 때문에 이들 대신 표본으로부터 추정되는 통계량 $\overline{\boldsymbol{x}}_1$, $\overline{\boldsymbol{x}}_2$, $\boldsymbol{S}_1$, $\boldsymbol{S}_2$로 대체하면 분류규칙은 다음과 같게 된다.

[다변량 정규분포를 따르면서 공분산 행렬이 서로 다른 경우의 분류규칙]

관측값 $\boldsymbol{x}_0$에 대하여

- $-\frac{1}{2}\boldsymbol{x}_0^T(\boldsymbol{S}_1^{-1}-\boldsymbol{S}_2^{-1})\boldsymbol{x}_0 + (\overline{\boldsymbol{x}}_1^T\boldsymbol{S}_1^{-1}-\overline{\boldsymbol{x}}_2^T\boldsymbol{S}_2^{-1})\boldsymbol{x}_0 \ge k + \ln\left[\left(\frac{c(1|2)}{c(2|1)}\right)\left(\frac{p_2}{p_1}\right)\right]$ 이면 $\boldsymbol{x}_0$를 G_1으로 분류하고
- 그렇지 않으면 $\boldsymbol{x}_0$를 G_2로 분류한다.

모집단이 정규분포를 따르지 않을 경우에는 관측값들을 정규분포에 근사하도록 변환시킨 후, 변환된 값들을 이용하여 공분산 행렬의 동일성에 대한 검정 즉, 가설 $H_0: \Sigma_1 = \Sigma_2$, $H_1: \Sigma_1 \ne \Sigma_2$에 대한 검정을 하여야 한다. 검정 결과, 귀무가설 H_0가 채택될 경우에는 선형판별함수를, H_0가 기각될 경우에는 이차판별함수를 사용하면 된다.

R 실습 7.4 연어는 강의 상류천에서 부화한 후 바다로 나아가 생활하게 된다. 그러다 산란기가 되면 알을 낳기 위하여 다시 자신이 태어난 곳으로 되돌아와 산란 후 최후의 죽음을 맞이하게 된다. 아래 표는 알래스카와 캐나다 두 지역에서 부화한 연어의 크기를 측정한 결과로서 X_1은 강물에서, X_2는 바닷물에서 성장한 길이를 각각 나타낸다[6]. 두 집단에 대한 확률벡터 $\boldsymbol{X} = (X_1, X_2)^T$가 각각 다변량 정규분포 $N(\boldsymbol{\mu}_i, \Sigma_i)$, $i = 1, 2$를 따른다고 할 때, 다음 물음에 답하여라.

6) 이 자료는 R 프로그램의 rrcov 패키지에 *salmon*이라는 변수명으로 제공되고 있다.

알래스카(group1)		캐나다(group2)		알래스카(group1)		캐나다(group2)	
X_1	X_2	X_1	X_2	X_1	X_2	X_1	X_2
108	368	129	420	102	429	145	376
131	355	148	371	101	469	115	354
105	469	179	409	85	444	134	383
86	506	152	381	109	397	117	355
99	402	166	377	106	442	126	345
87	423	124	389	82	431	118	379
94	440	156	419	118	381	120	369
117	489	131	345	105	388	153	403
79	432	140	362	121	403	150	354
99	403	144	345	85	451	154	390
114	428	149	393	83	453	155	349
123	372	108	330	53	427	109	325
123	372	135	355	95	411	117	344
109	420	170	386	76	442	128	400
112	394	152	301	95	426	144	403
104	407	153	397	87	402	163	370
111	422	152	301	70	397	145	355
126	423	136	438	84	511	133	375
105	434	122	306	91	469	128	383
119	474	148	383	74	451	123	349
114	396	90	385	101	474	144	373
100	470	145	337	80	398	140	388
84	399	123	364				

출처 : Johnson and Wichern (2007)

(1) 오분류 비용이 동일하다고 가정할 때 이차 판별계수 및 분류결과를 출력하기 위한 사용자 함수를 만들고, 이를 이용하여 관측개체의 집단을 추정하여라.
(2) 추정된 이차 판별함수를 산점도상에 나타내어라.

풀이

[R 프로그램 7.6] 이차 판별함수의 추정을 위한 사용자 함수

```
my.qda=function(X1, X2, Prior=c(0.5,0.5)){
 x1=as.matrix(X1); x2=as.matrix(X2); n1=nrow(x1); n2=nrow(x2)
 x=rbind(x1,x2)
```

```
if(sum(Prior)==1){prior=Prior
  } else{prior=c(n1/(n1+n2), n2/(n1+n2))}
s1.result=cov.wt(x1); s2.result=cov.wt(x2)
xbar1=s1.result$center; xbar2=s2.result$center
s1=s1.result$cov; s2=s2.result$cov; s1.inv=solve(s1); s2.inv=solve(s2)
c1=-(1/2)*(s1.inv-s2.inv); c2=t(xbar1)%*%s1.inv-t(xbar2)%*%s2.inv
k=(1/2)*(log(det(s1)/det(s2)))+(1/2)*(t(xbar1)%*%s1.inv%*%xbar1
     -t(xbar2)%*%s2.inv%*%xbar2)+log(prior[2]/prior[1])
score=diag(x%*%c1%*%t(x))+c2%*%t(x)
g.hat=ifelse(score>=as.numeric(k), "Group1", "Group2");
  g.hat=as.vector(g.hat)
result=list(C1=c1, C2=c2, K=k, Group=g.hat, X1.bar=xbar1, X2.bar=xbar2,
            S1=s1, S2=s2)
return(result)}
```

- my.qda() 함수는 R 프로그램 7.1의 my.lda() 함수와 유사한 형태로 만들어 진다.
- 이차 판별함수의 경우에는 선형 판별함수의 판별계수 대신에 $-\frac{1}{2}(\boldsymbol{S}_1^{-1}-\boldsymbol{S}_2^{-1})$와 $(\overline{\boldsymbol{x}}_1^T\boldsymbol{S}_1^{-1}-\overline{\boldsymbol{x}}_2^T\boldsymbol{S}_2^{-1})$의 값을 각각 c1과 c2에 저장하였으며, 이를 이용하여 판별점수를 계산하도록 하였다.

[R 프로그램 7.7] my.qda() 함수를 이용한 이차 판별함수의 추정

```
salmon=read.csv("salmon.csv", header=TRUE)
index.a=which(salmon[,1]=="alaska"); index.c=which(salmon[,1]=="canada")
salmon.a=salmon[index.a, 2:3]; salmon.c=salmon[index.c, 2:3]
result=my.qda(X1=salmon.a, X2=salmon.c) # my.lda() : R 프로그램 7.6 참조
result
```

- [그림 7.7]과 같이 자료가 저장되어 있는 "salmon.csv" 파일을 불러오기 위하여 read.csv() 함수를 사용하였으며, 이 자료를 $salmon$이라는 변수명에 저장하였다. 이때 각 열의 변수명(group, x1, x2)이 저장되어 있으므로 인수를 header=TRUE로 지정하였다.
- $salmon$ 자료의 첫 번째 열이 집단을 나타내므로 which() 함수를 사용하여 각 집단의 인덱스를 $index.a$와 $index.c$로 저장하였으며, 이를 이용하여 알래스카와 캐나다의 자료를 각각 $salmon.a$와 $salmon.c$에 저장하였다.
- my.qda() 함수를 이용하여 이차 판별함수를 추정한 결과는 [그림 7.8]에 주어져 있으며, 6개의 관측개체가 오분류 됨을 확인할 수 있다.

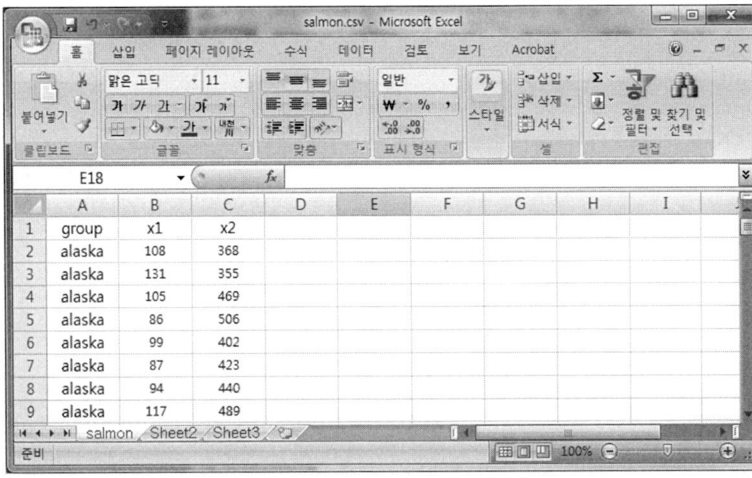

[그림 7.7] salmon 자료의 저장형태

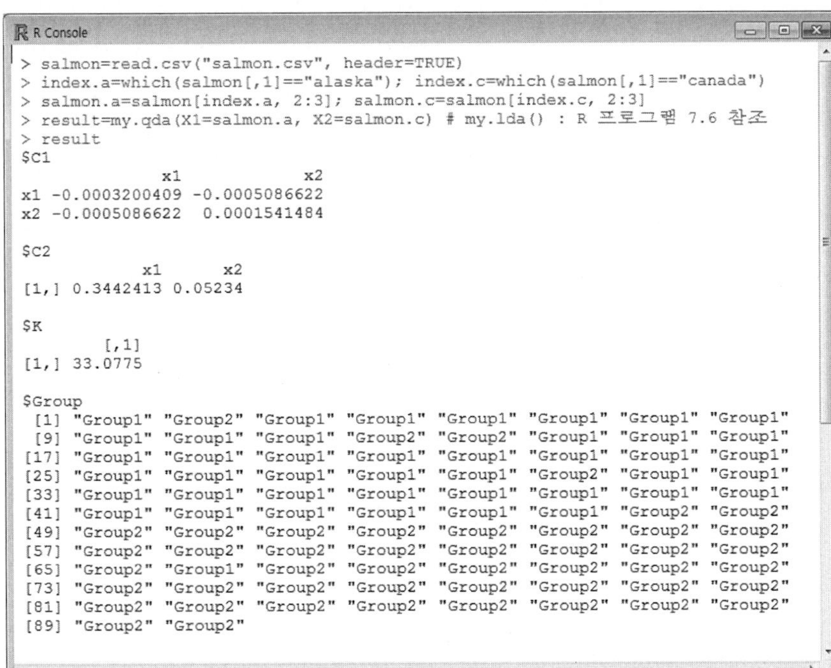
```
> salmon=read.csv("salmon.csv", header=TRUE)
> index.a=which(salmon[,1]=="alaska"); index.c=which(salmon[,1]=="canada")
> salmon.a=salmon[index.a, 2:3]; salmon.c=salmon[index.c, 2:3]
> result=my.qda(X1=salmon.a, X2=salmon.c) # my.lda() : R 프로그램 7.6 참조
> result
$C1
              x1            x2
x1 -0.0003200409 -0.0005086622
x2 -0.0005086622  0.0001541484

$C2
            x1      x2
[1,] 0.3442413 0.05234

$K
        [,1]
[1,] 33.0775

$Group
 [1] "Group1" "Group2" "Group1" "Group1" "Group1" "Group1" "Group1" "Group1"
 [9] "Group1" "Group1" "Group1" "Group2" "Group2" "Group1" "Group1" "Group1"
[17] "Group1" "Group1" "Group1" "Group1" "Group1" "Group1" "Group1" "Group1"
[25] "Group1" "Group1" "Group1" "Group1" "Group1" "Group2" "Group1" "Group1"
[33] "Group1" "Group1" "Group1" "Group1" "Group1" "Group1" "Group1" "Group1"
[41] "Group1" "Group1" "Group1" "Group1" "Group1" "Group1" "Group2" "Group2"
[49] "Group2" "Group2" "Group2" "Group2" "Group2" "Group2" "Group2" "Group2"
[57] "Group2" "Group2" "Group2" "Group2" "Group2" "Group2" "Group2" "Group2"
[65] "Group2" "Group1" "Group2" "Group2" "Group2" "Group2" "Group2" "Group2"
[73] "Group2" "Group2" "Group2" "Group2" "Group2" "Group2" "Group2" "Group2"
[81] "Group2" "Group2" "Group2" "Group2" "Group2" "Group2" "Group2" "Group2"
[89] "Group2" "Group2"
```

[그림 7.8] 이차 판별함수를 이용한 집단의 추정결과 (R 프로그램 7.7)

[R 프로그램 7.8] 산점도상에 이차 판별함수의 도식

```
new.x1=seq(min(salmon[,2]), max(salmon[,2]), by=0.5)
new.x2=seq(min(salmon[,3]), max(salmon[,3]), by=0.5)
```

```
new.x=cbind(rep(new.x1,length(new.x2)), rep(new.x2,1,each=length(new.x1)))
score=c()
for (i in 1:nrow(new.x)){
score[i]=t(new.x[i,])%*%result$C1%*%new.x[i,]+result$C2%*%new.x[i,]-result$K
} # result : R 프로그램 7.7 참조
score.level = matrix(score, length(new.x1), length(new.x2))
plot(salmon[,2:3], col=as.numeric(salmon[,1]), pch=as.numeric(salmon[,1]))
contour(x=new.x1, y=new.x2, z=score.level, levels=0, labels="",
        xlab="x1",ylab="x2",add=T)
```

- 산점도에 이차 판별함수를 도식하기 위하여 contour() 함수를 사용하였으며, 그 사용형식은 contour(x, y, z, levels, add...)이다. 여기서 인수 x, y는 행렬 형태의 z값이 측정되는 격자를 나타내고, 인수 levels는 등고선이 그려지는 수준의 값을 나타낸다.
- seq() 함수에서 주어진 관측 자료의 최솟값 및 최댓값을 이용하여 0.5 단위로 격자를 생성하였으며, 이러한 격자를 $new.x$ 에 저장하였다. 또한 새로 생성된 $new.x$ 의 개별개체에 대하여 판별점수를 $score$ 에 저장하였다.
- [그림 7.9]는 contour() 함수를 이용하여 $score$ 의 값이 0이 되는 지점들을 등고선으로 연결한 결과이다. [그림 7.8]에서는 알래스카 연어의 4개 개체가 오분류 되었는데 산점도상에는 3개의 개체가 오분류 되는 것으로 나타나 있다. 이는 12번과 13번 개체의 좌표가 동일하여 하나의 점으로 표현되었기 때문이다.

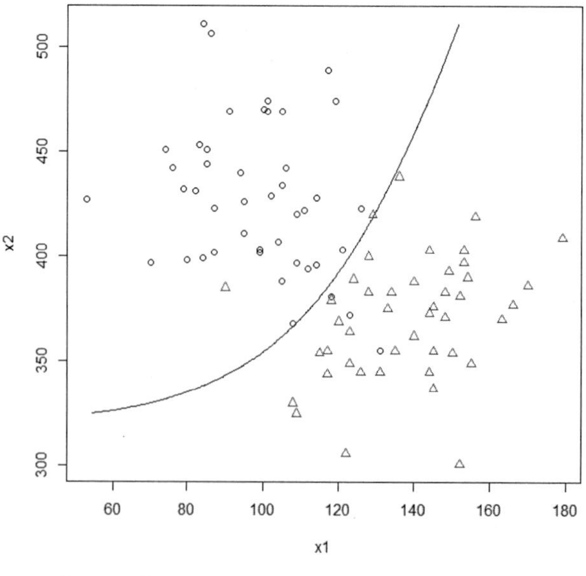

[그림 7.9] 산점도상의 이차 판별함수 (R 프로그램 7.8)

R 실습 7.5 R 프로그램의 MASS 패키지에서 제공하는 qda() 함수를 이용하여 [R 실습 7.4]의 자료를 판별 분석하여라.

풀이

[R 프로그램 7.9] MASS 패키지의 qda() 함수를 이용한 이차 판별함수의 추정

```
library(MASS)
result=qda(x=salmon[,2:3], grouping=salmon[,1], prior=c(0.5,0.5))
result
predict(result)
```

- 이차 판별함수의 추정을 위하여 R에서 제공되는 함수는 MASS 패키지의 qda() 함수이다.
- qda() 함수의 사용형식은 lda() 함수와 유사하게 qda(x, grouping, prior)와 같으며, 설명변수(x)를 행렬이나 데이터 프레임의 형태, 집단(grouping)을 인자의 형태로 입력할 수 있다.
- [그림 7.10]은 qda() 함수를 이용한 판별분석의 결과이며, 이는 my.qda()를 이용한 [그림 7.8]의 결과와 동일함을 알 수 있다.

```
R Console
> library(MASS)
> result=qda(x=salmon[,2:3], grouping=salmon[,1], prior=c(0.5,0.5))
> result
Call:
qda(salmon[, 2:3], grouping = salmon[, 1], prior = c(0.5, 0.5))

Prior probabilities of groups:
alaska canada
   0.5    0.5

Group means:
             x1       x2
alaska  98.93333 426.5333
canada 138.06667 369.2444
> predict(result)
$class
 [1] alaska canada alaska alaska alaska alaska alaska alaska alaska alaska
[11] alaska canada canada alaska alaska alaska alaska alaska alaska alaska
[21] alaska alaska alaska alaska alaska alaska alaska alaska alaska canada
[31] alaska alaska alaska alaska alaska alaska alaska alaska alaska alaska
[41] alaska alaska alaska alaska alaska alaska canada canada canada canada
[51] canada canada canada canada canada canada canada canada canada canada
[61] canada canada canada canada canada alaska canada canada canada canada
[71] canada canada canada canada canada canada canada canada canada canada
[81] canada canada canada canada canada canada canada canada canada canada
Levels: alaska canada

$posterior
           alaska       canada
 [1,] 0.5178861536 4.821138e-01
 [2,] 0.0585504743 9.414495e-01
```

[그림 7.10] 이차 판별함수를 이용한 집단의 추정결과 (R 프로그램 7.9)

7.3 오류율의 계산

추정된 판별함수의 성능은 오분류 확률(misclassification probability) 또는 오류율(error rate)을 이용하여 평가할 수 있다. 오분류 확률은 모집단의 분포 형태가 완전히 알려져 있을 경우에 계산할 수 있다. 하지만 일반적으로 모집단의 분포형태는 알려져 있지 않는 경우가 대부분이므로 여기서는 판별함수를 이용하여 구할 수 있는 오류율에 대하여 알아보도록 할 것이다.

오류율이란 판별함수에 의해서 잘못 분류된 관측값의 비율로 정의된다. 즉 n_1과 n_2를 각각 모집단 G_1과 G_2로부터 추출된 표본의 개수, n_{1M}을 실제로는 G_1에 속함에도 불구하고 G_2에 속한다고 잘못 분류된 표본의 개수, n_{2M}을 실제로는 집단 G_2에 속함에도 불구하고 G_1에 속한다고 잘못 분류된 표본의 개수라고 할 때 오류율은 다음과 같이 정의된다.

$$\text{오류율} = \frac{n_{1M} + n_{2M}}{n_1 + n_2} \tag{7.33}$$

〈표 7.2〉 분류표

실제 집단 \ 예측 집단	G_1	G_2	계
G_1	n_{1C}	n_{1M}	n_1
G_2	n_{2M}	n_{2C}	n_2

오류율을 계산하기 위하여 판별함수의 추정에서 사용된 표본, 즉 훈련 자료(training data)를 다시 사용하여 오류율을 추정할 수 있는데 이러한 방법을 재대입법(resubstitution)이라고 한다. 즉 재대입법에서는 훈련 자료로부터 판별함수를 추정한 후, 이 판별함수를 사용하여 전체 훈련 자료를 다시 분류하였을 때 잘못 분류된 관측개체의 개수를 훈련자료 전체 개수로 나누어 오류율을 계산하게 된다. 재대입법으로 계산한 오류율을 명백한 오류율(apparent error rate: APER)이라고 하며, 명백한 오류율은 실제보다 낮게 추정되는 경향이 있기 때문에 좋지 않은 판별함수임에도 불구하고 좋은 판별함수인 것처럼 보이게 하는 문제점을 가지고 있다.

재대입법에 의한 문제점을 보완하기 위한 방법으로 전체 표본을 훈련 자료와 타당성 자료(validation data)로 나누어 훈련 자료는 판별함수를 도출하는데 사용하고, 타당성 자료는 도출된 판별함수의 판별능력 즉 오류율을 계산하는데 사용하는 방법이 있다. 그러나 이 방법은 판별함수를 구하고 그 능력을 평가하는데 동일한 자료를 사용하지 않아 오류율에 대한 편이(bias) 문제는 해결할 수 있지만, 많은 표본이 필요하다는 것과 자료 전체가 아닌 일부분만으로 판별함수를 구하기 때문에 실제 구하고자 하는 판별함수와 차이가 있을 수 있다는 결점을 가지고 있다.

판별함수를 보다 더 정확하게 평가하기 위하여 사용되는 방법으로 교차타당성법(cross validation)이 있다. 대표적인 교차타당성법에는 한 개씩 제거 방법(leave-one-out cross validation)과 k-폴더 방법(k-fold cross validation)이 있다. 한 개씩 제거 방법이란 전체 표본의 수만큼 집단을 나누어 판별함수의 타당성 정도를 검사하는 방법을 말한다. 즉, 한 개의 표본을 제외한 나머지 표본을 이용하여 판별함수를 구한 다음, 이 판별함수를 이용하여 제외하였던 표본을 예측하여 실제로 속해 있는 집단과 비교하는 과정을 전체 표본의 개수만큼 반복하여 오류율을 계산하는 방법을 말한다. 또한 이와 유사하게 k-폴더 방법은 표본을 동일한 크기의 k개의 부분집합으로 임의로 구분하여 한 개의 부분집합을 제외한 나머지 $k-1$개의 부분집합들로 판별함수를 구한 다음, 이 판별함수를 이용하여 제외하였던 한 개의 부분집합에 대하여 오류율을 계산하는 과정을 k번 반복하는 방법이다. 여기서 k가 전체자료의 수가 되면 k-폴더 방법은 한 개씩 제거 방법과 같게 된다.

교차타당성법은 전체 표본수가 적어서 전체자료를 훈련 자료와 타당성 자료로 분할하기 어려울 때 유용하게 사용되는 방법으로 모든 자료가 훈련자료가 되면서 또한 타당성 자료가 된다는 특징을 가지고 있다. 교차타당성법은 표본의 크기 또는 k가 클 경우에는 여러 번 반복해야 한다는 단점을 가지고 있지만 다른 어떤 방법보다도 정확한 판별함수의 평가가 가능하다는 장점을 가지고 있다.

R 실습 7.6 [R 실습 7.4]에서 전체 자료를 3:2의 비율로 훈련 자료와 타당성 자료로 나누어 훈련 자료로 이차 판별함수를 추정한 후 이를 이용하여 타당성 자료에 대한 분류표를 출력하여라.

풀이

[R 프로그램 7.10] 타당성 자료의 분류표

```
set.seed(1365)
```

```
index.a=sample(1:45, 27); index.c=sample(46:90, 27); index=c(index.a, index.c)
salmon.train=salmon[index, ]; salmon.val=salmon[-index, ]
result=qda(x=salmon.train[,2:3], grouping=salmon.train[,1], prior=c(0.5,0.5))
est.group=predict(result, salmon.val[,2:3])$class
table(salmon.val[,1], est.group)
```

- 전체 자료의 60%를 무작위로 추출하여 훈련 자료로 활용하기 위하여 sample() 함수를 이용하였다. 즉 알래스카 및 캐나다 집단에서 각각 27개의 개체를 랜덤 추출하여 $salmon.train$ 이라는 변수명으로 저장하였으며, 나머지 자료는 타당성 자료로 활용하기 위해 $salmon.val$ 이라는 변수명으로 저장하였다. 이때 set.seed() 함수를 이용하면 랜덤 추출의 결과를 동일하게 할 수 있다.
- 판별분석의 결과로부터 새로운 개체의 집단을 예측하기 위해서는 predict() 함수를 사용하면 된다.
- 타당성 자료의 집단 예측결과는 $est.group$ 에 저장하였으며, 이를 타당성 자료의 실제 집단과 비교하여 분류표를 출력하기 위해 table() 함수를 사용하였다. [그림 7.11]은 타당성 자료의 분류표를 나타내고 있으며, 이로부터 알래스카의 두 개체가 캐나다 집단으로 오분류 되는 것을 확인할 수 있다.

```
R Console
> set.seed(1365)
> index.a=sample(1:45, 27); index.c=sample(46:90, 27); index=c(index.a, index.c)
> salmon.train=salmon[index, ]; salmon.val=salmon[-index, ]
> result=qda(x=salmon.train[,2:3], grouping=salmon.train[,1], prior=c(0.5,0.5))
> est.group=predict(result, salmon.val[,2:3])$class
> table(salmon.val[,1], est.group)
        est.group
         alaska canada
  alaska     16      2
  canada      0     18
> 
```

[그림 7.11] 타당성 자료의 분류표 (R 프로그램 7.10)

R 실습 7.7 [R 실습 7.4]에서 한 개씩 제거 교차타당성법(leave-one-out cross validation)을 이용하여 이차 판별함수의 분류표를 출력하여라.

풀이 ▶

[R 프로그램 7.11] 한 개씩 제거 교차타당성법의 분류표

```
result=qda(x=salmon[,2:3], grouping=salmon[,1], prior=c(0.5,0.5), CV=TRUE)
table(salmon[,1], result$class)
```

- lda() 함수 또는 qda() 함수에서 인수 CV=TRUE로 지정해 주면 교차타당성법에 의한 분류 결과(class)를 출력해주며, 이를 생략할 경우에는 [그림 7.10]에서와 같이 재대입법에 의한 분류결과를 출력해준다.
- [그림 7.12]는 한 개씩 제거 교차타당성법의 분류표를 나타내고 있다.

```
R Console
> result=qda(x=salmon[,2:3], grouping=salmon[,1], prior=c(0.5,0.5), CV=TRUE)
> table(salmon[,1], result$class)

         alaska canada
  alaska     40      5
  canada      3     42
>
```

[그림 7.12] 한 개씩 제거 교차타당성법의 분류표 (R 프로그램 7.11)

연습문제

01 자료행렬이 다음과 같을 때

집단 1		집단 2	
X_1	X_2	X_1	X_2
3	7	6	9
2	4	5	7
4	7	4	8

(1) 평균 $\overline{\boldsymbol{x}}_1$과 $\overline{\boldsymbol{x}}_2$, 그리고 합동 공분산행렬 $\boldsymbol{S}_{pooled}$을 각각 구하여라.

(2) Fisher의 선형판별함수를 구하여라.

(3) 관측값 $\boldsymbol{x}_0=(2,\ 7)^T$을 두 집단 G_1과 G_2 중 어느 집단으로 분류해야 할지를 결정하여라.

02 다음 자료는 어떤 두 집단에 대한 X_1과 X_2를 측정한 결과이다.

집단	X_1	X_2	집단	X_1	X_2	집단	X_1	X_2
1	-0.0056	-0.1657	1	0.0291	0.0442	2	-0.2447	-0.0407
1	-0.1698	-0.1585	1	-0.2228	-0.1710	2	-0.4232	-0.0998
1	-0.3469	-0.1879	1	-0.0997	-0.0733	2	-0.2375	0.2876
1	-0.0894	0.0064	1	-0.1972	-0.0607	2	-0.2205	0.0046
1	-0.1679	0.0713	1	-0.0867	-0.0560	2	-0.2154	-0.0219
1	-0.0836	0.0106	2	-0.3478	0.1151	2	-0.3447	0.0097
1	-0.1979	-0.0005	2	-0.3618	-0.2008	2	-0.2540	-0.0573
1	-0.0762	0.0392	2	-0.4986	-0.0860	2	-0.3778	-0.2682
1	-0.1913	-0.2123	2	-0.5015	-0.2984	2	-0.4046	-0.1162
1	-0.1092	-0.1190	2	-0.1326	0.0097	2	-0.0639	0.1569
1	-0.5268	-0.4773	2	-0.6911	-0.3390	2	-0.3351	-0.1368
1	-0.0842	0.0248	2	-0.3608	0.1237	2	-0.0149	0.1539
1	-0.0225	-0.0580	2	-0.4535	-0.1682	2	-0.0312	0.1400
1	0.0084	0.0782	2	-0.3479	-0.1721	2	-0.1740	-0.0776
1	-0.1827	-0.1138	2	-0.3539	0.0722	2	-0.1416	0.1642
1	0.1237	0.2140	2	-0.4719	-0.1079	2	-0.1508	0.1137
1	-0.4702	-0.3099	2	-0.3610	-0.0399	2	-0.0964	0.0531

집단	X_1	X_2	집단	X_1	X_2	집단	X_1	X_2
1	-0.1519	-0.0686	2	-0.3226	0.1670	2	-0.2642	0.0867
1	0.0006	-0.1153	2	-0.4319	-0.0687	2	-0.0234	0.0804
1	-0.2015	-0.0498	2	-0.2734	-0.0020	2	-0.3352	0.0875
1	-0.1932	-0.2293	2	-0.5573	0.0548	2	-0.1878	0.2510
1	0.1507	0.0933	2	-0.3755	-0.1865	2	-0.1744	0.1892
1	-0.1259	-0.0669	2	-0.4950	-0.0153	2	-0.4055	-0.2418
1	-0.1551	-0.1232	2	-0.5107	-0.2483	2	-0.2444	0.1614
1	-0.1952	-0.1007	2	-0.1652	0.2132	2	-0.4784	0.0282

(1) 선형판별함수를 구하고(단, 사전확률은 동일하다고 가정한다), 한 개씩 제거 교차타당법에 의한 오류율(error rate)을 추정하여라.

(2) 다음 10개의 관측값을 (1)에서 구한 판별함수를 사용하여 분류하여라.

관측값	X_1	X_2	관측값	X_1	X_2
1	-0.112	-0.279	6	-0.094	-0.113
2	-0.059	-0.068	7	-0.123	-0.143
3	0.064	0.012	8	-0.011	-0.037
4	-0.043	-0.052	9	-0.210	-0.090
5	-0.050	-0.098	10	-0.126	-0.019

03 다음 자료는 특수한 형태의 뱀에 대한 성별, 나이, 꼬리 길이(mm), 입부터 배까지의 길이(mm)를 조사한 결과이다.

성별	나이	꼬리길이	입–배길이	성별	나이	꼬리길이	입–배길이
Female	2	127	441	Female	4	206	573
Female	2	171	455	Female	4	165	531
Female	2	171	462	Female	4	189	528
Female	2	164	446	Female	4	195	536
Female	2	165	463	Male	2	126	457
Female	2	127	393	Male	2	128	466
Female	2	162	451	Male	2	151	466
Female	2	133	376	Male	2	115	361
Female	2	173	475	Male	2	138	473
Female	2	145	398	Male	2	145	477

성별	나이	꼬리길이	입-배길이	성별	나이	꼬리길이	입-배길이
Female	2	154	435	Male	3	145	507
Female	3	165	491	Male	3	145	493
Female	3	178	485	Male	3	158	558
Female	3	169	477	Male	3	152	495
Female	3	186	530	Male	3	159	521
Female	3	170	478	Male	3	138	487
Female	3	182	511	Male	3	166	565
Female	3	172	475	Male	3	168	585
Female	3	182	487	Male	3	160	550
Female	3	172	454	Male	4	181	652
Female	3	183	502	Male	4	185	587
Female	3	170	483	Male	4	172	606
Female	3	171	477	Male	4	180	591
Female	3	181	493	Male	4	205	683
Female	3	167	490	Male	4	175	625
Female	3	175	493	Male	4	182	612
Female	3	139	477	Male	4	185	618
Female	3	183	501	Male	4	181	613
Female	4	198	537	Male	4	167	600
Female	4	190	566	Male	4	167	602
Female	4	192	569	Male	4	160	596
Female	4	211	574	Male	4	165	611
Female	4	206	570	Male	4	173	603

출처 : Johnson and Wichern (2007)

(1) 꼬리 길이를 x축, 입부터 배까지의 길이를 y축으로 한 산점도를 그려라. 이때 암컷과 수컷으로 구분될 수 있도록 표현하여 성별간에 차이가 있는지를 조사하여라. 또한 나이(2, 3, 4)에 따른 구분이 될 수 있도록 표현한 후, 산점도상에서 나이에 따른 구분이 가능한지를 살펴보아라.

(2) 공통인 공분산행렬을 갖는 다변량 정규분포에 대한 가정이 성립한다고 하자. 그리고 비용과 사전확률이 동일하다고 할 때 성별에 따라 뱀을 분류하여라.

04 R 프로그램의 mlbench 패키지에 내장되어 있는 $Ionosphere$, $PimaIndiansDiabetes2$ 자료에 대하여 다음 물음에 답하여라. 단, 판별함수 추정 시 연속형 설명변수를 사용하여라.

(1) 자료를 랜덤하게 7:3으로 훈련자료(training data) 및 시험자료(test data)로 나눈 후 훈련자료를 이용하여 선형 판별함수와 이차 판별함수를 각각 추정하고, 두 판별함수에 대하여 시험자료를 이용하여 오류율을 계산하여라.

(2) (1)의 과정을 100회 독립반복 시행하고 선형 판별함수와 이차 판별함수의 오류율 평균 및 표준오차를 비교하여라.

(3) (1)과 (2)의 과정을 통해 로지스틱 회귀분석의 오류율 평균 및 표준오차를 구하고 이를 선형 및 이차 판별함수와 비교하여라.

제 8 장

군집분석

6장의 로지스틱 회귀분석과 7장의 판별분석은 관측개체의 소속집단이 알려져 있는 자료를 이용하여 분류함수를 구한 후, 이를 이용하여 새로운 개체의 소속집단을 추정하는 지도학습(supervised learning)의 분석기법 중 하나이다. 그러나 현실의 자료를 분석하다 보면 소속집단을 모르는 자료들을 서로 동질적인 집단으로 분류할 필요성이 있으며, 이러한 경우에는 비지도학습(unsupervised learning)의 분석기법이 사용된다.

군집분석(clustering analysis)은 대표적인 비지도학습법으로서 각각의 관측개체들을 적절한 기준에 대하여 동일한 군집에 속하는 관측개체들은 서로 유사하도록 여러 개의 군집들로 할당하는 방법이다. 군집분석은 형성된 군집별 특성을 파악함으로서 전체 자료의 구조에 대한 이해를 도울 수 있다. 여기서는 확률모형을 가정하지 않는 방법[1](model-free clustering) 중에서 가장 많이 사용되고 있는 계층적 군집분석(hierarchical clustering)과 $k-$평균 군집분석($k-$means clustering)에 대하여 살펴보기로 한다.

8.1 계층적 군집분석

계층적 군집분석은 가장 가까운 군집들을 순차적으로 묶어주는 응집형(agglomerative) 방법과 모든 자료를 하나의 군집으로 간주한 후 순차적으로 먼 관측개체를 분리해 가는 분리형(divisive) 방법이 있다. 여기서는 주로 많이 사용되는 응집형 계층적 군집분석을 다루기로 한다.

8.1.1 거리의 측정

응집형 군집분석은 관측개체들이 서로 얼마나 유사한지 또는 이질적인지를 측정하는 기준을 필요로 한다. p차원의 변수를 $\boldsymbol{x}=(x_1, x_2, \cdots, x_p)^T$라 하고, 이 변수들을 관찰한 n개의 관측자료를 $\boldsymbol{x}_1, \boldsymbol{x}_2, \cdots, \boldsymbol{x}_n$으로 표시하면 $n \times p$ 자료행렬은

1) 확률모형에 기초한 방법(model-based clustering) 중에서 대표적인 방법에는 가우스 혼합모형 군집분석(Gaussian mixture model clustering)이 있다.

$$\begin{bmatrix} \boldsymbol{x}_1^T \\ \boldsymbol{x}_2^T \\ \vdots \\ \boldsymbol{x}_n^T \end{bmatrix} = \begin{bmatrix} x_{11} & x_{12} & \cdots & x_{1p} \\ x_{21} & x_{22} & \cdots & x_{2p} \\ \vdots & \vdots & \ddots & \vdots \\ x_{n1} & x_{n2} & \cdots & x_{np} \end{bmatrix} \tag{8.1}$$

와 같다. 분석 자료의 p차원 변수들이 모두 연속형인 경우에는 두 관측개체 $\boldsymbol{x}_i$와 $\boldsymbol{x}_k(i \neq k)$에 대하여 다음과 같은 거리를 유사성의 기준으로 일반적으로 사용한다.

- 유클리드 거리 : $d_{ik} = \left(\sum_{j=1}^{p} (x_{ij} - x_{kj})^2 \right)^{1/2}$
- 맨하탄 거리 : $d_{ik} = \sum_{j=1}^{p} |x_{ij} - x_{kj}|$ (8.2)
- 표준화 거리 : $d_{ik} = \left(\sum_{j=1}^{p} (x_{ij} - x_{kj})^2 / s_j^2 \right)^{1/2}$, s_j^2은 j번째 변수에 대한 표본분산
- 마할라노비스 거리 : $d_{ik} = (\boldsymbol{x}_i - \boldsymbol{x}_k)^T S^{-1} (\boldsymbol{x}_i - \boldsymbol{x}_k)$, S는 표본 공분산 행렬

범주형 변수에 대해서도 여러 가지 거리를 정의할 수 있다. 먼저 p차원의 이항변수로 구성된 두 관측개체 $\boldsymbol{x}_i$와 $\boldsymbol{x}_k(i \neq k)$에 대하여 생각해 보자. 두 개체에 대하여 같은 값을 갖는 이항변수의 수와 서로 다른 값을 갖는 이항변수의 수를 분할 표로 나타내면

		$\boldsymbol{x}_k$ 1	0	합
$\boldsymbol{x}_i$	1	a	b	$a+b$
	0	c	d	$c+d$
합		$a+c$	$b+d$	$p=a+b+c+d$

와 같고, 이를 이용하여 다음과 같은 두 관측개체의 거리를 사용할 수 있다.

- $d_{ik} = \dfrac{b+c}{p}$: 1-0 쌍과 0-1 쌍에 대한 동일한 가중치 적용 (8.3)
- $d_{ik} = \dfrac{b+c}{a+b+c}$: 자카드 거리

예제 8.1 5명의 특성이 다음과 같을 때 1-0 쌍과 0-1 쌍에 대하여 동일한 가중치를 적용하여 관측개체들 간의 거리를 각각 구하여라.

	눈 색채 (1:갈색눈, 0:기타)	모발 색상 (1:금발, 0:기타)	오른손잡이 여부 (1:오른손, 0:왼손)	성별 (1:여자, 0:남자)
관측개체 1	0	1	1	1
관측개체 2	1	0	1	0
관측개체 3	0	1	1	0
관측개체 4	1	0	1	1
관측개체 5	1	0	0	0

풀이

관측개체 1과 2의 경우 같은 값을 갖는 이항변수의 수와 서로 다른 값을 갖는 이항변수의 수를 분할 표로 나타내면

		x_2 1	x_2 0	합
x_1	1	1	2	3
	0	1	0	1
합		2	2	4

와 같고, 동일한 가중치를 적용하여 관측개체 1과 2의 거리를 계산하면 $\frac{b+c}{p}=\frac{3}{4}$이다. 동일한 방법으로 나머지 관측개체들의 거리를 계산하면

관측개체 1과 3의 거리 : $\frac{1}{4}$, 관측개체 1과 4의 거리 : $\frac{1}{2}$, 관측개체 1과 5의 거리 : 1

관측개체 2과 3의 거리 : $\frac{3}{4}$, 관측개체 2과 4의 거리 : $\frac{1}{4}$, 관측개체 2과 5의 거리 : $\frac{1}{4}$

관측개체 3과 4의 거리 : $\frac{3}{4}$, 관측개체 3과 5의 거리 : $\frac{3}{4}$, 관측개체 4과 5의 거리 : $\frac{1}{2}$

와 같다. 이로부터 관측개체 1과 3, 2와 4, 2와 5의 유사성이 높으며 관측개체 1과 5의 유사성이 가장 낮은 것을 알 수 있다.

8.1.2 응집형 계층적 군집분석의 알고리즘

응집형 계층적 군집분석의 알고리즘은 식 (8.2)와 (8.3)의 거리를 이용하여 모든 관측개

체들 간의 $n \times n$ 거리행렬(유사성 행렬) $D = \{d_{ik}\}$

$$D = \begin{bmatrix} d_{11} & d_{12} & \cdots & d_{1n} \\ d_{21} & d_{22} & \cdots & d_{2n} \\ \vdots & \vdots & \ddots & \vdots \\ d_{n1} & d_{n2} & \cdots & d_{nn} \end{bmatrix} \tag{8.4}$$

를 먼저 구한다. 그리고 각각의 관측개체를 하나의 군집으로 간주한 후, 이러한 n개의 군집 중에서 거리가 가장 가까운 두 개의 군집을 하나의 군집으로 병합하여 $n-1$개의 군집을 형성한다. 그리고 새로 병합된 군집과 나머지 군집간의 유사성 행렬을 수정한다. 이때 군집과 군집간의 유사성 행렬의 기준을 정의하여야 한다. 이와 같은 방법을 반복하여 모든 관측개체가 하나의 군집에 속할 때 까지 계속한다. 응집형 계층적 군집분석의 세부 알고리즘은 다음과 같다.

[알고리즘 8.1] 응집형 계층적 군집분석의 알고리즘

- 단계 1 : 각 관측개체를 하나의 군집으로 간주한 후 $n \times n$ 거리행렬을 계산한다.
- 단계 2 : 거리행렬을 기준으로 가장 가까운 두 군집(U와 V)을 하나의 군집(UV)으로 병합한다.
- 단계 3 : 병합된 두 군집(U, V)을 제거하고 새로운 군집(UV)을 추가하여 새로운 거리행렬을 구한다.
- 단계 4 : 군집의 수가 하나가 될 때 까지 단계 2와 3을 반복한다.

응집형 계층적 군집분석의 병합방법은 단계 3에서 군집과 군집간의 거리를 측정하는 방법에 따라 다양한 종류가 있으며, 대표적인 방법에는 최단연결법(single linkage), 최장연결법(complete linkage), 평균연결법(average linkage) 등이 있다.

(1) 최단연결법(single linkage)

최단연결법은 먼저 $n \times n$ 거리행렬 $D = \{d_{ik}\}$에서 거리가 가장 가까운 두 관측개체 U와 V를 병합하여 새로운 군집(UV)를 형성한다. 최장연결법에서는 두 군집 사이의 거리를 각 군집에서 하나씩 관측값을 뽑았을 때 나타날 수 있는 모든 거리의 최솟값으로 계산한다. 즉, 최단연결법은 알고리즘 8.1의 단계 3에서 새로 병합된 군집(UV)와 군집 W와의 거리를

$$d_{(UV)W} = \min\{d_{UW}, d_{VW}\} \tag{8.5}$$

와 같이 계산한다. 식 (8.5)를 이용하여 기존의 거리행렬에서 병합된 두 군집 U와 V를 제거하고 새로운 군집(UV)을 추가하여 새로운 거리행렬을 구한 후, 이로부터 거리가 가장 가까운 두 군집을 새로운 군집으로 병합한다. 이러한 과정을 반복하면 최종적으로 하나의 군집을 형성하게 된다.

예제 8.2 5개의 관측값들의 거리행렬이 다음과 같을 때, 최단연결법을 이용하여 계층적 군집분석을 하여라.

	관측개체 1	관측개체 2	관측개체 3	관측개체 4	관측개체 5
관측개체 1	0				
관측개체 2	4	0			
관측개체 3	12	10	0		
관측개체 4	15	7	11	0	
관측개체 5	22	12	12	3	0

풀이

관측개체 4와 5의 거리가 3으로서 최소이므로 두 개체를 병합하여 첫 군집 $(4,5)$로 하고, 이 군집과 나머지 군집과의 거리를 계산하면

$$d_{(4,5),1} = \min\{d_{4,1},\, d_{5,1}\} = \min\{15, 22\} = 15$$
$$d_{(4,5),2} = \min\{d_{4,2},\, d_{5,2}\} = \min\{7, 12\} = 7$$
$$d_{(4,5),3} = \min\{d_{4,3},\, d_{5,3}\} = \min\{11, 12\} = 11$$

이 된다. 따라서 새로운 거리행렬을 구하면 다음과 같다.

	군집 1	군집 2	군집 3	군집 (4,5)
군집 1	0			
군집 2	4	0		
군집 3	12	10	0	
군집 (4,5)	15	7	11	0

여기서 최소거리는 4이므로 두 군집 1과 2를 병합하여 새로운 군집 $(1,2)$를 만들고 새로운 거리행렬을 구하면 다음과 같다.

	군집 (1,2)	군집 3	군집 (4,5)
군집 (1,2)	0		
군집 3	10	0	
군집 (4,5)	7	11	0

마지막으로 최소거리를 구하면 7이므로 두 군집 (1,2)와 (4,5)를 병합하면 된다. 이와 같은 최단연결법을 이용한 군집분석은 [그림 8.1]과 같은 덴드로그램을 이용하여 표현할 수 있다.

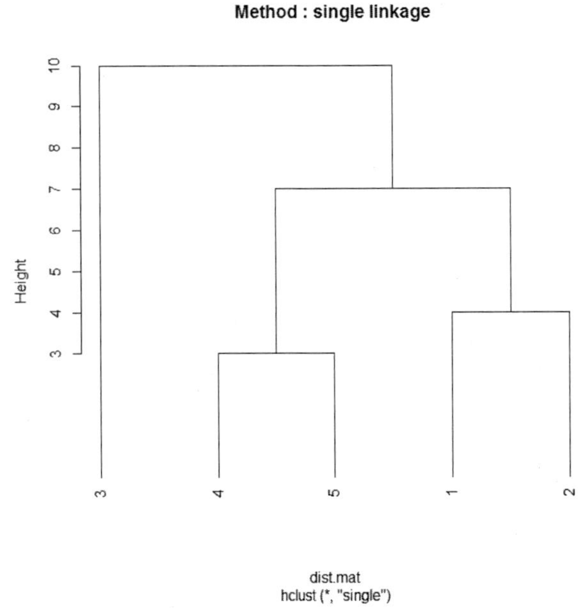

[그림 8.1] 최단연결법을 이용한 계층적 군집분석의 덴드로그램 (R 프로그램 8.1)

R 실습 8.1 [예제 8.2]의 최단연결법 적용한 계층적 군집분석을 R 프로그램을 이용하여 시행하여라.

풀이

[R 프로그램 8.1] 최단연결법을 적용한 계층적 군집분석

```
dist.mat=matrix(c(0, 4, 12, 15, 22, 4, 0, 10, 7, 12, 12, 10, 0, 11, 12, 15, 7,
                  11, 0, 3, 22, 12, 12, 3, 0), nrow=5, byrow=FALSE)
dist.mat=as.dist(dist.mat)
result=hclust(d=dist.mat, method="single")
plot(result, hang=-1, main="Method : single linkage")
```

- 계층적 군집분석을 위해서는 R에서 제공하는 hclust() 함수를 사용하면 된다. hclust() 함수의 사용형식은 hclust(d, method)이며, 인수 d에는 거리행렬을, method에는 군집과 군집 간의 거리 측정방법("single", "complete", "average", "centroid" 등)을 입력하면 된다. 여기서는 최단연결법인 single로 지정하였다.
- 일반적인 5×5 거리행렬을 hclust() 함수에 입력 가능한 거리행렬로 변환하기 위하여 as.dist() 함수를 이용하였으며, as.matrix() 함수를 이용하면 거리행렬을 일반 행렬로 다시 변환 가능하다.
- 최단연결법을 이용한 계층적 군집분석의 결과는 $result$라는 변수명으로 저장하였으며, 덴드로그램을 나타내기 위해서는 plot() 함수를 사용하면 된다. 이때 인수 hang=-1로 지정하면 y축의 선을 밑에까지 내려오게 한다. [그림 8.1]은 최단연결법을 이용한 계층적 군집분석의 덴드로그램을 나타내고 있다.

(2) 최장연결법(complete linkage)

최장연결법은 두 군집 사이의 거리를 각 군집에서 하나씩 관측값을 뽑았을 때 나타날 수 있는 모든 거리의 최댓값으로 계산한다. 즉, 최장연결법에서는 알고리즘 8.1의 단계 3에서 새로 병합된 군집 (UV)와 군집 W와의 거리를

$$d_{(UV)W}=\max\{d_{UW}, d_{VW}\} \tag{8.6}$$

와 같이 계산한다.

예제 8.3 [예제 8.2]의 자료를 최장연결법을 이용하여 계층적 군집분석을 하여라.

풀이

관측개체 4와 5의 거리가 3으로서 최소이므로 두 개체를 병합하여 첫 군집 $(4,5)$로 하고, 이 군집과 나머지 군집과의 거리를 계산하면

$$d_{(4,5),1}=\max\{d_{4,1}, d_{5,1}\}=\max\{15,22\}=22$$
$$d_{(4,5),2}=\max\{d_{4,2}, d_{5,2}\}=\max\{7,12\}=12$$
$$d_{(4,5),3}=\max\{d_{4,3}, d_{5,3}\}=\max\{11,12\}=12$$

이 된다. 따라서 새로운 거리행렬을 구하면 다음과 같다.

	군집 1	군집 2	군집 3	군집 (4,5)
군집 1	0			
군집 2	4	0		
군집 3	12	10	0	
군집 (4,5)	22	12	12	0

여기서 최소거리는 4이므로 두 군집 1과 2를 병합하여 새로운 군집 (1,2)를 만들고 새로운 거리행렬을 구하면 다음과 같다.

	군집 (1,2)	군집 3	군집 (4,5)
군집 (1,2)	0		
군집 3	12	0	
군집 (4,5)	22	12	0

마지막으로 최소거리를 구하면 12이므로 두 군집 3과 (1,2)를 병합하거나 3과 (4,5)를 병합하면 된다. 여기서는 3과 (1,2)를 병합하여 덴드로그램으로 나타내면 [그림 8.2]와 같이 최장연결법을 이용한 군집분석을 표현할 수 있다.

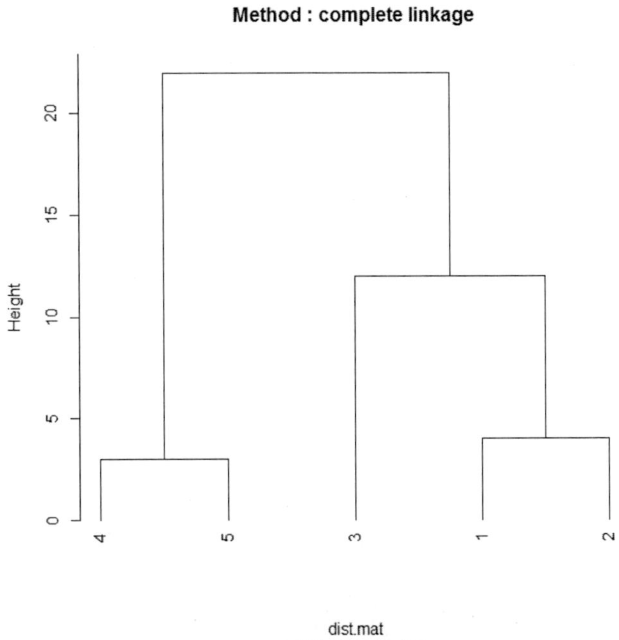

[그림 8.2] 최장연결법을 이용한 계층적 군집분석의 덴드로그램2)

2) 최장연결법을 적용하기 위해서는 R 프로그램 8.1에서 hclust() 함수의 인수를 method="complete"로 입력하면 된다.

(3) 평균연결법(average linkage)

평균연결법은 두 군집 사이의 거리를 각 군집에서 하나씩 관측값을 뽑았을 때 나타날 수 있는 모든 거리의 평균값으로 계산한다. 즉, 최장연결법에서는 알고리즘 8.1의 단계 3에서 새로 병합된 군집 (UV)와 군집 W와의 거리를

$$d_{(UV)W} = \frac{\sum_{i \in (UV)} \sum_{k \in W} d_{ik}}{n_{(UV)} n_W} \tag{8.7}$$

와 같이 계산한다. 여기서 d_{ik}는 군집 (UV)에 포함되어 있는 관측개체 $\boldsymbol{x}_i$와 군집 W에 포함되어 있는 관측개체 $\boldsymbol{x}_k$ 사이의 거리를 의미하며, $n_{(UV)}$와 n_W는 각각 군집 (UV)와 W에 포함되어 있는 관측개체의 수를 나타낸다.

예제 8.4 [예제 8.2]의 자료를 평균연결법을 이용하여 계층적 군집분석을 하여라.

풀이

관측개체 4와 5의 거리가 3으로서 최소이므로 두 개체를 병합하여 첫 군집 $(4,5)$로 하고, 이 군집과 나머지 군집과의 거리를 계산하면

$$d_{(4,5),1} = (d_{4,1} + d_{5,1})/2 = (15+22)/2 = 18.5$$
$$d_{(4,5),2} = (d_{4,2} + d_{5,2})/2 = (7+12)/2 = 9.5$$
$$d_{(4,5),3} = (d_{4,3} + d_{5,3})/2 = (11+12)/2 = 11.5$$

이 된다. 따라서 새로운 거리행렬을 구하면 다음과 같다.

	군집 1	군집 2	군집 3	군집 (4,5)
군집 1	0			
군집 2	4	0		
군집 3	12	10	0	
군집 (4,5)	18.5	9.5	11.5	0

여기서 최소거리는 4이므로 두 군집 1과 2를 병합하여 새로운 군집 $(1,2)$를 만들고 새로운 거리행렬을 구하면 다음과 같다.

	군집 (1,2)	군집 3	군집 (4,5)
군집 (1,2)	0		
군집 3	11	0	
군집 (4,5)	14	11.5	0

마지막으로 최소거리를 구하면 11이므로 두 군집 3과 (1,2)를 병합하면 된다. 이상의 평균연결법을 덴드로그램으로 나타내면 [그림 8.3]과 같으며, 이 결과는 최장연결법과 유사한 형태가 된다.

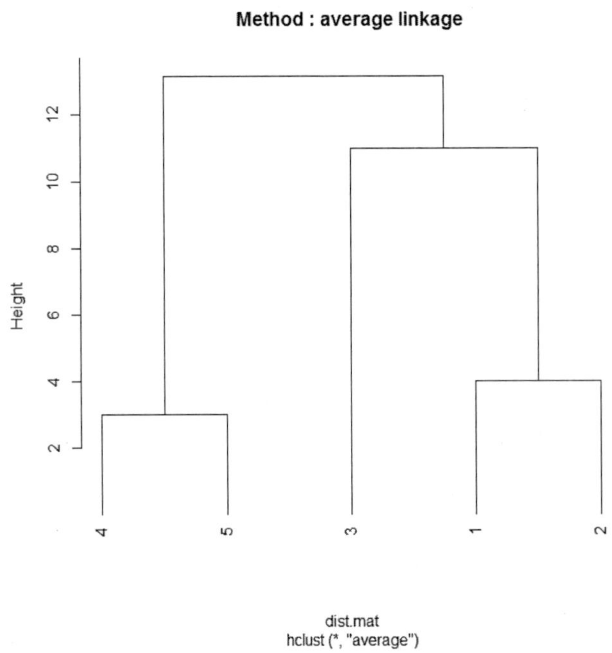

[그림 8.3] 평균연결법을 이용한 계층적 군집분석의 덴드로그램[3)]

R 실습 8.2 미국의 22개 전투기를 5개 변수에 대하여 조사한 관측값이 다음과 같다. 4개 변수(SPR, RGF, PLF, SLF)를 사용하여 군집분석을 하고자 한다. 최장연결법 적용하여 계층적 군집분석을 R 프로그램을 이용하여 시행하여라. 여기서 각 변수는 다음과 같다.

- SPR : 단위무게 당 출력에 비례하는 특정한 출력(specific power)
- RGF : 비행범위 요인(flight range factor)
- PLF : 비행기 총 무게의 일부분으로서의 탑재량(payload)

3) 평균연결법을 적용하기 위해서는 R 프로그램 8.1에서 hclust() 함수의 인수를 method="average"로 입력하면 된다.

- SLF : 일관된 무게 요인(sustained load factor)
- Car : 항공모함에 착륙가능하면 1, 그렇지 않으면 0을 갖는 이진변수

SPR	RGF	PLF	SLF	CAR	SPR	RGF	PLF	SLF	CAR
1.468	3.30	0.166	0.10	no	3.618	4.32	0.143	2.80	no
1.605	3.64	0.154	0.10	no	5.855	4.53	0.172	2.50	yes
2.168	4.87	0.177	2.90	yes	2.898	4.48	0.178,	3.00	no
2.054	4.72	0.275	1.10	no	3.880	5.39	0.101	3.00	yes
2.467	4.11	0.298	1.00	yes	0.455	4.99	0.008	2.64	no
1.294	3.75	0.150	0.90	no	8.088	4.50	0.251	2.70	yes
2.183	3.97	0.000	2.40	yes	6.502	5.20	0.366	2.90	yes
2.426	4.65	0.117	1.80	no	6.081	5.65	0.106	2.90	yes
2.607	3.84	0.155	2.30	no	7.105	5.40	0.089	3.20	yes
4.567	4.92	0.138	3.20	yes	8.548	4.20	0.222	2.90	no
4.588	3.82	0.249	3.50	no	6.321	6.45	0.187	2.00	yes

출처 : Stanley and Miller (1979)

풀이 ▶

[R 프로그램 8.2] 최단연결법을 적용한 계층적 군집분석

```
SPR=c(1.468, 1.605, 2.168, 2.054, 2.467, 1.294, 2.183, 2.426, 2.607, 4.567, 4.588,
      3.618, 5.855, 2.898, 3.88, 0.455, 8.088, 6.502, 6.081, 7.105, 8.548, 6.321)
RGF=c(3.3, 3.64, 4.87, 4.72, 4.11, 3.75, 3.97, 4.65, 3.84, 4.92, 3.82, 4.32, 4.53,
      4.48, 5.39, 4.99, 4.5, 5.2, 5.65, 5.4, 4.2, 6.45)
PLF=c(0.166, 0.154, 0.177, 0.275, 0.298, 0.15, 0, 0.117, 0.155, 0.138, 0.249,
      0.143, 0.172, 0.178, 0.101, 0.008, 0.251, 0.366, 0.106, 0.089,0.222, 0.187)
SLF=c(0.1, 0.1, 2.9, 1.1, 1, 0.9, 2.4, 1.8, 2.3, 3.2, 3.5, 2.8, 2.5, 3, 3, 2.64, 2.7,
      2.9, 2.9, 3.2, 2.9, 2)
JET=cbind(SPR, RGF, PLF, SLF); scaled.jet=scale(JET, center=TRUE, scale=TRUE)
dist.mat=dist(scaled.jet); result=hclust(d=dist.mat, method="complete")
plot(result, hang=-1, main="Clustering of jet fighters")
```

- 22개 관측개체를 JET 라는 변수명에 저장하였으며, 각각의 변수들이 서로 다른 척도로 관측되었으므로 군집화 전에 scale() 함수를 사용하여 표준화한 후 이를 $scaled.jet$에 저장하였다.
- 원자료로부터 22개 관측개체들의 거리행렬을 구하기 위해서는 dist() 함수를 사용하면 된다.

• 최장연결법을 적용하기 위하여 hclust() 함수에서 method="complete"로 지정하였으며, 그 결과는 [그림 8.4]에 덴드로그램으로 나타나 있다. 이로부터 전투기들이 주로 항공모함 착륙 가능여부에 따라 두 그룹으로 군집화 되는 것을 알 수 있다.

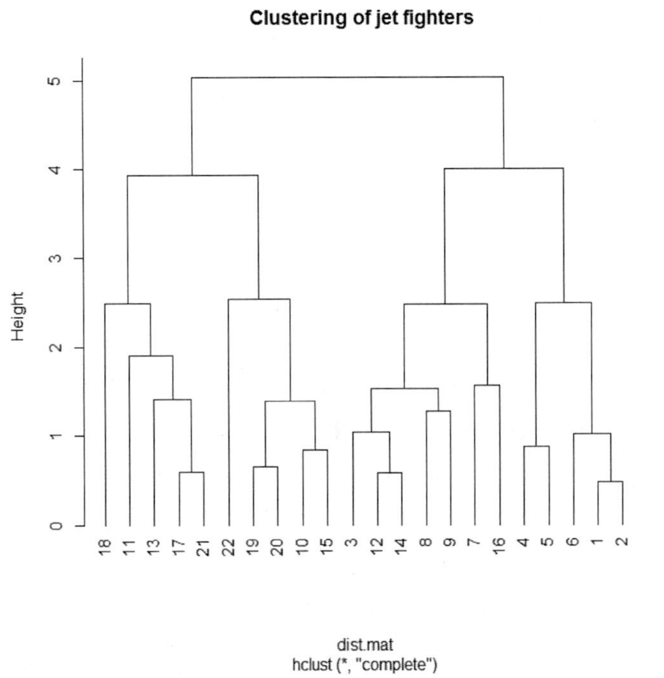

[그림 8.4] 전투기 자료를 이용한 계층적 군집분석의 덴드로그램 (R 프로그램 8.2)

8.2 $K-$평균 군집분석

$K-$평균 군집분석은 주어진 군집수 K에 대하여 군집내 관측개체와 군집 중심과의 거리제곱합의 총합이 최소화되도록 관측개체를 분리한다. 즉 n개의 관측개체 $\boldsymbol{x}_1, \boldsymbol{x}_2, \cdots, \boldsymbol{x}_n$이 주어질 때, $K-$평균 군집분석은 거리제곱합의 총합

$$\sum_{k=1}^{K} \sum_{i \in \pi_k} \| \boldsymbol{x}_i - \overline{\boldsymbol{x}}_k \|^2 \tag{8.8}$$

을 최소화하는 K개의 군집 중심 $\overline{\boldsymbol{x}}_1, \overline{\boldsymbol{x}}_2, \cdots, \overline{\boldsymbol{x}}_K$와 서로 배반인 K개의 군집 $\pi_1, \pi_2, \cdots,$

π_K을 찾아 n개의 관측개체를 분류하게 된다. 여기서 k번째 군집 π_k 내의 관측개체 수를 n_k라고 하면 군집 중심 $\overline{\boldsymbol{x}}_k$는 k번째 군집의 평균[4)]을 나타낸다. 즉, $\overline{\boldsymbol{x}}_k = \frac{1}{n_k}\sum_{i \in \pi_k} \boldsymbol{x}_i$ 이다.

$K-$평균 군집분석의 최적해를 구하기 위해서는 모든 가능한 군집들에 대하여 식 (8.8)을 최소화 하는 최적분리를 찾아야 한다. 그러나 관측개체가 많거나 군집 수 K가 클 때에는 고려해야 하는 경우의 수가 너무 많아서 계산소요가 크게 증가한다. 따라서 $K-$평균 군집분석은 모든 가능한 경우에 대하여 계산하지 않고 아래와 같은 휴리스틱 알고리즘으로 관측개체를 K개의 군집으로 분리한다.

[알고리즘 8.2] $K-$평균 군집분석의 알고리즘

- 단계 1 : 원하는 군집의 수 K를 정한다.
- 단계 2 : K개의 군집중심에 대한 초기값 $c_1, c_2, \cdots, c_k$ 을 선택한다.
- 단계 3 : 각 관측개체 $\boldsymbol{x}_i (i=1,2,\cdots,n)$를 거리가 가장 가까운 군집중심에 해당되는 군집으로 분류한다.
- 단계 4 : 각 군집의 중심을 $c_k = \frac{1}{n_k}\sum_{i \in \pi_k} \boldsymbol{x}_i \ (k=1,2,\cdots,K)$으로 다시 계산한다.
- 단계 5 : 군집중심의 변화가 없을 때 까지 단계 3과 4를 반복한다.

$K-$평균 군집분석은 군집중심으로 평균을 사용한다. 따라서 이상치가 있는 자료의 군집분석에서 $K-$평균 군집분석의 사용은 적합하지 않다. 또한 $K-$평균 군집분석은 모든 변수가 연속형이어야 한다. 즉, 자료 중에 범주형 변수가 포함되어 있으면 $K-$평균 군집분석의 사용은 제한된다. 이러한 제한사항을 극복하기 위하여 $K-$평균 군집분석은 군집중심의 형태에 따라 $K-$중앙값(median) 군집분석, $K-$메도이드(medoid) 군집분석 등의 방법론으로 확장될 수 있다.

R 실습 8.3 붓꽃(iris) 자료는 붓꽃의 3가지 종(sentosa, versicolor, virginica)에 대하여 꽃받침(Sepal)과 꽃잎(Petal)의 길이(Length) 및 넓이(Width)를 측정한 것으로, R 프로그램에 기본으로 내장되어 있다. $K-$평균 군집분석을 이용하여 관측개체를 3개의 군집으로 분류하여라.

---

4) $K-$평균 군집분석은 군집 중심의 형태에 따라 $K-$중앙값(median) 군집분석, $K-$메도이드(medoid) 군집분석 등의 방법론으로 확장될 수 있다.

풀이

[R 프로그램 8.3] K-평균 군집분석

```
iris.data=iris[, 1:4]
scaled.x=scale(x=iris.data, center=TRUE, scale=TRUE)
set.seed(365); result=kmeans(x=scaled.x, centers=3, nstart=10)
result
table(result$cluster, iris$Species)
```

- 꽃 자료는 R 프로그램에 $iris$ 라는 이름으로 내장되어 있으며, 설명변수에 해당하는 1열부터 4열을 $iris.data$ 로 저장하였다. 또한 군집화 전에 scale() 함수를 사용하여 표준화한 후 이를 $scaled.x$ 에 저장하였다.
- K-평균 군집분석을 위해서는 R에서 제공하는 kmeans() 함수가 사용되며, 그 사용 형식은 kmeans(x, centers, nstart)와 같다. 여기서 x에는 행렬형태의 관측개체를, centers에는 군집의 수 K 또는 초기 군집중심을, nstart에는 초기 군집중심을 랜덤하게 선택하는 횟수를 입력한다.
- [그림 8.5]는 K-평균 군집분석의 결과와 분류된 군집(result$cluster)과 붓꽃의 종(iris$Species)에 대한 분할표를 나타내고 있다. 군집 1은 50개의 관측개체로 이루어져 있으며 이는 모두 setosa에 해당한다. 또한 군집2는 versicolor 11개와 virginica 36개로, 군집 3은 versicolor 39개와 virginica 14개로 구성되는 것을 알 수 있다.

```
R Console (32-bit)
파일 편집 기타 패키지 윈도우즈 도움말
> iris.data=iris[, 1:4]
> scaled.x=scale(x=iris.data, center=TRUE, scale=TRUE)
> set.seed(365); result=kmeans(x=scaled.x, centers=3, nstart=10)
> result
K-means clustering with 3 clusters of sizes 50, 47, 53

Cluster means:
  Sepal.Length Sepal.Width Petal.Length Petal.Width
1  -1.01119138  0.85041372   -1.3006301  -1.2507035
2   1.13217737  0.08812645    0.9928284   1.0141287
3  -0.05005221 -0.88042696    0.3465767   0.2805873

Clustering vector:
  [1] 1 1 1 1 1 1 1 1 1 1 1 1 1 1 1 1 1 1 1 1 1 1 1 1 1 1 1 1 1 1 1 1 1 1 1 1 1 1 1 1 1 1 1 1
 [45] 1 1 1 1 1 1 2 2 2 3 3 3 2 3 3 3 3 3 3 3 2 3 3 3 2 3 3 3 3 2 2 2 3 3 3 3 3 3 3 2 2 3
 [89] 3 3 3 3 3 3 3 3 3 3 3 3 2 3 2 2 2 2 3 2 2 2 2 2 2 3 3 2 2 2 2 3 2 3 2 3 2 2 3 2 2 2 2 2
[133] 2 3 3 2 2 2 3 2 2 2 3 2 2 2 3 2 2 3

Within cluster sum of squares by cluster:
[1] 47.35062 47.45019 44.08754
 (between_SS / total_SS =  76.7 %)

Available components:

[1] "cluster"      "centers"      "totss"        "withinss"     "tot.withinss" "betweenss"
[7] "size"
> table(result$cluster, iris$Species)

    setosa versicolor virginica
  1     50          0         0
  2      0         11        36
  3      0         39        14
> |
```

[그림 8.5] 붓꽃 자료를 이용한 K-평균 군집분석 (R 프로그램 8.3)

연습문제

01 두 변수 x_1과 x_2에 대하여 5개의 개체가 아래와 같이 관측되었다. 다음 물음에 답하여라. 단, 개체간 거리는 유클리드 제곱거리를 이용하여라.

개체	(x_1, x_2)
1	(4, 3)
2	(1, 2)
3	(-2, -3)
4	(1, -2)
5	(1, 3)
6	(-2, -1)
7	(3, 2)
8	(1, 0)

(1) 최단연결법을 이용하여 계층적 군집분석을 하여라.
(2) 최장연결법을 이용하여 계층적 군집분석을 하여라.
(3) 평균연결법을 이용하여 계층적 군집분석을 하여라.

02 아래 R 프로그램은 공통 공분산행렬이 $0.05\,I$이고 평균벡터가 $(0,0)^T$, $(1,2)^T$, $(3,1)^T$인 이변량 정규분포로부터 각각 50개, 100개, 150개의 개체를 생성한다. 모의자료를 이용하여 다음 물음에 답하여라.

```
library(MASS)
set.seed(6464)
G1=mvrnorm(50, mu=c(0,0), Sigma=diag(2)*0.5)
G2=mvrnorm(100, mu=c(1,2), Sigma=diag(2)*0.5)
G3=mvrnorm(150, mu=c(3,1), Sigma=diag(2)*0.5)
X=rbind(G1, G2, G3); colnames(X)=c("x1", "x2")
```

(1) 3－평균군집분석을 하여라.
(2) (1)의 군집분석 결과를 산점도상에 나타내고, 군집분류 결과를 소속집단과 비교하여라. 이때 각 군집에 속하는 개체는 서로 다른 기호 또는 색으로 표시하여라.

03 mlbench 패키지의 *Glass* 자료에 대하여 다음 물음에 답하여라.

(1) 9개 변수(RI, Na, Mg, Al, Si, K, Ca, Ba, Fe)에 대하여 7－평균군집분석을 하여라.

(2) (1)의 군집분류 결과를 *glass* 의 종류와 비교하여라.

04 R 프로그램에 내장되어 있는 *faithful* 자료는 미국 옐로스톤 국립공원의 간헐천의 분화와 분화 사이의 대기시간을 기록한 자료이다. 다음 물음에 답하여라.

(1) 최단연결법, 최장연결법, 평균연결법을 이용한 계층적 군집분석을 하여라.

(2) 군집수를 2와 3으로 하여 K－평균군집분석을 하여라.

참고문헌

강정흥, 강종경, 박석봉, 박재신, 방성완 (2015). Excel과 R을 이용한 통계학의 이해와 활용. 교우사.

김재화 (2008). SAS를 이용한 다변량 통계분석. 교우사.

김재희 (2014). R을 이용한 통계적 실험설계와 분석. 자유아카데미.

김재희 (2012). R을 이용한 회귀분석. 자유아카데미.

김재희, 국광호 (2014). R을 활용한 응용 다변량 분석 입문

박성현 (2009). 현대실험계획법. 민영사.

박창이, 김용대, 김진석, 송종우, 최호식 (2013). R을 이용한 데이터마이닝. 교우사.

배현웅, 문호석 (2010). R과 함께하는 상관 및 회귀분석. 교우사.

배현웅, 문호석 (2011). R과 함께하는 분산분석. 교우사.

배현웅, 방성완 (2013). R과 함께하는 판별분석과 로지스틱 회귀분석. 교우사.

송성주, 전명식 (2015). 수리통계학. 자유아카데미.

양병화 (1998). 다변량 자료분석의 이해와 활용. 학지사.

이군희 (2001). 사회과학 연구방법론. 법문사.

이정진 (2011). R, SAS, MS-SQL을 활용한 데이터마이닝. 자유아카데미.

정강모, 김명근 (2010). R기반 다변량 분석. 교우사.

Agresti, A. (2002). Categorical Data Analysis. John Wiley & Sons, Inc.

Anderson, T. W. (2003). An Introduction to Multivariate Statistical Analysis. New York : John Wiley.

Bliss, C. I. (1935). The Calculation of the dosage-mortality curve. Analysis of Applied Biology, 22 (1), 134~167.

Brain S. Everitt. (2004). An R and S_PLUS Companion to Multivariate Analysis. Springer.

Brain S. E. (2002). A handbook of Statistical Analysis Using S-PLUS. Champman & Hall/CRC.

Duckworth, W. D. and Stephensen, W. R. (2000). Beyond Traditional Statistical Methods. Iowa State University NSF/ILI.

Frank, H. and Althoen, S. C. (1994). Statistics: concepts and applications workbook. Cambridge University Press.

Frederick, M., Kruskal, W. H., Link, R. F., Pieters, R. S., and Rising, G. R. (1973). Statistics by example-finding models. Addison-Wesley Longman Publishing Co.

Galton, F. (1886). Regression Towards Mediocrity in Hereditary Stature. Journal of the Anthropological Institute, 15, 246~263.

Gravetter, F. J. (2000). Statistics for the behavioral science. Wadsworth Publishing Co.

Johnson, R. A. and Wichern, D. W. (2007). Applied Multivariate Statistical Analysis. Prentice-Hall, Inc.

Mardia, K.V. (1970). Measures of multivariate skewness and kurtosis with applications. Biometrika, 50, 519~530.

Montgomery, D. C. (2006). Design and Analysis of Experiments. John Wiley & Sons, Inc.

Montgomery, D. C., Peck, E. A., Vining, G. G. (2012). Introduction to Linear Regression Analysis. John Wiley & Sons, Inc.

Peck, R., Olsen, C., and Devore, J. (2005). Statistics and data analysis. Brooks/Cole.

Romeu, J. L. and Ozturk, A. (1993). A comparative study of goodness-of-fit tests for multivariate normality. Journal of Multivariate Analysis, 46, 309~334.

Sprinthall, R. C. (1982). Basic statistical analysis. Allen & Bacon.

Stanley, W. and Miller, M. (1979). Measuring technological change in jet fighter aircraft, Technical Report R-2249-AF, Rand Corporation, Santa Monica, CA.

Tabachnick, B. G. and Fidell, L. S. (2001). Using Multivariate Statistics. A Pearson Education Company.

Timm, N. H. (2002). Applied Multivariate Analysis. Springer-Verlag New York, Inc.

Willerman, L., Schultz, R., Rutledge, J. N., and Bigler, E. (1991). In Vivo Brain Size and Intelligence. Intelligence, 15, 223~228.

부록 A : R 프로그램소개

A.1 R이란?

R은 R. Becker, J. Chamber, A. Wilks 등이 S언어를 확장하여 개발한 하나의 프로그래밍 언어이다. 하지만 R은 기존의 프로그래밍 언어와는 달리 SAS, SPSS, Minitab 등과 같은 통계 패키지로서의 기능을 함께 갖추고 있으면서 구입 및 유지비용이 전혀 들지 않는다는 커다란 장점을 가지고 있다. 그리고 기존의 통계 패키지가 철저하게 패키지화되어 있어 사용자가 필요에 따라 프로그램을 자유롭게 조절할 수 없는 단점을 가지고 있는 반면에, R은 많은 함수들을 내장하고 있으며 또한 이 함수들을 적절히 조합하여 사용자가 자신의 요구에 맞게끔 새로운 함수를 직접 만들어 사용할 수 있다는 장점도 가지고 있다. 이러한 이유로 많은 학자들은 R 언어를 이용하여 자료 분석을 위한 새로운 프로그램을 개발하고, 이를 패키지화하여 R에 포함시키고 있기 때문에 기존의 통계 패키지에서 사용할 수 없는 최신의 분석기법을 R에서 사용할 수 있다.

[R의 특징과 장점]

(1) 사용료를 지불하지 않는 공개용 무료 통계패키지이며, 프로그래밍 언어이다.
(2) 사용자의 요구에 맞추어 새로운 함수를 쉽게 생성할 수 있다.
(3) 최신 통계 기법에 의한 자료의 처리와 분석이 용이하다.
(4) "Help" 기능이 잘 갖추어 있으며, 예제를 따라하면서 쉽게 배울 수 있다.

A.1.1 R의 설치

R은 웹사이트 "http://www.r-project.org"에서 무료로 다운로드 받을 수 있다. [그림 A.1]과 같은 R의 시작을 알리는 화면이 나타나면 왼쪽 메뉴 가운데에 있는 "Download, Packages" 아래의 "CRAN"을 클릭한다. [그림 A.2]는 R을 어디로부터 다운로드 받을 것인지를 선택하는 화면으로, 각 나라별로 R 서버가 있는 위치를 알려준다. 우리나라는 빅데이터 소프트웨어 업체인 NexR과 중앙대학교에 서버가 있다. 여기에서는 "Korea" 아래에 있는 사이트 "http:/cran.nexr.com"을 선택하여 클릭하면 된다.

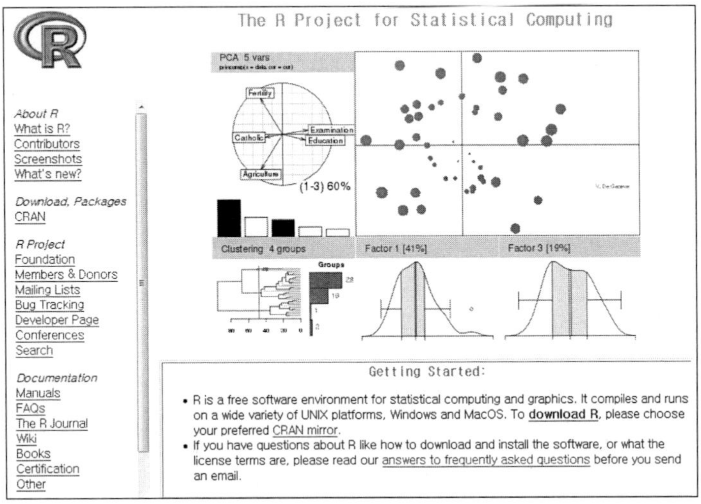

[그림 A.1] R 인터넷 시작 화면

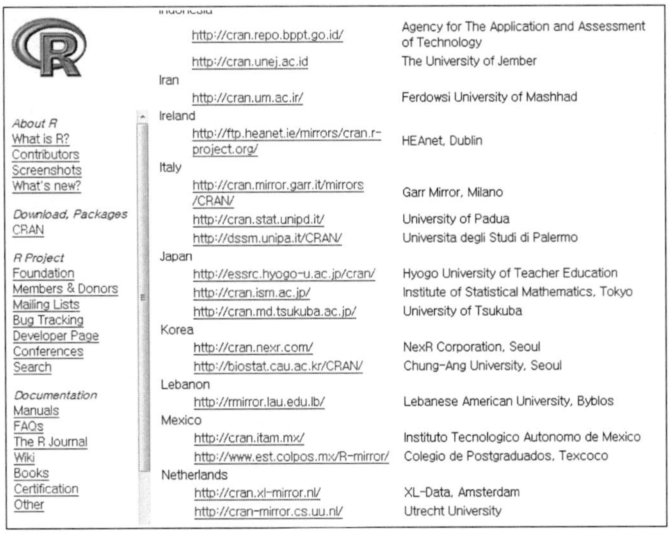

[그림 A.2] 다운로드 사이트 선택 화면

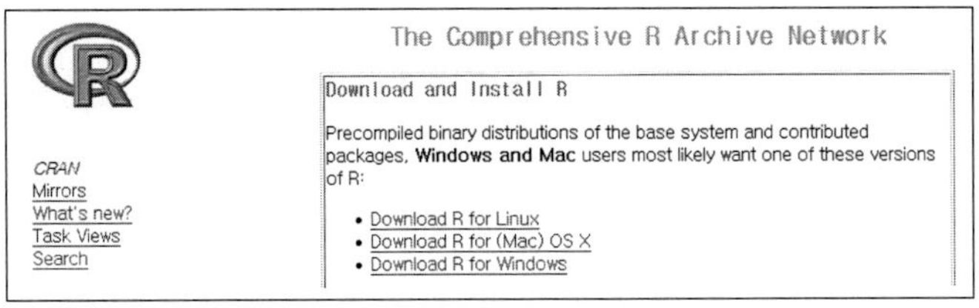

[그림 A.3] 운영시스템 선택 회면

[그림 A.3]과 같은 운영시스템 선택 화면이 나타나면 “Downloard R for Windows”를 선택하여 클릭한다(사용하는 운영시스템이 Windows가 아닐 경우, 해당되는 시스템을 선택하면 된다). [그림 A.4]와 같은 화면이 나타나면 “base”를 선택하여 클릭한다.

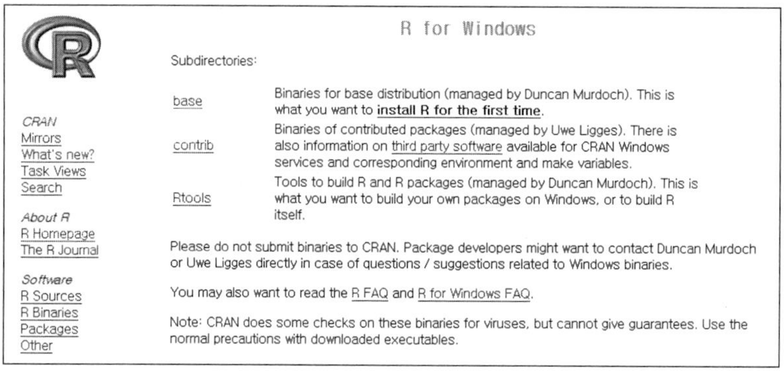

[그림 A.4] base 선택 화면

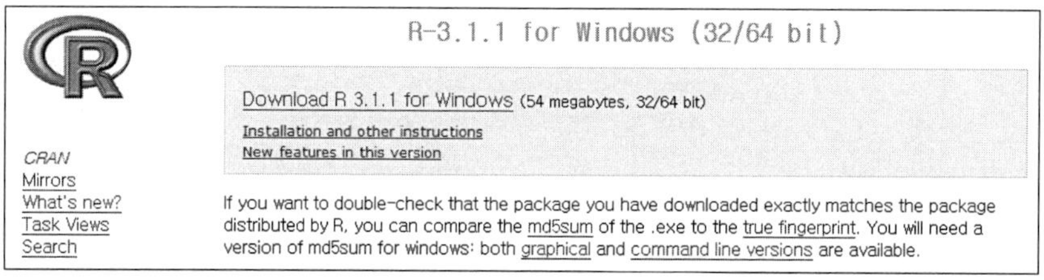

[그림 A.5] 실행파일 다운로드 화면

[그림 A.5]와 같은 화면이 나타나면, “Download R 3.1.1 for Windows”를 클릭한다(R은 계속해서 업데이트되기 때문에 독자들이 R을 다운로드할 때에는 [그림 A.5]의 화면보다 더 최근 버전이 출시되었을 것이다).

R을 다운로드 받은 후(직접 인터넷 상에서 실행을 시켜도 무방하다) 실행시키면, [그림 A.6]과 같은 화면이 나타나게 된다. 여기서 사용자가 원하는 언어 즉, “한국어”를 선택한 후에 “확인”을 클릭한다.

[그림 A.7]과 같은 설치 안내 화면이 나타나면 “다음”을 클릭한다.

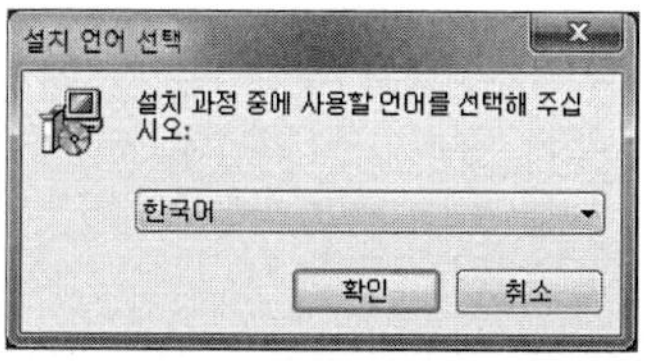

[그림 A.6] 설치과정 1

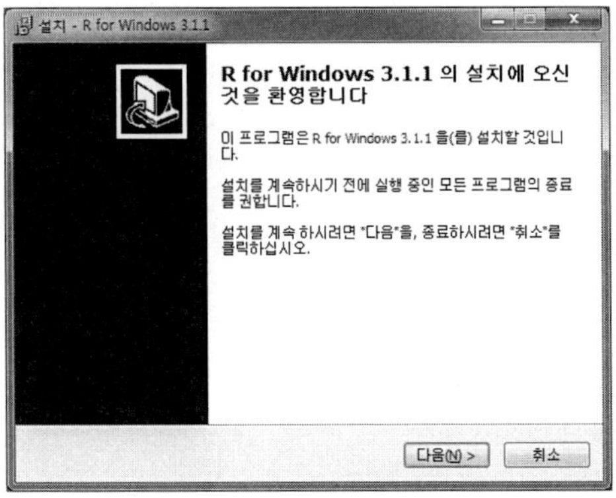

[그림 A.7] 설치과정 2

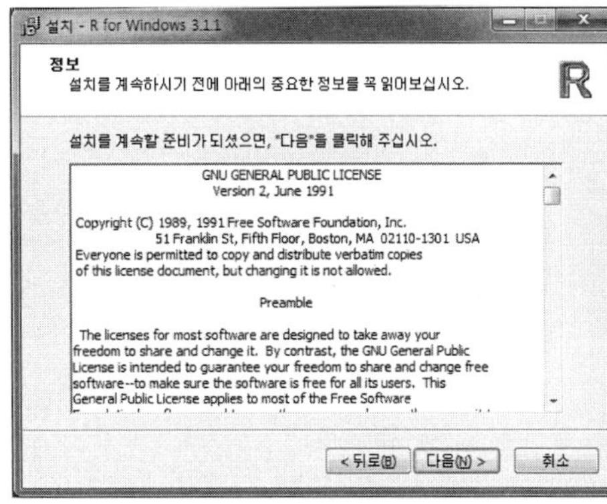

[그림 A.8] 설치과정 3

[그림 A.8]과 같은 정보 화면이 나타나면 "다음"을 클릭한다. [그림 A.9]와 같은 설치할 위치 선택 화면이 나타나면 특별히 설치하기를 원하는 위치가 있을 경우에는 지정하고, 그렇지 않으면 "다음"을 클릭한다.

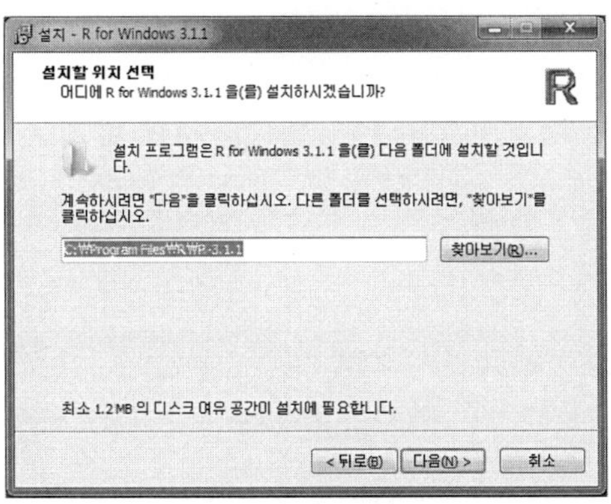

[그림 A.9] 설치과정 4

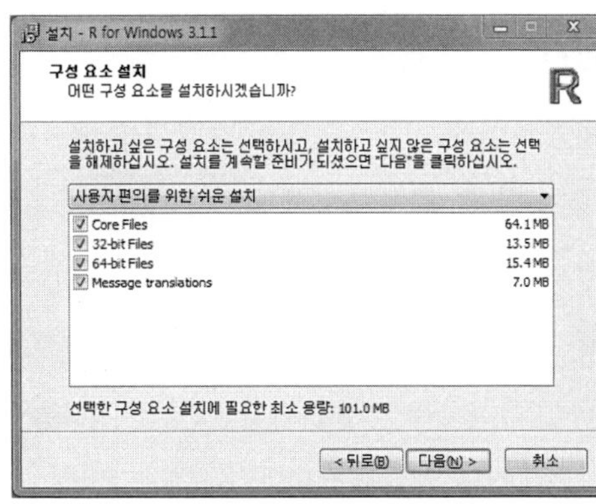

[그림 A.10] 설치과정 5

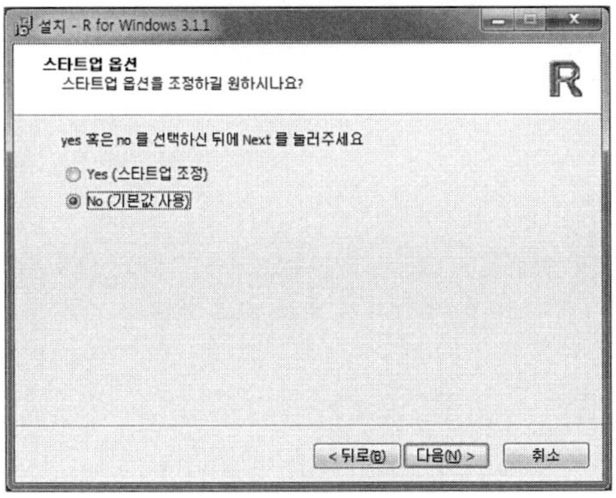

[그림 A.11] 설치과정 6

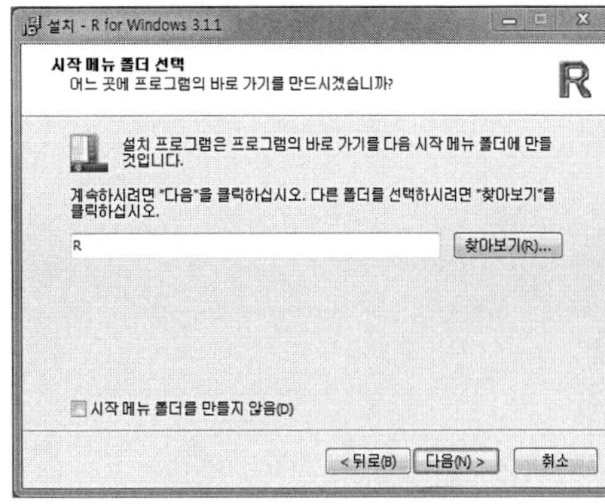

[그림 A.12] 설치과정 7

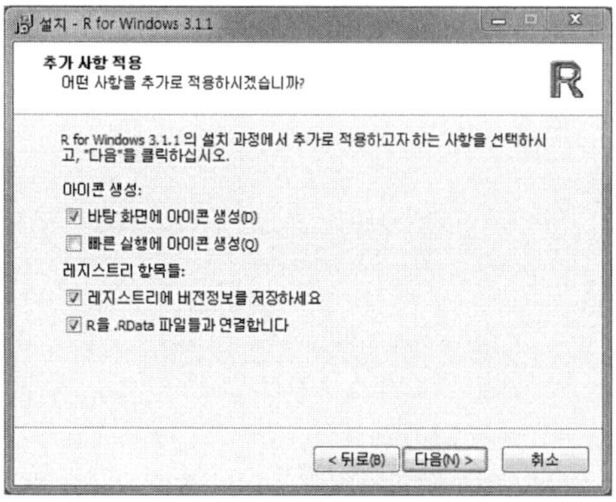

[그림 A.13] 설치과정 8

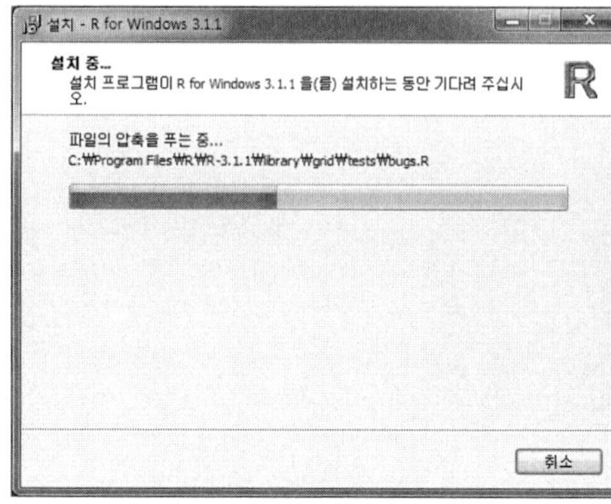

[그림 A.14] 설치과정 9

[그림 A.10]에서 [그림 A.14]까지 순서대로 따라하면 R 설치가 완료되고, 바탕화면에는 아이콘 R이 생성된다.

A.1.2 R의 실행

바탕화면에서 R을 클릭하면 [그림 A.15]와 같은 초기화면이 나타난다. 이때 화면 속에는 작성된 R 프로그램(R코드라 부르기도 함)이 실제 실행되는 "R Console"창이 함께 나타나게 된다.

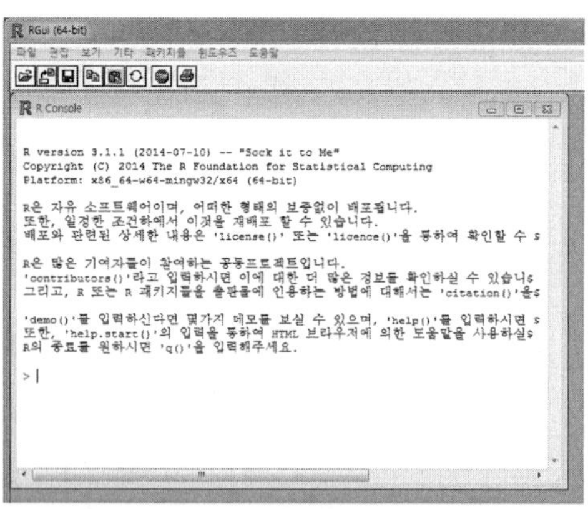

[그림 A.15] R 실행 초기 화면

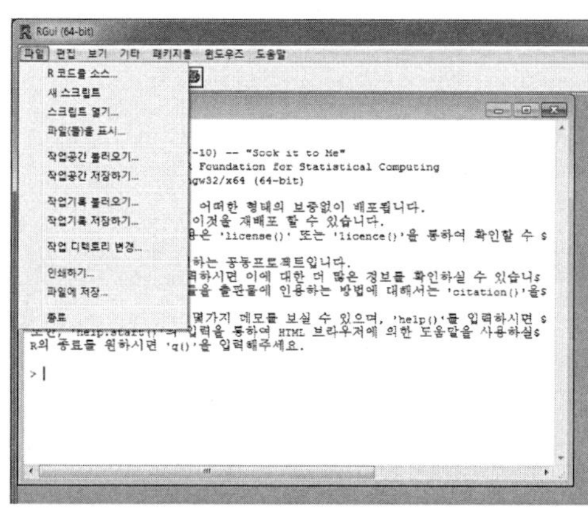

[그림 A.16] 파일 메뉴 화면

[그림 A.15]의 상단 메뉴 중에서 "파일"을 클릭하면 [그림 A.16]과 같이 하위 메뉴가 나타나며, 각 메뉴의 기능은 <표 A.1>에 설명되어 있다.

〈표 A.1〉 파일 메뉴의 기능

하위 메뉴	기능
R 코드의 소스...	확장자가 ".R"인 R 소스 파일을 프로그램 상에서 바로 실행시키고자 할 때 사용한다.
새 스크립트	프로그램을 작성하고, 편집할 때 사용되는 창을 스크립트라고 부르며, 새로운 스크립트를 열고자 할 때 사용한다.[1]
스크립트 열기...	이전 작업에서 사용한 후 저장되어 있는 스크립트를 불러들일 때 사용한다.
파일(를)을 표시⋯	선택된 파일의 위치를 나타내고자 할 때 사용한다.
작업공간 불러오기...	필요한 데이터가 이전 작업공간에 저장되어 있는 경우 해당 작업공간을 불러들일 때 사용한다.
작업공간 저장하기...	현재 사용중인 작업공간을 저장하고자 할 때 사용한다.
작업기록 불러오기⋯	이력이란 R Console창에서 실행하기 위하여 입력하였던 R 프로그램을 줄 단위로 R이 기억하고 있는 것을 말하며, 화살표 "↑" 또는 "↓"를 이용하여 실행하였던 R 프로그램을 줄 단위로 불러들일 수 있다. 이력을 저장하지 않으면 작업이 종료됨과 동시에 자동적으로 사라지게 된다. 저장되어 있는 이력을 불러들일 때 사용한다.
작업기록 저장하기⋯	이력을 저장하고자 할 때 사용한다.
작업 디렉토리 변경...	작업중인 디렉토리를 변경하거나 또는 새로운 폴더를 만들고자 할 때 사용한다.
인쇄하기...	R Console창의 내용을 인쇄하고자 할 때 사용한다.
파일에 저장...	R Console창의 내용을 텍스트 파일로 저장하고자 할 때 사용한다.

R에서 프로그램의 작성은 R Console창 또는 스크립트창에서 할 수 있다. 하지만 R Console창은 프로그램의 실행이 한 줄 단위로 이루어지는 창이기 때문에 여러 줄로 이루어진 프로그램일 경우 R Console창을 이용하여 프로그램을 작성하는 것은 불편하다. 또한 R Console창에서는 실행된 프로그램을 다시 불러들여 수정을 하는 것도 불편하도록 되어 있다. 반면에 스크립트창은 프로그램 편집만을 위한 창이기 때문에 프로그램을 새로 작성하거나 또는 작성되어 있는 프로그램을 수정하고 편집하는 것이 매우 용이하다. 이러한

1) R Console창에서 프로그램의 실행은 한 줄 단위로만 이루어지지 때문에 프로그램을 작성하고 편집함에 있어서 불편하다. 따라서 필요한 프로그램을 스크립트 창에서 한꺼번에 작성한 후, 작성된 실행문 전체를 한꺼번에 R Console창에 복사하여 실행시키는 것이 편리하다.

이유로 프로그램 작성 시 R Console창보다 스크립트창을 이용하는 것이 일반적인 경향이다. R 프로그램의 실행은 일반적으로 다음과 같은 단계를 거치게 된다.

〈표 A.2〉 R프로그램의 실행 단계

단계	내용
1단계	메뉴 "파일"에서 하위 메뉴 "새로운 스크립트"를 클릭한다. 이미 저장되어 있는 스크립트를 필요로 할 경우 "스크립트 열기"를 통하여 불러오면 된다.
2단계	스크립트창에서 R 프로그램을 작성 또는 수정한다.
3단계	작성된 R 프로그램을 복사하여 R Console창으로 옮겨 실행시킨다. ※ 스크립트창에서 작성된 프로그램의 실행법: 실행문을 복사하여 R Console창으로 옮겨도 되지만 보다 쉬운 방법은 실행문을 블록으로 지정한 후, "Ctrl+R" 키를 동시에 누르면 선택된 실행문은 자동적으로 R Console창에서 실행된다.
4단계	사용한 스크립트를 저장한다. ※ 저장 요령 : 저장하고자 하는 스크립트가 활성화되어 있는 상태에서 메뉴의 "파일"에서 하위 메뉴 "저장"을 클릭하면 된다.

A.2 R사용을 위한 기초지식

이 절에서는 자료의 입력과 저장, 그리고 저장된 자료를 읽어 들이는 요령과 R의 주요 기능 등에 대하여 알아보도록 할 것이다.

A.2.1 자료의 입력

R에서의 자료는 기본적으로 벡터 또는 행렬 형태로 입력되어지며, 이때 입력되는 자료는 반드시 숫자 또는 문자 중 어느 한 가지로 통일되어야 한다. 그러나 통계 분석을 위한 자료는 숫자와 문자가 혼합되어 있는 경우가 대부분이며, 이러한 경우에는 데이터 프레임(data frame)이라는 일종의 행렬 형태로 자료를 입력하게 된다.

(1) 벡터 형태

1) 자룟값이 숫자일 경우

자료를 벡터 형태로 만들어주기 위해서 R에서는 c() 함수를 사용한다. 예를 들어, x라는 변수가 5개의 값 1, 2, 3, 4, 5를 가진다고 할 경우 R Console창에서 아래와 같이 입력한 후 enter키를 누르면 된다.

그리고 입력된 값들을 화면에 나타나도록 하기 위해서는 x를 타이핑한 후 enter키를 누르면 된다. 출력결과에서 "[1]"은 x벡터의 첫 번째 값부터 화면에 표시되었다는 것을 의미한다.2)

변수 이름을 지정하지 않고 c() 함수만을 사용하여 자룟값들을 입력한 후 enter키를 누르게 되면 입력된 값들은 바로 화면에 나타나게 된다.

```
> x <- c(1, 2, 3, 4, 5)
> x
 [1] 1 2 3 4 5
> c(1, 2, 3, 4, 5)
 [1] 1 2 3 4 5
```

벡터 형태인 두 자료를 하나로 결합하기 위해서는 다음과 같이 하면 된다.

```
> x <- c(1, 2, 3, 4, 5)
> y <- c(6, 7, 8, 9, 10)
> z <- c(x, y)
> z
 [1] 1 2 3 4 5 6 7 8 9 10
```

연속해서 이어지는 수는 c() 함수보다 seq() 함수를 사용하는 것이 간편하다. 예를 들어 변수 x가 1부터 10까지의 정수값을 가질 경우 다음과 같이 하면 된다.

---

2) 만약 x가 특정한 하나의 값 예를 들어, 3을 나타낼 경우에는 c 함수를 사용하지 않고 x<-3과 같이 입력하면 된다.

```
> x <- seq(1, 10)
> x
 [1] 1 2 3 4 5 6 7 8 9 10
```

seq 함수 대신 x<-1:10과 같이 해도 동일한 결과를 얻을 수 있다.

```
> x <- 1:10
> x
 [1] 1 2 3 4 5 6 7 8 9 10
```

일정한 간격을 가진 숫자의 배열은 명령어 by를 이용하여 간단하게 나타낼 수 있다. 예를 들어, 1부터 10사이에서 2간격을 둔 값 1, 3, 5, 7, 9는 다음과 같이 하면 된다.

```
> x <- seq(1, 10, by=2)
> x
 [1] 1 3 5 7 9
```

동일한 수를 반복하고자 할 경우에는 rep() 함수를 사용한다. 예를 들어, 1을 5번 반복하고자 할 경우 rep(1, 5)와 같이 표현하면 된다. 그리고 여러 개의 값들이 반복될 경우에도 rep() 함수를 사용하여 간단하게 나타낼 수 있다. 즉, {1, 2, 3}이 3번 반복될 경우 rep(1:3, 3)와 같이 표현하면 된다.

```
> rep(1, 5)
 [1] 1 1 1 1 1
> rep(1:3, 3)
 [1] 1 2 3 1 2 3 1 2 3
```

예제 A.1 변수 z가 {3, 5, 2, 1, 4, 9, 9, 9, 9, 9}의 값을 가질 때 c()와 rep() 함수를 사용하여 z가 출력되도록 R 코드를 작성하여라.

풀이

```
> x <- c(3, 5, 2, 1, 4)
> y <- rep(9, 5)
> z <- c(x, y)
> z
 [1] 3 5 2 1 4 9 9 9 9 9
```

■

예제 A.2 자료값이 {1, 3, 5, 7, 9, 1, 3, 5, 7, 9}일 때 seq()와 rep() 함수를 사용하여 자료값이 출력되도록 R 코드를 작성하여라.

풀이

```
> rep(seq(1, 10, by=2), 2)
[1] 1 3 5 7 9 1 3 5 7 9
```

■

자료가 벡터 형태일 때 특정한 값 또는 특정한 조건을 만족하는 값을 선택할 수 있으며, 이러한 경우에는 변수 이름 다음에 대괄호[ ]를 사용한다. 예를 들어, 벡터 x의 첫 번째 값을 선택하고자 할 경우에는 x[1], 첫 번째부터 네 번째 사이의 값 모두를 선택하고자 할 경우에는 x[1:4], 벡터 x에서 첫 번째 값만을 제외하고자 할 경우에는 x[-1]과 같이 하면 된다. 그리고 x[x>0]은 0보다 큰 x값만을 선택하라는 것을 의미한다.

```
> x <- c(-2, -1, 0, 1, 2, 3)
> x[3]
 [1] 0
> x[2:4]
 [1] -1 0 1
> x[-1]
 [1] -1 0 1 2 3
> x[-c(1, 2, 6)]
 [1] 0 1 2
> x[x >0]
 [1] 1 2 3
```

■

예제 A.3 -3에서 3까지 0.5의 간격으로 배열된 값들 중에서 양수인 값만을 선택하기 위한 R 코드를 작성하여라.

풀이

```
> x <- seq(-3, 3, by=0.5)
> x[x>0]
 [1] 0.5  1  1.5  2  2.5  3
```

■

예제 A.4 R 코드 score <- c(74, 82, 77, 68, 90, 80, 65, 91, 56, 83)에 대해서 아래 R 코드가 의미하는 바를 설명하여라.

(1) > score[1]; score[5]
(2) > score[1:4]
(3) > score[-1]
(4) > score[-c(1,3,5,7,9)]
(5) > score[score>85]

풀이

(1) R 코드의 실행은 한 줄 단위로 이루어진다. 만약 두 개 이상의 실행문을 한 줄에 표시하여 함께 실행시키고자 할 경우에는 실행문과 실행문 사이에 세미콜론(;)을 사용하면 된다. 따라서 score[1]; score[5]는 첫 번째 실행에서는 첫 번째의 값을 선택하고, 두 번째 실행에서는 5번째의 값을 선택하라는 의미가 된다.

```
> score[1]; score[5]
 [1] 74
 [1] 90
```

(2) score[1:4]는 첫 번째부터 네 번째 값까지 선택하라는 의미이다.

```
> score[1:4]
 [1] 74 82 77 68
```

(3) score[-1]는 첫 번째 값을 제외한 나머지 값을 선택하라는 의미이다.

```
> score[-1]
 [1] 82 77 68 90 80 65 91 56 83
```

(4) score[-c(1,3,5,7,9)]는 자료에서 1,3,5,7,9번째 값을 제외한 나머지 값을 선택하라는 의미이다.

```
> score[-c(1,3,5,7,9)]
 [1] 82 68 80 91 83
```

(5) score[score > 85]는 85보다 큰 값만 선택하라는 의미이다.

```
> score[score>85]
 [1] 90 91
```

■

R에서의 기본 연산은 연산자 +(덧셈), -(뺄셈), *(곱셈), /(나눗셈), ^(멱승) 등을 사용하여 이루어지며, 모든 연산은 벡터 연산 규칙에 따른다. 즉, 연산 순서에서 *은 + 또는 -보다 우선하며, 덧셈과 뺄셈은 벡터의 크기가 동일할 경우에만 가능하다.

```
> x <- c(1, 2, 3)
> y <- c(4, 5, 6)
> z <- c(7, 8)
> w <- 2*x+y
  [1] 6 9 12
> v <- x-z
Warning message:
In x - z : longer object length is not a multiple of shorter object length
```

2) 자료값이 문자일 경우

자료값이 문자일 경우 " "의 사용을 기본으로 한다. 예를 들어 변수 x가 혈액형 A, B, AB, O을 나타낼 경우 "A", "B", "AB", "O"와 같이 입력하여야 한다.

```
> x <- c("A", "B", "AB", "O")
> x
  [1] "A", "B", "AB", "O"
> y <- c("RH+", "RH-")
  [1] "RH+", "RH-"
> z <- c(x, y)
> z
```

```
  [1] "A", "B", "AB", "O", "RH+", "RH-"
> rep(c("M", "F"), c(2, 1))
  [1] "M", "M", "F"
```

(2) 행렬(matrix) 형태

행렬 형태의 자료를 만들고자 할 경우에는 matrix() 함수를 사용한다. 예를 들어 4개의 값 95, 85, 90, 80을 이용하여 2x2 행렬로 만들고자 할 경우, matrix(c(95, 85, 90, 80), nrow=2, byrow=F)와 같이 입력하면 된다.3) 여기서 nrow=2는 행이 2개인 행렬을 만들라는 의미이고, byrow=F는 열을 기준으로 채워나가라는 의미이다. 행을 기준으로 채워나가고 싶을 경우에는 byrow=T라고 하면 된다. byrow 문장을 생략하게 되면 byrow=F와 동일한 결과가 나타나게 된다.

```
> x <- matrix(c(95, 85, 90, 80), nrow=2, byrow=F)
> x
       [,1] [,2]
  [1,]  95   90
  [2,]  85   80
> y <- matrix(c(95,85,90,80), nrow=2, byrow=T)
> y
       [,1] [,2]
  [1,]  95   85
  [2,]  90   80
```

행과 열에 이름을 지정할 경우에는 rownames() 함수와 colnames() 함수를 사용한다. 예를 들어 1행을 국어, 2행을 수학으로 지정할 경우에는 rownames(x)<-c("국어", "수학"), 1열을 철수, 2열을 영희로 지정할 경우에는 colnames(x)<-c("철수", "영희")와 같이 입력하면 된다.

```
> rownames(x) <- c("국어", "수학")
> colnames(x) <- c("철수", "영희")
> x
```

3) F는 FALSE를, T는 TRUE를 의미한다.

```
      철수  영희
국어   95    90
수학   85    80
```

예제 A.5 다음과 같은 행렬 형태의 자료를 만들기 위한 R 코드를 작성하여라.

	x	y	z
a	1	2	3
b	4	5	6
c	7	8	9

풀이

```
> A <- matrix(1:9, nrow=3, byrow=T)
> rownames(A) <- c("a", "b", "c")
> colnames(A) <- c("x", "y", "z")
```

■

벡터 형태의 경우와 마찬가지로 행렬 형태에서도 특정한 행이나 열 또는 특정한 원소를 선택할 수 있다. 예를 들어 1행만을 선택하고자 할 경우에는 x[1,], 2열만을 선택하고자 할 경우에는 x[,2], 1행, 1열의 원소를 선택하고자 할 경우에는 x[1,1]과 같이 하면 된다. 그리고 행과 열의 크기를 구하기 위해서는 함수 dim()을 사용하는데 이때 출력되는 두 값중 앞의 값은 행의 크기를 뒤의 값은 열의 크기를 각각 나타낸다. 행의 크기만을 출력하고자 할 경우에는 dim(x)[1], 열의 크기만을 출력하고자 할 경우에는 dim(x)[2]와 같이 입력하면 된다.

```
> x[1,]
  [1] 95 90
> x[,2]
  [1] 90 80
> dim(x)
  [1] 2 2
> dim(x)[1]
  [1] 2
```

행렬에 대한 연산은 일반적인 행렬 연산규칙을 따른다. 즉, 두 행렬의 합 또는 차를 계산할 경우 두 행렬의 크기는 같아야 하며, 두 행렬 A와 B를 곱할 경우 앞에서 곱해지는 행렬 A의 열의 크기와 뒤에서 곱해지는 행렬 B의 행의 크기는 같아야만 한다. 행렬의 곱셈은 일반 변수의 곱셈과 구별하기 위하여 연산자 %*%를 사용하며, 전치 행렬을 구하기 위해서는 t 함수를 사용한다.

```
> A <- matrix(1:4, nrow=2)
> B <- matrix(1:2, ncol=1)
> C <- matrix(5:8, nrow=2)
> A+C
     [,1] [,2]
[1,]    6   10
[2,]    8   12
> A%*%B
     [,1]
[1,]    7
[2,]   10
> t(A)
     [,1] [,2]
[1,]    1    2
[2,]    3    4
> B%*%A
 이하에 에러 y%*%x : 적절한 인수가 아닙니다.
```

예제 A.6 행렬 $A=\begin{bmatrix} 2 & -1 & 0 \\ 2 & 1 & 3 \end{bmatrix}$, $B=\begin{bmatrix} 2 & 3 & 1 \\ 1 & 2 & 3 \end{bmatrix}$, $C=\begin{bmatrix} 1 & -1 \\ 2 & 1 \end{bmatrix}$일 때 $A+B$, CA를 계산하기 위한 R 코드를 작성하여라.

풀이

```
> A<-matrix(c(2, -1, 0, 2, 1, 3), nrow=2, byrow=T)
> B<-matrix(c(2, 3, 1, 1, 2, 3), nrow=2, byrow=T)
> C<-matrix(c(1, -1, 2, 1), nrow=2, byrow=T)
> A+B
     [,1] [,2] [,3]
[1,]    4    2    1
```

```
  [2,]   3    3    6
> C%*%A
              [,1]  [,2]  [,3]
  [1,]   0    -2    -3
  [2,]   6    -1    3
```

■

(3) 데이터 프레임 형태

통계 분석을 위한 자료는 숫자는 물론 문자도 함께 포함되어 있는 경우가 대부분이며, 또한 각 변수에 대한 이름도 주어져 있다. 하지만 문자와 숫자가 혼합된 경우에는 앞에서 배운 벡터 또는 행렬 형태로 자료를 입력할 수 없다. 이러한 경우 R에서는 데이터 프레임 (data frame)이라는 또 다른 행렬 형태로 자료를 만들도록 요구하고 있다. 데이터 프레임 형태로 자료를 만들기 위해서는 data.frame() 함수를 사용하며, 그 요령은 다음과 같다.

```
> a <- c(10, 20, 30, 40)
> b <- c("A", "B", "C", "D")
> data0 <- data.frame(x=a, y=b)
> data0
     x   y
  1  10  A
  2  20  B
  3  30  C
  4  40  D
```

여기서 x와 y는 변수 이름을 각각 나타낸다. 데이터 프레임 data0에서 특정 변수의 값을 확인하고 싶을 경우에는 데이터 프레임 이름 data0 다음에 $ 기호, 변수 이름을 차례로 입력하면 된다. 예를 들어, 변수 x의 값을 알고 싶을 경우 data0$x라고 입력한 후 enter키를 누르면 된다.

```
> data0$x
  [1] 10 20 30 40
> data0$y
  [1] A B C D
```

```
> data0[1,]
      x   y
  1  10   A
> data0[,2]
  [1] A B C D
```

예제 A.7 다음과 같은 데이터 프레임(이름은 total)을 만들기 위한 R 코드를 작성하여라.

	score	credit
국어	78	C
영어	96	A
수학	77	C

풀이

```
> x <- c(78, 96, 77)
> y <- c("C", "A", "C")
> total <- data.frame(score=x, credit=y)
> rownames(total) <- c("국어", "영어", "수학")
> total
```

■

(4) 리스트 형태

R에서는 크기가 서로 다른 형태의 자료를 하나로 묶어 저장할 수 있으며, 이러한 경우에 사용되는 것이 list() 함수이다. 예를 들어 어떤 학생이 세 번의 국어시험에서 92, 86, 77점을, 두 번의 영어시험에서 85, 91점, 네 번의 수학시험에서 98, 88, 82, 75점을 받았다고 하자. 이때 list() 함수를 이용하면 세과목의 시험점수를 하나로 묶어 저장할 수 있다.

```
>x <- c(92, 86, 77)
>y <- c(85, 91)
>z <- c(98, 88, 82, 75)
>score <- list(국어 = x, 영어 = y, 수학 = z)
>score
  $국어
  [1] 92 86 77
```

```
  $영어
  [1] 85 91
  $수학
  [1] 98 88 82 75
>score$국어
  [1] 92 86 77
```

데이터 프레임과 리스트의 차이점은 데이터 프레임이 사각형 형태로 자료를 저장하는 구조라면, 리스트는 자료를 일렬로 연결하여 저장하는 구조라고 할 수 있다.

A.2.2 자료 읽어 들이기와 저장

(1) 실행 디렉토리에 저장된 자료 읽어 들이기와 저장

R이 실행되고 있는 디렉토리에서 자료를 읽어 들이기 위해서는 파일이 .csv 또는 .txt 형식으로 저장되어 있어야만 한다. 예를 들어 R이 실행되고 있는 디렉토리에 data.csv란 이름으로 [그림 A.17>과 같은 자료가 저장되어 있다고 하자. 이때 파일 data.csv를 temp란 이름의 데이터 프레임으로 읽어 들이기 위해서 read.csv() 함수를 사용하면 된다.

	나이	혈압
1	36	128
2	28	130
3	30	110

[그림 A.17] 파일 data.csv

```
> temp <- read.csv("data.csv", header=T)
> temp
        나이  혈압
     1   36   128
     2   28   130
     3   30   110
 > temp$나이
   [1] 36 28 30
```

여기서 header=T는 저장되어 있는 자료의 첫 번째 행이 변수 이름으로 되어 있다는 의미이며, 만약 첫 번째 행이 변수 이름이 아니라 자룟값으로 되어 있다고 할 경우에는 header=F로 하면 된다. 확장자가 txt인 파일일 경우에는 read.table() 함수를 사용하여야 하고, 나머지 과정은 read.csv 함수의 경우와 동일하다.

예제 A.8 다음과 같은 자료가 파일이름 test.txt로 R이 실행되고 있는 디렉토리에 저장되어 있을 경우 자료값을 읽어 들이기 위한 R 코드를 작성하여라.

A	B	C
71	84	68
87	63	77
57	73	74

풀이

```
> temp <- read.table("test.txt", header=T)
> temp
```

■

R이 실행되고 있는 디렉토리(폴더)에 파일을 저장하기 위해서는 write.csv() 함수 또는 write.table() 함수를 사용한다. 이때 파일의 확장자는 반드시 csv 또는 txt이어야 한다. 예를 들어, 데이터 프레임의 이름이 temp이고, 저장하고자 하는 파일 이름을 newdata.csv로 할 경우 다음과 같이 하면 된다.

```
> write.csv(temp, "newdata.csv")
```

txt 파일로 저장할 경우에는 write.table() 함수를 사용한다는 차이 이외에 나머지는 csv 파일로 저장할 때와 동일하다.

(2) 외부로부터 자료 읽어 들이기

R이 실행되고 있는 디렉토리가 아닌 외부로부터에서 자료를 읽어 들이기 위해서는 파일이 있는 경로를 지정해주면 된다. 단, 이때 파일은 확장자가 csv 또는 txt인 형식으로 저

장되어 있어야 한다. 예를 들어 USB에 <표 A.3>와 같은 자료가 파일 이름 data.txt로 저장되어 있고, 이 파일을 디스크 E로부터 읽어 들인다고 하자.

〈표 A.3〉 파일 data.txt

sex	edu	age	income	sex	edu	age	income
남	고졸	21	85	남	대졸	35	170
남	대졸	33	150	여	대졸	26	120
남	중졸	28	120	여	대졸	32	150
여	고졸	30	100	남	고졸	35	180
여	대졸	38	150	남	중졸	40	150

이때 자료를 읽어 들이기 위해서 read.table() 함수가 사용되고, 읽어 들인 자료를 temp라는 이름으로 저장하기 위해서는 다음과 같이 입력하면 된다.

```
> temp <- read.table("E:data.txt", header=T)
```

여기서 header=T는 첫 번째 행이 변수 이름으로 되어 있기 때문에 사용되었다. 이렇게 읽어들인 자료는 temp라는 데이터 프레임의 이름으로 존재하게 된다.

예제 A.9 위의 자료 temp에서 (1) 변수 sex의 값, (2) 1행, (3) 표본의 크기와 변수의 개수를 출력하기 위한 R 코드를 작성하여라.

풀이

```
> temp$sex
  [1] 남 남 남 여 여 남 여 여 남 남
  Levels: 남 여
> temp[1,]
      sex  edu    age  income
  [1] 남   고졸   21    85
> dim(temp)
  [1] 10  4
```

■

디스크나 USB에 저장된 자료는 scan() 함수를 이용하여 읽어 들일 수도 있다. 예를 들어 "E:\data.txt"에 다음과 같은 자료가 저장되어 있다고 하자.

71	84	68	75	91
87	63	77	81	98
57	73	74	85	50
62	66	78	65	75
89	94	93	86	61

이때 scan() 함수를 이용하여 자료를 읽어 들이기 위해서는 다음과 같이 하면 된다.

```
> x <- scan("E:data.txt")
 Read 25 items
> x
 [1] 71 84 68 75 91 87 63 77 81 98 57 73 74 85 50 62 66 78 65 75 89 94 93 86
 [25] 61
```

여기서 자료를 행렬 형태로 읽어 들이고자 할 경우에는 matrix() 함수를 사용하여 다음과 같이 명령하면 된다.

```
> y <- matrix(scan("E:data.txt"), nrows=5, byrow=T)
  Read 25 items
> y
          [,1] [,2] [,3] [,4] [,5]
    [1,]   71   84   68   75   91
    [2,]   87   63   77   81   98
    [3,]   57   73   74   85   50
    [4,]   62   66   78   65   75
    [5,]   89   94   93   86   61
```

예제 A.10 위에서 만들어진 행렬에서 행의 이름을 a, b, c, d, e, 열의 이름을 1, 2, 3, 4, 5로 부여하기 위한 R 코드를 작성하여라.

풀이

```
> rownames(y)<-c("a", "b", "c", "d", "e")
> colnames(y)<-c(1,2,3,4,5)
```

```
> y
     1  2  3  4  5
  a 71 84 68 75 91
  b 87 63 77 81 98
  c 57 73 74 85 50
  d 62 66 78 65 75
  e 89 94 93 86 61
```

■

위에서와 같이 행렬 형태로 만들어진 자료 y를 디스크 E에 있는 USB에 다시 저장하려면 write() 함수를 사용하여 다음과 같이 명령하면 된다.

```
> write.table(y, "E:y.txt")
```

이때 USB에 저장된 파일 y.txt를 메모장을 이용하여 확인해 보면 행과 열의 순서가 바뀌어 있다는 것을 알 수 있을 것이다. 이를 해결하기 위해서는 저장 시 y 대신 y의 전치행렬 t(y)를 사용하여 write.table(t(y), "E:y.txt")와 같이 명령하면 된다.

A.2.3 자료의 편집

(1) 자료의 분할

R에서도 다른 통계 패키지처럼 지정된 변수값에 대하여 자료를 분할하여 새로운 자료를 만들 수 있다. 예를 들어 <표 A.3>의 자료에서 여자들만을 선택하여 female이라는 데이터 프레임으로 만들고자 할 경우에는 다음과 같이 하면 된다.

```
> female<-temp[temp$sex=="여",]
> female
   sex  edu  age  income
 4  여  고졸  30    100
 5  여  대졸  38    150
 7  여  대졸  26    120
 8  여  대졸  32    150
```

예제 A.11 temp에서 age가 30세 미만인 사람들만을 선택하여 young이라는 데이터 프레임으로 만들기를 위한 R 코드를 작성하여라.

풀이

```
> young<-temp[temp$age<30 ,]
> young
   sex  edu  age  income
1  남   고졸  21     85
3  남   중졸  28    120
7  여   대졸  26    120
```

■

(2) 자료의 덧붙이기

두개의 자료를 가로로 덧붙인다던지 또는 세로로 덧붙이고자 할 경우에는 rbind() 함수 또는 cbind() 함수를 사용한다.[4] 그리고 덧붙인 자료의 행과 열에 이름을 부여하기 위해서는 rownames() 함수와 colnames() 함수를 사용하면 된다.

```
> x <- c(80, 75, 90)
> y <- c(76, 92, 86)
> xy <- cbind(x, y)
> xy
      x   y
[1,]  80  76
[2,]  75  92
[3,]  90  86
> rownames(xy) <- c("국어", "영어", "수학")
> colnames(xy) <- c("x", "y")
> xy
      x   y
국어  80  76
영어  75  92
수학  90  86
```

4) cbind는 column binding을, rbind는 row binding을 의미한다.

예제 A.12 위의 예에서 x와 y의 과학 점수가 각각 95점, 92점이라고 할 때 이를 수학 점수 아래에 추가하기 위한 R 코드를 작성하여라.

풀이

```
> z <- c(95, 92)
> total <- rbind(xy, z)
> rownames(total)[4] <- c("과학")
> total
         x    y
국어    80   76
영어    75   92
수학    90   86
과학    95   92
```

■

예제 A.13 자료 A와 B가 다음과 같을 때 두 자료를 세로로 덧붙이기 위한 R 코드를 작성하여라.

풀이

```
> x <- c(85, 76, 92)
> y <- c(66, 85, 96)
> A <- rbind(x, y)
> w <- c(80, 96, 92)
> z <- c(76, 89, 85)
> B <- rbind(w, z)
> AB <- rbind(A, B)
> AB
    [,1] [,2] [,3]
  x   80   76   92
  y   66   85   96
  w   80   96   92
  z   76   89   85
```

■

A.2.4 사용자 함수 만들기

프로그램 작성 시 함수가 필요한 경우 R에서 제공하는 함수를 이용할 수도 있지만 사용자가 자신의 요구에 맞게끔 함수를 직접 만들어서 사용할 수도 있다. 이처럼 사용자에 의해서 만들어진 함수를 사용자 함수라고 부른다. 특정한 형태의 함수를 만들기 위한 프로그램 작성 시 그 실행을 부분적으로 통제하기 위하여 제어문이 많이 사용되고 있으며, 그 중 조건 제어문 if와 반복 제어문 for 또는 while 등이 많이 사용되고 있다. 여기서는 이러한 제어문에 대하여 먼저 알아본 뒤, 사용자 함수를 만드는 방법에 대해서 설명하도록 하겠다.

(1) 조건 제어문 : if

조건이 참일 때와 거짓일 때에 따라 다르게 프로그램이 실행되도록 하고자 할 때 사용하는 제어문이 조건 제어문이다. 대표적인 조건문으로는 if문이 있으며 그 기본 형태는 [그림 A.18]에 주어져 있다.

if else 문

```
if(조건){
… 실행문
}else{
… 실행문
}
```

if else if else 문

```
if(조건1){
… 실행문
}else if(조건2){
… 실행문
}else{
… 실행문
}
```

[그림 A.18] if 문의 형태

[그림 A.18]의 "if else문"은 if문 다음에 주어진 괄호( )안의 조건에 맞으면 그 다음에 나오는 중괄호 { }에서 주어진 문장을 실행하고, 괄호( )안의 조건에 맞지 않으면 else 다음의 중괄호 { }에서 주어진 문장을 실행한다. 조건이 여러 개일 때는 "if else if else문" 형태로 문장을 실행한다. 조건 제어문을 이용하여 프로그램을 작성할 때 사용되는 연산자를 관계 연산자라고 하며, 그 종류는 <표 A.4>에 주어져 있다.

〈표 A.4〉 관계 연산자와 그 의미

관계 연산자	의미	관계 연산자	의미
A == B	A와 B가 같다	A >= B	A가 B보다 크거나 같다
A != B	A와 B가 같지 않다	A < B	A가 B보다 작다
! A	A가 아니다	A <= B	A가 B보다 작거나 같다
A > B	A가 B보다 크다		

예제 A.14 x의 값이 25보다 클 때 "x is greater than 25"가 출력되고, 25보다 작을 때에는 "x is less than 25"가 출력되도록 R 코드를 작성하여라. 참고적으로, print() 함수는 print() 함수에서 주어진 내용을 그대로 출력해주고자 할 때 사용된다.

풀이

```
> x=30
> if(x>25){
+ print("x is greater than 25")
+ } else {
+ print("x is less than 25")
+ }
[1] "x is greater than 25"
```

■

예제 A.15 예제 A.14에서 x의 값이 25보다 클 때 "x is greater than 25"가 출력되고, 15보다 작을 때 "x is less than 15", 그 이외에는 "x is between 25 and 15"가 출력되도록 R 코드를 작성하여라.

풀이

```
> x<-30
> if(x>25){
+ print("x is greater than 25")
+ } else if(x<15) {
+ print("x is less than 15")
+} else {
+ print("x is between 25 and 15")
+ }
[1] "x is greater than 25"
```

■

(2) 반복 제어문 : for, while

반복 제어문은 동일한 내용을 반복적으로 수행할 때 또는 일정한 규칙이 있는 일이 여러 번 수행될 때 사용되는 제어문이다. 일반적으로 많이 사용되는 반복 제어문으로는 for문과 while문 등이 있다.

for 문	while 문

for(index in 반복 조건){
… 실행문
}
	while(조건){
	… 실행문
	}

[그림 A.19] 반복 제어문의 형태

[그림 A.19]에서 for문 index로는 임의의 변수를 사용하면 된다. index가 반복 조건 안에 있을 동안에 괄호{ } 안의 문장들을 실행하게 되며, while문에서는 조건이 참일 동안 괄호 { } 안의 문장들을 실행하게 된다.

예제 A.16 x<-{1, 5, 3, 4, 1, 3, 4, 3, 2, 3}일 때 x에 포함되어 있는 3의 개수를 출력하기 위한 R 코드를 작성하여라.

풀이

```
> x <- c(1, 5, 3, 4, 1, 3, 4, 3, 2, 3)
> count <- 0
> for(i in 1:length(x)){
+ if(x[i] == 3) count <- count + 1
+}
>print("x 안의 3의 개수는?")
[1] "x 안의 3의 개수는?"
>print(count)
[1] 4
```

for문에서는 index로 i를 사용했고, i는 1부터 x에 포함되어 있는 값의 개수만큼 x의 값을 읽어들이되 만약 x의 값이 3이면 1씩 더해지도록 if문에서 명령하고 있다. 여기서 length() 함수는 벡터 x의 길이를 출력해 준다.

반복문을 쓰지 않고 다음과 같이 작성하여도 동일한 결과를 얻을 수 있다. 이때 x3 <- x[x==3]은 x의 값들 중에서 3인 값만을 x3에 포함시키라는 의미이다.

```
> x <- c(1, 5, 3, 4, 1, 3, 4, 3, 2, 3)
> x3 <- x[x == 3]
> length(x3)
  [1] 4
```

■

예제 A.17 예제 1.16에서 while 문을 사용하여 R 코드를 작성하여라.

풀이

```
> x <- c(1, 5, 3, 4, 1, 3, 4, 3, 2, 3)
> count <- 0
> i <- 1
> while(i <= length(x)){
+         if(x[i] == 3){count = count + 1}
+         i <- i + 1
+}
>print("x에 포함된 3의 개수는?")
 [1] "x에 포함된 3의 개수는?"
>print(count)
 [1] 4
```

■

(3) 사용자 함수 만들기

사용자 함수를 만드는 형식은 아래와 같으며, 여기서 "함수명"은 만들고자 하는 함수의 이름을, "수행 과정"은 사용자의 요구 조건에 맞도록 입력값이 수행되기 위한 프로그램을, return() 함수는 수행 과정을 거친 결과가 출력되도록 명령할 때 사용된다. 그리고 수행 과정이 시작되기 전과 return() 함수 뒤에는 반드시 중괄호 { }로 묶어주어야 한다.

```
함수명 <- function(변수){
          수행 과정 ....
  return(값)}
```

사용자 함수의 예로서 절댓값을 출력하는 함수를 만들어 보도록 하자. 먼저 절대값을 출력하는 함수명을 absolute로 할 경우, absolute<-function(x)와 같이 입력한 후 중괄호 { 로서 처리 과정이 시작됨을 알린다. 그런 후에 if 조건문을 사용하여 입력되는 값이 양수이면 그대로 출력하고, 그렇지 않으면 −를 곱하여 출력하도록 프로그램을 작성한다. 마지막으로 return 함수를 입력한 후 중괄호 }로서 사용자 함수의 작성이 끝났다는 것을 알리면 된다. 예를 들어, −10의 절댓값을 구하고자 할 경우 "absolute(−10)"과 같이 함수명을 쓰고 괄호 안에 값을 입력하면 된다.

```
> absolute <- function(x){
+ if(x >= 0) y <- x
+ else y <- -x
+ return(y)
+ }
> absolute(-10)
  [1] 10
```

예제 A.18 1에서 10까지의 정수를 모두 더하는 함수를 for문을 사용하여 작성하여라. (단, 함수명은 summation으로 할 것.)

풀이

```
> summation <- function(x)
+ {
+ result <- 0
+ for(i in 1:length(x)) result <- result + x[i]
+ return(result)
+ }
> y <- 1:10
> summation(y)
  [1] 55
```

■

예제 A.19 예제 1.18에서 만든 summation 함수와 동일한 기능을 수행하는 함수를 while문을 사용하여 작성하여라. (단, 함수명은 newsum으로 할 것.)

풀이

```
> newsum <- function(x)
+ {
+ i <- 1
+ result <- 0
+ while(i <= length(x))
+ { result <- result + x[i]
+ i <- i+1 }
+ return(result)
+ }
> y <- 1:10
> newsum(y)
[1] 55
```

■

A.2.5 R의 추가적인 기능

(1) 계산기 기능

R은 일반적인 연산과 제곱근, 삼각함수 등의 값을 간편하게 계산할 수 있도록 해주는 기능을 가지고 있으며, 사용하는 요령은 <표 A.5>와 <표 A.6>를 참고하기 바란다.

〈표 A.5〉 연산 사용 예

용도	함수명	예제	결과
덧셈	+	5+5	10
뺄셈	–	5-4	1
곱셈	*	5*3	15
나눗셈	/	4/2	2
자승	^	6^2	36

〈표 A.6〉 함수 사용 예

용도	함수명	예제	결과
제곱근 계산	sqrt	sqrt(2)	1.414214
삼각함수	cos, sin, tan	cos(0)	1
지수함수	exp	exp(1)	2.718282
자연로그함수	log	log(10)	2.302585
밑수지정 로그함수	log	log(10, base=10)	1
소수점 개수 결정함수	round	round(2.345, 2)	2.35

(2) 주석 및 help 기능

주석은 프로그램의 실행과는 전혀 상관없는 비실행문장으로서, 프로그램의 작성 목적이라든지 또는 작성한 코드에 대한 설명을 하고자할 때 사용한다. R에서는 부호 "#" 다음에 나오는 내용은 주석으로 간주하여 프로그램에서 실행되지 않는다.

```
> data[1,] # 첫 번째 행을 나타냄
 [1] 1 2 3
> x <- 1:10 # x<-c(1:10)과 동일한 결과를 출력함
 [1] 1 2 3 4 5 6 7 8 9 10
```

R에서 help 기능은 2가지 방법 즉, ? 또는 help 중 어느 한 가지를 택하여 이용하면 된다. 예를 들어 plot()에 대해서 알고자 할 경우? plot 또는 help(plot)와 같이 입력하면 plot에 대한 도움말이 새로운 화면에 출력된다.

```
> ?plot
> help(plot)
```

(3) 패키지를 이용하는 기능

R이 가지고 있는 커다란 장점중의 하나는 많은 연구자들이 개발한 알고리즘을 자유롭게 사용할 수 있다는 것이다. 실제로 많은 학자들이 R 언어를 이용하여 자료 분석을 위한 새로운 프로그램을 개발하고, 이를 패키지화하여 R에 포함시키고 있기 때문에 기존의 패

키지에서 사용할 수 없는 최신의 기법을 R에서는 사용할 수 있다. 여기서는 R에서 제공되는 패키지의 사용 요령에 대해서 간단히 설명하도록 하겠다.

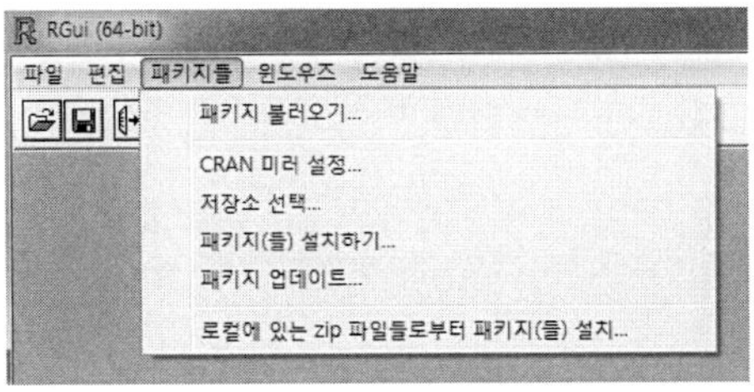

[그림 A.20] 패키지 설치 1

예를 들어 점도표를 그린다고 하자. 이때 점도표(도트플롯)는 dotplot() 함수를 이용하는데 이 함수는 R에서 기본적으로 제공하고 있는 함수가 아니라 “lattice”라는 패키지에 정의되어 있는 함수이다. 그러므로 dotplot() 함수를 사용하기 위해서는 먼저 “lattice”라는 패키지를 설치해야 한다. 패키지를 설치하는 요령은 다음과 같다. 먼저 [그림 A.20]에서와 같이 메뉴 “패키지들”에서 “패키지(를) 설치하기”를 선택한 후, [그림 A.26]과 같이 다운로드 할 서버를 선택하라는 화면에서 “Korea(Seoul 1)”을 선택하면 패키지 종류 화면이 [그림 A.27]과 같이 나타난다. 여기서 원하는 패키지 “lattice”를 선택하면 설치가 완료된다.

[그림 A.21] 패키지 설치 2

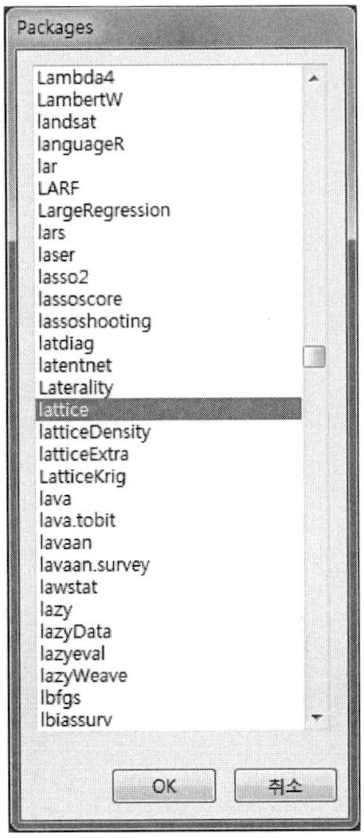

[그림 A.22] 패키지 설치 3

패키지를 설치하는 다른 방법으로 Console창에 직접 입력하는 방법이 있다. “lattice” 패키지를 설치하려면 다음과 같이 입력하면 된다.

```
> install.packages("lattice")
```

패키지를 선택한 후에 다음과 같은 요령으로 R 코드를 작성하여 사용하면 된다. [그림 A.23]에는 R 코드로부터 출력된 점도표가 주어져 있다.

```
> dice <- c(1,2,4,3,4,6,5,6,4,5,3,4,3,2,1,6,4,6,2,4,5,1,1,6)
> library(lattice)
> dotplot(table(dice), xlab="빈도", ylab="주사위")
```

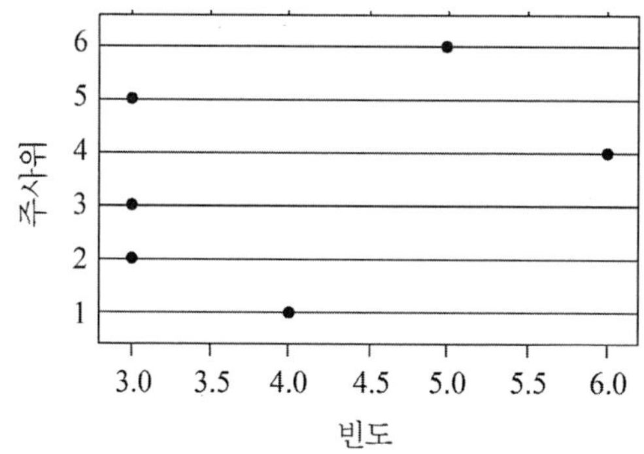

[그림 A.23] 점도표 예제

부록 B : 확률분포표

표 B.1 난수표
표 B.2 이항분포표
표 B.3 포아송분포표
표 B.4 표준정규분포표
표 B.5 t-분포표
표 B.6 카이제곱분포표
표 B.7 F-분포표
표 B.8 표준화범위분포표

〈표 B.1〉 난수표

Line	01~05	06~10	11~15	16~20	21~25	26~30	31~35
101	13284	16834	74151	92027	24670	36665	00770
102	21224	00370	30420	03883	94648	89428	41583
103	99052	47887	81085	64933	66279	80432	65793
104	00199	50993	98603	38452	87890	94624	69721
105	60578	06483	28733	37867	07936	98710	98539
106	91240	18312	17441	01929	18163	69201	31211
107	97458	14229	12063	59611	32249	90466	33216
108	35249	38646	34475	72417	60514	69257	12489
109	38980	46600	11759	11900	46743	27860	77940
110	10750	52745	38749	87365	58959	53731	89295
111	36247	27850	73958	20673	37800	63835	71051
112	70994	66986	99744	72438	01174	42159	11392
113	99638	94702	11463	18148	81386	80431	90628
114	72055	15774	43857	99805	10419	76939	25993
115	24038	65541	85788	55835	38835	59399	13790
116	74976	14631	35908	28221	39470	91548	12854
117	35553	71628	70189	26436	63407	91178	90348
118	35676	12797	51434	82976	42010	26344	92920
119	74815	67523	72985	23183	02446	63594	98924
120	45246	88048	65173	50989	91060	89894	36036
121	76509	47069	86378	41797	11910	49672	88575
122	19689	90332	04315	21358	97248	11188	39062
123	42751	35318	97513	61537	54955	08159	00337
124	11946	22681	45045	13964	57517	59419	58045
125	96518	48688	20996	11090	48396	57177	83867
126	35726	58643	76869	84622	39098	36083	72505
127	39737	42750	48968	70536	84864	64952	38404
128	97025	66492	56177	04049	80312	48028	26408
129	62814	08075	09788	56350	76787	51591	54509

(계속)

Line	01~05	06~10	11~15	16~20	21~25	26~30	31~35
130	25578	22950	15227	83291	41737	59599	96191
131	68763	69576	88991	49662	46704	63362	56625
132	17900	00813	64361	60725	88974	61005	99709
133	71944	60227	63551	71109	05624	43836	58254
134	54684	93691	85132	64399	29182	44324	14491
135	25946	27623	11258	65204	52832	50880	22273
136	01353	39318	44961	44972	91766	90262	56073
137	99083	88191	27662	99113	57174	35571	99884
138	52021	45406	37945	75234	24327	86978	22644
139	78755	47744	43776	83098	03225	14281	83637
140	25282	69106	59180	16257	22810	43609	12224
141	11959	94202	02743	86847	79725	51811	12998
142	11644	13792	98190	01424	30078	28197	55583
143	06307	97912	68110	59812	95448	43244	31262
144	76285	75714	89585	99296	52640	46518	55486
145	55322	07598	39600	60866	63007	20007	66819
146	78017	90928	90220	92503	83375	26986	74399
147	44768	43342	20696	26331	43140	69744	82928
148	25100	19336	14605	86603	51680	97678	24261
149	83612	46623	62876	85197	07824	91392	58317
150	41347	81666	82961	60413	71020	83658	02415

〈표 B.2〉 이항분포표 : 한 점 x에서의 확률값 $P(X=x)=\binom{n}{x}p^x(1-p)^{n-x}$

n	x	$p=0.1$	$p=0.2$	$p=0.3$	$p=0.4$	$p=0.5$
2	0	0.8100	0.6400	0.4900	0.3600	0.2500
	1	0.1800	0.3200	0.4200	0.4800	0.5000
	2	0.0100	0.0400	0.0900	0.1600	0.2500
3	0	0.7290	0.5120	0.3430	0.2160	0.1250
	1	0.2430	0.3840	0.4410	0.4320	0.3750
	2	0.0270	0.0960	0.1890	0.2880	0.3750
	3	0.0010	0.0080	0.0270	0.0640	0.1250
4	0	0.6561	0.4096	0.2401	0.1296	0.0625
	1	0.2916	0.4096	0.4116	0.3456	0.2500
	2	0.0486	0.1536	0.2646	0.3456	0.3750
	3	0.0036	0.0256	0.0756	0.1536	0.2500
	4	0.0001	0.0016	0.0081	0.0256	0.0625
5	0	0.5905	0.3277	0.1681	0.0778	0.0313
	1	0.3281	0.4096	0.3602	0.2592	0.1563
	2	0.0729	0.2048	0.3087	0.3456	0.3125
	3	0.0081	0.0512	0.1323	0.2304	0.3125
	4	0.0005	0.0064	0.0284	0.0768	0.1563
	5	0.0000	0.0003	0.0024	0.0102	0.0313
6	0	0.5314	0.2621	0.1176	0.0467	0.0156
	1	0.3543	0.3932	0.3025	0.1866	0.0938
	2	0.0984	0.2458	0.3241	0.3110	0.2344
	3	0.0146	0.0819	0.1852	0.2765	0.3125
	4	0.0012	0.0154	0.0595	0.1382	0.2344
	5	0.0001	0.0015	0.0102	0.0369	0.0938
	6	0.0000	0.0001	0.0007	0.0041	0.0156

(계속)

n	x	$p=0.1$	$p=0.2$	$p=0.3$	$p=0.4$	$p=0.5$
7	0	0.4783	0.2097	0.0824	0.0280	0.0078
	1	0.3720	0.3670	0.2471	0.1306	0.0547
	2	0.1240	0.2753	0.3177	0.2613	0.1641
	3	0.0230	0.1147	0.2269	0.2903	0.2734
	4	0.0026	0.0287	0.0972	0.1935	0.2734
	5	0.0002	0.0043	0.0250	0.0774	0.1641
	6	0.0000	0.0004	0.0036	0.0172	0.0547
	7	0.0000	0.0000	0.0002	0.0016	0.0078
8	0	0.4305	0.1678	0.0576	0.0168	0.0039
	1	0.3826	0.3355	0.1977	0.0896	0.0313
	2	0.1488	0.2936	0.2965	0.2090	0.1094
	3	0.0331	0.1468	0.2541	0.2787	0.2188
	4	0.0046	0.0459	0.1361	0.2322	0.2734
	5	0.0004	0.0092	0.0467	0.1239	0.2188
	6	0.0000	0.0011	0.0100	0.0413	0.1094
	7	0.0000	0.0001	0.0012	0.0079	0.0313
	8	0.0000	0.0000	0.0001	0.0007	0.0039
9	0	0.3874	0.1342	0.0404	0.0101	0.0020
	1	0.3874	0.3020	0.1556	0.0605	0.0176
	2	0.1722	0.3020	0.2668	0.1612	0.0703
	3	0.0446	0.1762	0.2668	0.2508	0.1641
	4	0.0074	0.0661	0.1715	0.2508	0.2461
	5	0.0008	0.0165	0.0735	0.1672	0.2461
	6	0.0001	0.0028	0.0210	0.0743	0.1641
	7	0.0000	0.0003	0.0039	0.0212	0.0703
	8	0.0000	0.0000	0.0004	0.0035	0.0176
	9	0.0000	0.0000	0.0000	0.0003	0.0020

(계속)

n	x	$p=0.1$	$p=0.2$	$p=0.3$	$p=0.4$	$p=0.5$
10	0	0.3487	0.1074	0.0282	0.0060	0.0010
	1	0.3874	0.2684	0.1211	0.0403	0.0098
	2	0.1937	0.3020	0.2335	0.1209	0.0439
	3	0.0574	0.2013	0.2668	0.2150	0.1172
	4	0.0112	0.0881	0.2001	0.2508	0.2051
	5	0.0015	0.0264	0.1029	0.2007	0.2461
	6	0.0001	0.0055	0.0368	0.1115	0.2051
	7	0.0000	0.0008	0.0090	0.0425	0.1172
	8	0.0000	0.0001	0.0014	0.0106	0.0439
	9	0.0000	0.0000	0.0001	0.0016	0.0098
	10	0.0000	0.0000	0.0000	0.0001	0.0010
15	0	0.2059	0.0352	0.0047	0.0005	0.0000
	1	0.3432	0.1319	0.0305	0.0047	0.0005
	2	0.2669	0.2309	0.0916	0.0219	0.0032
	3	0.1285	0.2501	0.1700	0.0634	0.0139
	4	0.0428	0.1876	0.2186	0.1268	0.0417
	5	0.0105	0.1032	0.2061	0.1859	0.0916
	6	0.0019	0.0430	0.1472	0.2066	0.1527
	7	0.0003	0.0138	0.0811	0.1771	0.1964
	8	0.0000	0.0035	0.0348	0.1181	0.1964
	9	0.0000	0.0007	0.0116	0.0612	0.1527
	10	0.0000	0.0001	0.0030	0.0245	0.0916
	11	0.0000	0.0000	0.0006	0.0074	0.0417
	12	0.0000	0.0000	0.0001	0.0016	0.0139
	13	0.0000	0.0000	0.0000	0.0003	0.0032
	14	0.0000	0.0000	0.0000	0.0000	0.0005
	15	0.0000	0.0000	0.0000	0.0000	0.0000

(계속)

n	x	$p=0.1$	$p=0.2$	$p=0.3$	$p=0.4$	$p=0.5$
20	0	0.1216	0.0115	0.0008	0.0000	0.0000
	1	0.2702	0.0576	0.0068	0.0005	0.0000
	2	0.2852	0.1369	0.0278	0.0031	0.0002
	3	0.1901	0.2054	0.0716	0.0123	0.0011
	4	0.0898	0.2182	0.1304	0.0350	0.0046
	5	0.0319	0.1746	0.1789	0.0746	0.0148
	6	0.0089	0.1091	0.1916	0.1244	0.0370
	7	0.0020	0.0545	0.1643	0.1659	0.0739
	8	0.0004	0.0222	0.1144	0.1797	0.1201
	9	0.0001	0.0074	0.0654	0.1597	0.1602
	10	0.0000	0.0020	0.0308	0.1171	0.1762
	11	0.0000	0.0005	0.0120	0.0710	0.1602
	12	0.0000	0.0001	0.0039	0.0355	0.1201
	13	0.0000	0.0000	0.0010	0.0146	0.0739
	14	0.0000	0.0000	0.0002	0.0049	0.0370
	15	0.0000	0.0000	0.0000	0.0013	0.0148
	16	0.0000	0.0000	0.0000	0.0003	0.0046
	17	0.0000	0.0000	0.0000	0.0000	0.0011
	18	0.0000	0.0000	0.0000	0.0000	0.0002
	19	0.0000	0.0000	0.0000	0.0000	0.0000
	20	0.0000	0.0000	0.0000	0.0000	0.0000

〈표 B.3〉 포아송분포표 : 한 점 x에서의 확률값 $P(X=x)=\dfrac{e^{-\lambda}\lambda^{x}}{x!}$

x	λ=.1	.2	.3	.4	.5	.6	.7	.8	.9	1.0
0	.9048	.8187	.7408	.6703	.6065	.5488	.4966	.4493	.4066	.3679
1	.0905	.1637	.0000	.2681	.3033	.3293	.3476	.3595	.3659	.3679
2	.0045	.0164	.0333	.0536	.0758	.0988	.1217	.1438	.1647	.1839
3	.0002	.0011	.0033	.0072	.0126	.0198	.0284	.0383	.0494	.0613
4	.0000	.0001	.0003	.0007	.0016	.0030	.0050	.0077	.0111	.0153
5	.0000	.0000	.0000	.0001	.0002	.0004	.0007	.0012	.0020	.0031
6	.0000	.0000	.0000	.0000	.0000	.0000	.0001	.0002	.0003	.0005
7	.0000	.0000	.0000	.0000	.0000	.0000	.0000	.0000	.0000	.0001
8	.0000	.0000	.0000	.0000	.0000	.0000	.0000	.0000	.0000	.0000
x	λ=1.5	2	3	4	5	6	7	8	9	10
0	.2231	.1353	.0498	.0183	.0067	.0025	.0009	.0003	.0001	.0000
1	.3347	.2707	.1494	.0733	.0337	.0149	.0064	.0027	.0011	.0005
2	.2510	.2707	.2240	.1465	.0842	.0446	.0223	.0107	.0050	.0023
3	.1255	.1804	.2240	.1954	.1404	.0892	.0521	.0286	.0150	.0076
4	.0471	.0902	.1680	.1954	.1755	.1339	.0912	.0573	.0337	.0189
5	.0141	.0361	.1008	.1563	.1755	.1606	.1277	.0916	.0607	.0378
6	.0035	.0120	.0504	.1042	.1462	.1606	.1490	.1221	.0911	.0631
7	.0008	.0034	.0216	.0595	.1044	.1377	.1490	.1396	.1171	.0901
8	.0001	.0009	.0081	.0298	.0653	.1033	.1304	.1396	.1318	.1126
9	.0000	.0002	.0027	.0132	.0363	.0688	.1014	.1241	.1318	.1251
10	.0000	.0000	.0008	.0053	.0181	.0413	.0710	.0993	.1186	.1251
11	.0000	.0000	.0002	.0019	.0082	.0225	.0452	.0722	.0970	.1137
12	.0000	.0000	.0001	.0006	.0034	.0113	.0264	.0481	.0728	.0948
13	.0000	.0000	.0000	.0002	.0013	.0052	.0142	.0296	.0504	.0729
14	.0000	.0000	.0000	.0001	.0005	.0022	.0071	.0169	.0324	.0521

(계속)

x	$\lambda=1.5$	2	3	4	5	6	7	8	9	10
15	.0000	.0000	.0000	.0000	.0002	.0009	.0033	.0090	.0194	.0347
16	.0000	.0000	.0000	.0000	.0000	.0003	.0014	.0045	.0109	.0217
17	.0000	.0000	.0000	.0000	.0000	.0001	.0006	.0021	.0058	.0128
18	.0000	.0000	.0000	.0000	.0000	.0000	.0002	.0009	.0029	.0071
19	.0000	.0000	.0000	.0000	.0000	.0000	.0001	.0004	.0014	.0037
20	.0000	.0000	.0000	.0000	.0000	.0000	.0000	.0002	.0006	.0019
21	.0000	.0000	.0000	.0000	.0000	.0000	.0000	.0001	.0003	.0009
22	.0000	.0000	.0000	.0000	.0000	.0000	.0000	.0000	.0001	.0004
23	.0000	.0000	.0000	.0000	.0000	.0000	.0000	.0000	.0000	.0002
24	.0000	.0000	.0000	.0000	.0000	.0000	.0000	.0000	.0000	.0001
25	.0000	.0000	.0000	.0000	.0000	.0000	.0000	.0000	.0000	.0000

〈표 B.4〉 표준정규분포표 : 누적확률값 $P(Z\le z)=\int_{-\infty}^{z}\frac{1}{\sqrt{2\pi}}exp(-\frac{1}{2}t^2)dt$

z	0.00	0.01	0.02	0.03	0.04	0.05	0.06	0.07	0.08	0.09
0.0	0.5000	0.5040	0.5080	0.5120	0.5160	0.5199	0.5239	0.5279	0.5319	0.5359
0.1	0.5398	0.5438	0.5478	0.5517	0.5557	0.5596	0.5636	0.5675	0.5714	0.5754
0.2	0.5793	0.5832	0.5871	0.5910	0.5948	0.5987	0.6026	0.6064	0.6103	0.6141
0.3	0.6179	0.6217	0.6255	0.6293	0.6331	0.6368	0.6406	0.6443	0.6480	0.6517
0.4	0.6554	0.6591	0.6628	0.6664	0.6700	0.6736	0.6772	0.6808	0.6844	0.6879
0.5	0.6915	0.6950	0.6985	0.7019	0.7054	0.7088	0.7123	0.7157	0.7190	0.7224
0.6	0.7258	0.7291	0.7324	0.7357	0.7389	0.7422	0.7454	0.7486	0.7518	0.7549
0.7	0.7580	0.7612	0.7642	0.7673	0.7704	0.7734	0.7764	0.7794	0.7823	0.7852
0.8	0.7881	0.7910	0.7939	0.7967	0.7996	0.8023	0.8051	0.8079	0.8106	0.8133
0.9	0.8159	0.8186	0.8212	0.8238	0.8264	0.8289	0.8315	0.8340	0.8365	0.8389
1.0	0.8413	0.8438	0.8461	0.8485	0.8508	0.8531	0.8554	0.8577	0.8599	0.8621
1.1	0.8643	0.8665	0.8686	0.8708	0.8729	0.8749	0.8770	0.8790	0.8810	0.8830
1.2	0.8849	0.8869	0.8888	0.8907	0.8925	0.8944	0.8962	0.8980	0.8997	0.9015
1.3	0.9032	0.9049	0.9066	0.9082	0.9099	0.9115	0.9131	0.9147	0.9162	0.9177
1.4	0.9192	0.9207	0.9222	0.9236	0.9251	0.9265	0.9279	0.9292	0.9306	0.9319
1.5	0.9332	0.9345	0.9357	0.9370	0.9382	0.9394	0.9406	0.9418	0.9430	0.9441
1.6	0.9452	0.9463	0.9474	0.9485	0.9495	0.9505	0.9515	0.9525	0.9535	0.9545
1.7	0.9554	0.9564	0.9573	0.9582	0.9591	0.9599	0.9608	0.9616	0.9625	0.9633
1.8	0.9641	0.9649	0.9656	0.9664	0.9671	0.9678	0.9686	0.9693	0.9700	0.9706
1.9	0.9713	0.9719	0.9726	0.9732	0.9738	0.9744	0.9750	0.9756	0.9762	0.9767
2.0	0.9773	0.9778	0.9783	0.9788	0.9793	0.9798	0.9803	0.9808	0.9812	0.9817
2.1	0.9821	0.9826	0.9830	0.9834	0.9838	0.9842	0.9846	0.9850	0.9854	0.9857
2.2	0.9861	0.9865	0.9868	0.9871	0.9875	0.9878	0.9881	0.9884	0.9887	0.9890
2.3	0.9893	0.9896	0.9898	0.9901	0.9904	0.9906	0.9909	0.9911	0.9913	0.9916
2.4	0.9918	0.9920	0.9922	0.9925	0.9927	0.9929	0.9931	0.9932	0.9934	0.9936
2.5	0.9938	0.9940	0.9941	0.9943	0.9945	0.9946	0.9948	0.9949	0.9951	0.9952
2.6	0.9953	0.9955	0.9956	0.9957	0.9959	0.9960	0.9961	0.9962	0.9963	0.9964
2.7	0.9965	0.9966	0.9967	0.9968	0.9969	0.9970	0.9971	0.9972	0.9973	0.9974
2.8	0.9974	0.9975	0.9976	0.9977	0.9977	0.9978	0.9979	0.9980	0.9980	0.9981
2.9	0.9981	0.9982	0.9983	0.9983	0.9984	0.9984	0.9985	0.9985	0.9986	0.9986
3.0	0.9987	0.9987	0.9987	0.9988	0.9988	0.9989	0.9989	0.9989	0.9990	0.9990
3.1	0.9990	0.9991	0.9991	0.9991	0.9992	0.9992	0.9992	0.9992	0.9993	0.9993
3.2	0.9993	0.9993	0.9994	0.9994	0.9994	0.9994	0.9994	0.9995	0.9995	0.9995
3.3	0.9995	0.9995	0.9996	0.9996	0.9996	0.9996	0.9996	0.9996	0.9996	0.9997
3.4	0.9997	0.9997	0.9997	0.9997	0.9997	0.9997	0.9997	0.9997	0.9998	0.9998

〈표 B.5〉 t-분포표 : t 분포의 상위 100 $\alpha\%$ 백분위수 $t_{\alpha}(df)$

df	α							
	0.25	0.1	0.05	0.025	0.01	0.00833	0.00625	0.005
1	1.000	3.078	6.314	12.706	31.821	38.204	50.923	63.657
2	0.816	1.886	2.920	4.303	6.965	7.650	8.860	9.925
3	0.765	1.638	2.353	3.182	4.541	4.857	5.392	5.841
4	0.741	1.533	2.132	2.776	3.747	3.961	4.315	4.604
5	0.727	1.476	2.015	2.571	3.365	3.534	3.810	4.032
6	0.718	1.440	1.943	2.447	3.143	3.288	3.521	3.707
7	0.711	1.415	1.895	2.365	2.998	3.128	3.335	3.499
8	0.706	1.397	1.860	2.306	2.896	3.016	3.206	3.355
9	0.703	1.383	1.833	2.262	2.821	2.934	3.111	3.250
10	0.700	1.372	1.812	2.228	2.764	2.870	3.038	3.169
11	0.697	1.363	1.796	2.201	2.718	2.820	2.981	3.106
12	0.695	1.356	1.782	2.179	2.681	2.780	2.934	3.055
13	0.694	1.350	1.771	2.160	2.650	2.746	2.896	3.012
14	0.692	1.345	1.761	2.145	2.624	2.718	2.864	2.977
15	0.691	1.341	1.753	2.131	2.602	2.694	2.837	2.947
16	0.690	1.337	1.746	2.120	2.583	2.673	2.813	2.921
17	0.689	1.333	1.740	2.110	2.567	2.655	2.793	2.898
18	0.688	1.330	1.734	2.101	2.552	2.639	2.775	2.878
19	0.688	1.328	1.729	2.093	2.539	2.625	2.759	2.861
20	0.687	1.325	1.725	2.086	2.528	2.613	2.744	2.845
21	0.686	1.323	1.721	2.080	2.518	2.602	2.732	2.831
22	0.686	1.321	1.717	2.074	2.508	2.591	2.720	2.819
23	0.685	1.319	1.714	2.069	2.500	2.582	2.710	2.807
24	0.685	1.318	1.711	2.064	2.492	2.574	2.700	2.797
25	0.684	1.316	1.708	2.060	2.485	2.566	2.692	2.787
26	0.684	1.315	1.706	2.056	2.479	2.559	2.684	2.779
27	0.684	1.314	1.703	2.052	2.473	2.553	2.676	2.771
28	0.683	1.313	1.701	2.048	2.467	2.547	2.669	2.763
29	0.683	1.311	1.699	2.045	2.462	2.541	2.663	2.756
30	0.683	1.310	1.697	2.042	2.457	2.536	2.657	2.750
40	0.681	1.303	1.684	2.021	2.423	2.499	2.616	2.704
60	0.679	1.296	1.671	2.000	2.390	2.463	2.575	2.660
120	0.677	1.289	1.658	1.980	2.358	2.428	2.536	2.617
∞	0.675	1.282	1.645	1.960	2.327	2.395	2.498	2.576

〈표 B.6〉 카이제곱분포표 : 카이제곱분포의 상위 100 α% 백분위수 $\chi^2_{\alpha}(df)$

df	α								
	0.99	0.975	0.95	0.9	0.5	0.1	0.05	0.025	0.01
1	0.0002	0.001	0.004	0.02	0.45	2.71	3.84	5.02	6.63
2	0.02	0.05	0.10	0.21	1.39	4.61	5.99	7.38	9.21
3	0.11	0.22	0.35	0.58	2.37	6.25	7.81	9.35	11.34
4	0.30	0.48	0.71	1.06	3.36	7.78	9.49	11.14	13.28
5	0.55	0.83	1.15	1.61	4.35	9.24	11.07	12.83	15.09
6	0.87	1.24	1.64	2.20	5.35	10.64	12.59	14.45	16.81
7	1.24	1.69	2.17	2.83	6.35	12.02	14.07	16.01	18.48
8	1.65	2.18	2.73	3.49	7.34	13.36	15.51	17.53	20.09
9	2.09	2.70	3.33	4.17	8.34	14.68	16.92	19.02	21.67
10	2.56	3.25	3.94	4.87	9.34	15.99	18.31	20.48	23.21
11	3.05	3.82	4.57	5.58	10.34	17.28	19.68	21.92	24.72
12	3.57	4.40	5.23	6.30	11.34	18.55	21.03	23.34	26.22
13	4.11	5.01	5.89	7.04	12.34	19.81	22.36	24.74	27.69
14	4.66	5.63	6.57	7.79	13.34	21.06	23.68	26.12	29.14
15	5.23	6.26	7.26	8.55	14.34	22.31	25.00	27.49	30.58
16	5.81	6.91	7.96	9.31	15.34	23.54	26.30	28.85	32.00
17	6.41	7.56	8.67	10.09	16.34	24.77	27.59	30.19	33.41
18	7.01	8.23	9.39	10.86	17.34	25.99	28.87	31.53	34.81
19	7.63	8.91	10.12	11.65	18.34	27.20	30.14	32.85	36.19
20	8.26	9.59	10.85	12.44	19.34	28.41	31.41	34.17	37.57
21	8.90	10.28	11.59	13.24	20.34	29.62	32.67	35.48	38.93
22	9.54	10.98	12.34	14.04	21.34	30.81	33.92	36.78	40.29
23	10.20	11.69	13.09	14.85	22.34	32.01	35.17	38.08	41.64
24	10.86	12.40	13.85	15.66	23.34	33.20	36.42	39.36	42.98
25	11.52	13.12	14.61	16.47	24.34	34.38	37.65	40.65	44.31
26	12.20	13.84	15.38	17.29	25.34	35.56	38.89	41.92	45.64
27	12.88	14.57	16.15	18.11	26.34	36.74	40.11	43.19	46.96
28	13.56	15.31	16.93	18.94	27.34	37.92	41.34	44.46	48.28
29	14.26	16.05	17.71	19.77	28.34	39.09	42.56	45.72	49.59
30	14.95	16.79	18.49	20.60	29.34	40.26	43.77	46.98	50.89
40	22.16	24.43	26.51	29.05	39.34	51.81	55.76	59.34	63.69
50	29.71	32.36	34.76	37.69	49.33	63.17	67.50	71.42	76.15
60	37.48	40.48	43.19	46.46	59.33	74.40	79.08	83.30	88.38
70	45.44	48.76	51.74	55.33	69.33	85.53	90.53	95.02	100.43
80	53.54	57.15	60.39	64.28	79.33	96.58	101.88	106.63	112.33
90	61.75	65.65	69.13	73.29	89.33	107.57	113.15	118.14	124.12
100	70.06	74.22	77.93	82.36	99.33	118.50	124.34	129.56	135.81

〈표 B.7〉 ***F*-분포표** : F 분포의 상위 10% 백분위수 $F_{0.1}(i,\ k)$

k \ i	1	2	3	4	5	6	7	8	9	10
1	39.86	49.50	53.59	55.83	57.24	58.20	58.91	59.44	59.86	60.19
2	8.53	9.00	9.16	9.24	9.29	9.33	9.35	9.37	9.38	9.39
3	5.54	5.46	5.39	5.34	5.31	5.28	5.27	5.25	5.24	5.23
4	4.54	4.32	4.19	4.11	4.05	4.01	3.98	3.95	3.94	3.92
5	4.06	3.78	3.62	3.52	3.45	3.40	3.37	3.34	3.32	3.30
6	3.78	3.46	3.29	3.18	3.11	3.05	3.01	2.98	2.96	2.94
7	3.59	3.26	3.07	2.96	2.88	2.83	2.78	2.75	2.72	2.70
8	3.46	3.11	2.92	2.81	2.73	2.67	2.62	2.59	2.56	2.54
9	3.36	3.01	2.81	2.69	2.61	2.55	2.51	2.47	2.44	2.42
10	3.29	2.92	2.73	2.61	2.52	2.46	2.41	2.38	2.35	2.32
11	3.23	2.86	2.66	2.54	2.45	2.39	2.34	2.30	2.27	2.25
12	3.18	2.81	2.61	2.48	2.39	2.33	2.28	2.24	2.21	2.19
13	3.14	2.76	2.56	2.43	2.35	2.28	2.23	2.20	2.16	2.14
14	3.10	2.73	2.52	2.39	2.31	2.24	2.19	2.15	2.12	2.10
15	3.07	2.70	2.49	2.36	2.27	2.21	2.16	2.12	2.09	2.06
16	3.05	2.67	2.46	2.33	2.24	2.18	2.13	2.09	2.06	2.03
17	3.03	2.64	2.44	2.31	2.22	2.15	2.10	2.06	2.03	2.00
18	3.01	2.62	2.42	2.29	2.20	2.13	2.08	2.04	2.00	1.98
19	2.99	2.61	2.40	2.27	2.18	2.11	2.06	2.02	1.98	1.96
20	2.97	2.59	2.38	2.25	2.16	2.09	2.04	2.00	1.96	1.94
21	2.96	2.57	2.36	2.23	2.14	2.08	2.02	1.98	1.95	1.92
22	2.95	2.56	2.35	2.22	2.13	2.06	2.01	1.97	1.93	1.90
23	2.94	2.55	2.34	2.21	2.11	2.05	1.99	1.95	1.92	1.89
24	2.93	2.54	2.33	2.19	2.10	2.04	1.98	1.94	1.91	1.88
25	2.92	2.53	2.32	2.18	2.09	2.02	1.97	1.93	1.89	1.87
26	2.91	2.52	2.31	2.17	2.08	2.01	1.96	1.92	1.88	1.86
27	2.90	2.51	2.30	2.17	2.07	2.00	1.95	1.91	1.87	1.85
28	2.89	2.50	2.29	2.16	2.06	2.00	1.94	1.90	1.87	1.84
29	2.89	2.50	2.28	2.15	2.06	1.99	1.93	1.89	1.86	1.83
30	2.88	2.49	2.28	2.14	2.05	1.98	1.93	1.88	1.85	1.82
40	2.84	2.44	2.23	2.09	2.00	1.93	1.87	1.83	1.79	1.76
60	2.79	2.39	2.18	2.04	1.95	1.87	1.82	1.77	1.74	1.71
120	2.75	2.35	2.13	1.99	1.90	1.82	1.77	1.72	1.68	1.65
∞	2.71	2.30	2.08	1.94	1.85	1.77	1.72	1.67	1.63	1.60

(계속)

k \ i	12	15	20	24	30	40	60	120	∞
1	60.71	61.22	61.74	62.00	62.26	62.53	62.79	63.06	63.33
2	9.41	9.42	9.44	9.45	9.46	9.47	9.47	9.48	9.49
3	5.22	5.20	5.18	5.18	5.17	5.16	5.15	5.14	5.13
4	3.90	3.87	3.84	3.83	3.82	3.80	3.79	3.78	3.76
5	3.27	3.24	3.21	3.19	3.17	3.16	3.14	3.12	3.11
6	2.90	2.87	2.84	2.82	2.80	2.78	2.76	2.74	2.72
7	2.67	2.63	2.59	2.58	2.56	2.54	2.51	2.49	2.47
8	2.50	2.46	2.42	2.40	2.38	2.36	2.34	2.32	2.29
9	2.38	2.34	2.30	2.28	2.25	2.23	2.21	2.18	2.16
10	2.28	2.24	2.20	2.18	2.16	2.13	2.11	2.08	2.06
11	2.21	2.17	2.12	2.10	2.08	2.05	2.03	2.00	1.97
12	2.15	2.10	2.06	2.04	2.01	1.99	1.96	1.93	1.90
13	2.10	2.05	2.01	1.98	1.96	1.93	1.90	1.88	1.85
14	2.05	2.01	1.96	1.94	1.91	1.89	1.86	1.83	1.80
15	2.02	1.97	1.92	1.90	1.87	1.85	1.82	1.79	1.76
16	1.99	1.94	1.89	1.87	1.84	1.81	1.78	1.75	1.72
17	1.96	1.91	1.86	1.84	1.81	1.78	1.75	1.72	1.69
18	1.93	1.89	1.84	1.81	1.78	1.75	1.72	1.69	1.66
19	1.91	1.86	1.81	1.79	1.76	1.73	1.70	1.67	1.63
20	1.89	1.84	1.79	1.77	1.74	1.71	1.68	1.64	1.61
21	1.87	1.83	1.78	1.75	1.72	1.69	1.66	1.62	1.59
22	1.86	1.81	1.76	1.73	1.70	1.67	1.64	1.60	1.57
23	1.84	1.80	1.74	1.72	1.69	1.66	1.62	1.59	1.55
24	1.83	1.78	1.73	1.70	1.67	1.64	1.61	1.57	1.53
25	1.82	1.77	1.72	1.69	1.66	1.63	1.59	1.56	1.52
26	1.81	1.76	1.71	1.68	1.65	1.61	1.58	1.54	1.50
27	1.80	1.75	1.70	1.67	1.64	1.60	1.57	1.53	1.49
28	1.79	1.74	1.69	1.66	1.63	1.59	1.56	1.52	1.48
29	1.78	1.73	1.68	1.65	1.62	1.58	1.55	1.51	1.47
30	1.77	1.72	1.67	1.64	1.61	1.57	1.54	1.50	1.46
40	1.71	1.66	1.61	1.57	1.54	1.51	1.47	1.42	1.38
60	1.66	1.60	1.54	1.51	1.48	1.44	1.40	1.35	1.29
120	1.60	1.55	1.48	1.45	1.41	1.37	1.32	1.26	1.19
∞	1.55	1.49	1.42	1.38	1.34	1.30	1.24	1.17	1.00

F 분포의 상위 5% 백분위수 $F_{0.05}(i,\ k)$

k \ i	1	2	3	4	5	6	7	8	9	10
1	161.4	199.5	215.7	224.6	230.2	234.0	236.8	238.9	240.5	241.9
2	18.51	19.00	19.16	19.25	19.30	19.33	19.35	19.37	19.38	19.40
3	10.13	9.55	9.28	9.12	9.01	8.94	8.89	8.85	8.81	8.79
4	7.71	6.94	6.59	6.39	6.26	6.16	6.09	6.04	6.00	5.96
5	6.61	5.79	5.41	5.19	5.05	4.95	4.88	4.82	4.77	4.74
6	5.99	5.14	4.76	4.53	4.39	4.28	4.21	4.15	4.10	4.06
7	5.59	4.74	4.35	4.12	3.97	3.87	3.79	3.73	3.68	3.64
8	5.32	4.46	4.07	3.84	3.69	3.58	3.50	3.44	3.39	3.35
9	5.12	4.26	3.86	3.63	3.48	3.37	3.29	3.23	3.18	3.14
10	4.96	4.10	3.71	3.48	3.33	3.22	3.14	3.07	3.02	2.98
11	4.84	3.98	3.59	3.36	3.20	3.09	3.01	2.95	2.90	2.85
12	4.75	3.89	3.49	3.26	3.11	3.00	2.91	2.85	2.80	2.75
13	4.67	3.81	3.41	3.18	3.03	2.92	2.83	2.77	2.71	2.67
14	4.60	3.74	3.34	3.11	2.96	2.85	2.76	2.70	2.65	2.60
15	4.54	3.68	3.29	3.06	2.90	2.79	2.71	2.64	2.59	2.54
16	4.49	3.63	3.24	3.01	2.85	2.74	2.66	2.59	2.54	2.49
17	4.45	3.59	3.20	2.96	2.81	2.70	2.61	2.55	2.49	2.45
18	4.41	3.55	3.16	2.93	2.77	2.66	2.58	2.51	2.46	2.41
19	4.38	3.52	3.13	2.90	2.74	2.63	2.54	2.48	2.42	2.38
20	4.35	3.49	3.10	2.87	2.71	2.60	2.51	2.45	2.39	2.35
21	4.32	3.47	3.07	2.84	2.68	2.57	2.49	2.42	2.37	2.32
22	4.30	3.44	3.05	2.82	2.66	2.55	2.46	2.40	2.34	2.30
23	4.28	3.42	3.03	2.80	2.64	2.53	2.44	2.37	2.32	2.27
24	4.26	3.40	3.01	2.78	2.62	2.51	2.42	2.36	2.30	2.25
25	4.24	3.39	2.99	2.76	2.60	2.49	2.40	2.34	2.28	2.24
26	4.23	3.37	2.98	2.74	2.59	2.47	2.39	2.32	2.27	2.22
27	4.21	3.35	2.96	2.73	2.57	2.46	2.37	2.31	2.25	2.20
28	4.20	3.34	2.95	2.71	2.56	2.45	2.36	2.29	2.24	2.19
29	4.18	3.33	2.93	2.70	2.55	2.43	2.35	2.28	2.22	2.18
30	4.17	3.32	2.92	2.69	2.53	2.42	2.33	2.27	2.21	2.16
40	4.08	3.23	2.84	2.61	2.45	2.34	2.25	2.18	2.12	2.08
60	4.00	3.15	2.76	2.53	2.37	2.25	2.17	2.10	2.04	1.99
120	3.92	3.07	2.68	2.45	2.29	2.18	2.09	2.02	1.96	1.91
∞	3.84	3.00	2.60	2.37	2.21	2.10	2.01	1.94	1.88	1.83

(계속)

k \ i	12	15	20	24	30	40	60	120	∞
1	243.9	245.9	248.0	249.1	250.1	251.1	252.2	253.3	254.3
2	19.41	19.43	19.45	19.45	19.46	19.47	19.48	19.49	19.50
3	8.74	8.70	8.66	8.64	8.62	8.59	8.57	8.55	8.53
4	5.91	5.86	5.80	5.77	5.75	5.72	5.69	5.66	5.63
5	4.68	4.62	4.56	4.53	4.50	4.46	4.43	4.40	4.37
6	4.00	3.94	3.87	3.84	3.81	3.77	3.74	3.70	3.67
7	3.57	3.51	3.44	3.41	3.38	3.34	3.30	3.27	3.23
8	3.28	3.22	3.15	3.12	3.08	3.04	3.01	2.97	2.93
9	3.07	3.01	2.94	2.90	2.86	2.83	2.79	2.75	2.71
10	2.91	2.85	2.77	2.74	2.70	2.66	2.62	2.58	2.54
11	2.79	2.72	2.65	2.61	2.57	2.53	2.49	2.45	2.41
12	2.69	2.62	2.54	2.51	2.47	2.43	2.38	2.34	2.30
13	2.60	2.53	2.46	2.42	2.38	2.34	2.30	2.25	2.21
14	2.53	2.46	2.39	2.35	2.31	2.27	2.22	2.18	2.13
15	2.48	2.40	2.33	2.29	2.25	2.20	2.16	2.11	2.07
16	2.42	2.35	2.28	2.24	2.19	2.15	2.11	2.06	2.01
17	2.38	2.31	2.23	2.19	2.15	2.10	2.06	2.01	1.96
18	2.34	2.27	2.19	2.15	2.11	2.06	2.02	1.97	1.92
19	2.31	2.23	2.16	2.11	2.07	2.03	1.98	1.93	1.88
20	2.28	2.20	2.12	2.08	2.04	1.99	1.95	1.90	1.84
21	2.25	2.18	2.10	2.05	2.01	1.96	1.92	1.87	1.81
22	2.23	2.15	2.07	2.03	1.98	1.94	1.89	1.84	1.78
23	2.20	2.13	2.05	2.01	1.96	1.91	1.86	1.81	1.76
24	2.18	2.11	2.03	1.98	1.94	1.89	1.84	1.79	1.73
25	2.16	2.09	2.01	1.96	1.92	1.87	1.82	1.77	1.71
26	2.15	2.07	1.99	1.95	1.90	1.85	1.80	1.75	1.69
27	2.13	2.06	1.97	1.93	1.88	1.84	1.79	1.73	1.67
28	2.12	2.04	1.96	1.91	1.87	1.82	1.77	1.71	1.65
29	2.10	2.03	1.94	1.90	1.85	1.81	1.75	1.70	1.64
30	2.09	2.01	1.93	1.89	1.84	1.79	1.74	1.68	1.62
40	2.00	1.92	1.84	1.79	1.74	1.69	1.64	1.58	1.51
60	1.92	1.84	1.75	1.70	1.65	1.59	1.53	1.47	1.39
120	1.83	1.75	1.66	1.61	1.55	1.50	1.43	1.35	1.26
∞	1.75	1.67	1.57	1.52	1.46	1.39	1.32	1.22	1.00

F 분포의 상위 2.5% 백분위수 $F_{0.025}(i,\ k)$

k \ i	1	2	3	4	5	6	7	8	9	10
1	647.8	799.5	864.2	899.6	921.8	937.1	948.2	956.7	963.3	968.6
2	38.51	39.00	39.17	39.25	39.30	39.33	39.36	39.37	39.39	39.40
3	17.44	16.04	15.44	15.10	14.88	14.73	14.62	14.54	14.47	14.42
4	12.22	10.65	9.98	9.60	9.36	9.20	9.07	8.98	8.90	8.84
5	10.01	8.43	7.76	7.39	7.15	6.98	6.85	6.76	6.68	6.62
6	8.81	7.26	6.60	6.23	5.99	5.82	5.70	5.60	5.52	5.46
7	8.07	6.54	5.89	5.52	5.29	5.12	4.99	4.90	4.82	4.76
8	7.57	6.06	5.42	5.05	4.82	4.65	4.53	4.43	4.36	4.30
9	7.21	5.71	5.08	4.72	4.48	4.32	4.20	4.10	4.03	3.96
10	6.94	5.46	4.83	4.47	4.24	4.07	3.95	3.85	3.78	3.72
11	6.72	5.26	4.63	4.28	4.04	3.88	3.76	3.66	3.59	3.53
12	6.55	5.10	4.47	4.12	3.89	3.73	3.61	3.51	3.44	3.37
13	6.41	4.97	4.35	4.00	3.77	3.60	3.48	3.39	3.31	3.25
14	6.30	4.86	4.24	3.89	3.66	3.50	3.38	3.29	3.21	3.15
15	6.20	4.77	4.15	3.80	3.58	3.41	3.29	3.20	3.12	3.06
16	6.12	4.69	4.08	3.73	3.50	3.34	3.22	3.12	3.05	2.99
17	6.04	4.62	4.01	3.66	3.44	3.28	3.16	3.06	2.98	2.92
18	5.98	4.56	3.95	3.61	3.38	3.22	3.10	3.01	2.93	2.87
19	5.92	4.51	3.90	3.56	3.33	3.17	3.05	2.96	2.88	2.82
20	5.87	4.46	3.86	3.51	3.29	3.13	3.01	2.91	2.84	2.77
21	5.83	4.42	3.82	3.48	3.25	3.09	2.97	2.87	2.80	2.73
22	5.79	4.38	3.78	3.44	3.22	3.05	2.93	2.84	2.76	2.70
23	5.75	4.35	3.75	3.41	3.18	3.02	2.90	2.81	2.73	2.67
24	5.72	4.32	3.72	3.38	3.15	2.99	2.87	2.78	2.70	2.64
25	5.69	4.29	3.69	3.35	3.13	2.97	2.85	2.75	2.68	2.61
26	5.66	4.27	3.67	3.33	3.10	2.94	2.82	2.73	2.65	2.59
27	5.63	4.24	3.65	3.31	3.08	2.92	2.80	2.71	2.63	2.57
28	5.61	4.22	3.63	3.29	3.06	2.90	2.78	2.69	2.61	2.55
29	5.59	4.20	3.61	3.27	3.04	2.88	2.76	2.67	2.59	2.53
30	5.57	4.18	3.59	3.25	3.03	2.87	2.75	2.65	2.57	2.51
40	5.42	4.05	3.46	3.13	2.90	2.74	2.62	2.53	2.45	2.39
60	5.29	3.93	3.34	3.01	2.79	2.63	2.51	2.41	2.33	2.27
120	5.15	3.80	3.23	2.89	2.67	2.52	2.39	2.30	2.22	2.16
∞	5.02	3.69	3.12	2.79	2.57	2.41	2.29	2.19	2.11	2.05

(계속)

k \ i	12	15	20	24	30	40	60	120	∞
1	976.7	984.9	993.1	997.2	1001	1006	1010	1014	1018
2	39.41	39.43	39.45	39.46	39.46	39.47	39.48	39.49	39.50
3	14.34	14.25	14.17	14.12	14.08	14.04	13.99	13.95	13.90
4	8.75	8.66	8.56	8.51	8.46	8.41	8.36	8.31	8.26
5	6.52	6.43	6.33	6.28	6.23	6.18	6.12	6.07	6.02
6	5.37	5.27	5.17	5.12	5.07	5.01	4.96	4.90	4.85
7	4.67	4.57	4.47	4.41	4.36	4.31	4.25	4.20	4.14
8	4.20	4.10	4.00	3.95	3.89	3.84	3.78	3.73	3.67
9	3.87	3.77	3.67	3.61	3.56	3.51	3.45	3.39	3.33
10	3.62	3.52	3.42	3.37	3.31	3.26	3.20	3.14	3.08
11	3.43	3.33	3.23	3.17	3.12	3.06	3.00	2.94	2.88
12	3.28	3.18	3.07	3.02	2.96	2.91	2.85	2.79	2.73
13	3.15	3.05	2.95	2.89	2.84	2.78	2.72	2.66	2.60
14	3.05	2.95	2.84	2.79	2.73	2.67	2.61	2.55	2.49
15	2.96	2.86	2.76	2.70	2.64	2.59	2.52	2.46	2.40
16	2.89	2.79	2.68	2.63	2.57	2.51	2.45	2.38	2.32
17	2.82	2.72	2.62	2.56	2.50	2.44	2.38	2.32	2.25
18	2.77	2.67	2.56	2.50	2.44	2.38	2.32	2.26	2.19
19	2.72	2.62	2.51	2.45	2.39	2.33	2.27	2.20	2.13
20	2.68	2.57	2.46	2.41	2.35	2.29	2.22	2.16	2.09
21	2.64	2.53	2.42	2.37	2.31	2.25	2.18	2.11	2.04
22	2.60	2.50	2.39	2.33	2.27	2.21	2.14	2.08	2.00
23	2.57	2.47	2.36	2.30	2.24	2.18	2.11	2.04	1.97
24	2.54	2.44	2.33	2.27	2.21	2.15	2.08	2.01	1.94
25	2.51	2.41	2.30	2.24	2.18	2.12	2.05	1.98	1.91
26	2.49	2.39	2.28	2.22	2.16	2.09	2.03	1.95	1.88
27	2.47	2.36	2.25	2.19	2.13	2.07	2.00	1.93	1.85
28	2.45	2.34	2.23	2.17	2.11	2.05	1.98	1.91	1.83
29	2.43	2.32	2.21	2.15	2.09	2.03	1.96	1.89	1.81
30	2.41	2.31	2.20	2.14	2.07	2.01	1.94	1.87	1.79
40	2.29	2.18	2.07	2.01	1.94	1.88	1.80	1.72	1.64
60	2.17	2.06	1.94	1.88	1.82	1.74	1.67	1.58	1.48
120	2.05	1.94	1.82	1.76	1.69	1.61	1.53	1.43	1.31
∞	1.94	1.83	1.71	1.64	1.57	1.48	1.39	1.27	1.00

〈표 B.8〉 표준화범위분포표

[표 8] 표준화범위분포: $q_{0.1}(r, t\eta_T - r)$

$\eta_T - r$ \ r	2	3	4	5	6	7	8	9	10	11	12	13	14	15	16	17	18	19	20
1	8.93	13.4	16.4	18.5	20.2	21.5	22.6	23.6	24.5	25.2	25.9	26.5	27.1	27.6	28.1	28.5	29.0	29.3	29.7
2	4.13	5.73	6.77	7.54	8.14	8.63	9.05	9.41	9.72	10.0	10.3	10.5	10.7	10.9	11.1	11.2	11.4	11.5	11.7
3	3.33	4.47	5.20	5.74	6.16	6.51	6.81	7.06	7.29	7.49	7.67	7.83	7.98	8.12	8.25	8.37	8.48	8.58	8.68
4	3.01	3.98	4.59	5.03	5.39	5.68	5.93	6.14	6.33	6.49	6.65	6.78	6.91	7.12	7.13	7.23	7.33	7.41	7.50
5	2.85	3.72	4.26	4.66	4.98	5.24	5.46	5.65	5.82	5.97	6.10	6.22	6.34	6.44	6.54	6.63	6.71	6.79	6.86
6	2.75	3.56	4.07	4.44	4.73	4.97	5.17	5.34	5.50	5.64	5.76	5.87	5.98	6.07	6.16	6.25	6.32	6.40	6.47
7	2.68	3.45	3.93	4.28	4.55	4.78	4.97	5.14	5.28	5.41	5.53	5.64	5.74	5.83	5.91	5.99	6.06	6.13	6.19
8	2.63	3.37	3.83	4.17	4.43	4.65	4.83	4.99	5.13	5.25	5.36	5.46	5.56	5.64	5.72	5.80	5.87	5.93	6.00
9	2.59	3.32	3.76	4.08	4.34	4.54	4.72	4.87	5.01	5.13	5.23	5.33	5.42	5.51	5.58	5.66	5.72	5.79	5.85
10	2.56	3.27	3.70	4.02	4.26	4.47	4.64	4.78	4.91	5.03	5.13	5.23	5.32	5.40	5.47	5.54	5.61	5.67	5.73
11	2.54	3.23	3.66	3.96	4.20	4.40	4.57	4.71	4.84	4.95	5.05	5.15	5.23	5.31	5.38	5.45	5.51	5.57	5.63
12	2.52	3.20	3.62	3.92	4.16	4.35	4.51	4.65	4.78	4.89	4.99	5.08	5.16	5.24	5.31	5.37	5.44	5.49	5.55
13	2.50	3.18	3.59	3.88	4.12	4.30	4.46	4.60	4.72	4.83	4.93	5.02	5.10	5.18	5.25	5.31	5.37	5.43	5.48
14	2.49	3.16	3.56	3.85	4.08	4.27	4.42	4.56	4.68	4.79	4.88	4.97	5.05	5.12	5.19	5.26	5.32	5.37	5.43
15	2.48	3.14	3.54	3.83	4.05	4.23	4.39	4.52	4.64	4.75	4.84	4.93	5.01	5.08	5.15	5.21	5.27	5.32	5.38
16	2.47	3.12	3.52	3.80	4.03	4.21	4.36	4.49	4.61	4.71	4.81	4.89	4.97	5.04	5.11	5.17	5.23	5.28	5.33
17	2.46	3.11	3.50	3.78	4.00	4.18	4.33	4.46	4.58	4.68	4.77	4.86	4.93	5.01	5.07	5.13	5.19	5.24	5.30
18	2.45	3.10	3.49	3.77	3.99	4.16	4.31	4.44	4.55	4.65	4.75	4.83	4.90	4.98	5.04	5.10	5.16	5.21	5.26
19	2.45	3.09	3.47	3.75	3.97	4.14	4.29	4.42	4.53	4.63	4.72	4.80	4.88	4.95	5.01	5.07	5.13	5.18	5.23
20	2.44	3.08	3.46	3.74	3.95	4.12	4.27	4.40	4.51	4.61	4.70	4.78	4.85	4.92	4.99	5.05	5.10	5.16	5.20
24	2.42	3.05	3.42	3.69	3.90	4.07	4.21	4.14	4.44	4.54	4.63	4.71	4.78	4.85	4.91	4.97	5.02	5.07	5.12
30	2.40	3.02	3.39	3.65	3.85	4.02	4.16	4.28	4.36	4.47	4.56	4.64	4.71	4.77	4.83	4.89	4.94	4.99	5.03
40	2.38	2.99	3.35	3.60	3.80	3.96	4.10	4.21	4.32	4.41	4.49	4.56	4.63	4.69	4.75	4.81	4.86	4.90	4.95
60	2.36	2.96	3.31	3.56	3.75	3.91	4.04	4.16	4.25	4.34	4.42	4.49	4.56	4.62	4.67	4.73	4.78	4.82	4.86
120	2.34	2.93	3.28	3.52	3.71	3.86	3.99	4.10	4.19	4.28	4.35	4.42	4.48	4.54	4.60	4.65	4.69	4.74	4.78
∞	2.33	2.90	3.24	3.48	3.66	3.81	3.93	4.04	4.13	4.21	4.28	4.35	4.41	4.47	4.52	4.57	4.61	4.65	4.69

(계속) $q_{0.05}(r, t\eta_T - r)$

$\eta_T - r$	r=2	3	4	5	6	7	8	9	10	11	12	13	14	15	16	17	18	19	20
1	18.0	27.0	32.8	37.1	40.4	43.1	45.4	47.4	49.1	50.6	52.0	53.2	54.3	55.4	56.3	57.2	58.0	58.8	59.6
2	6.08	8.33	9.80	10.9	11.7	12.4	13.0	13.5	14.0	14.4	14.7	15.1	15.4	15.7	15.9	16.1	16.4	16.6	16.8
3	4.50	5.91	6.82	7.50	8.04	8.48	8.85	9.18	9.46	9.72	9.95	10.2	10.3	10.5	10.7	10.8	11.0	11.1	11.2
4	3.93	5.04	5.76	6.29	6.71	7.05	7.35	7.60	7.83	8.03	8.21	8.37	8.52	8.66	8.79	8.91	9.03	9.13	9.23
5	3.64	4.60	5.22	5.67	6.03	6.33	6.58	6.80	6.99	7.17	7.32	7.47	7.60	7.22	7.83	7.93	8.03	8.12	8.21
6	3.46	4.34	4.90	5.30	5.63	5.90	6.12	6.32	6.49	6.65	6.79	6.92	7.03	7.14	7.24	7.34	7.43	7.51	7.59
7	3.34	4.16	4.68	5.06	5.36	5.61	5.82	6.00	6.16	6.30	6.43	6.55	6.66	6.76	6.85	6.94	7.02	7.10	7.17
8	3.26	4.04	4.53	4.89	5.17	5.40	5.60	5.77	5.92	6.05	6.18	6.29	6.39	6.48	6.57	6.65	6.73	6.80	6.87
9	3.20	3.95	4.41	4.76	5.02	5.24	5.43	5.59	5.74	5.87	5.98	6.09	6.19	6.28	6.36	6.44	6.51	6.58	6.64
10	3.15	3.88	4.33	4.65	4.91	5.12	5.30	5.46	5.60	5.72	5.83	5.93	6.03	6.11	6.19	6.27	6.34	6.40	6.47
11	3.11	3.82	4.26	4.57	4.82	5.03	5.20	5.35	5.49	5.61	5.71	5.81	5.90	5.98	6.06	6.13	6.20	6.27	6.33
12	3.08	3.77	4.20	4.51	4.75	4.95	5.12	5.27	5.39	5.51	5.61	8.71	5.80	5.88	5.95	6.02	6.09	6.25	6.21
13	3.06	3.73	4.15	4.45	4.69	4.88	5.05	5.19	5.32	5.43	5.53	5.63	5.71	5.79	5.86	5.93	5.99	6.05	6.11
14	3.03	3.70	4.11	4.41	4.64	4.83	4.99	5.13	5.25	5.36	5.46	5.55	5.64	5.71	5.79	5.85	5.91	5.97	6.03
15	3.01	3.67	4.08	4.37	4.59	4.78	4.94	5.08	5.20	5.31	5.40	5.49	5.57	5.65	5.72	5.78	5.85	5.90	5.96
16	3.00	3.65	4.05	4.33	4.56	4.74	4.90	5.03	5.15	5.26	5.35	5.44	5.52	5.59	5.66	5.73	5.79	5.84	5.90
17	2.98	3.63	4.02	4.30	4.52	4.70	4.86	4.99	5.11	5.21	5.31	5.39	5.47	5.54	5.61	5.67	5.73	5.79	5.84
18	2.97	3.61	4.00	4.28	4.49	4.67	4.82	4.96	5.07	5.17	5.27	5.35	5.43	5.50	5.57	5.63	5.69	5.74	5.79
19	2.96	3.59	3.98	4.25	4.47	4.65	4.79	4.92	5.04	5.14	5.23	5.31	5.39	5.46	5.53	5.59	5.65	5.70	5.75
20	2.95	3.58	3.96	4.23	4.45	4.62	4.77	4.90	5.01	5.11	5.20	5.28	5.36	5.43	5.49	5.55	5.61	5.66	5.71
24	2.92	3.53	3.90	4.17	4.37	4.54	4.68	4.81	4.92	5.01	5.10	5.18	5.25	5.32	5.38	5.44	5.49	5.55	5.59
30	2.89	3.49	3.85	4.10	4.30	4.46	4.60	4.72	4.82	4.92	5.00	5.08	5.15	5.21	5.27	5.33	5.38	5.43	5.47
40	2.86	3.44	3.79	4.04	4.23	4.39	4.52	4.63	4.73	4.82	4.90	4.98	5.04	5.11	5.16	5.22	5.27	5.31	5.36
60	2.83	3.40	3.74	3.98	4.16	4.31	4.44	4.55	4.65	4.73	4.81	4.88	4.94	5.00	5.06	5.11	5.15	5.20	5.24
120	2.80	3.36	3.68	3.92	4.10	4.24	4.36	4.47	4.56	4.64	4.71	4.78	4.84	4.90	4.95	5.00	5.04	5.09	5.13
∞	2.77	3.31	3.63	3.86	4.03	4.17	4.29	4.39	4.47	4.55	4.62	4.68	4.74	4.80	4.85	4.89	4.93	4.97	5.01

(계속) $q_{0.01}(r, t\eta_T - r)$

$\eta_T - r$ \ r	2	3	4	5	6	7	8	9	10	11	12	13	14	15	16	17	18	19	20
1	90.0	135	164	186	202	216	227	237	246	253	260	266	272	277	282	286	290	294	298
2	14.0	19.0	22.3	24.7	26.6	28.2	29.5	30.7	31.7	32.6	33.4	34.1	34.8	33.4	36.0	36.5	37.0	37.5	37.9
3	8.26	10.6	12.2	13.3	14.2	15.0	15.6	16.2	16.7	17.1	17.5	17.9	18.2	18.5	18.8	19.1	19.3	19.5	19.8
4	6.51	8.12	9.17	9.96	10.6	11.1	11.5	11.9	12.3	12.6	12.8	13.1	13.3	13.5	13.7	13.9	14.1	14.2	14.4
5	5.70	6.97	7.80	8.42	8.91	9.32	9.67	9.97	10.2	10.5	10.7	10.9	11.1	11.2	11.4	11.6	11.7	11.8	11.9
6	5.24	6.33	7.03	7.56	7.97	8.32	8.61	8.87	9.10	9.30	9.49	9.65	9.81	9.95	10.1	10.2	10.3	10.4	10.5
7	4.95	5.92	6.54	7.01	7.37	7.68	7.94	8.17	8.37	8.55	8.71	5.56	9.00	9.12	9.24	9.35	9.46	9.55	9.65
8	4.74	5.63	6.20	6.63	6.96	7.24	7.47	7.68	7.87	8.03	8.18	8.31	8.44	8.55	8.66	8.76	8.85	8.94	9.03
9	4.60	5.43	5.96	6.35	6.66	6.91	7.13	7.32	7.49	7.65	7.78	7.91	8.03	8.13	8.23	8.32	8.41	8.49	8.57
10	4.48	5.27	5.77	6.14	6.43	6.67	6.87	7.05	7.21	7.36	7.48	7.60	7.71	7.81	7.91	7.99	8.07	8.15	8.22
11	4.39	5.14	5.62	5.97	6.25	6.48	6.67	6.84	6.99	7.13	7.25	7.36	7.46	7.56	7.65	7.73	7.81	7.88	7.95
12	4.32	5.04	5.50	5.84	6.10	6.32	6.51	6.67	6.81	6.94	7.06	7.17	7.26	7.36	7.44	7.52	7.59	7.66	7.73
13	4.26	4.96	5.40	5.73	5.98	6.19	6.37	6.53	6.67	6.79	6.90	7.01	7.10	7.19	7.27	7.34	7.42	7.48	7.55
14	4.21	4.89	5.32	5.63	5.88	6.08	6.26	6.41	6.54	6.66	6.77	6.87	6.96	7.05	7.12	7.20	7.27	7.33	7.37
15	4.17	4.83	5.25	5.56	5.80	5.99	6.16	6.31	6.44	6.55	6.66	6.76	6.84	6.93	7.00	7.07	7.14	7.20	7.26
16	4.34	4.78	5.19	5.49	5.72	5.92	6.08	6.22	6.35	6.46	6.56	6.66	6.74	6.82	6.90	6.97	7.03	7.09	7.15
17	4.10	4.74	5.14	5.43	5.66	5.85	6.01	6.15	6.27	6.38	6.48	6.57	6.66	9.73	6.80	9.87	6.94	7.00	7.05
18	4.07	4.70	5.09	5.38	5.60	5.79	5.94	6.08	6.20	6.31	6.41	6.50	6.58	6.65	6.72	9.79	6.85	6.91	6.96
19	4.05	4.67	5.05	5.33	5.55	5.73	5.89	6.02	6.14	6.25	6.34	6.43	6.51	6.58	6.65	6.72	9.78	6.84	6.89
20	4.02	4.64	5.02	5.29	5.51	5.69	5.84	5.97	6.09	6.19	6.29	6.37	6.45	6.52	6.59	6.65	6.71	6.76	6.82
24	3.96	4.54	4.91	5.17	5.37	5.54	5.69	5.81	5.92	6.02	6.11	6.19	6.26	6.33	6.39	6.45	6.51	6.56	6.61
30	3.89	4.45	4.80	5.05	5.24	5.40	5.54	5.65	5.76	5.85	5.93	6.01	6.08	6.14	6.20	6.26	6.31	6.36	6.41
40	3.82	4.37	4.70	4.93	5.11	5.27	5.39	5.50	5.60	5.69	5.77	5.84	5.90	5.96	6.02	6.07	6.12	6.17	6.21
60	3.76	4.28	4.60	4.82	4.99	5.13	5.25	5.36	5.45	5.53	5.60	5.67	5.73	5.79	5.84	5.89	5.93	5.98	6.02
120	3.70	4.20	4.50	4.71	4.87	5.01	5.12	5.21	5.30	5.38	5.44	5.51	5.56	5.61	5.66	5.71	5.75	5.79	5.83
∞	3.64	4.12	4.40	4.60	4.76	4.88	4.99	5.08	5.16	5.23	5.29	5.35	5.40	5.45	5.49	5.54	5.57	5.61	5.65

찾아보기

ㄱ

ㄴ

ㄷ

ㄹ

ㅁ

ㅈ

ㅊ

ㅋ

ㅌ

N

O

P

Q

R

S

저자소개

방 성 완

- 육군사관학교 무기공학과(공학사)
- 미국 공군대학원 운영분석학과(운영분석 석사)
- 고려대학교 대학원 통계학과(통계학 박사)
- 현재 육군사관학교 수학과 부교수

R을 이용한 통계분석 방법론의 이해와 활용

초판발행 2017년 10월 20일

지은이 방성완 / **펴낸이** 오판근
펴낸곳 (주) 교 우
주 소 서울시 동대문구 약령시로 8 교우빌딩 2층 (주)교우
전 화 02-925-2861 / **팩 스** 02-925-2860, **편집부** 02-925-2825
홈페이지&북스토어 www.kyowoo.co.kr / 이메일 kyowoo@kyowoo.co.kr

등 록 1994년 3월 24일 제1994-000013호
ISBN 979-11-251-0214-4 (93310)

Published by Kyowoo Co., Ltd. Printed in Korea
Copyright© 2017 방성완 Kyowoo Co., Ltd.
이 책의 저작권은 방성완과 (주) 교 우에 있습니다.

저작권법에 의해 보호를 받는 저작물이므로 무단 복제 및 전재를 금합니다.

(주) 교우는 보다 혁신적이고 참신한 도서를 다양하게 기획하고 있습니다.
책으로 펴내고자 하는 아이디어나 원고는 메일로 보내주세요.
(주) 교우는 전과정을 책임지고 최선을 다하겠습니다.

값 29,000원

교우미디어는 (주) 교우의 Imprint 사입니다.
수학정원·과학정원은 (주) 교우의 새로운 브랜드명입니다.

잘못된 책은 구입하신 서점에서 교환해 드립니다.